L'ARCHIPEL DES COMÈTES

Journal hédoniste III

Paru dans Le Livre de Poche :

L'ART DE JOUIR
CYNISMES
LE DÉSIR D'ÊTRE UN VOLCAN
ESTHÉTIQUE DU PÔLE NORD
FÉERIES ANATOMIQUES
L'INVENTION DU PLAISIR
LA POLITIQUE DU REBELLE
LA RAISON GOURMANDE
LA SCULPTURE DE SOI
THÉORIE DU CORPS AMOUREUX
LE VENTRE DES PHILOSOPHES
LES VERTUS DE LA FOUDRE

Collection dirigée par Jean-Paul Enthoven

MICHEL ONFRAY

L'Archipel des comètes

Journal hédoniste

III

GRASSET

Pour Eric Tanguy.

« Je me suis rendu compte, peu à peu, de ce qu'a été, jusqu'à présent, toute grande philosophie : une confession de son auteur, et une sorte de mémoires involontaires et inaperçus. »

NIETZSCHE, *Par-delà le bien et le mal.*

SOMMAIRE

PRÉFACE

Exégèse du corps autobiographique

Aussi loin que je remonte dans mon souvenir, j'ai toujours aimé écrire : le graphisme, la trace de la plume sur le papier, son grincement, la magie de l'apparition d'un trait modulé en pleins et déliés, cette ligne étonnante qui chante et raconte, mais aussi l'histoire elle-même, la narration, le monde ouvert aux pieds du lecteur. J'ai apprécié la mythologie de l'apprentissage, jadis, avec encriers en céramique blanche, auréoles en dégradés de violets devenus mauves sur la pulpe des doigts, puis la flèche de la plume en acier, le dessin symétrique en son cœur qui retenait le liquide coloré, puis l'écartement sur lequel on pouvait jouer avec la pression de la main ou du poignet.

Écrire induit avant tout une émotion physique, une sensation corporelle : l'odeur de la poudre avec laquelle se fabrique l'encre emmagasinée dans des bouteilles vertes dotées d'un bec verseur comme pour l'apéritif dans les cafés d'antan, le lisse du papier sous le gras de la main, la rigueur bleutée des lignes et le trait rouge vertical dans la marge. J'ai d'abord aimé cela, en fétichiste. En écho, je n'écris pas aujourd'hui sans un rituel d'encre et de stylo, de papier et de mise en page, de graphisme et d'occupation de l'espace qui seul rend possible le devenir verbal de mes songes. Hiéroglyphes et cunéiformes, linéaire B et cyrillique, kandji asiatique et calligraphies arabes, je suis toujours émerveillé de ce qui subsiste d'art stylisé, d'équilibre entre l'apollinien et le dionysiaque, dans le traçage de chaque mot, à lui seul une œuvre d'art, un tableau.

Je me souviens également du désir de m'émanciper de l'ordre graphique, de passer outre aux longueurs, aux proportions, aux barres, aux appuyés, aux gras et aux maigres, aux orientations afin d'imposer mon rythme et ma cadence à cette ligne à soumettre. Je n'oublie pas non plus l'invite de mon institutrice : obéir aux canons d'abord, et, plus tard, faire ce que l'on veut. J'ai assisté à mes métamorphoses — celles de mon corps — en scrutant mon écriture : nette et régulière dans les premières années, ronde et épaisse à l'adolescence puis à la puberté, recherchée et artificielle dès l'entrée dans le monde adulte, finalement ésotérique et musicale, cabalistique et énergique aujourd'hui. Au cœur du graphisme s'énoncent le tempérament et les modulations de l'élan vital.

La forme m'a captivé, mais aussi les possibilités ouvertes et offertes, les mondes rendus possibles, les univers pensables. Le roman, d'abord, les histoires racontées, le livre comme occasion de fuir, s'enfuir, quitter un présent où l'on s'éprouve douloureusement, à destination d'un temps nouveau, extraordinaire, au sens étymologique. Là où mes contemporains m'importunaient, me blessaient, me négligeaient ou me pesaient, la lecture m'a toujours offert le salut. Héros de livres ou figures d'ouvrages, aventures magnifiques et équipées magiques, voyages dans la lune, au centre de la terre, dans des jungles hostiles ou sur des mers tragiques, l'enfant cloîtré et confiné que je fus doit aux livres plusieurs tours de la planète sur le mode merveilleux. Tracer des lettres et des mots se doublait donc, pour moi, d'un devenir imprimé, privilège de certains, les auteurs, que j'imaginais morts, vieux, d'un autre monde ou d'une autre matière.

Écrire puis lire en spectateur déboucha sur un désir d'acteur : rédiger et raconter pour mon compte. Ce que j'ai désiré très tôt. Mon plus ancien souvenir de plaisir pris au papier — les freudiens se réjouiront ! — fut contemporain d'un genre de stade anal puisque dans les toilettes familiales, où les papiers hygiéniques n'étaient pas encore parfumés et colorés en versions extravagantes, j'ai aimé *feuilleter* les paquets comprimés dans des bandes marron, jaunasses et bon marché. Je tournais soigneusement les pages après avoir simulé l'écriture sur ces livres de fortune. J'avais sept ou huit ans. Ma première œuvre fut donc virtuelle et scatologique...

Suivirent d'autres écritures, plus réelles : dix ans pour le premier carnet rempli méthodiquement et systématiquement avec à chaque fois une page saturée et une histoire racontant, de manière à peine voilée, mes malheurs de pensionnaire envoyé dans un orphelinat, le tout transposé et sublimé dans les souffrances d'un cheval abandonné et négligé par son propriétaire alcoolique et violent... Puis, entre dix et quatorze ans, l'inévitable journal intime et les difficultés de remplissage quotidien tant les jours se ressemblaient, tant les emplois du temps quadrillés interdisaient la fantaisie, l'originalité ou la nouveauté génératrices de textes. Enfin, à dix-sept ans, après le baccalauréat, vinrent les tentatives de roman expérimental contemporaines de ma découverte de la psychanalyse et du surréalisme. Apparurent alors les premiers manuscrits à prétention philosophique. Un infarctus régla fort opportunément nombre de problèmes et induisit des métamorphoses radicales sur le terrain de l'écriture et du style, du souffle, du débit. J'avais vingt-sept ans.

Je ne sais ce qui advient *corporellement* et agit directement sur la génétique de toute écriture en moi, toujours est-il que cet accident cardiaque trancha un nœud gordien, libéra des mondes, rendit possible un flux dont je suis, depuis, le spectateur étonné. Dès lors, je fus requis par l'écriture, j'y assiste en moi, impuissant, émerveillé et inquiet, sachant tapi en mes limbes un animal impérieux et volontaire dont je ne sais rien, sinon les effets, les décisions et les forces. Je ne veux pas écrire, l'écriture me veut — et je m'en réjouis, consentant à l'événement, en nietzschéen convaincu. J'écrivis *Le Ventre des philosophes* en quatre jours, dans un état dont seules la transe ou l'extase peuvent rendre compte : posture fœtale sur le bureau, régressions tous azimuts, nourriture, boisson et sommeil en suspens, tension maximale, transpiration, nervosité, précipitation, rythme cardiaque intense, pareil au chaman inspiré par des dieux malins, j'ai navigué sur des embarcations dionysiaques. Entre le premier et le dernier mot, je perdis quatre kilos — le poids intellectuel du manuscrit...

Dix années suivirent, et quinze livres publiés. Un ouvrage tous les neuf mois... Sans compter les pages écrites pour d'autres occasions réductibles à leur seule actualité de parution dans telle ou telle presse. Tous les ingrédients sont là pour tâcher d'expliquer une généalogie de l'écriture en relation avec l'exégèse du corps autobiographique. Il est le seul matériau dont découle le texte, car le corps devient œuvre par l'alchimie de l'écriture, l'inverse étant tout aussi vrai. L'enfance, le plaisir, la volupté, le spectateur de mots transfiguré en acteur de verbe, mais aussi le moteur que constituent vraisemblablement la frustration, le sevrage, le manque, l'absence, voire la douleur, la souffrance : voilà les principes de la raison scripturaire. Toute expérience d'écriture procède d'une algodicée mystérieuse dissimulée dans l'interstice, entre les lignes.

L'infarctus rappelle à son heure le travail secret et silencieux de la chair, donc de l'âme, le nouage et le dénouement, la tension et la décharge, l'électricité accumulée et la foudre qui tombe, la résistance et le relâchement, l'ascension et la chute, l'aveuglement et l'éblouissement : quand le cœur dispose pour toute alternative de se briser ou de se bronzer, il arrive qu'il expérimente la brisure au plus près de la franche et nette fracture, avant de revenir à l'autre hypothèse exigeant et nécessitant le combat pour le bronzage. Non loin de la mort, évoluant sur le bord de falaises, à pic sur le néant, toute âme qui ne bascule pas, malgré l'hésitation, se trouve indéfectiblement destinée aux consolations, aux résolutions de problèmes plus qu'à leur multiplication.

L'anatomie d'un créateur débouche sur le constat du boucher de la poule aux œufs d'or : pas de lieu jouant le rôle d'une mystérieuse glande pinéale pour contenir et localiser le génie, le talent ou la simple passion d'écrire, pas d'endroit repérable, pointable et visible où se montre le tropisme de la création. Le corps tout entier agit en réceptacle, les ongles et les cheveux, les viscères et les muscles, les articulations et le sang, la lymphe et le souffle, le ventre et les poumons, la peau et le squelette : je crois à une mémoire généralisée de la matière où s'inscrivent en encre sympathique mais durable les énoncés selon l'ordre desquels se déroule une existence dans ses moindres détails.

Ces énoncés se formulent de façon codée, secrète et silencieuse, après que les dynamiques corporelles ont permis à des forces de s'équilibrer, à des puissances de se contenir, à des violences de se sculpter. L'enfance et l'adolescence pourvoient le corps en abondance de matériaux : sensations primitives, émotions généalogiques et perceptions propédeutiques. En lui s'accumulent des traces, des mémoires, des souvenances. Toutes ces virtualités témoignent à la manière des atomes dans le vide du monde épicurien. Le *clinamen* visualise un jour cette déclivité architectonique : à partir de lui se structurent le réel et l'être d'un individu. J'ai nommé ailleurs *hapax existentiel* cette occasion parfois anecdotique mais toujours unique dans une biographie d'induire les mouvements producteurs du tropisme maître de celui qu'il hante.

De sorte que créer, c'est obéir. Obéir à plus fort que soi, à ce qui nous habite, nous possède et nous fait être tel, et rien d'autre. Des circonstances, des moments privilégiés, des rencontres, des opportunités, des hasards, des chances mettent en mouvement les atomes affectifs accumulés. Des connexions se font, ou non, des associations, des groupements, des agrégats se révèlent. Puis, petit à petit, progressivement, le monde se met en place. Dans les périodes primitives de structuration de cette identité, tout est fragile et le créateur peut échapper à ce qui le fera ou le ferait tel. Alors l'œuvre disparaît, volatilisée dans l'univers des possibles. Sinon, elle s'épanouit, se réalise, se montre.

Dans ce mécanisme, une part importante doit être donnée à la frustration : on ne crée pas sans avoir été privé jadis d'une plénitude indéfiniment quêtée plus tard. Ce après quoi chemine l'obsédé d'œuvre entretient une étroite parenté avec la blessure, le gouffre, le manque et l'abîme. Pour l'artiste, l'abondance de mots — de sons, de couleurs, etc. — vise le comblement d'une éternelle béance dont il ignore la provenance, la nature, la forme, l'étendue. Je-ne-sais-quoi et presque-rien familier des philosophes, infinitésimal et imperceptible, le grand inducteur de toute existence, invisible, s'entr'aperçoit par ses seuls effets. Trou dans la mémoire primitive ou faille dans l'âme première, anfractuosité creusée dans la chair ou entaille dans la consistance de l'être, fente au milieu de la géographie infantile ou crevasse dans les circonvolutions de l'affectivité même, la cicatrice appelle réparation. L'art donne la formule.

Écrire suppose cette obsession de la rédemption. La littérature, indépendamment du genre — poétique ou romanesque, théâtral ou philosophique —, s'enracine dans l'autobiographie, elle confesse un trajet existentiel. En philosophie, j'aspire à la politesse autobiographique. Elle oblige à mettre au jour les véritables raisons pour lesquelles on pense et on écrit. Elle suppose qu'on fouille, parte à la recherche, creuse et mette à nu des racines profondes qui nourrissent l'ensemble des feuilles de l'arbre. Une identité procède en arborescence, l'écriture découvre un désir de sources, un plaisir de sens et le bouquet d'une énergie spirituelle.

Seul le roman autobiographique abreuve le créateur, qu'il s'en cache ou l'assume. Le monde des philosophes se coupe en deux : l'un assume cette part majeure du moi, du « je », de la vie, l'autre (se) la dissimule. D'une part, la douleur des stoïciens et l'inquiétude des épicuriens, la mélancolie de Lucrèce, la gravelle de Montaigne, l'enfant perdue et les leçons d'anatomie de Descartes, les angoisses de Pascal, la paranoïa de Rousseau, la misanthropie de Schopenhauer, la syphilis de Nietzsche, la difformité de Kierkegaard, la laideur de Sartre, la marginalité sexuelle de Foucault, la fatigue de Deleuze — et tout ce qui montre des hommes vivants en proie à un besoin existentiel et vital de sens ; d'autre part, l'Un de Parménide, les Idées de Platon, les Catégories d'Aristote, les Hypostases de Plotin, les Transcendantaux de Thomas d'Aquin, les Séries de Leibniz, les Noumènes de Kant, les Concepts de Hegel, les Noèmes de Husserl, les Propositions de Wittgenstein, l'Être-là de Heidegger — et tout ce qui témoigne d'un pur désir cérébral de congédier le monde réel au profit de l'idée qu'on veut s'en faire et qu'on lui préfère.

J'aime la philosophie incarnée, vivante, de chair et d'os, engagée dans le réel, susceptible de produire des effets immédiats, de modifier une vie quotidienne, d'infléchir une existence tout entière. Après Nietzsche, j'en appelle à l'avènement du philosophe-artiste, de l'individu requis par la création entendue comme une question de vie ou de mort, de survie, donc. Avec pareille figure, la pensée et le corps connaissent d'intimes épousailles par lesquelles la chair devient le matériau privilégié de l'œuvre. Le créateur de livre ne mérite le détour et l'intérêt que s'il permet aussi de créer une vie, la sienne, et peut-être aussi celle des amateurs de sculpture de soi. Un tel tempérament écrit son œuvre avec son sang — il n'a pas le choix.

Un corps, certes, mais un corps défaillant, fragile, d'une hypersensibilité maladive : le philosophe-artiste pratique la connaissance par les gouffres. Chez lui, l'œuvre vaut thérapie, exercice médical, pharmacopée salutaire. Allopathie violente, brutale, homéopathie douce, délicate, l'une ou l'autre, peu importe. Ce qui compte pour le créateur ? Le salut, la rédemption, l'équilibre, même précaire, pourvu qu'il évite de périr sous le coup violent des forces monumentales qui le travaillent. Créer, c'est sublimer, pratiquer la catharsis, la purification de soi, puis métamorphoser d'étranges et souveraines pulsions de mort en énergies vitales, vivantes et positives. Le corps pense, la chair écrit, l'œuvre laisse une trace et témoigne.

Là où triomphent désordre et chaos, obscurité et complexité, l'écriture agit et opère, produit l'ordre et le sens, la lumière et l'évidence. Loin du matériau brut où grouillent des songes et des monstres, des fantômes et des spectres, l'écriture organise un paysage débarrassé de toutes ces figures inquiétantes. En chassant les menaces, en poursuivant le négatif jusqu'aux enfers, on devient le démiurge de soi, le créateur de son être, de son style. On accède à une forme. Créer oblige à informer l'inerte, à le configurer. D'abord, la matière dispose du plein empire, et avec elle des forces et des énergies qui la traversent, ensuite avec l'acte créateur advient l'artifice. Toute création résume le passage d'une nature impérieuse à une culture impériale.

Restent les objets, ces traces. Que faire de ces créations devenues créatures ? À quoi peuvent bien servir les livres qui ponctuent ce trajet initiatique entre soi et soi ? À qui sont-ils destinés ? Pour quelles fins ? Quels malentendus ? Quelles connivences ? Conception, gestation, parturition, puis naissance. Il me semble que le destin de l'œuvre coïncide avec celui des enfants pour leurs parents, du meilleur au pire, du ciel au caniveau, ou l'inverse. Leur autonomie accentue l'impuissance de leur créateur : pas plus il n'a voulu, choisi et décidé de produire ainsi plutôt qu'autrement, pas plus il ne maîtrise le trajet de ses progénitures. De sorte qu'il assiste à lui-même comme au trafic ironique d'une ruse de la raison : prétexte pour une naissance, ventre de location, il voit s'éloigner de lui une ribambelle de mots et d'idées qui frétillent en semant la confusion. Fragments détachés de soi, ils perdent petit à petit le semblant de cohérence revendiqué avant dispersion.

Qui saura mettre en perspective la vie quotidienne, l'existence, la biographie, l'autobiographie du philosophe-artiste et ses livres, son œuvre ? Quel lecteur-artiste, quel complice, lui aussi doué d'une hypersensibilité maladive et doté d'une affectivité électrique, pourra lire, entendre et comprendre cette odyssée intellectuelle, ces confessions travesties lancées dans le vide sidéral comme une bouteille à la mer ? Quel tempérament proche, quelle chair idoine, quels frères et sœurs en âme éplorée sauront tenir le livre entre leurs mains sans que danse leur œil ou déraille leur sagacité ? Quel double bien improbable sur cette planète pour épouser les mots, visiter les anfractuosités, fouiller les immondices, traverser le feu ? Quelle compagnie véritable ?

Qu'importe. Le créateur requis n'a pas le choix. Écrire est une chose, publier une autre, être lu et compris une troisième — plus rare encore que les deux premières aventures. Du vivant de l'auteur, il faut compter sur le troupeau de chiens que constitue bien souvent la critique littéraire, infatuée et inculte, menée par le ressentiment et travaillée par l'amour de soi, pour organiser l'hallali à l'aide de faux, de travestissements, de distorsions imposés au texte. Pardonnons-leur, car ils ne savent pas ce qu'ils font — mais ils le font. À leurs côtés, toujours complices, les moutons de Panurge suivent, obéissent, consentent aux mots d'ordre des premiers. Rien ne sauve ces animaux malades de la peste.

Avec la mort de l'auteur, les choses deviennent plus simples : les chiens cessent d'aboyer et deviennent des roquets. Quand plus rien ne peut faire d'ombre à leur médiocrité, il ne coûte plus d'encenser, de dire du bien, de *lire enfin ce qui est écrit*. Un bon auteur est un auteur mort — c'est du moins ce qu'enseigne presque tous les jours la critique. Mort ou s'approchant du tombeau, vénérable, nobélisable, à l'avenir définitivement derrière lui, si le vieil auteur sent le sapin, l'encre peut couler sur les rotatives et encenser jusqu'à ce que nécrologie s'ensuive. Dans tous les cas, détestation ou vénération, hargne ou complaisance, haché menu ou traité à l'encensoir, l'auteur connaît une fois encore le malentendu. C'est toujours trop de haine ou de considération, car seul le désir de saisir devrait animer le lecteur. Le lecteur-artiste ne rit ni ne pleure, il comprend. La plupart du temps, il manque.

De fait, seul quand il écrit, pense et souffre — et peut-être justement parce qu'il est seul écrit-il, pense-t-il et souffre-t-il —, le créateur ne conjure pas les douleurs du solipsisme par son seul geste. Enfermé en soi, jamais on ne quitte sa propre prison, sûrement pas en publiant. La création vise le dépassement des malentendus, la publication les accroît considérablement. En écrivant, on s'échappe de soi, pour mieux se retrouver, ce qui est tellement déjà. La chair qui œuvre en attendant la mort se condamne sans cesse à l'illusion. Les monades en mouvement jamais ne se rencontrent, tout juste se frôlent-elles, se touchent-elles, imperceptiblement.

L'écriture des livres divertit, au sens pascalien, elle éloigne l'âme et le corps du monde immanent au profit d'une pure jouissance, d'une incroyable volupté consubstantielle à la sensation d'aller vite, de se sentir traversé de fulgurances, habité par une formidable énergie — celle des volcans et de la foudre, des comètes et des étoiles. Le corps pourrira, et avec lui l'athanor dans lequel se sont composées les milliers de pages. Les livres aussi disparaîtront. Du moins, avant l'apocalypse, faut-il lancer un cri qui, peut-être, trouvera une oreille pour l'entendre. Une seule suffirait — du moins j'aspire à le penser, sans y croire aucunement.

1

CONSTRUIRE UNE DIVERSION FABULEUSE

Lettre à Philippe Lejeune sur le roman autobiographique

Vous me demandez à quoi ressemble ce *roman autobiographique* auquel je fais référence dans *Théorie du corps amoureux*, car vous estimez ce concept inapproprié en vertu du fait qu'un roman et une autobiographie, s'ils existent nettement comme des genres séparés, se marient en revanche de la même manière que la carpe et le lapin... « J'imagine simplement, dites-vous, que pour vous le roman est une valeur et que dans votre enthousiasme vous décorez du nom de roman cette attitude exemplaire [mettre en perspective sa vie et sa pensée] comme vous lui donneriez la Légion d'honneur... » Vous vous doutez que je ne peux consentir à votre hypothèse appuyée sur une pure et simple définition de dictionnaire, qui plus est étroite et stricte, des termes *roman* et *autobiographie*. Or on doit parfois faire violence aux dictionnaires, notamment quand l'histoire donne tort aux notices ou quand on se propose d'élargir et de préciser des significations — péché mignon des philosophes comme vous le savez...

Ainsi pour la date de naissance du roman que Larousse, Bescherelle, Littré et Robert, qui tous se citent et se pillent, placent à l'époque du roman courtois. Avant ? Pas de roman, proclame la vulgate. Pas de roman, m'écrivez-vous, « mot d'ailleurs anachronique pour l'Antiquité ». Alors que faire du *Satiricon* de Pétrone ? Où placer *Les Métamorphoses* d'Apulée ? Comment classer *Les Aventures de Chéréas et Callirphoé* de Chariton d'Aphrodise ou *Les Ethiopiques* d'Héliodore ? Dans quelle rubrique rangez-vous *Daphnis et Chloé* de Longus, ou *Les Aventures de Leucippe et de Clitophon* d'Achille Tatius ? Pas romancier Philostrate, l'auteur de la *Vie d'Apollonios de Tyane* ? Pas un roman l'*Histoire véritable* de Lucien ? Tous pourtant ont été retenus par Pierre Grimal lui-même quand il a présenté, traduit, annoté et préparé l'édition de ces livres pour le volume de Pléiade dont le titre est... *Romans grecs et latins*. Sa bibliographie signale en plusieurs langues les ouvrages théoriques consacrés aux romans hellénistiques et latins.

Si le mot *roman* peut se dater — XIIe siècle, 1135 pour être précis —, la chose que le nom qualifie préexiste au terme. Le roman courtois, s'il semble être le premier roman français, n'en demeure pas moins une création tardive en regard de la dizaine de siècles qui précède l'*Éric et Énide* de Chrétien de Troyes du roman de Chariton d'Aphrodise ou du *Ramayana* indien de Valkimi. Quel mot utiliser pour tous ces récits en prose qui racontent des histoires inventées où l'imagination joue un rôle de premier plan avec des héros, des péripéties, des voyages, de l'amour, des sentiments, des anecdotes, des rebonds, des intrigues ? Sinon celui qu'on utilise pour qualifier les œuvres de Balzac ou Zola ? Le temps qui passe imprime ses formes au roman comme il se pratique à tel ou tel moment de l'histoire, mais de Longus aux romanciers qui précèdent le Nouveau Roman, la forme perdure. Alain Robbe-Grillet tente un assassinat en 1963 avec *Pour un nouveau roman* mais ressuscite le cadavre puis retrouve sans sourciller le giron classique en 1988 avec *Angélique ou l'enchantement*. Depuis, nonobstant les discours sur la mort du roman et malgré l'impéritie carabinée de nombre d'individus installés dans la posture du romancier, le genre existe toujours, bien vivace.

Par ailleurs, on associe toujours le roman à l'affabulation, au mensonge, à l'invention et à l'imagination, il magnifie la prééminence de l'imaginaire sur le réel, mieux, il pose pour réel le monde issu des fantasmes et du délire, de l'hypothèse et de la licence intellectuelle ou mentale. Avec lui, grâce à lui, la fable et le merveilleux passent avant le trivial. D'où cette idée, la vôtre je pense, qu'un roman fictif paraît un pléonasme quand un roman autobiographique semble un oxymore. Je tiens qu'un roman peut être vrai et pas fictif (voyez *L'Année de l'éveil* de Charles Juliet), et une autobiographie fausse et imaginaire (considérez *Le Miroir des limbes* de Malraux). Que les registres ne sont pas aussi distincts qu'on ne puisse parler d'un roman autobiographique. Car un roman comprend plus de vérité qu'on ne le pense et une autobiographie plus de mensonge qu'on ne l'imagine.

Même remarque avec la question des origines de l'autobiographie, de sa date de naissance conventionnellement enseignée — notamment par vous dans *Le Pacte autobiographique* — et de l'apparition effective du genre. Là encore il s'agit de se défaire des lieux communs et d'en appeler à l'érudition libre pour ne pas consentir aux seules versions données dans les universités, centres de recherche, dictionnaires et encyclopédies, à savoir : début du XIXe siècle, Angleterre, 1809 précisément, chez Southey. Je vous sais même tenant personnellement d'une généalogie enracinée dans les *Confessions* de Rousseau (1781-1788), ce qui de fait renvoie les *Essais* de Montaigne (1560-1595), mais aussi le livre d'Augustin (400) *ad patres*, ou dans un genre annexe qui serait franchement distinct — du genre *confession et autobiographie spirituelle.*

Or, je ne vois pas qu'on parle, dans les milieux autorisés de la question autobiographique, de celui qui, à mes yeux (et jusqu'à découverte d'une date antérieure à celle-ci), invente l'autobiographie moderne, à savoir Libanios qui écrit en 374 après Jésus-Christ — il est âgé d'une soixantaine d'années — une *Vie de Libanios le sophiste ou sur sa propre fortune.* On trouve dans cet ouvrage les ingrédients du genre autobiographique tel qu'il se pratique encore aujourd'hui et tel que vous le définissez vous-même dans *L'Autobiographie en France* : « récit introspectif en prose que quelqu'un fait de sa propre existence, quand il met l'accent principal sur sa vie individuelle, en particulier sur l'histoire de sa personnalité ». En effet, Libanios écrit à la première personne et annonce dans un avertissement au lecteur qu'il propose le « récit des événements passés et présents de [sa] vie ». Suivent des considérations sur l'origine géographique et les détails de sa parentèle, ses études, ses voyages, sa formation, ses universités ; ici il raconte une commotion occasionnée par la chute de la foudre, là il disserte sur les événements politiques du temps. La grande histoire et la petite se tissent et la narration du particulier permet d'aborder le continent de l'universel : la rivalité avec les hommes en vue de son époque, une forte attaque de goutte, une tentative d'assassinat sur sa personne, la mort de ses amis, de ses ennemis, de ses élèves, tout fournit le prétexte à l'élaboration d'une sagesse singulière.

L'épais ouvrage de Libanios ne reste pas sans postérité. Bien évidemment, le livre célèbre d'Augustin suit chronologiquement de peu, mais on dispose également du volume d'Éthérie — ou plus sûrement d'Égérie —, une femme languedocienne ou galicienne qui vivait à la fin du IVe siècle ou au début du Ve, on ne sait exactement. Elle raconte ses pérégrinations dans le bassin méditerranéen en un *Journal de voyage* généalogique de ce que Pierre Nora, Jacques Le Goff et quelques autres appellent l'ego-histoire. Cette œuvre, malheureusement fragmentaire, renseigne puissamment sur les rites chrétiens orientaux du moment. L'ensemble se propose sous le signe d'une franche écriture à la première personne. Pas plus que Libanios, je n'ai vu le nom de cette femme cité quand, chez les spécialistes, le débat roule sur l'origine de l'autobiographie. Je persiste à penser que l'Antiquité a tout inventé et que nous nous contentons de retrouver, à la manière des archéologues. Comment aurait-elle pu négliger le genre autobiographique ?

Sur ce sujet — l'autobiographie, et notamment dans sa modalité philosophique, qui m'intéresse tout particulièrement —, nous vivons dans l'ombre menaçante de quelques figures hautement sacrées. Ainsi des pages qui ouvrent les *Essais* de Montaigne et invitent le lecteur à entendre la déclaration faite par l'auteur : il revendique la vérité, l'honnêteté, il déclare sa bonne foi, son désintérêt, sa volonté modeste et discrète d'écrire pour les siens, ses proches et sa famille, il écarte tout reproche d'orgueil d'auteur obsédé par sa réputation ou sa postérité ; ainsi des lignes qui précèdent le vif du sujet dans les *Confessions* de Rousseau et prennent le liseur à témoin : en toute simplicité, l'ouvrage propose la vérité avec laquelle le philosophe se présentera devant Dieu le jour du Jugement dernier — debout sur ses ergots, le Genevois en appelle à l'éternité et brandit un sauf-conduit pour le paradis ; ainsi des paragraphes d'*Ecce homo* où Nietzsche annonce à son improbable lecteur du moment qu'il se peint nu, cru, à vif, qu'il raconte père et mère, sœur et ancêtres, lignage et hérédité, corps et âme avec une absolue volonté de vérité, de sincérité.

Qui croira que ces trois livres majeurs de l'histoire de la philosophie occidentale entretiennent un rapport plus intime avec la vérité qu'*À la recherche du temps perdu, Mort à crédit* ou *Belle du Seigneur* — ces trois chefs-d'œuvre romanesques du XXe siècle eux aussi redevables du combat pour l'introspection ? Marcel Proust, Céline et Albert Cohen en disent autant sur eux que Montaigne, Rousseau et Nietzsche. Autrement, certes, différemment, bien sûr, mais au moins sans avoir pris la peine de jurer qu'ils ne diraient que la vérité, toute la vérité, rien que la vérité, avant d'aller se parjurer. Dans l'histoire des idées et de la littérature, autobiographies fictives et romans vrais se partagent la tâche et jouent avec la vérité comme l'enfant d'Héraclite lançant ses osselets.

Où donc se niche la vérité d'un auteur ? Où se dissimule la vérité d'Augustin : ici, dans les *Confessions* lyriques, ou là, dans *La Cité de Dieu* théologique ? Où se dit plus et mieux la vérité du philosophe Descartes : dans ses mémoires perdus ou dans le fameux et désormais célèbre *Discours de la méthode* ? Et chez Kant, dans les pages du *Conflit des facultés* où il théorise ses ronflements, sa façon de respirer et son corps hypocondriaque, ou dans l'analytique du sublime de la *Critique de la faculté de juger* ? Où se cache la vérité de Maine de Biran : dans les considérations météorologiques, climatologiques et médicales du *Journal intime*, ou dans les passages théoriques sur le moi, le fait de conscience ou les conditions de l'infini repérables dans l'*Essai sur les fondements de la psychologie et sur ses rapports avec l'étude de la nature* ? Et la vérité de Kierkegaard : dissimulée dans l'un des vingt tomes du *Journal* ou dans les analyses de *Crainte et tremblement* ? Et Sartre, est-il plus vrai dans *Les Mots* ou dans la *Critique de la raison dialectique* ? Dans l'œuvre autobiographique, dans le journal, les mémoires, les confessions, les confidences, les lettres ou dans les gros ouvrages théoriques où l'on tâche toujours de dissimuler l'origine personnelle et intime des constructions théorétiques, l'injection de véracité et de fiction est la même. Seules les proportions changent — et l'habileté à réaliser les mélanges. On choisira entre romans vrais et romans autobiographiques, fictions véridiques et autobiographies travesties, d'aucuns parleraient de fausses confidences, d'autres de mensonge romanesque et de vérité romantique.

L'autobiographie n'existe que pour conjurer la biographie, elle a sa raison d'être dans la construction d'une diversion fabuleuse destinée à détourner l'intérêt ou la curiosité des lecteurs — voici du moins mon hypothèse. Elle suppose une vraisemblance installée dans la lumière crue pour mieux laisser dans l'ombre une vérité impossible ou difficile à regarder en face : car on ne peut tout dire ; mieux, on ne doit pas tout dire, à moins de se réjouir d'avoir à manier la plume comme un rasoir pour trancher la gorge de ceux qui passent à notre portée. L'écriture d'un texte autobiographique suppose le désir de sculpter sa propre statue selon ses désirs et ses fantasmes sans laisser le soin à quiconque d'effectuer ce travail à notre place. Conjurer la biographie, la rendre impossible, difficile, la compliquer, voilà le dessein sourd et secret de tout amateur de confidences littéraires : on montre pour mieux cacher. Raconter bruyamment permet de taire tranquillement. Braquer la clarté du scialytique sur un endroit lavé par la lumière permet de créer autant d'ombre qu'on voudra, ou que nécessaire, *à côté*, dans la zone choisie. Plus on inonde de luminosité ici, mieux on noie dans l'obscurité là. Quiconque a raconté son histoire a d'abord exacerbé une volonté de s'approprier ce qui lui échappe et de masquer ce qui le travaille viscéralement.

Laissons de côté l'auteur malveillant, décidé à cacher, déterminé à fausser le jeu, à travestir délibérément. Oublions l'homme que mène le dessein de passer sous silence sciemment une vérité connue de lui. Cet individu ne m'intéresse pas. Et retenons l'involontaire, l'insu, l'inconscient, l'individu conduit par une force qui l'égare et le trompe. Car on ne peut plus, depuis Freud, aborder le roman ni l'autobiographie comme des genres purs, séparés, imperméables : les eaux de l'un coulent dans les rigoles de l'autre, le sang du premier roule dans les veines du second. Les deux registres se nourrissent pareillement d'oublis, de lapsus, d'actes manqués, d'erreurs, de bégaiements et autres symptômes d'une évidente et permanente psychopathologie de la vie quotidienne.

Les souvenirs-écrans dissimulent l'essentiel, le cardinal, le généalogique : derrière le miroir se trament de plus rudes enjeux que devant, par-delà le tain se jouent les scènes primitives, les tragédies, les monstruosités qui donnent naissance à l'écriture — roman ou autobiographie, romans fictifs ou vrais, autobiographies fautives ou véridiques, romans autobiographiques ou autobiographies romanesques, peu importe... Là où crépite la lumière se prépare un meurtre, un crime presque parfait, mais à côté. Tout ce qui se dit ou s'écrit cache d'abord, masque, refoule, et exprime secondairement. Quand ici un auteur écrit, là il étouffe un cri.

On sait, depuis Freud, quelle méfiance redoublée il faut activer devant ce qui se cache, s'oublie et disparaît de la mémoire, réapparaît parfois, mais travesti, lisible dans un rêve ou perceptible dans un mot introuvable, en déséquilibre sur le bout de la langue. Le mobilier de l'inconscient souffre d'incroyables brutalités : torsions, étirements, tiraillements, combustions, glaciations, réductions, expansions, liquéfactions. De perpétuelles métamorphoses surgissent après le travail maintenant connu et décrit des condensations et déplacements. Que vaut la mémoire dans ce théâtre de transmutations ? Qu'en est-il de la vérité ? De l'erreur ? De la certitude ? De la bonne foi ? Plus rien de ce vocabulaire n'a cours sur le continent vaste du jeu avec le « je ». L'autobiographie et le roman s'y nourrissent, puis se cristallisent dans des formes dissemblables et apparaissent dans des modes distincts.

Si dans mes livres j'ai raconté mon enfance normande, ma proximité avec la nature, mes premiers émois sensuels et sexuels, si j'ai mis en scène, même ironiquement, le ventre maternel et ma vie intra-utérine, si j'ai écrit sur mon père, son corps, si j'ai décrit ma mère et sa généalogie familiale fantasmatique puis réelle, si j'ai relaté mes universités, mon vieux maître plotinien, si j'ai disséqué mon infarctus, mes douleurs, mon hospitalisation, mon sentiment devant la mort attendue, si j'ai rapporté mon expérience en usine, si j'ai pris le soin de consigner sur le papier des voyages, des souvenirs, des rencontres, si l'on sait le nom de mes amis et l'affection que je leur porte, si l'on peut suivre l'histoire de mes sentiments et de mes émotions le temps passant, si j'écris le dépliage mental de fragments de mon quotidien dans un journal hédoniste, si chacun de mes livres s'ouvre par un texte autobiographique destiné à présenter au lecteur les raisons existentielles de la pensée théorique que je propose ensuite, c'est évidemment pour mieux cacher.

L'histoire montrée vaut moins que l'histoire cachée — et que je conserverai cachée. Plus je parle, moins je dis ; plus je raconte le racontable, mieux je dissimule l'indicible qui doit le demeurer. L'autobiographie protège ce que l'on doit maintenir sous le boisseau, puis sous la cendre, coûte que coûte. Le bruit fabriqué par mes soins en un lieu autorise une diversion qui permet ailleurs le silence auquel je tiens plus que tout. Et ce bruit n'est pas volontaire, il suppose une généalogie inconsciente, une impulsion aveugle, une force brutale et un précurseur sombre. L'autobiographie surnage, en partie émergée de l'iceberg. Mais sous l'eau se jouent des combats titanesques entre des courants monstrueux.

Roman autobiographique, donc. Je précise que cette notion procède chez moi d'un décalque et d'une démarque du Freud qui parle d'un *roman familial*. Ma référence ironique vaut comme une révérence théorique. Très tôt — en 1897, dans une lettre à Fliess — le philosophe viennois propose ce concept pour caractériser le processus par lequel le sujet, la plupart du temps un enfant, modifie imaginairement ses liens avec ses parents pour conjurer en lui la puissance d'un désir œdipien. Certes, cette expression suppose une vérité des parents, mais celle-ci renvoie à des évidences : on a un père pasteur ou délinquant, une mère sainte ou prostituée, objectivement, et l'on fait du pasteur un délinquant ou de la sainte une prostituée, et vice versa. Cette torsion du réel, cette distorsion du fait avéré trahit, chez le sujet habité par cette furie, une angoisse devant l'abîme ouvert sous ses pieds par les risques incestueux. On travestit pour éviter de succomber à la tentation, on fabrique une illusion salvatrice afin de ne pas se trouver englouti dans une réalité effective. Le roman familial s'écrit dans la logique d'une autobiographie fictive afin de réaliser une histoire vraie en économisant les dégâts potentiels.

Mon roman autobiographique, du moins celui dont je parle dans les dernières pages de la *Théorie du corps amoureux*, nécessite ce mouvement perpétuel entre la vie et l'œuvre, entre vie rêvée et vie réelle, entre l'œuvre exposée et l'œuvre fermée, l'exotérique revendiqué et l'ésotérique pratiqué. Il suppose les registres de la fiction et de la vérité mélangés. Les composantes fantasmatiques et les faits constatables se solidifient sur le principe des alliages. On tâche de vivre ce que l'on enseigne, on essaie d'être à la hauteur de ce que l'on écrit, on se propose de mettre en perspective l'existentiel du quotidien et l'écriture de l'exception, on tente la coïncidence entre la théorie et la pratique, mais quel que soit le degré d'intimité et de rapprochement entre ces deux continents perpétuellement en mouvement, chacun croupit dans le roman autobiographique. On aspire à l'excellence, on réalise le possible.

J'avance cette idée que toute autobiographie suppose le roman écrit pour l'accueillir comme dans un écrin, car je sais qu'il n'existe pas de vérité absolue sur un être. Les tentatives sartriennes de psychanalyse existentielle me passionnent. Pourtant — est-ce la raison de l'inachèvement du *Flaubert* ? peut-être en partie... —, aussi loin qu'on aille, parvienne ou remonte, on achoppe sur un noyau dur d'obscurité. Pour quelles raisons ce projet originaire qui induit toute une existence, plutôt qu'un autre ? Pourquoi la liberté, posée comme un article de foi ou un postulat de la raison pure pratique (en quoi Sartre reste kantien...), élirait-elle plutôt ce projet qu'un autre, son contraire par exemple ? Rien ne permet de résoudre ce problème. Si l'on opte pour la nécessité intégrale et le déterminisme absolu, la liberté n'existe pas — c'est impensable ; si l'on croit à la toute-puissance de la liberté, pourquoi tel déterminisme en lieu et place de tel autre ? Dans ses deux termes, l'alternative condamne à l'abîme.

Théorie des motifs, logique des préférables, projet originaire, tout ceci suppose de la métaphysique quand on fracasse tout bonnement son intelligence sur l'irréductible primitif : le corps, sa matière, la chair, la mémoire de toutes ces puissances. Rien ne peut rendre compte absolument de l'objectivité d'un être. Jean Genet n'apparaît pas plus, pas moins non plus, dans *Saint Genet, comédien et martyr* que dans *Notre-Dame-des-Fleurs*, dans sa correspondance ou dans les livres critiques qui lui sont consacrés. La biographie tout autant que l'autobiographie triomphent en moindres maux. Reste le roman autobiographique comme cache-misère de notre impuissance à dire le vrai sur les êtres et les objets, le réel et le monde.

Seules existent sur un être des perspectives et la possibilité de les croiser. Tout un chacun, quand il raconte son enfance sans intention de travestir ou de mentir, produit un discours apparenté au roman : une histoire avec des personnages secondaires et un personnage principal, des péripéties, des anecdotes, des odyssées, des voyages initiatiques et des expériences mises en verbe, le tout organisé dans un violent mouvement de spirale autour de ce point aveugle sur lequel s'enroule l'individu se racontant. Littré donne une définition du roman intime qui me plaît : « un roman où l'on peint l'intérieur d'une âme, les pensées, les mobiles », etc.

Qui nierait, dans cet esprit et selon toutes les considérations préalables, que les *Pensées pour moi-même* ne procèdent pas du roman autobiographique — à savoir d'une construction de soi apparentée à une reconstruction de soi, d'une tentative pour faire coexister des fragments épars, des morceaux dispersés par l'existence, des éclats multiples, d'un essai de donner une forme, une force et une cohérence à ce qui, *a priori*, s'expérimente sur le mode de l'énergie violente et brutale, de la pulsion aveugle et dangereuse, de l'instinct fébrile et dévastateur ? Et si le stoïcisme de l'empereur procédait d'un genre d'auto-analyse qui use du verbe, du mot, de l'écriture comme d'une occasion de thérapie ? Si toute tentative pour philosopher et écrire de la philosophie s'apparentait à une volonté de conjurer le malaise et le désordre en soi, de produire du sens et de l'ordre, de la paix et de la cohérence, maladroitement certes, mais du moins sûrement ? Écrire pour tâcher de structurer son inconscient comme un langage : on ne sort pas de ce mirage, fasciné par lui et hanté par le roman autobiographique ou le théâtre biographique. Puis on meurt assoiffé au bord de la vérité comme auprès d'un point d'eau auquel on a cru, et qui n'existe pas.

2

DEDANS LA BOUCHE DES FEMMES

Le premier cigare que je vis, car, dans une existence, il faut bien que ce jour ait lieu, c'était dans la bouche de mon père, pour une fête. Chez lui, le quotidien supposait le tabac gris roulé en craquant dans une feuille Riz-la-Croix ; le dimanche, il fumait des cigarettes papier maïs qui n'en finissaient pas de s'éteindre et qu'il fallait sans cesse rallumer dans des nuages âcres ; l'exceptionnel, quant à lui, appelait le cigarillo, peu coûteux, ou le cigare, mais vraiment lors des occasions somptueuses. Or, dans l'armoire à linge dont le tiroir du bas recelait des souvenirs de famille — antiques photographies et boucle de mes cheveux à l'époque bénie de ma blondeur —, il y avait une boîte en carton, rouge — je sais que ce fabricant, dont je tairai le nom par charité, vend aussi sa marchandise dans un emboîtage vert —, où se délitaient deux ou trois cigares plus secs qu'après un siècle de désert.

Bien évidemment j'avais goûté le tabac gris en volant une bouffée aspirée au mégot abandonné de mon père ; de même, j'avais subtilisé des gitanes fumées au lavoir de mon village, en attendant, entre deux quintes de toux, le passage d'une jolie Parisienne en vacances. Ignorant que ces cigares renvoyaient à une date mémorable, j'en avais prélevé un que, sans les précautions d'usage, j'avais fumé jusqu'à la moelle, ne reculant pas devant des inhalations dignes d'un citadin en vacances heureux et fier d'atteindre le sommet d'une montagne. Pâlissant, verdissant, vomissant, j'avais conclu à la nécessité d'être adulte pour avoir droit à ces combustions si viriles... Je sus plus tard que le fatal objet provenait des reliefs du repas de mariage de mes parents. Donc, une relique à tous points de vue...

Le temps passa, et l'on m'initia, dans un restaurant de Bordeaux, où j'étais venu préfacer le catalogue d'une exposition d'art contemporain. J'avais une trentaine d'années. La nuit fut brumeuse, épaisse, lourde, chargée, animée de songes bruns. Une autre fois, ce fut un ami — je le croyais tel, et il traversa mon existence en comète, avant de percuter gravement ma lucidité — qui leva mes réticences. Je n'y voyais qu'une occasion d'élargir mes plaisirs, de les diversifier, d'agrandir l'espace des possibles voluptueux. J'ignorais alors qu'il me faudrait côtoyer la tribu de ceux qui fument le cigare moins par hédonisme bien compris que par désir de signer une appartenance sociale — celle des décideurs du sort des autres qui brûle son module avec la même désinvolture et la même jubilation que s'il s'agissait du Décalogue.

J'en vins, après avoir tué le père, et réussi à fumer des cigares plus dignes de ce nom que ceux de son mariage — réjouissez-vous, psychanalystes —, à découvrir et isoler mes modules de prédilection — lanceros de cohiba et especial n° 2 de Montecristo. De sorte que, seul, dans mes nuits d'insomnie, un armagnac à la main, lisant de la poésie, écoutant Scarlatti ou le Padre Soler, je déguste mon cigare en solipsiste, en moine hédoniste, méditant au rythme du temps consumé. Par ailleurs, lorsque je dois être à Paris, j'ai plaisir à finir ma soirée ou à entamer ma nuit à la Maison du Havane où j'accompagne mon cigare d'un cocktail cubain qui repousse les limites du petit matin.

C'est dans ce lieu que mon inconscient m'a rattrapé,

comme un lièvre qui double son ombre, par le refus mental d'un cigare à la bouche d'une femme. Elle avait une quarantaine d'années, connaissait le cœur de l'homme à ses côtés, car elle arborait ses bijoux, elle était maquillée comme Baudelaire aurait aimé qu'on le fût et comme je l'aimais, elle riait, entre deux bouffées. Elle était belle, mais son gros module entre les lèvres me semblait obscène, inconvenant, malvenu. Du moins, difficilement justifiable en public.

Et puis la honte s'abattit sur moi, comme lorsqu'une fraction de seconde, un infime moment, mais qui confine toujours à l'éternité tant il nous salit, on se retrouve avec une réaction épidermique du côté des misogynes, des racistes, des sexistes, des machistes, et de tous ceux qui jubilent de la pulsion de mort qui les sature et déborde. En thuriféraire d'un genre d'apartheid fumeux, j'étais dans la peau d'un homme qui imaginait le cigare réservé aux hommes, interdit aux femmes. De quoi élargir plus encore le sourire du psychanalyste...

Après ce travail de l'instinct animal, dès l'épiderme de la bête sollicité, loin derrière la réaction viscérale et le tropisme inconscient, j'ai désiré la raison et le jugement, bien sûr, pour tâcher de comprendre. L'équation cigare-masculin, signe tribal et volupté homosexuelle — au sens étymologique et large —, voilà qui devait triompher ? Je n'avais aucunement l'intention de consentir à ces clichés. Alors ? Alors il faut bien demander à la psychanalyse de quoi fouiller les entrailles et le ventre des parts maudites en chacun pour tâcher d'y voir un peu plus clair. Jubilez, freudiens !

Nul besoin d'être grand clerc pour constater que le cigare concerne vivement et directement les plaisirs de la zone buccale dont Freud raconte le détail. Or, une femme qui fait la demande d'un cigare pour apprendre à le fumer s'entendra presque toujours rétorquer que les panatellas lui conviendront à ravir : en face du désir féminin d'accéder au monde du havane, les hommes ne consentent, *a priori*, qu'aux formes les plus fines, les plus courtes et les moins complexes. Peut-on plus clairement entraver un désir et contrecarrer, voire refréner la volonté de plaisir manifestée alors par les femmes ? Parvient-on mieux à mettre en évidence le souci castrateur masculin devant la demande féminine d'ouvrir un continent voluptueux ? Faut-il conclure, en analyste effectuant d'instructifs glissements, que devant l'aspiration féminine à découvrir des voluptés qu'elle ignore, il faut répondre virilement en limitant au maximum le volume de l'objet convoité ?

Le cigare comme phallus, donc. Vraisemblablement phallus de substitution, occasion de sublimation, telle que l'entend la psychanalyse — dérivation sur une pratique socialement acceptable de pulsions qui, sinon, sur le même terrain, relèvent de l'inacceptable. Va pour l'oralité des femmes quand elle suppose le goût pris à la parole, mais méfiance, sinon interdiction, dès que l'alcool — au-delà des liqueurs... — ou autre chose que la cigarette — pipe ou cigare — fait l'objet d'investissements nettement revendiqués ! Allons pour les petits cigares, les cigarillos, les modules courts et fins, mais qu'elles ne s'avisent pas de désirer des churchills ou des lonsdales...

Dedans la bouche d'une femme, le gros cigare paraît obscène ou insupportable pour la référence aux sublimations de l'hédonisme oral, mais aussi parce qu'il montre une femme active, décidant et voulant la consumation. Elle ne subit pas, mais choisit. Entre ses lèvres, le cigare devient pur objet de volupté, elle objective et chosifie le phallus masculin — de quoi susciter la résistance masculine des inconscients les mieux trempés. S'emparant volontairement et délibérément d'un cigare, la femme lui impose ses rythmes, ses cadences, ses aspirations, ses succions. Là où les hommes célèbrent leur homosexualité tribale utile pour faire le monde comme il va, les femmes montrent une triple volonté de domination, de puissance et d'ascendant non dissimulé sur le réel. Dès lors, comment ne pas effrayer les hommes ?

De quoi relèverait donc la réaction épidermique qui associe d'évidence le cigare et le monde masculin ? D'une ancestrale crainte de castration parente du vagin denté cher au cœur des surréalistes. Dans la bouche des femmes, tout comme dans leur ventre, les hommes craignent depuis toujours de perdre leur identité, leur forme, leur intégrité. Ont-ils d'ailleurs tellement tort ? Je ne sais. Toujours est-il que, réconcilié avec moi-même, moins craintif et peureux de ces ombres qui m'avaient naguère surpris à la vue du cigare de cette passante que j'eusse aimée, je me suis immédiatement surpris à désirer ces femmes-là, celles qui revendiquent l'action, le pouvoir, la puissance, l'empire sur le réel, pour qu'enfin, à égalité, nous puissions combattre, comme le supposent les jeux amoureux, la séduction et la passion, l'érotisme et le désir, afin de découvrir, *ensemble*, le plaisir des existences incandescentes.

3

UNE GÉOGRAPHIE DES ABÎMES

Depuis les premiers textes de la médecine antique, on n'ignore plus les étranges relations de l'homme de génie avec la mélancolie, sinon la folie. Par ailleurs, l'intérêt d'un être, c'est sa dimension surhumaine, ce qui irradie dès qu'il outrepasse, exagère et franchit les limites. Depuis toujours, les hivers de la raison me fascinent plus que ses étés. Or la zone qui sépare fébrilement et fragilement la raison saine du franc délire demeure fine comme un rai de lumière. Cette géographie des abîmes se montre en mots chez Hölderlin, Nietzsche et Artaud ; elle s'épanouit en couleurs, lumières et violences chromatiques chez Van Gogh ; elle se fait entendre chez Scriabine et plus particulièrement dans ses dernières œuvres. Sur ces terres inconnues des vivants sans problèmes se fomentent les révolutions qui secouent et ébranlent les siècles en gésine.

On sait Scriabine mystique et socialiste, nietzschéen et solipsiste, mégalomane et égocentrique, idéaliste et prophète. On peut le suivre en Russie, en Suisse, en France et en Italie. On n'ignore pas sa passion pour le soleil et la brûlure, son tropisme violent pour la lumière et l'incandescence, sa folie furieuse pour l'extase et la couleur — et l'on imagine que ses extases colorées auraient pu être allumées aux feux contemporains des débuts d'humanité ou frères des apocalypses destinées bientôt à consumer le monde. On se souviendra aussi qu'il était né à Noël, mort à Pâques quarante-trois années plus tard, sous les auspices d'une existence de signes et d'exception.

À l'une des extrémités de cette géographie des abîmes campe l'écorché, l'homme blessé, les nerfs à fleur de peau, avec une sensibilité de grand brûlé, les plaies vives et sans cesse ouvertes : c'est le romantique exacerbé ; sur l'autre rivage habite l'inventeur d'un nouveau langage, le promoteur d'un autre son, inouï au sens étymologique : là réside le précurseur de formes radicalement contemporaines, l'homme qui se propose d'en finir avec la tonalité, avec Franz Liszt, l'un des premiers avant la génération de la seconde école de Vienne.

L'écorché meurt d'un vulgaire et banal furoncle à la bouche — lui qui rêvait d'une musique déchiffrable en caresses et baisers ! —, emporté par une septicémie foudroyante, un jour d'avril 1915. L'inventeur trépasse avec la révolution bolchevique de 1917, soucieuse d'inféoder les musiciens à des entreprises idéologiques triviales et illustratives. Scriabine, qui aurait mérité d'être à sa place, présenté en novateur, en prophète d'un atonalisme qui marque le XXe siècle et fédère son style, a été refoulé, oublié, négligé par l'histoire. Un vocabulaire nouveau ! Pour quoi faire ? Une syntaxe novatrice ! À quelles fins ? Des agrégations rares, l'apparition de séries de blocs sonores, l'étagement de centres tonaux ! Dans quelles perspectives ? Une rythmique dionysiaque, un vitalisme sonore, une matière lyrique fluide et complexe ! Et quoi encore...

Sa brève existence lui a permis de rejoindre ou *presque* — tout est dans ce presque — la rive novatrice après avoir quitté le bord romantique. Trajet de solitaire, écartelé et travaillé par l'inspiration, frôlant sans cesse l'extase, la cherchant, la désirant, la voulant, et sollicitant dans la musique toute son antique puissance mantique, Scriabine pense et compose en démiurge. Dans les eaux troubles de la théosophie, il trouve de quoi rendre ses sons immatériaux, translucides et transparentes ses masses sonores, puis éthérées, impalpables ses chromatismes qu'il voulut rematérialiser pour mieux quitter ce monde en s'y fondant afin de réaliser un panthéisme musical lui permettant d'aborder le bruit des sphères familier aux âmes pythagoriciennes.

Si d'aventure il n'avait pas accordé son crédit à cette secte délirante, s'il avait poursuivi dans le nietzschéisme qui, trop souvent, pour lui comme pour d'autres, consistait malheureusement à choisir avec sagacité le tissu de ses gilets et la coupe de ses costumes, peut-être aurait-il rencontré Dionysos sur son chemin, puis les dissonances chères au cœur de Nietzsche qui appelait à une musique pour demain essentiellement construite sur l'écart, la mort de la tonalité, la fin de l'empire de ces harmonies qui éloignent du monde et célèbrent Apollon avec trop de ferveur. Mais voilà... Scriabine meurt à l'âge où Schönberg écrit *La Nuit transfigurée*. Non sans frissons, j'imagine la carrière du Viennois interrompue à ce moment de son existence...

Pour jouer sa musique, il a inventé un genre d'œuvre d'art totale, une construction très concrète lui permettant de réaliser les correspondances familières à Baudelaire et Rimbaud. Il veut que les sons se colorent, que les couleurs expriment et racontent des sons, il invente des claviers de lumières et des projections chromatiques en relation avec des mouvements d'harmonie et fluctuations instrumentales. L'œuvre d'art totale, elle aussi, rappelle Nietzsche et les soucis de *La Naissance de la tragédie* : revivifier une civilisation et lui donner les moyens d'un salut par l'esthétique. La mort et la politique en décidèrent autrement. Le silence plane désormais lourdement sur cette musique prophétique dont le messie a sombré corps et biens dans l'Histoire dévoreuse de singularités brûlées. Raison de plus pour l'écouter avec la ferveur d'une âme sœur.

4

TECTONIQUE DES PLAQUES ESTHÉTIQUES

Apologie de toutes les sécessions

À l'origine de l'art nouveau gît la figure émaciée de Gustav Klimt dont j'ai toujours associé l'œuvre à une odeur de mort, tenace et profonde, entêtante et puissante. Odeur fade et froide. Je ne me suis jamais réjoui, dans ses peintures, de ces corps masculins de damnés qui me rappellent les rescapés des camps de la mort — visages osseux, pointes des hanches saillantes, dos voûtés, poitrines concaves, fesses creuses ; je n'ai jamais aimé les carnations douteuses de ces femmes sur la peau desquelles se lit un genre de variation sur le thème de la putréfaction et de la décomposition — bruns, verts et bleus, sinon d'écœurants violets récurrents ; je n'ai jamais goûté les silhouettes dégingandées, les têtes coupées, les cortèges de trépassés, les femmes allongées sur leurs lits de mort comme on s'abandonne à une couche d'amour — ou l'inverse ; je n'ai jamais vibré aux chairs androgynes, aux femelles castratrices, aux serpents enroulés sur des corps de Judith, aux crânes en perpétuelle compagnie de corps féminins lascifs, et à tout ce qui annonce les épousailles de l'érotisme et de la tombe, d'Eros et de Thanatos. Klimt excelle dans cette mise en scène où le crimetière empuantit l'atmosphère.

Et son style ? Que dit Klimt tel qu'on le remarque, repère et reconnaît ? Rien moins que l'éclectisme, le composite dans lequel se mêlent symbolisme, impressionnisme mâtiné parfois de japonisme, puis préraphaélisme ou nazaréisme, ou encore orientalisme et académisme, expressionnisme, voire pointillisme. Mixte de Gustave Moreau et de Sérusier, de Monet et de Rossetti, de Horace Vernet et de Bouguereau, de Seurat et de Cornelius, Klimt japonise, herborise en campagne, sur l'eau, dans les parcs, au bord des étangs, réactualise les jardins d'Hamilcar et les chevaliers teutons, les femmes aux regards de louve et aux colliers de chiennes, ressuscite les temples siciliens, les prêtresses égyptiennes et les architectures byzantines, ailleurs il convoque les faciès orientaux ou les visages impassibles de divinités nordiques. Autant dire que sa peinture propose un modèle de kitsch avéré.

Et son monde ? Que raconte Klimt lorsqu'il habite une toile, hante l'espace et propose un réel coloré ? Vêtements, tissus et décorations fournissent incessamment le prétexte à une orgie de peaux de serpents, d'ocelles de papillons, de ventres de chenilles, de fleurs exotiques, de plumes chamarrées, de spirales végétales, de paravents orientaux, de carapaces d'insectes et autres motifs de papier peint. Les chevelures rousses et les toisons pubiennes couleur de feu, les ventres outrageusement gravides et les orbites vides de crânes grimaçants, les fadeurs chromatiques alternant avec de clinquantes hystéries colorées, tout se donne avec surabondance dans l'odeur d'encens soutenue par les violets doublés de l'or permanent qui vaut signature du peintre. Klimt montre un univers doré où flottent les corps anorexiques et vaporeux comme le tulle d'habits destinés à des ectoplasmes, il glace les os en proposant un monde dont la correspondance parfumée se trouve dans les chambres mortuaires à peine débarrassées des corps qu'on y a veillés.

Et sa métaphysique ? Le monde de Klimt procède de Schopenhauer et du Wagner bouddhiste : fascination pour la mort et emballement pour le grandiloquent, Eros contrarié par Thanatos, éloge de l'impuissance, du désir mauvais et de la libido comme faute, chair de malédiction et désirs torves, corps embarrassant, prison d'une âme qui l'a quitté depuis longtemps dans un monde sans dieu où triomphent les forces d'une vie réduite à être l'antichambre de la mort. Dans les baisers que se donnent les amants de Klimt, les vêtements tombent en suaires de luxe pour une morsure masculine imprimée sur la peau d'une femme déjà exsangue. Dans l'or et les draperies, les tissus précieux et les bijoux antiques, les chatoiements aurifères et les paillettes dorées, dans le strass scintillant et les luminosités mordorées s'annoncent les épousailles définitives du sexe et de l'apocalypse, de la libido et du trépas.

Klimt en figure centrale de la Sécession, il paraît difficile de définir ce moment de l'histoire par la volonté farouche d'en finir avec l'ornement. Il me semble qu'on doit plutôt y voir le nom donné par une génération d'artistes à sa volonté de ne pas être confondue avec celle qui précède et triomphe dans le marché bourgeois viennois du moment. Est sécessionniste quiconque avance un discours annonçant la nécessité d'une rupture esthétique avec les anciens, coupables d'avoir compromis l'art dans la marchandise. La Sécession montre en acte les effets d'une tectonique des plaques aux logiques antédiluviennes : une génération cherche son style et le trouve évidemment dans la conservation, le dépassement et la négation de ce qui la précède et fait son terreau.

Car la vingtaine d'artistes qui, le 25 mai 1897, autour de Gustav Klimt, prend ses distances à l'endroit du Künsterhaus sait ce à quoi elle aspire *théoriquement*, mais n'a encore rien trouvé *pratiquement*. Certes, elle ne veut plus de l'historicisme et de l'éclectisme, du marché inducteur de création, de peintres conservateurs et d'artistes officiels ; pour autant, elle cherche ce qui peut bien supplanter le vieux monde. Dans cet affrontement classique illustrant l'antique querelle des anciens et des modernes se joue moins clairement un nouveau style qu'une volonté travestie et obscurément affichée par une nouvelle génération de prendre le pouvoir et d'occuper le devant de la scène. Toute sécession vise toujours à recréer *ailleurs* ce avec quoi elle a décidé de rompre ici. Les mouvements nécessaires à une nouvelle cartographie font émerger, en d'autres lieux, de nouveaux continents d'abord d'une géologie et d'une morphologie identiques.

La revue de la Sécession — *Ver sacrum*, c'est-à-dire « Printemps sacré » — place son premier numéro sous le signe graphique et le patronage symbolique des forces de la nature qui brisent le trop étroit récipient où l'on a confiné l'arbre de l'art. Sève, sang, sperme et autres modalités du vouloir-vivre schopenhauerien débordent et affluent dans cette entreprise où l'on stigmatise les forces épuisées des anciens mâles contre lesquels on lance la curée et sonne l'hallali. Les jeunes écartent les vieux avant d'être eux-mêmes évincés, pas même devenus anciens, par de plus juvéniles qu'eux. Les observateurs, quand ils ne sont pas partie prenante, parlent alors de dialectique. Sinon de tectonique des plaques.

Dans cette entreprise de destruction, on se réfère à Nietzsche, le plus en avance sur son siècle et les suivants. Mais le philosophe sollicité est celui de *La Naissance de la tragédie*, œuvre inaugurale encore marquée par le wagnérisme de son jeune auteur. Fidèles au propos de ce livre des premiers temps nietzschéens, les sécessionnistes en appellent à l'art pour régénérer la société, ils attendent de son élargissement une possibilité de sauver le monde, de le transfigurer par l'esthétique. Leur volonté vise moins la politisation de l'art que l'esthétisation du quotidien sous toutes ses formes, à savoir le dessin des couverts ou l'agencement d'un intérieur, le trait d'un bijou ou la ligne d'un meuble, le tombé d'un tissu ou la géométrie d'un immeuble. Contre l'art des anciens indexé sur le produit standard, les modernes en appellent aux objets manufacturés créés sur le principe de l'art. Naissance du design, de l'esthétique industrielle, mais aussi de la révolution esthétique formulée par les dadaïstes.

Du même Nietzsche, les sécessionnistes retiennent le culte de Dionysos et son antique opposition à Apollon. Ils célèbrent l'énergie créatrice, la force de la nouveauté, la puissance de la destruction et la grandeur de la reconstruction, ils souhaitent une exploration de la vie instinctuelle et exubérante, une réorganisation du réel autour de l'axe esthétique dionysiaque. Puis, pour abriter leurs expositions, ils se dotent d'un bâtiment témoin de l'instant et annonciateur des temps à venir : le *Haus der Wiener Sezession*, monument emblématique de la Sécession viennoise.

Fort opportunément, sa réalisation associe deux puissances : l'une, dionysiaque, s'épanouit dans l'hémisphère en fer forgé, vert et or, qui surmonte l'édifice sous forme d'un entrelacs de feuilles de laurier ; l'autre, en presque base du temps floral, métaphoriquement rond, recourt au parallélépipède et au cube blancs chargés d'exprimer les principes apolliniens de la mesure, de l'ordre et de l'équilibre. Sur les murs du bâtiment, des motifs végétaux partent sobrement à l'assaut du dôme qui apparaît comme une efflorescence en sommité, preuve de l'impossible économie de nature dans ce redoutable effort de culture et d'architectonique volontariste. Sur le fronton de l'édifice s'expose la libido de la nouvelle génération transfigurée en une formule théorique sobre : « À chaque siècle son art, à l'art sa liberté »...

Le mouvement de l'histoire se poursuit. Schopenhauer et Wagner triomphent de moins en moins, Nietzsche également. Les fleurs dépérissent, les lauriers sèchent, la référence dionysiaque disparaît au profit d'un pur apollinisme. Et comme Schönberg partant des *Gurre-Lieder* pour parvenir au sérialisme de *Moïse et Aaron*, ou Webern de sa *Passacaille* mahlérienne pour inventer le *Trio à cordes (opus 20)*, les sécessionnistes inaugurent avec un Dionysos floral, promoteur de printemps sacrés, pour aboutir à un Apollon génie tutélaire de pures formes et de formes pures.

Après le kitsch généalogique de Gustav Klimt, par décantation, épuration, purification, les modernes imposent le formalisme austère, marqueur puissant du siècle. Morts et enterrés Schopenhauer et Wagner, dépassé Nietzsche, calcinées les promesses végétales, brûlées les efflorescences et les sphères de lauriers verts, la modernité se caractérise par un génie singulier du blanc, du vide et du silence annonciateur d'un nouveau dieu platonicien, sinon de Platon lui-même. L'idée pure prime l'incarnation, la forme tient lieu d'unique réel. Ainsi, la Sécession accouche d'une divinité froide et nette, sèche et austère, propre et pure.

Dénuder, dégraisser, enlever ce qui est en trop, gêne et entrave la simplicité, voilà l'obsession nouvelle. L'architecte bâtit pour faire émerger le vide ; les compositeurs écrivent une musique qui célèbre éhontément le silence ; la philosophie révèle les limites du langage, puis invite à se taire ; la psychologie des profondeurs quête à l'épicentre de l'homme les affres d'une étrange et éternelle pulsion de mort, soucieuse d'anéantir et de détruire — le néant obsède, le nihilisme œuvre, l'absence sature, seul un genre de théologie négative semble pouvoir rendre compte de ce qui advient.

En avril 1909, dans une lettre à Ferruccio Busoni,

Arnold Schönberg a quasi formulé le manifeste de cette génération — et des suivantes : « Voilà ce à quoi j'aspire : une libération totale de toutes les formes, de tous les symboles de relation et de logique. Donc : finissons-en avec le *travail du motif.* Finissons-en avec l'harmonie en tant que ciment ou pierre de construction d'une architecture. L'harmonie est l'expression et n'est que cela. Donc : finissons-en avec le pathos ! Finissons-en avec ces musiques interminables qui pèsent des tonnes ; finissons-en avec les tours, les rochers et tous ces fatras gigantesques bâtis et construits. La musique se veut brève. »

Déclaration de guerre à mort, donc, contre la logique, la relation, le motif, l'harmonie, le pathos, la longueur, la lourdeur. Naissance de la brièveté, de la concision, de la puissance, de l'efficacité, de l'acier musical, du diamant sonore, de la pureté inouïe ; généalogie du sérialisme, puis du dodécaphonisme qui donnent leurs lettres de noblesse à l'architecture rigoureuse, à la précision mathématique, au nombre, à la sobriété stricte et sobre, au dépouillement, à la nudité, à la sévérité architectonique ; avènement de la volonté quintessenciée, de la force contenue, de la puissance sculptée, d'un monde audible ouvert sur les contrées glaciales de l'ascétisme et de l'idéal étique. Webern accomplit dans cette voie ce qui peut se dire et se faire dans la concentration maximale : aux tonnes de musique sensible auxquelles Schönberg a déclaré la guerre se substituent les milligrammes de matière conceptuelle du musicien sériel le plus intégriste. « Par *art*, écrit-il, j'entends la capacité à exprimer une pensée sous la forme la plus simple, c'est-à-dire la plus *intelligible.* » Platon peut bomber le torse...

Si d'aventure la musique sérielle devait se faire forme, elle se manifesterait vraisemblablement dans l'architecture d'un Adolf Loos ou la pensée philosophique d'un Ludwig Wittgenstein. Avec Schopenhauer, définissons la musique comme de l'architecture congelée, et gageons que le son produit par Webern dans la plupart de ses pièces brèves, s'il avait eu à se pétrifier, à se geler, aurait revêtu l'allure de la maison construite par l'auteur du *Tractatus logico-philosophicus*. On sait que ce livre — le seul publié par l'auteur de son vivant, en 1921 — se propose, avec une suite d'aphorismes mis en abyme et de courtes propositions agencées sur le mode gigogne, de circonscrire le domaine propre du dicible. Le travail accompli, le langage ayant trouvé son strict domaine d'action et d'efficacité, reste une proposition, fameuse et célèbre, qui invite à faire silence sur ce dont on ne peut parler...

Pour autant le silence des mots n'interdit pas l'expression en dehors d'eux, malgré eux. La musique, par exemple, mais aussi l'architecture, sa forme visible, autorisent une tentative de circonscription de ce dont on ne peut parler et qu'on doit taire — sans l'occulter pour autant. Silence des mots, mais labilité des pans de mur, des lignes de force et de fuite, des portées et des puissances réparties, des poussées dirigées et contenues, déplacées et dérivées, des matières et de leur grain, des surfaces lisses ou grenues, des jonctions affinées et des agencements infimes, des jeux d'espace pur et des volumes suscités, en un mot, des déplacements et formulations d'idées.

Dans le silence métaphysique approprié, bruissant des particules sonores qui saturent son bruit envahissant, Wittgenstein poursuit la Sécession en s'engouffrant dans l'œuvre ouverte par elle. Pour ce faire, il organise le triomphe et l'apothéose du sobre, du net, du sec, de la maigreur, du concept acéré, coupant comme une lame de rasoir. Sa maison laisse entendre les seuls sons nécessaires : économie de moyens radicale, somptuaire pourrait-on dire ; triomphe des formes pures dans un espace pur ; asepsie et antisepsie règnent sans partage ; couleurs congédiées au profit d'un sol gris sombre et de murs clairs ; dépouillement total, ampoules électriques nues, absence de tapis, rideaux et lustres ; la précision redoutable oblige à des ajustements de spécialistes en calculs infinitésimaux et d'artisans devenus métaphysiciens ; interdiction de tout autre matériau que le béton nu, l'acier froid, le verre glacial, le métal dur et laqué ; proportions vécues sur le mode hystérique dans une numérologie extravagante — et le philosophe de surélever de trois centimètres le plafond de toute une pièce. Jamais concept n'a été plus et mieux habitable — mais en même temps jamais l'homme n'a eu si peu de place dans un espace tout entier consacré à l'idée. Naissance de l'architecture invivable du XXe siècle...

Le silence appelé par ses vœux dans le *Tractatus*, celui vers lequel tend Webern dans ses micro-matières nucléaires, la fin de l'ornement inutile souhaité par Adolf Loos, tout cela congédie sûrement et absolument le dionysisme en art au profit du seul Apollon, dieu de la forme, de la mesure et du calcul, de la sculpture et des forces plastiques, de la sobriété et de l'architecture, de la simplicité, de la transparence, du syllogisme et de la dialectique. Dionysos, quant à lui, veut la musique et l'ivresse, le chant et la danse, la vie ardente des exaltés et la subjectivité, les rythmes instinctifs de la nature, les forces mystérieuses et la jubilation des visionnaires. Au premier la science, au second le mythe. La Sécession part d'un végétal transpirant, exsudant, coulant la lymphe, puis elle produit en ce siècle le minéral incorruptible, sec, insensible au vent, à la pluie, aux tempêtes, aux orages et à la brûlure. Elle souhaite un artiste régénéré, elle obtient un monde tout entier d'art, entièrement esthétique, mais dans lequel succombe le vivant.

Le XXe siècle tout entier a vécu dans le culte du conceptuel et du minimal, de la pure forme et de la forme pure, obsédé par l'idée, travaillé par la découverte d'un arrière-monde comme on aborde des terres nouvelles afin de se consoler du désert dans un monde dévasté par les pensées du soupçon. Le jeu tectonique produit des continents nouveaux, des archipels déchirés formulent des terres inconnues. Dans cet univers glacé de fantasmes spiritualistes et idéalistes, fabriqué d'artifice intégriste et de culture intégrale, l'individu n'a pas de place. Les mathématiciens, les géomètres, les comptables, les chiffreurs, les scientifiques, les théoriciens, les spéculateurs, les structuralistes, les formalistes, les ingénieurs, les techniciens, les physiciens règnent sans partage, organisant le culte d'Apollon sans aucun souci de Dionysos.

Une nouvelle sécession, aujourd'hui, devrait viser la restauration des prérogatives du poète associé au dieu de l'ivresse et des pampres, complice des forces vitales. Le silence des conceptuels mérite maintenant d'être troublé. Aspirons à de nouvelles bacchanales intellectuelles. Qu'advienne une sécession qui rematérialise le monde, le réenchante, le revivifie — loin de tout ce qui, depuis cent ans, consacre le triomphe de la pulsion de mort, de l'odeur fade des boucheries, âcre des charniers, écœurante des carnages, en remède, justement, à toutes ces catastrophes pourvoyeuses des cimetières annoncés par les corps de Klimt.

5

DANS LES PLIS DE LA VOILE NOIRE

Pour Patrick Scemama.

Et si paradoxalement, dans *Le Gai Savoir*, Nietzsche fournissait les clés pour une lecture de Wagner au-delà de toute polémique, par-delà le ressentiment et l'animosité ? C'est mon hypothèse : le philosophe cerne au mieux le musicien, il se situe au plus proche du compositeur quand il ne parle pas directement de lui, mais précise généralement qu'une œuvre suppose toujours la confession d'un corps, l'autobiographie transfigurée d'une douleur, d'une souffrance, d'un trajet personnel et singulier. Loin des imprécations de l'ami éloigné, de l'homme floué, du jeune homme dessillé lisibles dans les pamphlets, Nietzsche propose une physique à l'origine de toute métaphysique qui pourrait bien valoir pour généalogie et phénoménologie de *Tristan et Isolde*.

L'œuvre en aveu sublimé d'un corps qui souffre, voilà qui autorise une mise en perspective de l'opéra et de ce que fut Richard Wagner dans un temps précis — les années 1854 à 1859 — et dans une géographie donnée — les séjours à Venise. *Tristan et Isolde* propose une sublimation conceptuelle rendue audible par une Sérénissime utilisée en instrument pour musiquer cette douleur. Wagner souffrant use de la cité comme d'un orchestre. Sang, cœur et désir, passion, tourment et conscience, destin, larmes et fatalité, Nietzsche désigne les ingrédients de la cristallisation des douleurs et de leurs métamorphoses sonores.

De peines qu'elles étaient, elles deviennent des œuvres d'art et dispensent leur démiurge de succomber à de trop puissantes violences. Vivre, pour Wagner, c'est magnifier l'incandescence, transformer le gel des âmes amoureuses et interdites en brûlures éternisées par les mythes. Tristan surgit dans l'existence du compositeur parce que Don Juan travaille son âme jusqu'à la mettre en péril. La réalité ne devient supportable, pour l'artiste, que sublimée, réécrite, rêvée, elle se justifie en fournissant l'occasion d'un dépassement, d'une mise à distance. Quand Richard Wagner s'englue dans les rets d'une comédie bourgeoise, il n'obtient son salut qu'en formulant une tragédie métaphysique. À défaut d'aisance chez Feydeau ou Labiche, son quotidien, il sollicite le souffle d'un Shakespeare ou d'un Racine. Survivre est à ce prix...

Tristan et Isolde, une confession travestie de Wagner sur sa libido ? Essayons. Pour ce faire, suivons au plus lointain les péripéties de la vie bourgeoise du compositeur. Car Isolde et Tristan, puis le Roi Marke, voire l'épisode du philtre renvoient explicitement à la vie quotidienne du musicien, à sa biographie. En l'occurrence à son rapport aux femmes. Je dois au seul René Leibowitz — faut-il que les autres biographes ou plumitifs sur ce sujet aient été prudes, chastes ou désireux de nimber la respectabilité du maître d'un silence coupable pour ne pas confirmer ou démentir ! — l'information selon laquelle Wagner a trouvé la mort à Venise dans les bras de la servante de Cosima, sa femme, après avoir moins montré pour elle les langueurs de Tristan que les ardeurs de Don Juan.

Certes, les biographies signalent qu'on a enlevé à Wagner quelques pièces de vêtement dans le premier moment de l'attaque fatale. Mais le plus souvent pour entendre qu'on tâchait ainsi de faciliter sa respiration, son souffle et son rétablissement. En créateur puissant et magnifique, en héros de son œuvre et bâtisseur de son empire esthétique, Wagner disposait, comme la plupart de ceux qui officient dans la catégorie des géants, d'une libido débordante, envahissante, impérieuse. Femmes, maîtresses, relations ancillaires, épouses légitimes et compagnes illégitimes, Wagner montre un tempérament plus abuseur de Séville que Montaigu langoureux. Et *Tristan et Isolde* vaut comme un exercice de détournement de sa propre libido sur un terrain idéalisé, sublimé. Traversé de désirs, abîmé par un vouloir-vivre impérieux, le corps devient l'instrument de sa rédemption dans une œuvre où priment jeux de miroirs, renversements, transfigurations, miroitements et scintillements tous azimuts.

Biographie de sa libido, donc. On sait que le compositeur a toujours cru en son génie — il avait raison —, tout en cherchant quels mécènes pourraient bien, de son vivant, lui permettre de se donner tout à son art et de se consacrer entièrement à l'écriture musicale. Dans les années 1857 et suivantes, la famille Wesendonck l'accueille dans une villa à proximité de la sienne à Zurich. On reçoit souvent le compositeur chez les Wesendonck où l'on se soucie beaucoup des horaires, des désirs de chauffage et de couvert d'un Wagner assez brillant dans le rôle-titre du sans-gêne — il en convient d'ailleurs. Richard vit alors avec Mina mais assaille Mathilde Wesendonck d'une franche assiduité. Lorsqu'il achève le texte du poème, il le lui offre. Puis il avoue l'incapacité où il aurait été de le rédiger sans elle. Pour l'intendance ? Ou plus ? Dans sa réponse, Mathilde rend plus pertinente la seconde hypothèse et avoue son bonheur d'avoir rendu possible le plaisir du maître — elle le prend dans ses bras. Geste périlleux et risqué en direction des tempéraments à la libido furieuse...

Ne se retenant plus, Wagner envoie à Mathilde une lettre pour lui déclarer sa passion. Sa femme Mina intercepte le courrier et menace la destinataire de tout révéler à Otto Wesendonck, le mari. La devançant, pour la priver de tout ascendant, cette dernière informe son époux des ardeurs de Richard. Crises de Mina, scènes de ménage et de jalousie. Wagner propose à sa femme d'adopter un enfant, et, dans le même temps, il envisage le divorce et le remariage avec une Mathilde elle aussi séparée de son mari ! Passons sur les détails, Wagner quitte Zurich, et commence à entretenir une flamme durable pour Mathilde...

Le recyclage de cette passion, sa transfiguration, son travail, ses impasses, ses promesses, ses limites, son empire dans l'âme de Wagner, ajoutés à son talent pour métamorphoser, transfigurer, réécrire l'histoire, sa mégalomanie, ses abattements récurrents, ses travers cyclothymiques, son romantisme exacerbé, sa libido désœuvrée, tout se combine pour faire œuvre via les actes, scènes, leitmotive et partitions de *Tristan et Isolde*. Avec la matière d'une pièce de boulevard vécue *douloureusement* dans son quotidien, Wagner produit *esthétiquement* un opéra emblématique du genre. Retenons qu'à l'époque paraît *Madame Bovary*...

Venise accueille l'exercice de ce renoncement. La biographie de la libido wagnérienne échoue là, au bord du Grand Canal, sous le plafond haut du palais Giustiniani. Don Juan éconduit par une épouse qui lui préfère son mari et ses enfants invente Tristan, son contrepoison, son antidote, son contrepoint, peut-être, aussi. La Sérénissime devient la ville de cette entreprise, de cette métamorphose d'une libido active et triomphante, conquérante et impérieuse, en idéal ascétique associé à l'impuissance, à la tragédie des vertus ennuyeuses.

Lieu de naissance de Tristan, elle agit encore dans l'imaginaire fantasmatique du plus grand nombre en lieu kitsch pour pèlerinage des jeunes mariés, amoureux et autres fiancés encore ignorants de l'universelle fatalité du destin des époux Bovary. Tristan ayant épousé Isolde avec la bénédiction du Roi Marke n'aurait pas manqué de conduire son épouse sur la place Saint-Marc où ils se seraient abîmés, hypnotisés et tremblants, sous un vol de pigeons salissants.

Wagner s'installe donc dans la cité, avec son cortège d'angoisses, de peurs, de solitude et de pensées sombres. Le désir, l'amour et la mort, dans ce lieu pourtant magique et magnifique, s'épousent pour enfanter de sinistres clichés. On doit au compositeur allemand, me semble-t-il, d'avoir réussi cette métamorphose de Venise : faire sombrer la ville de Casanova, puis donner naissance aux langueurs qui, après Maurice Barrès et Thomas Mann, ne cessent de célébrer Venise en cité de l'épuisement et du désir attrapé par la queue — pour le dire comme Picasso. Le libertin s'éloigne en direction d'un château hongrois, Wagner arrive sous le dais noir d'une gondole où il ressasse les craintes du temps du choléra. Fracture entre deux métaphysiques et deux mondes...

De la fenêtre du train, enthousiaste après avoir aperçu Venise pour la première fois, Wagner jette son chapeau par la portière. Mais la jubilation est de courte durée. Du *Tristan*, qu'il avait imaginé comme « une sorte d'opéra italien », il ne reste bientôt plus que les accords sombres, lourds et pourpres — pareils aux tentures et capitons de portes exigés par Wagner dans le palais qu'il investit. Sang et sexe, mort et amour. Au milieu du grand salon, en précurseur moderne, il installe son seul meuble : un piano Erard qui l'accompagne de ville en ville dans son errance aux parfums délétères. Alors, il se sait en mesure d'affronter les mystères et les puissances de la ville. C'est le moment choisi par son corps pour une dysenterie qui l'empêche de travailler le temps nécessaire au tribut de la chair.

Dès son rétablissement, il compte sur Venise pour disposer du surcroît d'énergie qui lui fait défaut. Mélancolie, angoisse, désolation, il ne voit que ruines en descendant le Grand Canal et trouve Venise opprimée, abâtardie, sans intérêt, triomphant dans le mur lépreux et la façade décrépie, tout juste bonne à fournir un prétexte aux touristes en quête de station balnéaire. Pas de compagnie — en dehors de son ami Karl Ritter — ni de sorties mondaines. Maigre plaisir narcissique, il entend la clique militaire autrichienne — alors armée d'occupation — interpréter *Rienzi* et *Tannhäuser* que personne n'applaudit, patriotisme oblige. Dans les rues, Wagner promène son vague à l'âme. Il emmagasine émotions, sensations et perceptions. Sorties en gondole sur le Grand Canal, en direction du Lido, au soleil couchant ; quête dans le ciel de la comète traçant cette année-là sous la voûte étoilée ; trajets habituels entre le restaurant de la place Saint-Marc et le jardin public ; promenades le long de la Riva ; découvertes, au détour d'une rue, d'une chorale populaire dirigée par un employé de l'Arsenal.

Et puis, une nuit son esprit chavire sous l'empire du dialogue mélancolique qui détruit l'âme de tous ceux qui l'ont entendu, le soir tombé, dans l'entrelacs des petits canaux et des ruelles : le chant des gondoliers, cette plainte rude venue d'on ne sait où et qui traverse Venise comme un vent coulis, chaud, sous les ponts, les arcades, qui contourne l'angle des palais ou des maisons modestes, frôle la surface des eaux croupies et vertes dans lesquelles miroite la lune — longue mélancolie émouvante qui touche la tête, broie l'âme, serre le ventre, étreint et renverse. Les gondoliers aux voix qui défient l'histoire et le temps sculptent l'espace sonore exigu de la cité.

Wagner, donc, puis Nietzsche — d'autres, naguère —

ont senti leur destin empoigné par ce chant qui fait violence malgré sa simplicité et qu'on emporte avec soi dans la tombe. Wagner parle d'un hurlement d'animal, d'un profond gémissement, d'une exclamation indicible. Il avoue que la sensation a duré en lui jusqu'à l'achèvement du second acte de *Tristan* et que peut-être il y trouva les « sons plaintifs et traînants du chalumeau au commencement du troisième acte ». Pourquoi pas, même, l'ouverture sublime de cet acte dont les cordes rappellent la menace de l'*acqua alta* ou le scintillement noir des eaux qu'on croit profondes ? Ou, déchirantes et violentes jusqu'à la commotion, les premières mesures de *Douleurs*, l'un des cinq *Wesendonck-Lieder* ? Musique de menace et de mort, de frayeur et de terreur, de mélancolie jetée au visage des amants comme la denture d'un animal furieux.

Wagner songe au suicide, il l'écrit. Puis adresse un courrier à Mathilde. Elle le renvoie non décacheté et joint à son silence le cadeau dérisoire d'un service à boisson et d'une tasse. « Je me consume complètement dans cette musique », écrit-il. Suit une éruption de furoncles à la jambe. Quatre semaines allongé, incapable de travailler, il lit une histoire de Venise et, certainement pour le moral, relit Schopenhauer. Avec sa modestie coutumière, le compositeur entreprend de « combler les lacunes du système du philosophe ». Dans une lettre à celle qui occupe son cœur, il confie : « Je reprends à présent *Tristan*, afin qu'il puisse vous parler de l'art profond d'un silence résonnant. » Puis il apprend la mort d'un jeune enfant de Mathilde, envoie ses condoléances, passe Noël et la Saint-Sylvestre seul. Reste son souci de se donner intégralement à cet *art profond d'un silence résonnant*.

À quoi ressemble ce silence qui, depuis, a fait tant de bruit ? À la mort, à celui de la camarde après son ouvrage, quand plus rien ne la retient sur le lieu de son forfait ; silence du trépas, du cadavre, du froid qui engourdit le cœur et l'âme, glace le sang et paralyse le cerveau ; silence auquel aspire Schopenhauer de toutes ses forces en appelant à la négation du vouloir-vivre, au renoncement, à l'extinction des désirs, à la destruction et à l'interdiction des plaisirs, à la haine du corps et de la chair — *Le Monde comme volonté et comme représentation* agit en évangile pour tous ceux qui haïssent la vie et chérissent la seule impassibilité des tombeaux ou l'infini désert des cimetières ; silence des âmes qui ont renoncé, vaincues par Thanatos et désertées par la vie : *Tristan* est l'opéra de cette odyssée vers un monde où rien ne bruit, pas même les planètes, et où l'amour véhicule ces transports funestes.

Le livret écrit par Wagner célèbre le désir comme une malédiction, raconte le ressentiment impuissant, confiné à l'interdiction, il clame les noces barbares entre l'amour et la mort, le sang et le désir, le crime et la passion, le deuil et l'extase. Le poème regorge du sirop négateur oriental qui sature alors Wagner — il songe à un opéra bouddhiste qui aurait pour titre *Les Vainqueurs* et célébrerait lui aussi les vertus du renoncement, les grandeurs du désespoir et l'héroïsme du tempérament suicidaire. Le long texte lyrique du compositeur trahit le besoin de compensation : contre la comédie du réel, il invente la tragédie du sublime, l'imaginaire lyrique, épique et magnifique, l'amour et ses rendez-vous avec la mort en lieu et place de ses compromissions avec l'incurable ou le trivial des jours qui se ressemblent. Dans une lettre, Wagner l'avait écrit précisément : « Comme dans mon existence je n'ai jamais goûté le vrai bonheur que donne l'amour, je veux élever à ce rêve, le plus beau de tous les rêves, un monument dans lequel cet amour se satisfera largement d'un bout à l'autre : j'ai élaboré un *Tristan et Isolde* d'une conception musicale la plus simple, mais aussi la plus pléthorique ; et dans les plis de *la voile noire* qui flotte sur mon dénuement, je veux ensuite m'envelopper pour — mourir. » *Ite missa est.*

Et l'on comprend que Wagner s'évertue à célébrer tout ce qui peut mettre à mal sa libido, ce qui peut, chrétiennement, l'avilir, la salir, la couvrir de haine et de mépris, de boue et de sanies. Il s'agit de porter le cilice, de macérer, de souffrir et de mettre à l'épreuve cette énergie noire et sale. Il faut se tourmenter, se torturer, se martyriser — le salut est à ce prix. L'amour inflige des douleurs à réduire par le renoncement. Le refus de laisser parler le vouloir-vivre, les désirs et la volonté de plaisir fournit l'impératif catégorique de l'idéal ascétique.

D'où la sublimation, dans le livret, de ce qui pourrait paraître trop trivial dans le réel du compositeur : Wagner en Tristan, Mathilde en Isolde — amour impossible, philtre redoutable et privant de toute liberté, empire de la nécessité amoureuse. Otto Wesendonck en Roi Marke : par la magie transfigurée de l'œuvre d'art, il devient soudainement l'époux qui consent et donne sa bénédiction, puis l'ami qui saurait n'avoir pas été trahi par son fidèle et preux chevalier servant, et qui aurait tout compris de la force absolue, radicale, totale, du vin herbé, cette potion emblématique de l'absence du libre arbitre. La tragédie sublimée permet d'éviter les affres de la comédie réelle. À Mathilde, il écrivait une fois de Venise : « Vous entendrez un jour un rêve féerique que, là-bas, j'ai fait résonner en musique. » Un rêve, rien qu'un rêve...

Car le philtre consommé par erreur — dans la mythologie de tous les Tristan — ne saurait convaincre un mari jaloux, trompé ou en passe de le devenir. Trop de pharmacie ou de philosophie, pour une conscience blessée, trahie ou craignant de l'être. Le vin herbé figure idéalement le vouloir-vivre cher au cœur d'Arthur Schopenhauer. De quoi se compose cette décoction préparée par la mère d'Isolde ? C'est une tisane d'*impetus* spinoziste, une quintessence de volonté de puissance nietzschéenne, un jus de libido freudienne, en fait, de nouveaux noms pour une vieille boisson que les bouddhistes et les tenants de toutes les religions, judéo-chrétienne entre autres, connaissent depuis toujours puisqu'ils la stigmatisent et en organisent la prohibition, traquant tout ce qui ressemble à cette liqueur de désir.

Pour avoir préféré le jardin des simples, la cornue des alchimistes ou le magicien herboriste, les exégètes négligent que le philtre prouve l'existence visible d'une force qui nous échappe — elle nous est d'abord extérieure — et nous habite après que nous l'avons bue en toute innocence. Schopenhauerien intégriste, Wagner enseigne l'inexistence du libre arbitre, la soumission au règne de la nécessité, l'impossibilité de choisir, l'incapacité à vouloir librement, la seule liberté possible dans le retournement du désir contre lui pour en finir avec sa puissance. Négation du vouloir-vivre : réparer la faute du désir par la mort, avaler le calice du vin herbé jusqu'à la lie et consentir à mourir. Eros soumis à l'empire de Thanatos, terrassé et détruit par lui, voilà l'objectif.

Aux yeux de Wagner désireux de se justifier auprès de sa femme et des époux Wesendonck, le philtre prouve qu'on ne choisit pas d'aimer, qu'on succombe à la passion comme à une maladie, envoûté par elle, emporté sur des flots à la surface desquels on n'a pas désiré appareiller. Il exprime que nous ne sommes pas le centre de nous-même, il trahit notre appartenance à une force qui nous dépasse, nous déborde et nous contient. On succombe à la passion comme à une rupture d'anévrisme. Wagner le sait puisqu'au cours de son travail sur *Tristan*, après dysenterie et furoncles, il doit supporter un érysipèle du visage — affections pas plus choisies que sa libido. Doux philtre qui dispense de la culpabilité chère aux vendeurs d'arrière-mondes !

Du nectar au poison, les conséquences de l'amour sont claires : rien n'existe hors la passion. L'amour, puissance asociale, voire antisociale, pulvérise les convenances et plus rien ne compte. Respectabilité et regard d'autrui, sens de l'honneur et de la parole donnée, promesse honorée et amitié chevaleresque, tout s'écroule, meurt et s'effondre. Voilà pour la nature de la passion. Mais sa destination ? La tragédie ou la comédie. Aucune alternative en dehors de ces vérités d'évidence. L'amour sans la mort qui l'achève, c'est le risque ridicule de la conjugalité dans la vie quotidienne.

À quoi ressemblerait la tragédie wagnérienne si elle devait composer avec un roi qui pardonne ? Marke bénissant Tristan et Isolde parce que informé de la nature spécieuse du breuvage ? Enfin affranchi par la lecture de Schopenhauer ? Définitivement prêt à oindre l'union des tourtereaux ? Qu'on transpose : Otto Wesendonck consent au divorce, Mina également. Richard épouse Mathilde qui, elle aussi, obtient la séparation maritale par consentement mutuel. Kurwenal et Brangaine en témoins dans l'opéra, Karl Ritter et Hans von Bülow dans la vie. Noces. Alors Richard vit bientôt avec Mathilde ce qu'il expérimente avec Cosima : l'officialisation d'une relation, les délices rapides de la paternité, puis les tromperies qui apparaissent fatalement quand, à nouveau, l'ennui et la négligence sapent le couple à force d'avachissements quotidiens et de mesquineries au jour le jour. Alors surgissent les plaisirs de l'adultère bourgeois. Et dans le droit fil, nul *Tristan et Isolde* à l'actif de l'époux fraîchement nouveau père. Comédie...

Tragédie, en revanche, la mort associée au plus près à une histoire d'amour. Mort physique ou symbolique par la rupture sans retour. En associant le désir à la mort — désir de mort et mort du désir en perpétuelle danse macabre —, on assure l'éternité à une passion amoureuse. Philtre de mort, nécessité du vouloir et suicide métaphysique, éthique du renoncement, esthétique de la pulsion de mort retournée contre soi, l'amour devient une folie furieuse, un étouffement, une lente agonie pour une mort programmée avec laquelle se nourrit le spectacle. « Détresse du désir », chante Tristan. Et plus loin : « Pour quelles destinées suis-je bien né alors ? Pour quelle destinée ? L'antique mélopée me le redit : me consumer de désir — et mourir. » Tristan meurt, Isolde aussi et Marke de conclure : « Tout est donc mort. » Oui, tout est mort — un jour ou l'autre, aujourd'hui ou demain, tout meurt.

Nietzsche a beau jeu — il aurait eu tort de s'en priver — de disserter sur la passion wagnérienne pour l'idéal ascétique, lui qui célébrait sans cesse les forces affirmatives. Dans *Nietzsche contre Wagner*, il écrit : « Wagner est une névrose », ses opéras sont tous construits sur « de purs problèmes hystériques ». Puis il explicite : « [il] flatte tous les instincts nihilistes [bouddhistes] et les travestit en musique, il flatte toute forme de christianisme, toute forme religieuse qui exprime la décadence ». Le livret déborde d'effluves et de miasmes mortifères, de théories méphitiques et de métaphysique nécrophile. À l'origine, écrit Nietzsche, pour apprécier et aborder la musique il fallait savoir danser, aujourd'hui, il faut savoir nager. J'ajouterai : dans les eaux froides et sombres de Venise.

Si donc ce *silence résonnant* coïncide avec celui des tombeaux et des cimetières, qu'en est-il — après le livret comme trace biographique de la libido du compositeur — de la musique de *Tristan* ? Wagner précise qu'avec cet opéra, il entend donner ses lettres de noblesse à « l'art insondable du silence habité par les sons ». Si, dans le poème, il fallait que Tristan meure, dans la partition, il s'agit de pousser la musique jusque dans ses derniers retranchements afin que la tonalité trépasse, même si d'autres accomplissent le travail. Le héros éponyme de l'opéra fournit un équivalent à la tonalité : incapable de trouver ses résolutions, mise en demeure d'apporter des solutions aux problèmes musicalement posés, mais demeurant suspendue, elle se délite, se défait, miroite et propose en remplacement un maillage fugitif, mobile, dépourvu de centre, d'axe et de point de repère sur lesquels organiser la composition dans son ensemble.

Dans une lettre à Mathilde, Wagner précise : « Mon art le plus subtil et le plus profond, je voudrais pouvoir l'appeler maintenant l'art de la transition, tout mon œuvre artistique est composé de telles transitions [au sens de *graduations*] [...]. Mon chef-d'œuvre dans l'art subtil est sans doute la grande scène du deuxième acte de *Tristan.* » Avec ces pages d'écriture musicale disparaissent explicitement plusieurs siècles de tonalité utilisée selon les canons d'une beauté en passe de périr. La musique exprime ici la nostalgie douloureuse d'une unité impossible à réaliser. Celle de Tristan et d'Isolde, de Richard et de Mathilde, de l'homme et de la femme, du désir et du plaisir, du réel et de l'imaginaire. Les syncopes régulent des étagements, des simultanéités de discours musicaux et des diversités rythmiques — des lignes différentes comme le sont les destins individuels, impossibles à faire se rencontrer sur le mode harmonique de la coïncidence ou de la complémentarité.

Dans l'œuvre, on repère des tensions languissantes pareilles à celles d'un désir toujours retardé, différé, jamais d'actualité. Le discours schopenhauerien y trouve son illustration et il se pourrait bien que Wagner comble là, et de cette manière, les lacunes du philosophe. L'arythmie oblige la physiologie à un rythme qui contraint le corps. La musique creuse la chair. Le point de repère rythmique régulier, les pulsations naturelles, un cœur et ses battements, les poumons et leur respiration, voilà qui disparaît au profit d'un essoufflement, d'un étouffement. Le désir travaille l'auditeur de la même manière que Tristan ou Isolde : dans la violence d'une pathologie, dans la contrainte, sous l'effet d'un philtre — musical en l'occurence. Les tonalités deviennent flux incontrôlables, elles agissent en réseaux, en rhizomes. Wagner renonce à offrir des centres harmoniques, sa cathédrale est liquide, sans arc-boutant solide, sans clé de voûte, sans arcature de pierre.

Où l'on retrouve Venise et ses eaux. *Tristan et Isolde* propose un jeu entre quatre tons chromatiques qui forment un motif cherchant sa résolution dans l'accord parfait : l'opéra quête cette solution introuvable et introuvée. Les musicologues concluent qu'étant donné sa structure, le problème est insoluble, mêmement en amour. L'insoluble fait le drame, il le fonde, À Venise, *Tristan* propose le pur reflet de l'état d'esprit de Wagner travaillé par sa libido, incapable de lui donner une forme et préférant, pour ce faire, la détruire et la nier plutôt que l'apprivoiser, la sculpter, en faire quelque chose sur le terrain purement sexuel et érotique. En fait, le Wagner de *Tristan*, c'est Schopenhauer en musique. Autant dire le contraire de Nietzsche.

État d'âme, forme et couleur de l'esprit, mélancolie et tentures rouges, sang brun ou pourpre, odeurs d'eau croupie, tracé de la comète, gueule d'un animal au visage de gondolier, barques funèbres, murs effondrés, architectures décadentes, amour noyé, enfant mort et femme lointaine, ressentiment et sublimation, solitude, isolement, jardins sur la lagune et sorties nocturnes dans les ruelles obscures, musiques devenues lointaines et rapportées par les canaux, chapeau voltigeant dans l'air, souvenir du choléra, angoisse, furoncles et dysenterie, érysipèle et désir de suicide, minable tasse à thé, lettre encore cachetée, tout cela miroite et scintille sur l'eau de Venise. La musique de *Tristan* obéit à cette logique du reflet.

Un siècle plus tard, Luigi Nono dit sa tentation de faire de Venise un immense instrument de musique pour en capter l'énergie, s'en inspirer, y donner des sons faits pour y résonner, luire, tinter, réverbérer et sonner selon son architecture, dès lors qu'on aura pris soin d'écouter les pierres rouges et les pierres blanches. La musique de *Tristan* rend possible la modernité, elle dit, dans le délitement, la décomposition, les impressions de l'amoureux fou de Venise, envoûté, halluciné, voyant ce que d'autres ne voient pas ou percevant ce que la plupart n'entendent pas. Dans quelques-uns de ses poèmes consacrés à la Sérénissime, Nietzsche célèbre les scintillements, les arabesques d'or dans les splendeurs de rose, il dit aussi le chant dans les nuits brunes, puis l'apparition de gouttes d'or, leur disparition dans les surfaces tremblantes. J'entends ces images dans le maillage de la musique de Richard Wagner. Nono confiait à Cacciari : « L'inaudible enfin rendu à l'écoute, c'est là qu'est la magie de *Tristan*. »

Pour expliciter cette forme singulière, moderne, Luigi Nono en appelait au *gibijiana*, un mot du dialecte vénitien signifiant le miroitement, l'absence de fixité de toute image réverbérée par l'eau qui fait tout bouger, mouvements qui dynamisent les formes, les supposent, semblables et différentes, mêmes et autres, toujours dans un réseau, sans cesse dans un ensemble, mais jamais mobile, fixe ou arrêtée. Comme le désir. La musique de Wagner suppose cette magie des gémissements de la lumière, cette impossibilité de congeler de l'architecture signant la spécificité audible des musiques *d'avant*. Dans son combat douloureux contre la libido, Wagner met à mort un mythe et une tradition — deux victimes. Après lui, le chant, la voix, la musique, tout se nourrit à ce râle des gondoliers, cette plainte animale ininterrompue depuis.

Finalement, *Tristan et Isolde*, c'est Venise tout entière, état d'âme et mémoire liquide, musiquée par un Wagner tâchant d'éteindre sa vitalité dans un monde qu'il veut à son image ; c'est l'amour jeté dans un brasier afin qu'il se résolve par la mort et l'odeur âcre des fumées agréables au nez de dieux inexistants ; c'est la transfiguration esthétique d'une comédie bourgeoise et douloureuse en tragédie métaphysique et mystique ; c'est la conjuration de la chair, du corps, du désir et du plaisir dans des formes proliférant sur les fumiers judéo-chrétiens ; c'est la paix des ménages, ou ce qui s'en approche, obtenue par le détour stellaire et le crochet dans la Voie lactée ; c'est l'empire de cet « art profond d'un silence résonnant » via les seuls *plis de la voile noire* quand pourraient se célébrer de fastueuses vitalités ; c'est le maillage lumineux et changeant d'une eau où le feu se dilue en éther sonore ; c'est l'alchimie d'hallucinations auditives trahissant à peine les douleurs d'une chair en proie aux forces qui la travaillent ; c'est définitivement le roman de l'énergie gaspillée, diluée, perdue, quand avec elle on eût pu allumer les brasiers à l'aide desquels, dans le lointain le plus indécis, avant l'aube, on signale les profondeurs hauturières pour y révéler au plus vite les pliages et les ramures d'une voile blanche.

6

UNE COMÈTE DANS LA NUIT DES MUSÉES

Dans le monde des musées que je veux imaginer silencieux, la nuit, quand les hordes de touristes les ont désertés, j'ai depuis toujours une affection particulière pour Jérôme Bosch. Les lumières éteintes, lorsque demeurent les veilleuses et, vraisemblablement, le ronronnement presque félin des caméras de surveillance, il me plaît de croire que les créatures du Flamand reprennent leur autonomie et délaissent le long figement dans lequel on peut les voir de jour. Rats montés par des hommes, poissons chevauchés dans le ciel par des couples, oiseaux anthropophages ingurgitant goulûment, squelettes aux bucranes musiciens, raies crucifiées sur des voiles pour d'improbables voyages, cruches aux jambes animales et autres inventions de génie, tout cela doit être entendu, marchant, mangeant, vessant, criant, hurlant, grognant, sifflant, susurrant, riant, courant — enfin, vivant. Sûrement pas dans l'immobilité silencieuse ou dans la fixité des insectes crucifiés par les entomologistes.

À Madrid, Vienne, Lisbonne, Copenhague, São Polo, Bruxelles et Venise, dans tous les endroits où il m'a été loisible de contempler des toiles du maître néerlandais, j'ai toujours connu des nuits habitées par les songes entrevus en amont dans la peinture. Entre la veille et le sommeil, dans l'interstice de l'endormissement, j'ai imaginé les créatures tomber des œuvres sur le plancher du musée et envahir les salles, non loin de Brueghel ou de Patinir, de Cranach ou Altdorfer, que j'admire avec une même passion. De Jérôme Bosch, j'aime tout : la subjectivité radicale, la singularité incontestable, le style inimitable. L'absence de maître autant que d'élèves. Bosch trace en comète dans la nuit des musées.

Me plaît aussi la redoutable résistance opposée à tous ceux qui s'essaient à percer son mystère. Car les rêveurs d'alchimie, les thuriféraires de magie, les vendeurs d'adamites, les dévots du colportage illustré, les promoteurs de littérature orale décalquée, les traqueurs d'inconscient noir, ne parviennent jamais à réduire l'épaisseur métaphysique de cette peinture et à la rendre intellectuellement limpide. Jamais autant qu'en ces endroits d'exposition je ne me suis tenu immobile, conquis, muet de fascination, pétrifié devant ces œuvres gigantesques, monumentales. Devant de plus petits formats, aussi, au musée Galdiano de Madrid, j'ai senti mon temps propre s'abolir et, requis par la puissance des œuvres, je suis entré dans celui de Bosch : temps des apocalypses et des catastrophes, des ruines et des guerres, du feu et du sang, de la monstruosité et de l'imaginaire quintessenciés. De sorte qu'après avoir vu mon premier Bosch — c'était à Venise, au palais Ducal — je me suis décidé, chaque fois que cela serait possible, de ne jamais quitter une ville visitée où il y aurait une toile de Bosch sans manifester une dévotion particulière à son endroit, son temps et son monde.

Paris et Saint-Germain-en-Laye semblaient faciles, en passant, un jour d'obligation dans la cité. Je m'enquis des Bosch susceptibles d'être vus dans la capitale : un seul. Au Louvre. *La Nef des fous*. Qu'importe. Un peu déçu de n'y pas voir un triptyque du genre madrilène ou lisboète, j'ai pris un jour mon billet pour cette nef. Évidemment, là où elle était, je ne l'ai d'abord pas vue. Ensuite, son petit format — 57,8 x 32,5 — la rendant discrète, je suis passé à côté sans même la remarquer. Enfin, mis en présence, j'ai ajouté à ma déception — mais pour un temps seulement — en n'y retrouvant pas le monde fabuleux et habituel dans les peintures du maître. Pour autant, bien que petite, seule, sinon solitaire, isolée et presque au paroxysme de la discrétion, j'ai eu plaisir à y entrer, y circuler et, comme toujours en pareil cas, à rentrer chez moi pour tâcher, ma bibliothèque aidant, de comprendre un peu mieux ce que j'avais vu.

En fait, après avoir reposé sur mon bureau ce gros œil animal qui me sert de loupe, *La Nef des fous* m'a donné l'impression d'être une œuvre lisible comme l'exact inverse d'une cène, d'une passion et d'une crucifixion. Disons-le autrement : comme une peinture présentant les œuvres de l'Antéchrist. Précisons : le bois peint exposé au Louvre propose une barque saturée de personnages. Elle vogue avec à son flanc bâbord deux nageurs nus. L'un porte une coupe et tous deux veulent monter à bord pour rejoindre l'équipage dans sa volonté délibérée de volupté. Car on y boit sans retenue, au point qu'en poupe l'un des passagers vomit par-dessus bord. Au total, dans cette scène, on compte douze personnages — autant que d'apôtres aux côtés du Christ.

D'une certaine manière, on rejoue ici la Cène en l'absence de sa figure centrale. D'autant que dans le bateau, au pied du mât, on remarque un plan sur lequel pourrait reposer l'équivalent des instruments de la messe : le gobelet comme ciboire, l'assiette pour patère et les cerises en guise de référent marial. Les fruits, mais aussi les objets du culte, sont négligés par les passagers : ni noyaux qui trahiraient les cerises mangées, ni un regard, ni un geste, on ne surprend aucun souci de qui que ce soit dans l'embarcation pour ces figures de la Passion sinon commémorée, du moins suscitée, rappelée. La barque en métaphore du monde, le plan comme symbole de la Cène, l'indifférence des participants nettement théâtralisée, tout est mis en place pour la scénographie et le message de Bosch : les hommes ont détourné leur regard des vérités enseignées par la Cène et la Messe.

Ensuite, si je me prends à imaginer le mât du bateau comme la partie verticale de la croix, je vois s'organiser autour de lui un certain nombre des figures habituellement associées aux scènes classiques de crucifixion. Pour exprimer le blasphème contenu dans l'inversion des valeurs, la charge est puissante puisqu'en lieu et place du Christ se trouve une volaille. Certains commentateurs prétendent qu'il s'agit d'une oie. Symboliquement, l'oie blanche, vertueuse à souhait, s'offrait dans les campagnes médiévales par un garçon à une fille quand il voulait l'inviter à se débarrasser de sa pudeur et de ses réticences. Cuite comme elle est montrée dans l'œuvre de Bosch, on imagine sans peine la nature des résistances de l'ancienne jeune fille. De sorte que la volaille rôtie signifierait la vertu cuite — pardon pour le raccourci — et le vice accompli.

Si d'aventure cette image éminemment païenne, sinon triviale, équivaut à la figure christique, essentiellement sacrée, présentée dans son inversion, alors l'œuvre du peintre montre une crucifixion de l'Antéchrist, une transvaluation réalisée, une proposition de signes négatifs à retourner pour obtenir des valeurs et des coefficients positifs. Continuons sur cette hypothèse : au pied du mât à entendre comme une croix, on remarque, dans l'eau, la coupe quasi offerte et tendue par l'un des nageurs pour recueillir un sang du Christ sous sa forme antéchristique : un pur et simple vin, produit brut de la vigne en dehors de tout symbole.

De la même manière, au sommet, dans les branches d'un genre d'arbre de Mai avec lequel habituellement le peuple s'amuse lors des fêtes villageoises — quand il devrait recouvrer son sérieux si d'aventure il avait le souci de la croix, instrument de la Passion —, on découvre en guise d'INRI un visage rond et lunaire de chouette qui annonce moins le Jésus de Nazareth roi des Juifs *(Iesus Nazarenus Rex Iudaeorum)* que la toute-puissance des forces nocturnes et négatives déchaînées après la tombée du jour et la fin de la lumière. À moins qu'en lieu et place du même INRI, on retienne l'étendard rose au croissant de lune. Alors il faudrait y voir soit le drapeau turc qui correspond à l'hérésie venue d'Orient — rappelons que Bosch naît l'année où l'empire de Byzance disparaît, Constantinople passant aux Turcs —, soit le banal croissant qui rappelle l'alternance de la croissance et du déclin dans l'éternel retour des cycles. Le moment de l'œuvre correspondant à une époque de déclin et de décadence, d'obscurcissement.

Si l'on peut envisager cette œuvre comme une inversion de crucifixion ou de passion, alors on doit repérer les figures qui dans pareil cas hantent les scènes de ce genre. Ainsi des soldats romains qu'on pourrait retrouver dans le personnage qui monte à l'assaut de la volaille crucifiée avec un couteau à la main, armé comme le soudard qui perce le corps du Christ avec une lance. De même le fou avec ses attributs — bonnet avec oreilles d'âne, vêtement aux couleurs spécifiques, sceptre, marotte —, lorsqu'il porte la coupe à ses lèvres, rappelle le Romain à l'éponge imbibée de vinaigre. À moins que l'un et l'autre, en voleur de volaille et en fou ivrogne, correspondent aux deux larrons.

Ainsi, au pied de ce mât qui fait songer à la croix, on constate que se font face un moine et une religieuse jouant du luth. Pourquoi ne pas songer ici, en négatif, à saint Jean et à la Vierge habituellement prostrés aux pieds du Christ ? Au lieu de l'affliction des figures testamentaires, l'œuvre de Jérôme Bosch propose des individus préoccupés de musique et de jeu, tout entiers dans le divertissement, au sens donné par Pascal à ce terme. L'un et l'autre s'adonnent à une étrange activité : mordre à pleines dents un pain insaisissable et tournoyant dans l'air accroché à une ficelle. Deux autres personnages concourent en même temps et l'ensemble assure de coupables proximités de bouches. Le pain trivial et banal du boulanger et le jeu traditionnel renvoient, dans l'inversion bien sûr, à l'Eucharistie, au pain azyme de la célébration eucharistique.

Par ailleurs, la figure de Marie Madeleine pourrait bien être, dans l'esquif, cette femme coiffée, une cruche à la main, touchant l'épaule d'un homme affalé, presque dans les prémices d'un allongement voluptueux. De même, traditionnellement, on trouve au pied de la croix, à droite et à gauche, l'Église et la Synagogue, les yeux bandés. Or, dans la peinture de Bosch, l'Église semble figurée par un homme qui tient le gouvernail de la nef des fous — un genre de pelle à boulanger — alors que la Synagogue, à gauche sur l'œuvre, coïncide tout à fait avec un homme aveugle.

Cène, Passion et Crucifixion représentées dans la logique de l'inversion de valeurs ? Pourquoi pas... Je veux retenir que l'embarcation vogue de droite à gauche, du positif vers le négatif. Sans équivoque, l'arrière-plan de la peinture montre la côte, la terre ferme d'où vient le bateau : il n'est qu'à regarder le vent dans l'étendard, il souffle de tribord à bâbord. La proue est dirigée vers la pleine mer, inconnue ; la poupe s'éloigne de la terre et de ses certitudes. Le cap est mis vers l'athéisme, en direction du paganisme, sinon du nihilisme, autant de folies aux yeux du peintre. À l'arrière du bateau pend un poisson, un maigre poisson. Ce qui est bien loin des pêches miraculeuses retirées des filets lorsque Jésus accompagnait de sa ferveur les apôtres au lac de Tibériade.

Sur ce bateau, les hommes ont perdu la raison, parce que entièrement soumis aux pouvoirs et puissances de l'alcool en quantité dans le tonneau, et bu plus que de raison, ce dont témoigne le fou qui vomit à la mer, malade. Vers quelles terres se dirige cette nef ? Vers Narragonia, le paradis des fous ? La réponse se trouve vraisemblablement dans une œuvre conservée dans les tiroirs de la collection des dessins à Vienne. On y peut découvrir une nef des fous embrasée, punie par le feu divin et purificateur. Les historiens d'art avancent l'hypothèse que cette œuvre fonctionnait à l'origine avec celle du Louvre, en un diptyque aujourd'hui impossible.

L'embarcation, oublieuse des enseignements du Christ, païenne et paillarde, tout entière soumise aux plaisirs de la nourriture, de la boisson, de la musique, du jeu, sinon de la chair — les cinq sens y sont ainsi conspués —, va sans discussion vers des terres de feu, des incendies et des brasiers, des apocalypses et des métamorphoses monstrueuses. Ce qui attend l'homme oublieux des enseignements de l'Église, le Fou, donc, c'est une inévitable damnation dont le peintre raconte les tourments et les vicissitudes. Comme tous ses contemporains, Bosch fait une peinture apologétique, catholique et désireuse — en cela fille de la Renaissance — d'un christianisme moins produit par les officiels de l'Église que tourné dans la direction des croyants. On croyait alors encore à l'enfer. Depuis, on ne se prive plus de le laisser proliférer sur terre.

Dans la nuit qui s'achève, au Louvre et au Prado, à Vienne et à Rotterdam, le temps des hommes ayant besoin de repos, j'imagine que les petits monstres, faisant des bruits d'insectes sur les lattes du parquet ciré, retrouvent la brûlure des déserts égyptiens avec Antoine, les terres arides de Gethsémani, les géographies mirifiques de Patmos, le mont Ararat où gît l'arche de Noé, sinon le jardin des Délices dans lequel, parfois, les champs ont des yeux et la forêt des oreilles. Aux premières lueurs de l'aurore, aux premières coulées de lumière dans les musées, tout retrouve sa place, fixé, figé, silencieux et immobile. Avant les prochaines pérégrinations, la nuit suivante.

7

QU'IL FAUT S'AFFRANCHIR DES ÉLÉMENTS

Si d'aventure un ingénieur présocratique existe encore en cette fin de siècle, c'est vraisemblablement Panamarenko, inventeur de machines ludiques en prévision de voyages pour des destinations inexistantes. Son dessein ? S'affranchir des éléments, les isoler, les voir, les soumettre à son propre vouloir, voler, nager à la surface de l'eau ou dans ses profondeurs, courir ou se déplacer à des vitesses excessives, sortir même des éléments connus pour viser l'éther, au-delà de l'air et des signes répertoriés par la physique classique. Artiste et bricoleur, ingénieur et poète, physicien et concepteur, Panamarenko augmente les possibilités du corps. À la question : « que peut le corps ? » il répond : plus que ce qu'on croit habituellement. Plus et autrement, différemment, libéré des contraintes de la gravitation universelle, de la loi de la chute des corps, de la résistance en milieu liquide, ou de tout ce qui nous arrime à ce monde-là, il vise un univers insoumis aux contingences et rebelle aux nécessités du nôtre.

Élargir le réel, ouvrir de nouvelles possibilités de se mouvoir, lâcher l'imagination comme on libère une meute de chiens sur ce qui résiste et soumet le corps aux pesanteurs d'un indépassable registre terrestre, voilà qui anime ses projets. D'où un investissement maximal du côté des prothèses, des outils, des objets, et autres machines utiles et nécessaires à cette conquête de nouvelles terres dont la cartographie demeure subjective, aléatoire et relative à son seul désir. Conquistador d'un continent de lui seul connu, abordable par sa seule sapience, habitable selon son seul souhait, il transfigure le réel de tout un chacun en base pour inventer les moyens d'un embarquement.

Pour s'avancer sur le chemin, où ce qui prime est moins l'aboutissement que le cheminement, Panamarenko propose des moyens. Si la fin suppose l'affranchissement à l'endroit des éléments, les moyens nécessitent l'investissement et l'actualisation, sur le terrain esthétique, de ce que Gilles Deleuze appelait le « devenir-animal ». Personne autant que lui ne veut ce devenir-animal, au point que son existence même, sa vie quotidienne, son environnement et ses aspirations enseignent le désir puissant d'une confusion des genres, et d'un effacement des lignes de démarcation entre les deux univers. Devenir poisson, devenir oiseau, devenir insecte, devenir chameau, le bestiaire trahit la volonté de puissance sur les éléments et l'aspiration à s'en jouer par le vol, la nage ou la course.

D'où une mythologie zoophile qui convoque l'archéoptéryx, le ptérodactyle et le hoazin, les mammifères et oiseaux volants fossilisés, pétrifiés dans des minéraux ou empaillés, comme ce volatile préhistorique toujours vivant dans les jungles amazoniennes, retrouvé, chassé, récupéré par l'artiste, maintenant empaillé dans son atelier ; d'où la volière dans laquelle il habite, au milieu d'oiseaux en liberté, aras, toucans, martins-pêcheurs, rouges-gorges, perroquets qui sectionneraient un doigt d'un seul coup de bec, ou passereaux inoffensifs aux déjections perpétuelles ; d'où l'aquarium dans l'eau duquel glissent, faussement ingénus, des poissons baroques, chatoyants, bariolés, traînant derrière eux des appendices languides et qui sont tous dangereux, carnivores comme les piranhas, mortels à la consommation tel le fugu ; d'où, enfin, derrière une porte de verre, enfermé dans une cuisine transfigurée par la poussière, les dépôts crasseux du temps, la mâchoire grande ouverte d'un pitbull aboyant, le regard rouge, comme teinté du sang attendu et espéré au passage des enfants.

Voler, nager, courir, devenir céleste, aquatique ou terrestre, voilà les aspirations de Panamarenko : se libérer des éléments et revêtir, pour ce faire, les plumes du ramier, les nageoires du requin, les jambes du camélidé. Dans les touffeurs, moiteurs et senteurs de cette serre où transpire une jungle portative, à son propre usage, Panamarenko élabore des machines inspirées de ces animaux. Soit pour leurs formes, soit pour leurs capacités, soit pour leurs performances. Un œil sur le canard ou la teigne, le hanneton ou l'iguanodon, la libellule ou le rat — qu'il capture à la main avec une évidente satisfaction de chasseur pacifique, avant de le relâcher près du canal d'Anvers —, il invente de singuliers moyens de se mouvoir dans l'air, sur l'eau, en elle ou à la surface de la terre.

Pour voler, Panamarenko échafaude des projets qui l'apparentent aux ingénieurs de la Renaissance autant qu'aux avant-gardistes de l'aéronautique du XXe siècle, ce qui n'exclut pas, pour autant, une parenté avec les amateurs de machines célibataires et autres engins à produire des fantasmes esthétiques. Avions et fusées, ballons dirigeables et ailes delta, hélicoptères et autres prototypes volants font l'objet des pensées, soins et attentions de l'artiste. Il s'agit d'en finir avec la gravitation universelle, la loi de la chute des corps, de se faire plus léger que l'air et d'inventer, pour son propre usage, des instruments à fendre l'atmosphère, à se mouvoir en lui comme en un liquide amniotique, dans la plus parfaite simplicité et en toute insouciance. Quand la technique ne suffit pas, pure et dure, la poésie prend le relais, elle le doit même. D'où la proposition d'une paire de chaussures magnétiques pour marcher au plafond, la tête en bas (casquette rembourrée utile, nécessaire, puis indispensable lors de l'expérimentation, elle fait partie du dispositif), sinon d'un tapis volant, d'un sac à dos, voire d'une automobile céleste. Ou d'une soucoupe du même acabit.

Quand il s'agit de s'affranchir de la terre, Panamarenko célèbre la vitesse, le tout-terrain, la course, autant dire la fin de l'entropie — cette évidence de la thermodynamique —, la conjuration de la lenteur, du ralentissement, de l'immobilité. Le tout vise, en ligne d'horizon intellectuelle, le mouvement perpétuel, l'absence de frottement, donc d'usure. Rêve de métaphysicien, sinon de démiurge, propos d'un Dieu déterminé, cette tentation d'arrêter le temps, de le conjurer, de lui imposer un rythme et une cadence artificiels en agissant sur sa formulation spatiale installe l'artiste aux commandes d'un vaisseau habituellement destiné aux scientifiques.

L'étymologie aidant, il fallait bien que le dromadaire fût l'animal emblématique de l'obsédé de mouvement. Précurseur artiste de la dromologie d'aujourd'hui, Panamarenko reproduit le mécanisme animal de la jambe, du bassin, de leur articulation, il aime les corps coupés à moitié, sans buste ni tête, qui se meuvent pareils aux saintes et saints décapités qui, chez Jacques de Voragine, ne s'embarrassent pas d'une simple décapitation et continuent leur chemin, animés par un désir fou d'avancer toujours plus. Le dromadaire singé, reconstitué, amputé, se fait parent de voitures, de vélos, de chars à chenilles et autres instruments qui débordent les hominiens contraints d'expérimenter leurs limites. Reste à les chevaucher, enfourcher, monter, diriger, conduire.

Enfin, pour se rendre maître et possesseur de la nature, afin de soumettre l'eau quand l'air et la terre ne résistent plus, Panamarenko attaque l'élément liquide, en surface aussi bien qu'en profondeur. Déjà, dans son panthéon animal, on rencontrait naguère des crocodiles ou une baleine, sinon des libellules, tous animaux qui effleurent les surfaces ou s'en nourrissent pour l'oxygène nécessaire à leur combustion, donc à leur être. Amphibien, l'artiste entend cette fois-ci en finir avec le principe d'Archimède. Il ne veut pas que les corps plongés dans un liquide reçoivent une poussée verticale qui, on connaît la suite, menacent de disparaître s'ils ne sont pas récupérés dans les meilleurs délais. Sur l'eau, à la surface, il jette son Scotch Gambit, une machine qui tient de l'insecte aux pattes fragiles et au corps bombé, mais aussi un vélo de mer ; à l'interface de l'espace lisse et des courants sous-marins, striés et animés de mouvements, il destine l'accélérateur de natation, un mécanisme natatoire dont l'efficacité théorique est maximale ; enfin, au plus profond, dans les limbes aquatiques, Panamarenko habilite le scaphandre, modeste, ou le sous-marin, discrètement immodeste, mais lui aussi très redoutable d'efficience conceptuelle.

S'affranchir des éléments en recourant au devenir-animal, voilà une fin et des moyens nets, précis. Comment donc l'artiste peut-il s'y prendre pour réaliser la jonction de ces deux temps ? Tout d'abord, il envisage une métaphysique de l'énergie sans laquelle rien ne serait possible. Elle suppose le déplacement, la preuve de l'existence humaine dans un monde *a priori* hostile. L'objectif ? Capter des forces, les maîtriser, les dompter, les canaliser et leur demander d'irriguer le mécanisme de l'architecture machinale. Car il s'agit de se mouvoir dans un élément résistant. Contre les pommes de Newton, les échauffements de Cournot, les baignoires d'Archimède, Panamarenko invente des occasions de mouvement et convoque champs magnétiques et moteur solaire, turbine à hélice et ressort à torsion, sustentation thermique et propulsion atomique, démultiplication musculaire et dilatation au mercure, et autres machines à réaction ou à explosion.

À l'aide de ces instruments destinés à produire, emmagasiner et restituer l'énergie, l'artiste réalise le fantasme matérialiste du siècle des Lumières — celui des automates de Vaucanson et de la philosophie de La Mettrie : l'homme-machine, sinon l'animal-machine. Squelette, muscles, influx nerveux, circulation sanguine, système respiratoire, tout se retrouve transfiguré par le génie de l'artiste en équivalents mécaniques, structures métalliques, charpentes de bois, tiges et tringles de fer, rivets, moteurs, soufflets, élastique et carburant. De l'homme à la machine via l'animal, le trajet est celui d'un métaphysicien qui inverse les valeurs et pratique un vitalisme à rebours. D'où un effacement des limites : ce qui fait machine en l'homme vaut modèle pour traquer ce qui, en la machine, finirait par la montrer humaine.

Panamarenko réalise le rêve futuriste de Marinetti créateur d'un Mafarka dans lequel se confondent le mécanisme matériel et la machine vive, l'animal et l'humain, l'organisme et les prothèses, le mécanique et le vivant — rappelons que Bergson, le philosophe aimé des futuristes, définissait le comique comme le placage et le pliage de l'un sur l'autre. Ainsi élargi, décuplé, l'homme étend son existence au-delà des limites imparties par la nature. L'artifice fournit l'occasion de cette maîtrise et de ce dépassement. L'existence humaine, contenue dans les bornes fixées par l'évidence, déborde et peut envisager les projets d'un épanouissement encore impensé. Voler, nager, courir, augmenter les possibilités du corps, sculpter l'énergie, expérimenter le devenir-animal, envisager une métaphysique de l'énergie, puis se moquer des bornes naturelles, voilà un baptême de l'artiste en sujet prométhéen familier des gestes de la création.

L'étymologie, une fois de plus, raconte l'acte créateur, par lequel adviennent des formes constitutives de l'acte poétique. Dans son entreprise esthétique, Panamarenko promeut des traces poétiques utiles pour un trajet intellectuel, un cheminement mental et conceptuel. La pensée du poète prend le risque d'une cristallisation dans des objets dont la nature extravagante et sérieuse, inutile et fonctionnelle, saugrenue et essentielle, trahit une dilection singulière pour la méthode oxymorique. Happenings et dessins, objets et maquettes, collages, mais aussi textes théoriques sinon existence esthétique, tout, chez Panamarenko, contribue à l'importance dérisoire de l'exercice artistique.

La réussite d'un objet poétique devient manifeste dès que se profile la confusion des registres réels et imaginaires, lorsqu'on ne sait plus qui, du rêve ou de l'invention, des intentions ou de la réalisation, des projets ou de l'aboutissement, dispose d'une plus grande charge de vérité. Entre le mécanique plaqué sur du vivant et le vivant singeant le mécanique, la vibration enregistre. Elle produit l'énergie avec laquelle se formulent l'humour, la drôlerie et la dérision dont Panamarenko fait montre. Dans la confusion des ordres et des registres, avec les reliefs de cette alchimie du devenir-animal, les traces cristallisées en objets poétiques s'apparentent à des glossolalies.

Langage destiné à des civilisations inexistantes, pour des peuples encore en gésine, en des mondes pour l'instant sans consistance, les œuvres de l'artiste visent l'entrée royale et sans encombre dans une quatrième dimension où l'on pourrait se prévaloir de la rencontre du troisième type. Désireux de quitter ce monde trivial de la vie quotidienne et des embarras, Panamarenko semble vouloir voler vers des cieux plus cléments, en direction d'un éther inexploré, à bord d'un vaisseau spatial doué de vitesses faramineuses. Tout autant, il donne l'impression de viser les fonds abyssaux, vers le monde du silence, sans lumière, sombre et dépeuplé, sinon habité par des créatures primitives et blanches, solipsistes et monstrueuses. De la même manière, il laisse penser qu'il n'a de cesse de courir vers une destination inconnue, au-delà du désert, pour laisser loin derrière lui l'endroit dont il vient et qu'il connaît trop bien. Sa glossolalie vise la communication éventuelle avec un monde auquel il aspire puissamment. Très haut, très bas, très loin, Panamarenko veut atteindre un ailleurs, aborder des contrées où le devenir-animal vaudrait laissez-passer et autorisation de séjour perpétuel.

D'où l'ouverture d'une cosmogonie planétaire au regard de quoi le fiasco ou le succès, l'échec ou la réussite ne présentent aucune espèce d'importance. La valeur d'un objet poétique, d'une création singulière ne se mesure pas à l'aune des critères valides dans un monde réduit aux chiffres par les formules mathématiques de Newton, Cournot, Archimède et les autres. Quand notre Occident soumet la physique aux mathématiques, à la vérifiabilité, à la falsifiabilité, à l'expérimentation, et autres billevesées de l'épistémologie classique, Panamarenko invente la soumission des sciences physiques au seul registre poétique. Qu'importe alors les terres atteintes, seul compte le voyage y conduisant hypothétiquement.

Fort de ce discours sans méthode et de cette épistémologie fantasque, soutenu par cette science faussement inexacte, tout autant que par ses inexactitudes drôlement scientifiques, Panamarenko assiste à l'endommagement de ses machines, à leur inaptitude à donner ce pour quoi on pouvait les imaginer désirées et voulues, à leur incohérence magnifique dès qu'elles s'affrontent à la résistance du réel trivial : les avions finissent par ne pas voler, les chaussures magnétiques sont l'occasion, pour leur expérimentateur, de tomber du plafond, les ballons à hydrogène fuient et se trouvent en perdition dès le premier vent, avant d'être formellement interdits de vol par les autorités, le U. Kontroll III subit le confinement au garage pour cause d'hiver rigoureux et de balsa détérioré par l'humidité. Voire, franchement emblématique de sa participation d'un autre monde, l'artiste propose une théorie nouvelle des masses dans un livre dont les pages sont blanches...

Au-delà de l'option classique d'une théorie viable à la lumière de ce que la pratique a déjà enseigné, d'une pensée élaborée conceptuellement en regard d'une viabilité expérimentale, d'une révolution mentale proposée dans le souci d'une coïncidence avec les leçons de l'*habitus* classique, l'artiste pense que, même invalidée et infirmée par un passage à l'acte catastrophique ou désastreux, la théorie qui préside à l'événement vaut pleinement et entièrement, en vertu du principe que l'évidence constatable dans le réel sommaire ne saurait prendre le dessus sur les possibilités magnifiques de l'imaginaire.

La pratique, la praxis, le pragmatique, l'expérimental ne relèvent pas du monde de Panamarenko qui obéit à ses propres règles. Notamment celle de la valeur intrinsèque de l'invention, de sa puissance contenue dans l'objet poétique lui-même, indépendamment de toute validation venue de l'extérieur. L'utopie n'existe pas chez l'artiste, tout juste une atopie, et encore. L'irréalisable n'a pas de statut, il n'existe que de l'irréalisé. Et les œuvres montrent un *work in progress*, un travail en train de se faire, cheminant pour la fondation et la généalogie d'une cosmogonie nouvelle — d'un genre néo-fouriériste. Au centre de ce nouveau monde, inabordé plus qu'inabordable, l'artiste continue son travail, appliqué et obstiné. Le microscope en main, il attendait, il y a peu, les premiers mouvements et frémissements de sa soucoupe volante. Le microscope en main, certes, mais aussi le sourire aux lèvres, et l'œil malicieux.

8

LÀ OÙ SE CONSUME L'HISTOIRE

Incontestablement, ce qui semble animer la génération d'intellectuels du dernier quart du XXe siècle relève de raisons troubles, sinon de justifications étranges. Peu importent les noms, ils viennent immédiatement à l'esprit tant ils saturent régulièrement l'information sur le principe et le fantasme du militantisme préhistorique : meetings à la Mutualité, pétitions dans la presse, défilés sous banderoles, mots d'ordre simplistes, protestations médiatiques, adresses publiques, messages, lettres ouvertes ou libres propos dans les journaux et magazines, harangues télévisuelles dramatisées, mises en scène diverses, pourvu qu'elles appellent le théâtre, le public et le spectacle.

Leur Père à tous, y compris sur le terrain des erreurs et des errances, des approximations et des légèretés, des incohérences et des inconséquences, reste la vieille figure de Jean-Paul Sartre dont les dates de naissance et de décès (1905-1980) correspondent globalement à la première révolution russe et à l'arrivée de François Mitterrand au pouvoir en France. Soit une tragédie générant en cascade la plupart des événements du siècle, puis une comédie qui l'achève et le dilue dans l'insignifiance. Entre ces deux moments, plusieurs millions de morts nourrissent sans vergogne et jusqu'à satiété la rhétorique d'une quantité incroyable d'intellectuels.

Verdun, Leningrad, Rome, Berlin, Stalingrad, Auschwitz, Hiroshima, la Kolyma, Saigon, Alger, Pékin, La Havane, Pol Pot, Sarajevo et Belgrade, Kigali deviennent pour eux des occasions de disserter sur la guerre, la révolution, le fascisme, le nazisme, le système concentrationnaire, la bombe atomique, le colonialisme, les formes du marxisme, les nationalismes, le droit d'ingérence, l'épuration ethnique. Disserter pour qui ? À destination de quels auditeurs ? Pour produire quels effets ? Afin d'infléchir quels acteurs ? A-t-on jamais vu un chef d'État, un révolutionnaire professionnel, un militaire en charge des affaires d'un pays, un dictateur régnant sans partage sur des millions d'individus se soucier de l'avis de penseurs européens ? Imagine-t-on Pétain, Lénine, Mussolini, Hitler, Staline, Truman, Mao, Castro, Milosevic ou Clinton accessibles aux protestations de clercs français ?

L'engagement dans la carrière intellectuelle procède de la croyance au fantasme platonicien du philosophe-roi, ou du roi-philosophe. Platon croyait possible la réalisation du politique par l'initiation d'un homme de pouvoir à la philosophie — Denys de Syracuse, par exemple —, ou par l'éducation d'un individu à la sagesse dans le dessein d'en faire un roi le moment venu. Comme si la fréquentation de cette discipline rendait meilleure la personne qui s'y adonne au point de lui permettre d'exercer le pouvoir en le protégeant des poisons qu'immanquablement il sécrète et des perfidies qu'inévitablement il appelle ! Quand un philosophe devient roi et persiste dans sa fonction royale, *de fait* il cesse d'être sage ; de même, si un roi devient vraiment philosophe, il s'empresse de quitter le trône et l'abandonne illico à moins avisé que lui sur les mécanismes du pouvoir que lui découvre la pratique philosophique véritable.

Au contraire de l'intellectuel qui imagine possible la

collusion avec le Prince, le philosophe campe sur des positions radicales car il connaît l'antinomie absolue entre l'homme de savoir et l'homme de pouvoir, entre l'exercice de l'intelligence et celui des affaires de l'État, entre l'éthique de conviction et l'éthique de responsabilité, entre la théorie pure et le pragmatisme impur, entre la vertu rêvée et le cynisme incarné. Une invitation à la table de l'Élysée a pour seule conséquence de flatter le narcissisme du plumitif invité. Qui peut concevoir un chef d'État prenant avis et conseil de tel ou tel penseur avant de décider une réforme importante ou d'engager la Nation sur un terrain essentiel ? Combien se sont mis au service du Roi pour fournir des études, animer des commissions, rédiger des rapports, proposer des projets, formuler des notes de synthèse, théoriser un avis — avant de constater qu'on destinait leur travail à la poubelle dès le premier jour ? Un politicien aux plus hautes charges ne croise et n'entretient dans son entourage que des courtisans, des flatteurs, des opportunistes ou des parasites. Tout mandarin qui fréquente ce genre d'homme se condamne à endosser l'un de ces habits. On ne rend pas intellectuellement avisé, et encore moins intelligent, quelqu'un qui gouverne.

Pourquoi donc écrire des pétitions, rédiger des adresses si les gouvernants s'en moquent ? À quoi bon passer son temps à réunir des comparses, à tenir meeting, à militer ? L'intellectuel veut-il exercer une pression sur l'opinion publique, modifier les points de vue du plus grand nombre ? Entend-il éclairer non plus le Prince, mais la masse ? Si oui, alors pour quoi faire ? Car en démocratie comme en tyrannie les peuples ne disposent pas de la puissance d'infléchir les politiques menées par les hommes d'État, uniquement soucieux de souveraineté et de représentativité quand il s'agit d'obtenir les suffrages nécessaires à leur accès au pouvoir. Quelles raisons justifient l'engagement de l'intelligentsia si ni le Roi ni ses sujets ne l'écoutent et ne l'entendent ? Si tous n'en ont cure ?

Bien souvent, un intellectuel ne s'excite sur une cause que pour la prendre en otage, s'en servir, l'utiliser à des fins personnelles, privées et peu ragoûtantes. Sinon, quel besoin aurait-il de crier dans le désert en sachant qu'on ne l'écoute pas ? D'ailleurs, même si on l'entend, on se moque de ses prêches comme de vaticinations d'ivrogne. L'engeance ne parle donc ni aux puissants, ni aux faibles, ni à ceux qui décident, ni à ceux qui subissent. À qui, alors ? À elle-même. Non pas sur le principe du monologue — encore que... —, mais sur celui du microcosme, du cénacle. Son verbe, malgré un détour par l'universel, s'adresse la plupart du temps au petit théâtre privé dans lequel la corporation se donne en spectacle. La convocation de l'universel dissimule souvent le minuscule et piètre intérêt égocentrique.

Dans la relation de l'intellectuel et du Prince, le pouvoir et le désir de dominer se partagent équitablement. D'une part le penseur, l'écrivain, le théoricien, le philosophe en mal de territoire à contrôler ; d'autre part, le chef d'État, le dirigeant, le décideur, le responsable, désireux d'un semblable espace où il puisse organiser, expérimenter et jouir de sa pure puissance. Moins ennemies qu'amies, les deux instances fonctionnent selon les mêmes règles : l'élection d'un gagnant suppose l'éviction des prétendants. La guerre mène le jeu, elle vise la désignation d'une tête élue et, simultanément, l'élimination de toutes celles qui dépassent.

L'homme de cléricature laïque se sert des causes collectives et mobilise les grands concepts (le Droit, la Loi, l'Humanisme, les Conventions Internationales, la Civilisation, la Culture, la Morale), il agite les grands épouvantails (le Génocide, l'Ethnocide, l'Extermination, le Massacre, la Barbarie, les Camps, le Fascisme), il convoque les grandes figures tutélaires (Hitler, Staline, Pol Pot) — et, bien évidemment, ne produit aucun effet auprès des tyrans, des présidents ou des masses. Reste l'apocalypse toujours déclenchée dans le milieu par la prise de position de l'un d'entre eux avant tous les autres. L'horreur réside moins dans l'histoire sanglante récupérée à son profit que dans le fait de se trouver pris de court par un congénère plus malin ou plus vif que soi à s'emparer du porte-voix.

D'où une floraison de livres, libelles, pamphlets, articles, interventions médiatiques qui signifient avant tout le combat germanopratin de lutte pour le contrôle et la maîtrise de la réputation publique et nationale. L'intellectuel contemporain sert moins une cause qu'il ne l'utilise pour assurer et asseoir sa domination symbolique dans la presse, l'édition et les médias. Dans ces lieux de pouvoir parisiens, le vocabulaire de la guerre fonctionne pour caractériser de ridicules luttes intestines : enlever une page de quotidien à la manière d'une forteresse, mener une contre-offensive à l'endroit d'un adversaire trop avancé dans des positions menaçantes, mobiliser des forces et manœuvrer des troupes pour créer un événement éditorial dans les magazines, opter pour une stratégie, défendre une tactique, puis emporter le combat, planter son drapeau personnel sur la position acquise — et ainsi acquérir la gloire microscopique.

Les clans, les castes, les tribus, les cénacles qui ferraillent pour l'intellectuel en vue agissent en activant les réseaux de revues, de journaux, d'hebdomadaires, de collections éditoriales. Les journalistes aux ordres s'excitent également et soutiennent, ou attaquent. L'illusion se crée sans difficulté : la chose montrée, dite, exprimée publiquement acquiert immédiatement le statut de vérité révélée. Sous couvert de causes universelles, planétaires, humanistes et de civilisation, les prises de position médiatiques permettent la mise en avant et en évidence d'une figure emblématique autopromue.

Du Cambodge au Kosovo en passant par le Koweït, la Bosnie et le Rwanda — en oubliant bien sûr la Palestine, le Tibet, l'Irlande, le Kurdistan et autres géographies négligeables parce que trop peu visibles ou rentables —, les intellectuels du dernier quart de ce siècle utilisent savamment les causes médiatisées, négligent les autres, et se désintéressent immédiatement de ce qu'ils déclaraient fondamental une minute plus tôt, dès que les équipes de télévision lèvent le camp et que les journalistes se lassent, puis passent à autre chose. Le temps de leur indignation coïncide très exactement avec celui de la prise de vues, pas une minute de plus.

Dans ces affaires parisiennes de lutte pour le contrôle du pouvoir médiatique, l'universel masque le particulier, le global dissimule le local, le général cache le singulier. Toujours, d'ailleurs, ces clients potentiels à la visibilité maximale habitent et vivent à Paris où les stratégies de pouvoir s'activent et se désactivent. Là, et nulle part ailleurs, se fomentent les coups d'État, se prévoient les renversements de situations, se fabriquent les attentats avec lesquels se ménage l'entrée sur la scène où se donne le spectacle impudique. Derrière les grandes causes médiatisées se jouent les luttes pour contrôler la parole et l'image, pour quantifier au maximum les apparitions, pour les construire de la façon la plus visible et la plus remarquable possible.

Or, pour optimiser sa puissance de frappe, l'intellectuel mondain et parisien a tout intérêt à simplifier le monde, banaliser la complexité, élire le binaire, le sommaire et le manichéen. Peu lui importe la compétence, peu lui chaut le travail ou l'avis informé d'un spécialiste de la question par lui confisquée. Du jour au lendemain, il improvise sur les sujets les plus complexes qui, pourtant, nécessitent les analyses les plus fines. Les savoirs du géographe ? Pour quoi faire ? Les lumières de l'historien ? À quelles fins ? Celles du linguiste, du stratège ou du diplomate ? Dans quel but ? L'éclairage de l'ethnographe, du folkloriste, du sociologue, de l'anthropologue ? Inutile. À quoi bon croiser ces approches, perdre son temps, puisqu'il s'agit avant tout d'occuper le terrain le plus vite possible et d'arriver le premier sur le lieu du crime.

Sur le rôle du pétrole dans les émirats arabes, les conflits tribaux en Afrique noire, la dimension politique du Coran, la nature des relations entre les peuples balkaniques, le caractère alternatif à l'occidentalisme d'une forme d'islamisme radical, l'état des forces militaires stratégiques mondiales, les jeux de puissances polémologiques planétaires, voire sur tout autre sujet placé sous les feux de la rampe, l'intellectuel improvise sans difficulté, sur-le-champ. Jamais il ne reconnaît son incompétence notoire. Pas plus n'avoue-t-il la nécessité, pour se forger un avis, de travailler, s'informer, enquêter en amont sur le sujet proposé, et autrement que dans la précipitation habituelle des salles de rédaction journalistiques.

De même dispose-t-il d'un avis à rendre immédiatement public sur les organismes génétiquement modifiés, l'apparition sur le marché d'un médicament palliant les déficiences érectiles, les nouvelles techniques de fécondation artificielle, la pratique de la musique contemporaine, la traçabilité dans l'agroalimentaire, la fonction de l'art d'aujourd'hui, comme sur tout autre sujet qui va de la mort d'une princesse dans un accident de voiture à la dissolution d'une Assemblée nationale en passant par les enjeux ou la métaphysique du pot catalytique. Même s'il renonce à ne pas savoir, l'intellectuel, quand il sait, sait parfois peu. Très peu. Qu'importe. L'essentiel réside dans la forme, la manière d'énoncer, le style. Là où la compétence manque, la morale moralisatrice et l'incantation verbale comblent le vide.

Nul besoin de recourir à la raison, à la démonstration, à la logique, à l'argumentation, il suffit d'assener les vérités sur le mode de l'indignation, de la colère, de la révolte, d'en appeler au scandale, à l'odieux, à l'inqualifiable, de vitupérer, d'élever le ton, de s'emporter. Un intellectuel exaspéré, voire déchaîné, la voix étranglée, le regard injecté de haine, voilà ce à quoi la télévision nous a habitués. Chacun se souvient des gesticulations de tel ou tel, tout en ayant oublié ce qui motivait un pareil cirque. L'acteur de cette performance lui aussi, d'ailleurs, l'a oublié, requis par de nouvelles occasions médiatiques de jouer le moralisateur patenté. Combien de causes ainsi oubliées quand elles cessent d'être utiles pour la carrière mondaine de philosophes fatigués, n'ayant plus rien à dire depuis longtemps déjà, et qui sont devenus intellectuels par paresse ou par pure envie de se distraire ?

Là où une explication s'impose, on assiste à une hystérie d'envergure : des équivalences entre telle figure contemporaine et un dictateur sanglant d'hier, telle situation historiquement datée et une autre n'ayant rien à voir aujourd'hui, telle proposition assimilée au Bien intégral, telle autre au Mal absolu. Sans demi-mesure, l'invective systématique dispense d'argumenter, de débattre, d'échanger. Munich, Hitler, le Génocide et le Fascisme permettent de stigmatiser systématiquement toute opinion différente, ou bien Moscou, Staline, le Goulag et le Communisme — quand les deux ne sont pas mélangés, voire superposés... L'agir communicationnel cher à Habermas n'a jamais été autant négligé, pour la bonne et simple raison que les intellectuels ne veulent pas communiquer, échanger leurs propos ou frotter leurs points de vue dans le dessein de mieux penser, de bien penser ou d'obtenir un avis véritablement éclairé. Car leur seul désir se limite à obtenir le maximum de couverture sociale pensable, au détriment de toute justesse de réflexion.

De sorte que, loin d'endosser puis de rénover l'habit des Lumières (qu'on relise *Qu'est-ce que les Lumières ?* de Kant, un modèle encore aujourd'hui sur la nécessaire audace d'une pensée vraiment libre), les intellectuels modernes réactivent les fonctions chamaniques et relèvent du prêtre, du sorcier, du prédicateur, de l'oracle, du devin et du magicien. L'irrationnel règne et triomphe. Simplifié à l'extrême, le monde, comme chez les prophètes du monothéisme, s'ouvre et se fend en deux morceaux : le Bien et le Mal. Bien évidemment, il revient à l'intellectuel, comme jadis au clerc tonsuré, de désigner les deux parties et d'indiquer les voies à suivre pour célébrer l'élu et dresser la table où pointer le réprouvé puis préparer le bûcher.

Le recours à ce dualisme sommaire installe aux antipodes de toute pensée sereine. Ainsi on court-circuite toute probabilité d'échange et de croisement des points de vue dès qu'apparaissent les fameuses épithètes incriminées : Nazis et Résistants, Fascistes et Démocrates, Staliniens et Républicains, Racistes et Antiracistes, Dictateurs et Humanistes, Anciens et Modernes, Archaïques et Progressistes. Naguère, avec le traité de Maastricht pour enjeu, quelques intellectuels parisiens opposèrent même les Urbains éclairés, intelligents et informés, ayant voté « oui » lors du référendum — eux —, aux Ruraux épais, sots et incultes coupables d'avoir choisi le « non » — les autres... Devant le réel complexe, l'intellectuel soucieux de paraître, à défaut d'être, recourt au binaire et n'en sort pas.

Que dit de lui l'intellectuel en agissant de la sorte ? Inutile pour convaincre les puissants et incertain pour persuader les masses, désireux de pouvoir et de contrôle sur les zones mondaines de la géographie culturelle, fût-ce au prix d'un parasitage de l'universel, spécialiste de la mise en scène du réel et de la théâtralisation irrationnelle de ses affects, renonçant aux Lumières pour mieux réveiller les fonctions sacerdotales devenues vacantes, l'intellectuel mondain masque mal le vide de sa propre pensée et son aspiration au divertissement, à défaut de travailler à une œuvre véritable. Je constate étonnamment que le maximum de visibilité pour un intellectuel correspond la plupart du temps à une réelle invisibilité de son œuvre. Plus il se dépense en théâtre, moins il écrit de livres dignes de ce nom.

Ainsi, on serait bien en peine, parfois, de dire de tel ou tel, connu pour encombrer les plateaux de télévision depuis un quart de siècle, à quoi ressemble son œuvre : quels livres essentiels et marquants ? Quels effets produits dans le réel ? Quel contenu, d'ailleurs, pour ladite œuvre ? Vingt ou trente livres plus loin, on ignore toujours en quoi consiste le système, la pensée, la vision du monde ou les propositions de l'écrivain en question. D'ailleurs, les ouvrages publiés par ces individus procèdent souvent de compilations d'articles, de blocs-notes, de libres propos, de chroniques, ou d'interventions publiées dans la presse, d'entretiens ou de monologues consignés sur bandes magnétiques et plus ou moins réécrits, de textes au vague parfum journalistique inspirés par un fait divers ou un moment de l'actualité.

Le nazisme d'Heidegger, l'affaire Rushdie, le procès Papon, la montée en puissance de l'écologie, le retour du religieux, le silence des intellectuels, le peintre présentement exposé au Grand Palais, l'arrivée des socialistes au pouvoir, les ravages du sida, le renouveau du gaullisme, la restauration du républicanisme, la tyrannie du bonheur ou du plaisir, la commémoration de n'importe quel événement générateur de couverture médiatique : l'actualité la plus immédiate fournit aux gendelettres opportunistes les sujets de prédilection qui dispensent de lire beaucoup, de travailler réellement ou de réfléchir grandement. La bibliothèque et les archives disparaissent comme sources au profit de la revue de presse et des compilations de journaux et revues.

Le modèle du livre publié par l'intellectuel exhibitionniste devient le dossier de magazine, traité selon les mêmes règles : indigence du vocabulaire, pauvreté de l'analyse — deux ou trois idées, pas plus —, recyclage des lieux communs, flatteries clientélistes et démagogiques, sacrifice à la pensée dominante, activation synthétique des articles de quotidiens et d'hebdomadaires agrémentée de citations des classiques de la philosophie (un renvoi à *Paris-Match*, un autre à Spinoza, une référence à *Libération*, une citation de Kant, et le tour est joué). Vite écrit, l'objet sera vite lu, donc vite et bien chroniqué par la presse, bien accueilli par le public, et vite assuré de faire un succès de librairie. La philosophie se dilue ainsi dans l'essai appelé à ne pas excéder une saison, celle de la mode et de l'actualité. Qu'on relise dix ans plus tard ces livres de facture et d'inspiration journalistiques, ils surnagent aussi mal qu'un vieux tas de journaux.

Naguère, l'intellectuel s'appuyait sur une œuvre pour s'engager. Quand le 13 janvier 1898 Émile Zola publie son texte de combat inoubliable dans *L'Aurore*, il a *derrière lui* les dix mille pages des *Rougon-Macquart* et une poignée d'autres ouvrages. Sa réputation ne se fait pas avec l'affaire Dreyfus, sur le dos du capitaine : elle préexiste à son engagement. En revanche, Zola se sert de son nom, et de cette aura obtenue avec ses romans, pour soutenir l'idée qu'il croit juste et veut défendre. Loin de s'adjuger une cause, de la confisquer pour sa carrière, il se met à son service, car il sait l'idéal défendu supérieur à tout, y compris à sa renommée.

Aujourd'hui, l'intellectuel emblématique s'autorise de lui-même plus que de son œuvre, inexistante la plupart du temps. Il prend en marche le train de l'histoire pour tâcher de la parasiter et d'en profiter médiatiquement. Ainsi, l'engagement tient lieu d'œuvre aux essoufflés et aux indigents de la création. Les grandes causes tirées à soi éclairent un temps les vieilles plumes qui vivent par procuration, en exploitant la misère du monde ou la visibilité particulière d'une actualité. Avec une détresse porteuse, d'aucuns noircissent du papier, occupent le terrain, rédigent des points de vue, mobilisent les médias, instruisent des procès dans les magazines, tournent des films, montrent leur visage éploré dans la lucarne qui leur tient lieu de saint-sacrement au journal de vingt heures ou dans les émissions de débats publics ; ils enflamment la Mutualité, défilent dans le VIe arrondissement, pétitionnent dans la presse parisienne, menacent de présenter des listes aux prochaines consultations électorales pour faire frémir les politiciens professionnels — auxquels ils ressemblent par tant de points... —, avant de renoncer en route ; ils assurent leur visibilité personnelle ou tribale au maximum, on les connaît, on les reconnaît, ils pèsent dans les médias, donc chez les éditeurs ; et ils ne changent rien à la misère, à la situation ou à la détresse prises en otage, rien du tout — quand ils ne contribuent pas à ce que la situation empire... Les caméras disparues ici, ils officient ailleurs. Demain, ils s'installeront à nouveau devant les objectifs, au lieu très exact où les journalistes campent.

L'intellectuel médiatique et mondain finit donc, à son corps défendant, par exprimer un certain nombre de vérités sur son jeu : son *absence de pouvoir* effectif l'oblige à viser l'antichambre des grands dans le dessein d'obtenir et d'exercer une puissance par procuration ; son *absence d'œuvre* le contraint à se montrer en personne pour masquer le vide de sa propre pensée ;

son *absence d'inspiration* le force à se réfugier derrière les sujets d'actualité afin de pouvoir encore donner l'illusion qu'il écrit, travaille et dispose d'un tant soit peu d'influx nerveux ; son *absence d'éthique* le mène à parasiter l'actualité, à se l'approprier dans le but d'épouser les courbes hautes de l'audimat public ; son *absence d'épaisseur*, enfin, l'accule à l'obsession du remplissage.

Faut-il donc brûler les intellectuels ? S'ils ne servent à rien, sinon à eux-mêmes, que doit-on conclure à leur propos ? Que leur formulation mondaine et parisienne, opportuniste et médiatique n'épuise pas la figure même de l'intellectuel. Que cette caricature triviale n'en est que la forme fin de siècle. Que la période de Zola achevée, celle de Sartre également, puis celle de Foucault, il s'agit d'enjamber le temps des parasites au profit d'une nouvelle définition de cette *indispensable* figure. Elle suppose une réflexion sur les conditions de l'action physique de l'engagement doublée d'une méditation sur les possibilités d'un nouveau militantisme débarrassé d'oripeaux devenus caducs depuis la chute du mur de Berlin.

Laissons de côté l'évident manque de courage physique des palabreurs installés devant les caméras de télévision, à l'arrière, en retrait, bien qu'apparemment sur place, et qui laissent la guerre et le front aux autres, à ceux dont on ne se sent pas obligé d'économiser le sang. S'engager avec le corps des autres, la vie des autres, le physique des autres, le courage des autres, voilà qui ne prête guère à conséquence. Or j'ai plus de sympathie pour l'anonyme marin de l'île de Sein traversant la Manche avec un bateau qui risque le naufrage pour rejoindre un obscur et solitaire général en Angleterre que pour l'intellectuel haranguant l'humanité de son bureau, et se contentant de verbiage. La résistance de Jean-Paul Sartre, chroniqueur à *Comœ-*

dia, journal collaborationniste, celle de Simone de Beauvoir, employée à *Radio-Paris*, organe officiel de Vichy, celle de Merleau-Ponty, soucieux de racheter pour sa classe un portrait de Pétain endommagé par un élève anonyme, celle de Camus, prompt à supprimer dans *Le Mythe de Sisyphe* le chapitre consacré à Kakfa le Juif, cette résistance ne pèse pas lourd devant celle de Vercors, René Char ou Jean Cavaillès. Sinon en regard de celle d'anonymes, héroïques dans la modestie et la discrétion — acteurs authentiques et tragédiens réels retournés à leur vie quotidienne insipide après l'exercice épique.

Je retiens que dans l'histoire de ce siècle quelques intellectuels fournissent les moyens d'une acception positive du terme, car ils choisissent d'installer leur corps là où se consume l'histoire, au point d'incandescence maximale : George Orwell et Simone Weil, engagés physiquement, concrètement, au côté des républicains espagnols ; Marc Bloch, François Cuzin, Valentin Feldman, Jean Gosset, puis tant d'autres privés, et pour cause, de carrière dans les lettres, mais immergés activement dans la Résistance — au point de le payer de leur vie ; Romain Gary, pilote de chasse, capitaine dans l'escadrille Lorraine, acteur des Forces françaises libres ; André Malraux, actif, même tardivement, dans la brigade de la 1re division blindée ; Jules Roy, aviateur dans la RAF ; Maurice Clavel, Compagnon de la Libération. Et d'autres, sans noms publics, qui avaient quitté Paris ou rencontraient de face l'histoire en province...

Si vraiment on doit croire la prophétie de l'intellectuel qui voit le destin de la Nation, de l'Europe, voire de l'humanité ou de la civilisation se jouer dans le lieu d'un conflit local, alors comment se contenter de paroles, de mots, de pétitions de principe ? Quand l'essentiel se joue à ce point, on s'engage physiquement, on pose sa plume, devenue franchement inutile et tellement ridicule, pour prendre le maquis, les armes, entrer en résistance, combattre, risquer sa peau et son âme avec. Car on ne décide pas du destin des autres, mais du sien seul. Les *Feuillets d'Hypnos* de René Char disent dans une poésie inégalée la graisse sur le pistolet, le sang collé sur le canon et les traces d'os éclaté sur la crosse, la cervelle pulvérisée, la bassine d'eau pour nettoyer l'arme et les détails du réel qui discréditent définitivement l'intellectuel dédaigneux de l'action.

En revanche, quand on évite l'hyperbole et l'hystérisation du réel, qu'on sait *malheureusement* l'éternel retour du négatif, on pèse ses mots, on pense en homme d'action et on agit en homme de pensée — selon l'excellente invite de Bergson —, on ne privilégie aucun registre : à la manière de René Char on écrit des vers *et* on abat un soldat nazi, on rédige un livre *et* on graisse son fusil, on prend des notes pour un ouvrage *et* on organise des parachutages. À défaut, on n'use pas du verbe comme s'il disposait des pleins pouvoirs et ne présentait aucun danger, aucun risque. Si l'on manque de courage physique personnel (ce qui n'est pas grave), qu'au moins on n'endosse pas les habits du fier-à-bras et du va-t-en-guerre prodigue du sang des autres. Manquer de bravoure est moins condamnable que de jouer avec la vaillance d'autrui. Trop d'intellectuels ignorent la responsabilité et les conséquences de leurs mots ou de leurs prises de position quand ils répandent, remplis d'eux-mêmes, leurs logorrhées habituelles.

Dans le registre de l'inconséquence, nombre d'entre eux ont avant-hier rendu possibles ou cautionné les systèmes dictatoriaux, les régimes tyranniques, les logiques carcérales, l'exploitation des hommes par leurs semblables, la domination des forts sur les faibles. Loin du courage physique, accoudé au fauteuil de l'histoire, s'y prélassant avec délices, l'intellectuel devrait mesurer gravement les effets de ses paroles. Pour quelles raisons faudrait-il défendre, soutenir et légitimer un régime ? Naguère le bolchevisme ou le fascisme, aujourd'hui l'ordre mondial américain ou les nationalismes tribaux — demain la jungle intégrale de la planétarisation libérale ou les patriotismes régionaux et réactifs.

Et si l'intellectuel digne de ce nom parlait de sorte qu'il n'ait jamais à mériter la Légion d'honneur ou les décorations de quelque gouvernement ou de quelques instances que ce soit ? S'il évitait, dans tous les cas de figure et dans toutes les situations, de plaire à un homme de pouvoir ? S'il se dispensait de flatter un régime réel ou alternatif, de choisir entre la peste et le choléra ? S'il s'abstenait de tendre le bras, de lever le poing, de se faire compagnon de route, de saluer des militaires, d'accompagner des ministres, de conseiller des dirigeants, d'évoluer dans la compagnie du Prince, d'aspirer au bureau installé au plus près du trône ? S'il s'épargnait le rôle de faire-valoir, de domestique, de caution ? S'il se dispensait de moraliser, de donner des leçons, de prêcher, de conseiller pour *retrouver la voie anarchiste* en ne collaborant jamais à aucune forme de pouvoir, installé ou d'opposition ? Alors il disposerait d'un boulevard et retrouverait sa crédibilité.

Indépendamment du courage physique, qui légitime et crédibilise une pensée engagée, l'intellectuel doit dénoncer radicalement, en réhabilitant l'esprit des Lumières défini par un réel et impitoyable usage de l'esprit critique. Pour ce faire, il cessera de juger l'œil sur l'événement, excité par le journal, et inspiré par les messes médiatiques. Son jugement s'appuiera sur une vision du monde cohérente et globale — la *Weltanschauung* allemande — dans laquelle le fait local prend place et fait sens. Rien ne procède de rien. Le travail du philosophe désireux d'engagement intellectuel consiste à mettre en perspective, dégager des lignes de force, souligner des filiations. Les guerres, les conflits, les empires, les nations, les violences généralisées découlent de situations qui supposent moins des *intellectuels préoccupés de morale* que des *philosophes soucieux de politique*.

Depuis l'effondrement du mur de Berlin, le capitalisme dans sa version libérale et américaine triomphe sans partage sur l'ensemble de la planète. De l'éparpillement de l'ancien bloc soviétique aux guerres nationales balkaniques en passant par les opérations de police coloniales décidées par les États-Unis, la mondialisation s'effectue sous le signe de l'ordre marchand et boursier initié à Wall Street. Dans les trois premiers quarts du XXe siècle, les intellectuels ont beaucoup servi l'ultra-bolchevisme soviétique — ou sa forme inversée, le fascisme militaire. Presque d'une manière compensatoire, dans la culpabilité et le renversement de valeurs, la génération des intellectuels de l'après-Sartre s'est globalement mise au service de l'idéal libéral planétaire.

La justification des fusées Pershing et celle des bombardements de l'OTAN sur des villes d'Europe centrale formulent sur le terrain militaire ce que l'Europe de Maastricht et la deuxième gauche expriment dans l'espace économique. Les intellectuels mondains et médiatiques affichent sans complexe leur servilité à l'endroit des intérêts marchands et des options libérales. Comment pourraient-ils encore s'indigner, se rebeller, dénoncer après pareils soutiens ? D'où leur précipitation à diriger leur colère contre les poches de résistance à leur vision du monde lisse, glaciale et aseptisée comme une morgue. Ils sauveraient l'excellence de leur fonction en renonçant à se mettre au service d'une cause qui, tôt ou tard quand ils choisiraient vraiment de penser et de critiquer, les emporterait — car le capitalisme méprise fondamentalement toute pensée critique digne de ce nom.

Sinon, on constatera froidement que l'intellectuel contemporain ne s'intéresse qu'à l'écriture de sa propre biographie, soucieux comme d'une guigne des causes qu'il prétend défendre, tout entier requis par son désir d'augmenter sa visibilité et son pouvoir mondain. À chaque soubresaut de l'histoire, cette figure détestable agit en imprécateur moralisateur désireux de ne pas manquer le train de l'événement pour transporter sa petite personne vers d'improbables empyrées. Il écrit moins une page d'histoire que des brouillons de notes destinés à ses futurs biographes. Les grandes occasions historiques disparues, restent les causes médiatiquement visibles auprès desquelles il attend l'envol de l'oiseau de Minerve, trop myope pour envisager les véritables foyers dans lesquels brûle réellement l'histoire. Or, une fois la nuit des événements tombée, c'est toujours trop tard.

9

AUX CÔTÉS DES SINGES ET DES CHIENS

D'aucuns tiennent en peinture le genre *allégorie des cinq sens* pour une variation sur le thème de la nature morte et de la vanité. De sorte que, de près ou de loin, ce registre contribuerait à l'édification métaphysique, spirituelle, donc religieuse, du regardeur. On sait le couteau en déséquilibre sur le bord d'une table, la peau de fruits, pelés, se déroulant dans le vide, la flamme vacillante d'une chandelle, le verre à demi vide ou tombé, sinon brisé d'un buveur disparu, les fruits ouverts ou finement tachés par la pourriture, les crânes aux mâchoires déboîtées, les sabliers aux écoulements imperturbables, les fleurs bientôt fanées, les livres déjà lus, convoqués pour exprimer la victoire de la mort, le perpétuel triomphe du temps, le néant comme destin pour tout et tous. Et l'excellente assurance pour l'éternité que représente toujours, en regard de ces leçons, une foi prudente susceptible d'être un jour rentable.

Mais que faire, dans cette logique, des femmes renversées sur des divans profonds de brocarts parfumés ? Des buveurs avinés, un flacon à portée de main, une pipe à la bouche, non loin de pièces d'argent ou de cartes abandonnées ? Que dire des chiens qui reniflent, des peaux mêlées derrière des rideaux de velours, des concerts de musique donnés dans des cabinets secrets, des Vénus aux miroirs, des Psychés alanguies en des lits défaits ? Moins prosaïquement, que penser des chirurgiens qui pratiquent la saignée ou des anges qui répandent partout alentour le contenu de profonds vases d'odeurs ? Que ce sont mises en scène de choses fragiles, qui passeront, et que bientôt la mort emportera ? Qu'il y a dans tout ceci matière à pointer des vanités ? Certes, c'est toujours possible. Mais est-ce bien ce que ces peintures disent *prioritairement* ? Racontent-elles la vanité du monde doublée de la nécessité, en regard, d'une conversion catholique ? Je ne pense pas.

Je tiens même exactement pour l'inverse et crois que l'allégorie des cinq sens, comme genre autonome, vaut picturalement pour ce qu'elle autorise et permet : le retour du refoulé sensuel et sensualiste produit et constitué par notre Occident judéo-chrétien, autant dire une très exacte contre-vanité. La peinture et les peintres qui montrent ces cinq sens en action, en acte et en mouvement, en situation, illustrent la permanence d'un corps matérialiste, moniste et réel, loin de toute mise à distance idéaliste. Un corps ludique et joyeux, vivant et mobile, voluptueux et serein. Contre la construction intellectuelle d'un homme fait d'âme pure et d'esprit seul, auquel on s'adresse en visant son édification morale, le peintre qui met en scène tous les sens propose un homme concret, véritable, fait de matière et de désir, capable de plaisir et de jouissance, de joie et de bonheur exprimés dans l'exercice de la vie quotidienne : respirer, goûter, toucher, boire, à quoi s'ajoutent entendre et voir qu'ils ajustent et complètent.

Là où, aidé en cela par une philosophie classique transformée en servante maîtresse, l'Occident chrétien pense et présente les cinq sens dans une logique hiérarchisée où apparaissent sens nobles et sens ignobles, le peintre familier de l'allégorie sensualiste avance l'évidence de la seule existence de sens nobles qui, tous, autorisent des variations sur le thème unique du toucher, le seul sens qui soit. Le prêtre, le philosophe, les tenants de la première option opposent la vue et l'ouïe aux trois autres sens en distinguant ceux qui permettent l'éloignement du monde réel : le voir ou l'entendre, ça n'est pas le toucher et le goûter. Ici l'on repousse le réel, là on y adhère.

D'où une célébration de ce qui éloigne les hommes de l'univers dans lequel ils vivent au quotidien. Représenter l'audition d'une pièce de musique au clavicorde ou à la harpe, un paysage superbe de la campagne romaine, ou un port de la côte italienne à l'époque classique, voilà de nobles sujets. Et l'on complétera, selon le système des références et objets obligés, avec miroirs ou torches, lunettes astronomiques et partitions musicales, aigles ou cerfs, animaux doués traditionnellement d'acuités visuelle et auditive exceptionnelles. L'ouïe et la vue induisent une esthétique globale dans ses parties spécifiques : musique, peinture, sculpture, poésie, architecture et tout ce qui sature généralement le traité d'esthétique classique. Qu'on lise ou relise Kant et Hegel.

À ces occasions de jubiler par ce que l'on voit et entend, les peintres de l'allégorie sensuelle ajoutent les trois autres sens, ceux du contact direct avec le monde. Qu'on boive, goûte ou touche, à chaque fois il s'agit d'établir et entretenir un rapport tactile, immédiat, entre muqueuses, peaux et objets. D'où une profusion d'objets susceptibles d'être appréhendés par ces trois sens : des fruits ouverts, qui supposent le parfum entêtant des grenades associées à la luxure, au désir ou à l'envie, des fleurs enivrantes aux effluves entêtants qui, la plupart du temps, expriment une symbolique de la sensualité — magnificence de la tulipe, message amoureux de la centaurée, attraits et dangers de la renoncule, beauté de la rose, passion folle de l'héliotrope —, des bouquets et des vases, des pipes pour tabacs venus du bout du monde, des verres où flottent encore les caudalies de vins fins et précieux.

À l'olfaction, on associe le goût, son sens frère sans lequel il ne serait pas. D'où les profusions de fruits et légumes, de pièces de gibier et de poissons luisants, de banquets, tables et repas, de carafes en verre soufflé dans des ateliers luxueux ou de bouteilles venues d'endroits plus frustes, de tablées où il fait bon vivre, de cheminées aux âtres qui réchauffent autant le corps que le cœur et l'âme. Saveurs, sensations et perceptions magiques. Par ailleurs, pour signifier le toucher, les peintres proposent des tissus précieux, soies chatoyantes, velours lourds, dentelles et broderies d'or, fourrures prestigieuses, robes fastueuses sous lesquelles se cachent des peaux laiteuses, lisses, blanches comme la neige et chaudes comme elle. Textures, émotions tactiles et délicatesses magnifiques.

À ces trois sens ignobles — au sens étymologique et dans l'acception traditionnelle occidentale — correspondent des animaux tout aussi triviaux : nul aigle au regard acéré, nul cerf aux aguets, inquiet, mais un singe qui se goinfre de fruits, un hérisson peu avenant, sinon un chien errant ou quémandeur, animal emblématique qui renifle, la truffe collée au sol, la queue en mouvement, définitivement quadrupède. Dans l'allégorie des cinq sens, le chien qui cherche et repère les traces exerce avec autant d'excellence dans ce magistère sensuel qu'on le dit habituellement dépourvu d'intelligence élaborée. Rustre et simple, sommaire sinon un peu niais, il montre à l'envi que dans l'imaginaire convenu on persiste à associer ces sens dits inférieurs à un bestiaire moins choisi.

De sorte qu'on cherchera en vain les beaux-arts qui fourniraient l'équivalent de peinture et musique, d'architecture et de poésie dans les registres du goût, de l'olfaction et du toucher. Si d'aventure on entend faire fonctionner les catégories de l'art classique et de l'esthétique traditionnelle sur ces objets-là, on ne s'attire que foudres des officiels et courroux des spécialistes.

Les limites d'une réflexion sur les beaux-arts surgissent dès le consentement à une lecture hiérarchisée des cinq sens. Où sont les textes théoriques qui proposent une esthétique de la gastronomie ou de l'œnologie ? Des tissus ? Nulle part, sinon confinés dans un registre où les gardiens du temple ne confèrent pas le droit de cité. Brillat-Savarin le sait avec sa *Physiologie du goût* restreinte aux lieux où elle ne trouve pas ses lecteurs mérités. Une fois encore, qu'on lise ou relise Kant ou Hegel...

Au contraire de cette façon de penser et de procéder, les peintres qui donnent dans l'allégorie des cinq sens manifestent un évident souci égalitaire en traitant pareillement les cinq voies d'accès différentes au même monde. Pas de faveur pour l'un plutôt que l'autre. Si le traitement choisi suppose cinq toiles différentes, elles sont de même facture, de même format, composées dans le même souci, organisées de façon à se répondre sans qu'aucune l'emporte. En revanche, si le peintre a élu une seule toile pour dire toute l'allégorie, il ne négligera aucun de ses cinq sujets. L'égalité est intégrale entre tous les sens.

Tournant le dos à la tradition dualiste, spiritualiste, idéaliste et, en dernier ressort, religieuse, ces artistes de l'allégorie proposent une vision moniste, sensualiste, matérialiste et, finalement, eudémoniste du monde. Quand les premiers opposent l'âme et le corps, dotant la première de sens spécifiques — pour les coutumiers du fait, quand il daigne manifester sa puissance, on entend Dieu, on le voit, jamais on ne le sent, ni ne le touche ou goûte —, les seconds avancent un seul corps doté de plusieurs façons de fonctionner, de s'ouvrir au monde et de se donner à lui. L'âme, alors, ne se distingue pas du corps, elle en constitue une partie qu'informent la vue et l'ouïe, le toucher, l'odorat et l'olfaction. Épicuriens, hédonistes et libertins disposent ainsi de leurs artistes et de leur système allégorique pictural.

Plus singes et chiens qu'aigles et cerfs, ils peignent l'union intime de l'âme et du corps, ils identifient la substance étendue à la substance pensante et sensible, ils énoncent une seule matière diversement modifiée. Leur monde s'appréhende par les sens, informe l'intimité du corps, sollicite une intelligence, avant que l'ensemble fournisse jugement et connaissance. Leur travail vaut leçon de philosophie en abrégé et en images. De sorte que la contre-vanité illustre moins la condamnation du divertissement, au sens pascalien, que l'invitation à célébrer le corps et ses possibilités, avant que la mort fasse son travail. Jouer aux échecs et écouter de la musique, lire les poètes et converser entre amis, goûter des mets fins et boire des vins sublimes, lutiner les femmes qui aiment les hommes, pour les uns, ou consentir aux hommes qui aiment les femmes, pour les autres — sinon inventer ses préférences en la matière. Loin de l'édification religieuse, ces œuvres visent la proposition d'une eschatologie eudémoniste : leçons pour un art de vivre pleinement réconcilié avec son corps dans sa totalité — afin de mourir vivant.

En cela, les peintres des cinq sens sont moins des platoniciens dont les références se trouvent dans la tradition chrétienne humaniste occidentale que les complices des libertins du Grand Siècle, des amis de Saint-Évremond et des Barreaux, des frères de Diderot et Condillac, des compagnons d'Helvétius et de La Mettrie, l'auteur du *Discours sur la volupté* ou de *L'Art de jouir* qu'ils mettent en scène et figurent. Qu'on fasse silence sur les mots et les prêches des philosophes, puis qu'on aille les retrouver là où ils n'auraient jamais dû cesser de se placer — au côté des singes et des chiens, le plus loin possible de Kant et Hegel...

10

THÉORIE DE LA FEMME FATALE

À la mémoire d'un ange

Quiconque réfléchit sur l'essence et la nature d'une femme fatale rencontre l'inévitable tragédie que suppose toujours l'exercice d'une liberté radicale et sans frein. Car rien ne semble plus ravageur, dans le registre social et collectif du réel mondain, que cette puissance magique et magnifique que tous ont en aversion pourvu qu'ils reçoivent du monde comme il va des compensations, des richesses, des avantages symboliques ou réels. La liberté constitue le seul bien des âmes nomades à qui toute agrégation répugne. De l'inévitable antinomie entre l'individu et la société, il faut conclure à l'irréductibilité des deux instances : un individu libre, libertaire et libertin vaut toujours dynamite dans une société close, compacte et mortifère. D'autant plus quand cet individu est une femme.

Qu'est-ce qui définit la féminité de cette femme fatale ? Un fragment détaché d'un hypothétique éternel féminin comme l'un de ces blocs d'étoile qui voyagent dans le cosmos ? Une fiction fomentée par les hommes pour mieux asseoir leur domination et leur logique machiste ? Ou une figure fabriquée par une société qui a intérêt à associer la femme à toute une série de totems avec lesquels se structurent et durent les groupes, les nations, les civilisations ? Je penche pour toutes ces options à la fois et tiens que l'inexistence de bonne fortune pour une *libertine* déjà présente chez Littré fait symptôme.

Autant le costume de libertin semble aller à ravir quand on le destine à Don Juan, autant il paraît valoir guenilles et travestissement de prostituée quand on le passe à une femme. Dans toute civilisation, la libertine arrache pour elle la possibilité d'échapper aux termes de l'alternative sociale qui la confine au rôle d'épouse ou à celui de mère. Cessant d'être pour un tiers — le mari du foyer ou l'enfant du couple —, cette figure libertaire se suffit à elle-même, elle vaut sans appui extérieur qui pourrait se dérober et ne cherche ni ne trouve raison en dehors de sa propre matière. Toute femme se devrait vouloir fatale, car, quand elle cesse d'y aspirer, c'est pour associer son destin au mariage ou à la maternité, deux mondes incapables de produire des figures féminines sublimes. Quelle individualité, d'ailleurs, serait une mère ou une épouse sublime ?

Une femme libertine s'autorise ce que, habituellement et traditionnellement, seuls les hommes se permettent : l'exercice sans borne de leur liberté sexuelle — d'autant susceptible d'une revendication pour soi qu'on l'exige et la veut pour autrui. Affranchie, oublieuse, ignorant tout du sentiment de possession, libérée et jubilante, voluptueuse, à rebours des mécaniques décérébrées du tempérament essentiellement domestique, prodigue de jouissance, somnambule de l'amour, pour continuer de le dire dans le registre de Karl Kraus, elle est « femme de désir et non d'enfantement ». Via Alban Berg, Lulu lui fournit une forme et un destin : une créature damnée par sa beauté, soumise à la nécessité libertine, obéissant à sa nature libertaire, elle vogue entre les astres masculins comme un météore aveugle et insouciant.

Là où la nature montre la polygamie, la polyandrie,

la diversité, le mouvement, le flux, la libre élection, le passage, la culture impose la monogamie, la fidélité, l'immobilité, la fixité, l'engagement pour la vie. Parce qu'il en va pour elle de sa seule liberté possible, l'obéissance à sa nécessité, la femme fatale opte pour le premier monde, naturel trop naturel. Tournant le dos aux foyers qui cristallisent tout ce qu'ils touchent, éteignent toute beauté, fanent toute vitalité, épuisent toutes velléités, elle veut — son corps et son âme veulent — le nomadisme et les campements improvisés sous la voûte étoilée, chaque soir nouveaux. Elle est Isolde élisant aveuglément au matin un nouveau Tristan.

La libertine s'arroge le droit de choisir, d'élire, de vouloir. Le pouvoir de décider, elle ne le demande pas aux hommes, elle leur arrache, puis leur inflige. Loin de la suffragette qui sollicite, elle chevauche aux côtés des amazones qui prennent. D'autant qu'elle n'a pas le choix, requise par sa nature. Certes, l'exercice de cette volonté de puissance initie une guerre avec les hommes en lieu et place du servage et de l'esclavage qui sévissent depuis des millénaires. Mais mieux vaut un combat avec des femmes libres qu'une paix avec des âmes serves. Plutôt champ de bataille brûlant avec Lulu que tiède concorde avec une femme dévouée au rite domestique et familial.

La libido de Lulu vise son expansion, son exubérance, sa vitalité accrues. Tout ce qui la contraindrait dans une forme lui est ignoble. L'imagine-t-on fidèle épouse soucieuse du seul bien-être de son mari ? Ou mère de famille dévouée, préoccupée des tétées et des langes ? La pulsion de vie se concentre dans son caprice, seule loi dans un monde dévolu à ses pérégrinations. Immorale selon les principes judéo-chrétiens, elle impose une éthique qui vaut également pour ses semblables : elle n'interdit pas ce qu'elle s'autorise. Son hédonisme intégral ne reconnaît ni plus ni moins de lois pour autrui que pour elle-même, le caprice des uns vaut celui des autres, le monde n'est qu'occasion de rencontres pour ces volontés sans cesse en mouvement. La morale libertine, côté féminin et côté masculin, est avant tout volonté d'une intersubjectivité sans autre borne que le renoncement ou l'absence de consentement de l'un des deux.

La morale bourgeoise a fabriqué un totem utile à sa permanence en réduisant l'amour à des formes qui supposent l'association complémentaire du sentiment et de la nécessité, de la passion et de la raison, de l'affection et des affaires, du particulier individuel et du social collectif, de la singularité et de l'espèce. À l'exacte intersection de ces lignes de force, on trouve le foyer, la famille, la monogamie, la fidélité, la maternité, la paternité. Tout fait mouvement vers un point focal, immobile, susceptible d'un éternel retour, *perpetuum mobile* : le couple heureux dans son destin, abîmé dans la combustion douce et quotidienne de la répétition de rites socialement constitutifs des cellules généalogiques des vastes édifices communautaires. Lulu entend naïvement porter le fer et le feu à ce totem.

Contre les cristallisations grégaires, les mensonges sociaux, les mythes fondateurs de tribus, la femme fatale mène la guerre. Dans les pages qu'il consacre à justifier sa pièce de théâtre et la figure de Lulu contre les accusations d'immoralité et d'obscénité lancées par la justice de son temps, Wedekind écrit : « C'est contre le féodalisme de l'amour que l'humanité livrera son prochain combat pour la liberté. » À la justice bourgeoise, il oppose celle des hommes ; contre le droit positif de toutes les sociétés industrielles structurées par le catholicisme acoquiné au capitalisme, l'artiste dresse les réquisitoires inspirés d'un genre de droit naturel attentif aux désirs de chacun à accéder au plaisir et à la volupté. Alban Berg aurait pu sous-titrer son opéra : *Leur morale et la nôtre.*

En attendant l'hypothétique et très improbable révolution libertine généralisée, le triomphe de Lulu par l'élargissement de sa figure à une société tout entière, nous sommes condamnés à vivre une période douloureuse, tragique, sombre — qui, soyons lucides, risque de durer autant que le monde. Pas encore dans un réel plus doux à l'hédonisme, de moins en moins impliqués dans un passé dévolu au seul idéal ascétique, nous supportons d'être sur deux mondes, souffrant encore des habitudes contractées dans un passé qui dure. Les tropismes anciens parasitent l'action présente et les accoutumances rendent difficiles les révolutions éthiques. Le libertin peut ainsi observer sur lui des réactions, des réflexes procédant d'*habitus* dont il a du mal à se défaire. De la jalousie au sentiment de propriété en passant par l'exclusivité, ou autres sentiments tout aussi obscurs, il réagit en bourgeois quand il voudrait penser et ressentir en artiste. Pour légitimer ses errances, sinon ses errements, il justifie avec force rhétorique une logique rien moins que conservatrice, voire réactionnaire.

Lulu détruit, ravage et mortifie parce qu'elle agit, pense et se comporte en actrice d'un univers hédoniste qui fait son deuil du vieux monde. En revanche, ses interlocuteurs en sont restés aux valeurs anciennes. Là où elle impose une liberté tous azimuts, ils veulent le conformisme, la monogamie bien-pensante, la fidélité du couple et la sécurité d'un foyer stable. « Chacun veut pour soi la femme polyandre, écrit Karl Kraus. C'est ce désir et rien d'autre qu'il convient de considérer comme la source première de toutes les tragédies de l'amour. Vouloir être l'élu, sans accorder à la femme le droit d'élire. » Chez Wedekind et Alban Berg, tous obéissent à cette logique : docteur et peintre, groom et lycéen, professeur et journaliste, athlète et vieillard, prince et metteur en scène, sinon comtesse, chacun veut Lulu pour soi seul, à l'exclusion de tous les autres.

La femme libertine, quant à elle, veut tout et tous, simultanément ou successivement, peu importe. Elle ne veut rien savoir et jouit d'une innocence vécue sur le mode primitif.

De sorte que dans l'opéra d'Alban Berg la tragédie survient quand tel ou tel protagoniste *découvre* la nature de l'autre. Toute trouvaille de ce genre appelle le négatif, le crime, le suicide ou le trépas. Dès que l'un voit, sait, apprend, se trouve affranchi sur Lulu, son destin bascule vers le pire : pour le Dr Goll, professeur de médecine, son premier mari dans l'ordre d'apparition du drame, la mort survient avec une crise d'apoplexie lorsqu'il force la porte de son domicile et surprend un peintre aux pieds de sa femme — qui, pour lui, répondait au prénom de Nelly ; avec le peintre devenu nouvel époux, le trépas prend la forme du suicide dès qu'il apprend que sa femme — Eva, dans leur relation — a eu un passé lourd de conquêtes, ce que lui révèle Schön venu faire chanter Lulu et la menacer de dévoiler tout ce qu'il sait d'elle ; le même Schön, quant à lui, découvrant la duplicité de sa femme avec la plupart, y compris avec Alwa, son fils, se fait tirer dans le corps cinq balles à bout portant par une Lulu à peine troublée. Pour ce dernier, elle s'appelait Mignon...

Qu'il faut donc ne pas vouloir savoir, péché originel s'il en est un, qu'on doit se contenter du minimum d'informations sur autrui, que désirer apprendre de l'autre son passé, à quoi pourrait bien ressembler son futur, voire de quoi est constitué son présent : voilà ce dont il faut se méfier, se garder, ce qu'il faut s'interdire. Jalousies rétrospectives ou prospectives, voire fantasmatiques, sinon bien réelles, tout ce qui trahit le sentiment de possession, de propriété, tout ce qui montre la toute-puissance, encore, d'un vieux monde entièrement dévolu au modèle bourgeois de l'appropriation : voilà de quoi il faut se déprendre. Lulu, elle-même, parangon libertin, succombe, dans des formes presque identiques à celles de ses victimes, à ces résidus éthiques et à leurs pouvoirs : quand elle s'évanouit pour n'avoir pas à danser devant une salle où se trouve la maîtresse de Schön, son amant. Dès qu'elle découvre cette information, elle s'effondre, mimant la mort, jouant la syncope, passant symboliquement de l'autre côté de la conscience.

Ce que l'on ne doit pas voir ? Qu'on n'est pas seul, unique. Ce qu'il est impossible d'apprendre, de savoir ? Qu'il en existe d'autres, que d'aucuns ont fait, font ou feraient tout aussi bien l'affaire. Que, toute situation étant précaire, surtout la situation amoureuse, rien n'est jamais acquis. Qu'il n'est aucune monogamie absolue, radicale, définitive, éternelle et d'ailleurs qu'elle dure le seul temps de l'illusion. De quoi faut-il se protéger ? De cette certitude que la libido, la puissance génésique, le travail de l'espèce, l'inégalité des besoins de jouissance, tout cela conduit à des mouvements dans lesquels se soulèvent des continents alors que d'autres s'abîment sous les flots. Que personne ne peut rien à cette tectonique des plaques. Le prétendant, celui qui peut remplacer, supplanter, l'ancien amant ou le prochain, ceux qui eurent et ceux qui auront, voilà qui tue, massacre et jette à terre. Mieux vaut donc l'innocence de l'instant et l'immense faculté d'oubli doublée d'une incapacité à la futurition. Se contenter d'habiter le moment présent et le remplir d'intensités grandioses.

À refuser l'évidence de la polygamie naturelle, à penser la monogamie culturelle telle une certitude, on se condamne pour survivre soit à pratiquer le déni, soit à user de la pulsion de mort contre soi ou contre autrui. Se mentir, se leurrer, se bercer d'illusions, voire se suicider ou agresser, blesser, tuer, assassiner — y a-t-il d'autres solutions ? L'époque de Wedekind, Kraus et Berg est peu ou prou celle des travaux de Freud sur cette pulsion. La fin du siècle, le climat décadentiste et symboliste, la passion entretenue par la Sécession pour la mort, la décadence, la chute, la décomposition, tout fait de Lulu une héroïne noire, sombre, dévolue au meurtre et au crime, laissant derrière elle des gorges tranchées et des poitrines révolvérisées, des lesbiennes langoureuses cherchant le salut dans une contamination par le choléra, des éventreurs et tueurs en série, des princes et marquis proxénètes, des nègres assassins et des dompteurs sadiques, des journalistes véreux et des banquiers louches, des couteaux ensanglantés et des gourdins homicides, des trottoirs sinistres et des soupentes chiches. L'association d'Eros et de Thanatos trahit la passion du siècle pour un sperme aux odeurs de sang et la dilection morbide à l'endroit des corps aux parfums de mort.

La faute, la culpabilité, la douleur, la peine, la souffrance, le crime et l'assassinat, tout contribue à faire de la libertine une femme qui sème la destruction sur son passage. De quoi est faite cette fatalité ? Dans ce *fatum* des Latins, le destin suppose qu'on ne lui échappe pas, quoi qu'on fasse, comme on ne peut se défaire des femmes rencontrées, croisées, aperçues, vues et qui se sont montrées catastrophiques pour les hommes qu'elles ont croisés. La pulsion de vie, contrariée par la civilisation, interdite par la culture, contenue par les conditions sociales, se dissout dans la pulsion de mort et ses formes variées. La femme fatale est l'impitoyable agent de cette dissolution.

Dans cette association de l'érotisme et de la mort, l'époque bourgeoise cherche et trouve les moyens d'une sublimation, au sens freudien. Elle célèbre la libertine moins en conquête qu'en déchet. Moins progrès que *régrès*, elle devient l'emblème du négatif là où se préparait l'occasion d'une transmutation des valeurs. Lulu, en Don Juan féminin, exacerbe la pulsion de vie, sans contrainte et sans entrave. Comme son double masculin, elle trouve sot et stupide de n'aimer qu'un seul, puisque c'est au détriment de tous les autres. S'interdire la totalité du monde pour se contenter d'une infime parcelle, d'un ridicule fragment, vaut péché mortel. À la nécessité du libertin ne correspond qu'une liberté : consentir. Lulu est la femme de ce consentement — donc de cette liberté. En quoi elle effraie les tenants de certitudes morales, de vertus pratiques et de vérités mondaines.

Liberté à l'assaut des fétiches de la civilisation, pulsions de vie lancées contre les pulsions de mort et cynisme armé contre les velléités grégaires : cela suffit-il à installer définitivement la libertine dans les atours de la femme fatale ? Familière de l'innocence du devenir, de la transmutation des valeurs, du désir de tendre une corde entre l'humain et le surhumain, découvrant sa liberté dans l'obéissance à la nécessité, goûteuse des grandes solitudes, des déserts solipsistes et des univers dépourvus d'arrière-mondes, ignorant le ressentiment, consentant à l'éternel retour des forces qui l'habitent, la hantent, convaincue de la nature tragique et prodigue du réel, la libertine constitue une figure nietzschéenne par excellence, car elle illustre une métaphysique dionysiaque dans ses moindres aspects, y compris dans l'altérité, l'intersubjectivité.

Femme fatale, elle l'est dans la modification radicale, la révolution inévitable qu'elle cause dans le corps de celui qu'elle croise, désigne et touche. Celui qu'elle élit, elle le métamorphose, lui faisant approuver malgré lui la pulsion de vie jusqu'aux franges de la mort, au bord du précipice où l'on peut aussi perdre son âme, sa conscience, sa liberté, sa force, sa dignité, son identité, son existence même. Professeur de médecine ou lycéen, peintre ou journaliste, athlète ou comtesse, vieillard ou prince, Lulu les a tous croisés, tous elle les a métamorphosés, transfigurés. Elle s'est emparée de leur corps, de leur âme, infusant dans leurs enveloppes la violence de vitalités qui retournaient parfois leur puissance dans le processus de décomposition accompagnant l'autophagie de ceux qui ont perdu la raison.

La libertine s'arrête, dans le consentement à la vitalité, là où s'annoncent les odeurs de décomposition. La femme fatale, quant à elle, est attirée par ces parfums, elle cultive la pulsion de mort comme une plante vénéneuse qui nécessiterait, pour naître, croître et s'épanouir, la semence des pendus, le sang des suicidés, puis l'âme d'autres victimes. Le Don Juan femelle aime tant le sperme de ses élus qu'elle obtient d'eux jusqu'à leur sang. Elle va parfois si loin dans le consentement à la jouissance, jusque dans le trépas, qu'elle peut devenir parfois elle-même victime des forces et furies déclenchées par ses soins. On imagine d'ailleurs mal que libertine et femme fatale consentent à la maternité, au couple, au mariage, à la fidélité, à la monogamie : l'essence et la destination de leur nature tragique supposent la destruction, l'anéantissement. Les hommes qui ont croisé leur regard, comme ceux qui ont rencontré celui du basilic, savent qu'ils en sont demeurés pétrifiés, sans aucune chance de recouvrer un jour forme vivante.

11

DANS LA COMPAGNIE DE SATAN

Au commencement était le Verbe. Et juste après, le pouvoir de dire non. Dès que le langage fut donné et qu'il expérimenta son pouvoir créateur, il lui fallut bien constater qu'il avait également engendré son contraire, ses limites, les moyens de sa propre négation. Dire non, c'est exacerber la puissance d'une force, la radicalité d'une énergie qui s'oppose, c'est *pouvoir* aussi. Pouvoir dans l'absolu, mais aussi dans l'exercice et la pratique, poser et opposer, s'opposer au réel. Quand Dieu fit le monde idéal en le nommant, Satan le défit en le construisant comme il est, réel, riche et fort des puissances de la négation, puis de la contradiction. De l'ange déchu vint la réalité transfigurée, la rébellion fut son instrument. La dialectique procède d'une invention diabolique.

Satan fit des émules, en nombre. Les premiers furent les deux créatures initiales, Adam et Ève, pourtant promises au bonheur absolu et éternel si d'aventure elles avaient obéi en se contentant d'être et de vivre naïvement dans un paradis où tout était pensable, fors la possibilité de distinguer par soi-même le Bien du Mal. Du fruit de l'arbre de la connaissance, il fallait ne pas désirer le goût. Ce à quoi Ève ne consentit pas, optant plutôt pour l'intelligence conférée par les fruits mangés. Le diable dissimulé dans la peau du serpent tenta, puis infléchit le cours de l'histoire : il enseigna à la compagne d'Adam la souveraine jouissance qu'il y a à dire non, même payée d'une damnation et d'un effondrement du monde. Le réel apocalyptique procède de la femme rebelle, la désobéissance fut sa puissance. La révolte manifeste superbement la signature humaine.

Bien après Satan et Ève, dans le silence et le confort de son bureau, Littré confirme et anatomise le geste par l'étymologie : la révolte suppose bien la volte-face, le visage tourné contre, le refus de regarder ce qu'on nous oblige à voir. De même la rébellion qui dit le retour de la guerre, le feu à nouveau là où triomphent le calme, la tranquillité, la paix. Dans ses fiches, on trouve même le *révoltement* et le *rebellement* qui n'ont plus cours aujourd'hui, ni comme mots ni comme faits et gestes, traces dans l'histoire. Faut-il mettre en perspective la disparition des signifiants et celle de leurs signifiés ? N'y aurait-il plus de fils ou de descendants de Lucifer, le porteur de lumière ?

On sait la devise de Satan — qui, évidemment, parlait latin : *Non serviam*, ce qu'on aura traduit, bien sûr, par « Je ne servirai pas ». À rien ni à personne, tout autant que rien ni personne. Le diable ne se met au service de nul autre que lui. Comme l'un de ses descendants fameux, il n'a basé sa cause sur rien, sinon sur sa propriété. Et celle-ci semble n'avoir aucune limite. Cet impératif catégorique du rebelle a sauvé d'un nihilisme plus grand nombre d'amateurs de soufre et de vapeurs méphitiques : les libertins négateurs de Dieu, des dieux et des dogmes humains, les libertaires amateurs fous de libertés sans contraintes, les révolutionnaires et les utopistes désireux d'un monde sans contradictions, sans souffrances, sans douleurs, sans mouvements, fixé dans l'excellence et le bonheur éternel, les destructeurs du pouvoir des pères et des autorités, de la tradition et de la raison classique, les athées déicides et annonciateurs enthousiastes de la mort de toute transcendance, les anarchistes fomenteurs de machines infernales, métaphysiciens du fulminate de potassium, les singularités resplendissantes sous les oripeaux du cynique grec ou dans les vêtements sublimes du dandy, sous la cape noire du romantique ou sous le feutre du résistant à l'occupant nazi. Aucun de ceux-là ne sert autre chose que sa conscience d'abord et nombre d'entre eux ont connu la prison, le bannissement, la clandestinité, l'exil, la torture, le bûcher, sinon la vindicte et les crachats du vulgaire.

Contre quoi s'exerce le pouvoir négateur de ces figures sublimes ? Contre ce qui salit le corps et le discrédite, l'ordre bourgeois et la loi du plus grand nombre, la morale moralisatrice et les prêtres qui servent son culte ; contre ce qui suppose un monde au-delà du monde, un réel débordant la pure et simple immanence ; contre ce qui asservit ici-bas en regard d'un hypothétique là-bas ; contre ce qui ferait autorité, ordre et loi dans un univers intelligible très improbable ; contre ce qui, sur terre, se réclame d'un ciel incertain, les maîtres et leurs valets, les princes et les rois, les chefs et les responsables, ceux qui détiennent le pouvoir, l'exercent, en usent puis en abusent ; contre les recycleurs d'idéaux chrétiens en formules laïques tout aussi inutiles, dangereuses et perverses ; contre ceux qui, dans la logique sociale, n'aiment les individus que détruits, pulvérisés et soumis à l'ordre collectif.

On constate le petit nombre des enfants de Satan avant la Révolution française dont Joseph de Maistre a raison de dire qu'elle est la créature du diable. Certes, les cyrénaïques, mieux que les stoïciens ou les épicuriens, associent le corps et la grande vertu, tout autant que les gnostiques licencieux — contemporains des premières vaticinations des Pères de l'Église, relayées par les Frères et Sœurs du Libre Esprit au Moyen Âge quand triomphent les Docteurs de ladite Église. Ceux-là résistent à dieux et maîtres, arrière-mondes et transcendances aliénantes, ils disent non à la pulsion de mort et oui à la pulsion de vie, ils veulent soumettre le réel au plaisir et la réalité aux impulsions voluptueuses qui nous habitent. Fils et filles de Satan revendiquent dans leur époque un homme libre et libéré, une femme tout autant, une terre habitable, débarrassée des esprits, des dogmes, des feux follets moralisateurs, des hystéries ascétiques. 1789 décapite un Roi dans la tête duquel dansaient puis gisaient toutes ces fadaises morales. Du sang qui coule sur l'échafaud monte une vapeur dont quelques rebelles s'enivrent.

La Bastille effondrée, Louis XVI guillotiné, la Terreur à l'ordre du jour dans la Nation, on comprend mieux les relations entre le libertin et le révolutionnaire, frères de sang — ainsi Sade et Marat, sinon Saint-Just ; on saisit combien sont parents le socialiste monté sur les barricades européennes et le poseur de bombes sous les calèches princières — ainsi Bakounine et Netchaïev ; on voit de quelle manière sont appariés l'utopiste obsédé de copulation des planètes, pour en finir avec une civilisation tout entière vouée aux marchands, et le révolutionnaire pour lui-même qui veut vivre devant un miroir pour parfaire sa ressemblance avec Dieu, prendre ses distances avec la montée du capitalisme contemporain de la révolution industrielle — ainsi des frasques de Fourier et du dandysme de Baudelaire ; on sait frères devant l'Histoire celui qui refuse la barbarie nazie, entre deux avions venus de Londres, et tel autre qui dit non aux monstruosités soviétiques, dans le baraquement de planches d'un goulag septentrional — ainsi Jean Moulin résistant et Alexandre Soljénitsyne opposant.

Parce que 1789 fait table rase de la transcendance et de ses bibelots, le rebelle peut proposer une figure alternative qui tient du Dieu nié et du Roi décapité, très exactement placée à l'endroit où sévissaient les idées autoritaires, grégaires et ascétiques. La mort de Dieu, après l'autopsie faite par Ludwig Feuerbach dans *L'Essence du christianisme*, rend possible la naissance de toutes ces figures proliférantes : l'Unique, le Révolutionnaire, le Dandy, le Nihiliste, le Surhomme, l'Anarque, l'Ariste et autres variations tragiques sur le thème du solipsiste rebelle. Lorsque la tête de Louis tombe dans le panier de sciure, on entend le bruit du cadavre de Dieu s'effondrant. Depuis, ce silence attend toujours sa déchirure.

Après la Révolution française, la formule la plus radicale de la révolte se trouve sans conteste chez Max Stirner, homme unique, auteur d'un livre unique, débordant sa biographie et brouillant les pistes de ses postérités. En 1844, dans *L'Unique et sa propriété*, Stirner formule l'exact inverse de la morale kantienne, cette éthique du devoir et de l'intention, du souci de l'autre et de l'universalisation de la maxime. Il annonce son droit coïncidant avec sa force, nie l'autre et reconnaît le succès pour seul principe directeur. Machiavel de l'éthique pure, Stirner propose une révolte radicale que rien ne contient ni ne retient. En ce sens, il est tout aussi impraticable que Kant dans son excès, et, à mes yeux, fonctionne moins en invitation à l'action qu'en théorie d'un solipsisme incandescent poussé à son paroxysme. Aux côtés de Sade, son livre fournit de toute éternité les arguments de la raison égoïste.

Les pages de Stirner constituent une contre-critique de la raison pratique, et plus particulièrement une machine de guerre lancée contre l'avatar dix-neuviémiste du kantisme : l'hégélianisme. Là où Hegel veut la subsomption du particulier sous le registre de l'universel, là où l'auteur des *Principes de la philosophie du droit* invite l'individu à se réaliser dans, par et pour la collectivité, Stirner oppose non pas les droits de l'individu ou de l'homme, ces figures métaphoriques irréelles, mais sa propre puissance refusant toute limite. La révolte de Stirner n'épargne rien, tout ou presque rejoint le brasier qu'il initie et entretient.

Inventaire : sur le terrain politique, Stirner fustige les empereurs et les rois, le droit et la loi, la légalité et la justice, le citoyen et le bourgeois, la liberté, l'égalité et la fraternité, présentés comme des fétiches, tout autant que la police sous toutes ses formes — les soldats, les fonctionnaires, les juges, les professeurs, les pédagogues —, mais aussi le communisme, le patriotisme, le capitalisme, les partis, les constitutions, les peuples, la propriété, la libre concurrence, la hiérarchie, le travail, l'esclavage ; dans le domaine religieux, il compisse également Dieu, bien sûr — à tout seigneur tout honneur —, mais aussi le Saint-Esprit, le christianisme, catholiques et protestants, ceux qui se croient athées — ah, ceux qui se croient athées ! —, les dogmes, le sacré, le religieux quels que soient ses travestissements, l'Église, la soumission du terrestre au céleste, le péché, la foi, le Christ ; sur le registre social, il conspue ensuite l'humanisme, le respect dû aux parents, la famille, la chose publique, l'éducation, l'argent, les impôts, l'autorité, le maître, l'héritage, la communauté ; enfin, dans l'orbe de la morale bourgeoise, il conchie la monogamie, le mariage, le renoncement, l'ascétisme, l'abnégation, les moralisateurs, le respect, le devoir, l'amour du prochain, la vertu, la vérité, la raison, mais aussi la vie d'autrui. Voilà, c'est tout.

Aurait-il mieux valu faire un inventaire de ce qu'il sauve ? On ne trouvera que le moi, dans la totalité de ses prérogatives, dans son empire et sa puissance, sans aucune limite. Bien sûr, cette propriété de l'Unique suppose l'amour libre, le pouvoir de critiquer, de résister, de s'insoumettre, la grève, l'indiscipline, l'appropriation violente de ce que l'on a élu comme sien, la force, enfin l'usage entièrement capricieux des autres. D'où une défense de l'inceste, mais aussi de tout criminel, pourvu qu'il ait le talent de ne pas se faire prendre. Stirner ne veut aucune limite à l'empire de son moi et formule une révolte intégrale, sinon intégriste.

La métaphysique soutenant pareille mystique rebelle est bien évidemment solipsiste, comme chez Sade : autrui n'existe pas, il est posé comme nul et non avenu. Le monde stirnérien suppose un seul être, le sien, le reste du monde doit supporter l'objectivation qu'il lui inflige. En lecteur de *La Phénoménologie de l'esprit*, Stirner connaît la vérité de la lutte des consciences de soi opposées, il n'ignore pas que l'issue du combat distingue inéluctablement un maître et un esclave. Il ne veut pas être serf et se donne tous les moyens pour être dans la maîtrise du monde, en compagnie des affidés de la race des seigneurs. De sorte qu'il s'autorise tout, absolument tout ce qui permet l'existence et l'expansion de sa propre subjectivité.

Faut-il préciser qu'en écrivant : « La force prime le droit, comme c'est d'ailleurs son droit », ou « Je le veux, donc c'est juste », ou « Ce qui est en mon pouvoir est à moi », ou « Ce que tu as la force d'être, tu as aussi le droit de l'être », Stirner va au-devant d'une faune qui, nazis et bolcheviks confondus, maîtres de forges et capitaines d'industrie associés, tortionnaires et cyniques acoquinés, peut légitimement — et malheureusement — se recommander de lui et de son ouvrage ? D'aucuns précisent d'ailleurs que Mussolini, sinon Hitler, considérait *L'Unique et sa propriété* comme un bréviaire. Malheureusement, rien n'interdit pareille appropriation... Il est des uniques dont la propriété coûte cher au tiers.

Toute révolte ainsi formulée — le moi impérieux, autrui inexistant — mérite-t-elle la défense et le soutien ? Tous les fils de Satan sont-ils fréquentables dès lors qu'ils préfèrent l'apocalypse à l'impossibilité d'une existence jubilatoire, hédoniste ou voluptueuse ? Sur le principe formulé par Trotski dans *Leur morale et la nôtre*, on entérine la coupure radicale entre l'éthique de conviction et l'éthique de responsabilité, les distinctions chères au cœur de Max Weber que s'évertuent à négliger ou discréditer les défenseurs des logiques de pouvoir totalitaire. Là où Kant formule une exigence inhumaine par trop d'humanité, Stirner propose un absolu inhumain par défaut d'humanité. Entre ces deux excès, ces idées de la raison pure, on peut penser le monde autrement qu'en ange ou en bête, en séraphin asexué ou en animal sans retenue : en rebelle soucieux de soumettre son éthique négatrice à une morale de l'action pragmatique altruiste, et vice versa.

Si, sur le principe de Trotski, on ne peut juger les actes révolutionnaires à la lumière des principes de la morale bourgeoise, alors concluons, après la mort de Dieu, à la mort de toute morale possible. Or l'amoralisme est à craindre absolument là où l'immoralisme est bienvenu : amoral celui qui soumet son action au seul succès de son entreprise, la fin justifiant les moyens ; immoral, dans notre civilisation, celui qui va au-delà du Bien et du Mal conventionnels et, selon les principes d'une surmorale ou d'une hypermorale, considère qu'une voie d'accès torve ne justifie jamais une fin élégante. Sade et Stirner pour les premiers, Nietzsche pour les seconds. Féodaux les uns, aristocrates les autres. Souvent le révolutionnaire du moment fait le réactionnaire de demain, quand il obtient le pouvoir tant convoité, alors que le révolté demeure dans l'insoumission, quel que soit le pouvoir.

La compagnie de Satan et de Lucifer, libérateurs et porteurs de feu dans un monde tiède, n'est défendable qu'au regard d'un statut d'autrui qui interdise son devenir-objet. L'altérité suppose une intersubjectivité dans laquelle on se soucie de l'autre *a priori*. Bien souvent, le révolutionnaire place son idée au-dessus de tout et préfère la révolution à n'importe quel individu ; le révolté, en revanche, s'il croit à des idées, défend des idéaux, sacrifie à un certain nombre de valeurs, n'en oublie pas moins l'existence, sous la chair de l'autre, d'une épaisseur qu'on peut épargner, voire, dans les situations les plus effrayantes où l'Histoire nous plonge, soumettre et contraindre autrement qu'en la détruisant.

Antique combat entre Machiavel et La Boétie, Robespierre et Danton, Ravachol et Proudhon, Sartre et Camus, éternel conflit entre Créon et Antigone, la loi de la cité et la loi du cœur, l'ordre de Dieu et la désobéissance de Satan. Les révoltés demeurent frères des romantiques, désespérés, tragiques, sombres, mais lucides — là où les autres sont dans l'espoir, la naïveté, l'enthousiasme, certes, mais aussi dans l'illusion. Ils connaissent l'excellence des vertus négatrices et n'ignorent pas non plus qu'on ne saurait intégralement changer le monde, ce que les optimistes, en face d'eux, persistent à croire quand ils allument des brasiers impossibles à éteindre. La métaphysique rebelle du pavé et des barricades ne se confond jamais avec celle, révolutionnaire, des palais clinquants et des prisons gouvernementales.

12

PORTRAIT D'UN PRÉDATEUR D'ÉVÉNEMENTS

La théorie du portrait inquiète quand elle questionne le photographe car elle renvoie à une pratique de prédateur où la capture d'un temps élu sur un visage suppose la considération du sujet comme un corps à momifier et vider de sa substance dans le dessein d'initier une image impassible, figée, fixe. Derrière la face, on risque d'oublier et négliger les os, les jointures, les articulations, le sang, les muscles, la chair, les nerfs pour retenir ce qui s'inscrit d'eux sur la peau, parchemin fragile, palimpseste sans cesse nettoyé par les humeurs. Sous cette voilure souple, rose, jaune ou noire, l'âme circule à la vitesse des flux, des allées et venues de lymphe, d'électricité, d'énergie, de mémoire, d'émotions. Le photographe veut saisir l'écume de ces mouvements profonds, immobiliser sur la crête des vagues ce qui renseigne sur les frémissements intimes et secrets de la mer, au plus sombre, au plus ignoré, au plus inquiétant.

Les couleurs, les lignes, les lumières, les plans, rien de tout cela ne l'intéresse véritablement — trop superficiel, trop en surface. Seuls les mauvais photographes sont préoccupés par ces occasions d'éviter l'essentiel : ils ligotent leurs sujets, les font poser, souffrir, les envisagent comme des insectes sur le bouchon de liège, guettant le moment où ils enfonceront l'aiguille dans le thorax de leur victime, dans le bruit mat d'un rideau d'obturateur baissé. Entomologistes jouissant du chloroforme, ceux-là connaissent la volupté dans la seule captation des forces de mort. Leurs clichés sentent l'encens après les cérémonies d'inhumation, parfum écœurant qui donne envie de vomir devant tant de concessions faites à l'immobilité des cadavres.

Le portraitiste, quand il excelle, vise la surface en nietzschéen, par souci de la seule profondeur. Il sait que rien ne dit mieux le tréfonds que ce lissage fragile et délicat dans lequel apparaît un visage. Contre ceux qui aspirent à la photographie comme au suaire ou au linceul recouvrant des chairs mortes, des viandes glacées, il vise et veut des textures, des tissus intimes et volubiles, riches d'enseignements sur l'essence de son propre souci : capter, dans une face, ce qui fait événement vivant, chercher, puis trouver ce qui manifeste dans la géographie qu'est toujours un visage, une histoire, ou une série d'histoires, avec leurs traces et la mémoire qui en subsiste, incarnée dans l'infinitésimal grouillant et vibrant.

Loin de la momification supposant qu'on exacerbe la surface en vidant, éviscérant, fouillant et creusant le corps pour tâcher de faire advenir l'âme en effleurement, le portraitiste vise la surprise d'un événement en puissance ou en acte. Quand il est mauvais — et c'est souvent le cas —, le photographe se contente de pétrifier, cristalliser, minéraliser, transformer en chose ce qui était d'abord un sujet vivant, un être chaud et frémissant ; quand il est bon, il évite les pièges de l'immobilité, du statisme trahissant l'esprit envolé du monument de sucre ou de l'architecture empruntée. D'un côté, le fantasme des bandelettes qui couvrent et étouffent, de l'autre, la pratique vitaliste du quêteur de ce qui advient, subrepticement ou longuement, dans un corps en son chef. Là où l'un prend modèle sur le médecin légiste, l'autre se fait historien des accidents d'une mémoire lisible sur un visage, ou géographe des forces qui ont travaillé cette surface jusqu'à l'heure où elle se trouve devant l'objectif.

Ce qui fait événement sur un visage ? Une granulation, une texture, des pilosités, à savoir des verrues, des boutons, des comédons, des cicatrices, des poils, des commissures, des plis, des rides, des cheveux, des bosses, des grains de beauté, des luisances, des renfoncements, des trous et autres dénivellations d'un terrain subjectif. Cette mémoire topographique suppose aussi, sur ce visage, des lignes de force, des traits de lecture, des points de fuite, des agencements de masses, des proximités de volumes, des blocs et des creux de sens. L'agencement de ces micro-événements constitue un paysage.

Ce qui fait sens pour un photographe ? La captation de ces détails, seuls ou assemblés, mais dans leur unicité. Tel un jardin zen dans lequel ce qui compte, c'est moins les objets ou leur agencement, qu'à partir d'eux le surgissement d'une émotion, la condition de possibilité d'un percept, d'un affect, d'un événement. De sorte qu'en dehors de la figure, il s'agit de viser également ce qui fait visage dans les mains, ce qui se montre du corps ou du vêtement. Même chose : chercher, trouver des événements, puis dégager une émotion dans une paume, les doigts, leur longueur, leur allure, la pilosité et les ongles, le dessin en losanges microscopiques de l'élasticité de la peau, les lunules, les veines, les lignes, les coussinets, et, en sus de la matière corporelle, celle des artifices, les bagues, les montres, mais aussi le revers d'une chemise, un col, un pull, les ramages, les dessins, les boutons nacrés, les fils, les coutures, les superpositions de tissus, de vestes et de chemises, de corsages et de chemisiers.

Car le visage, les mains et les vêtements apparaissent en objets nus avec lesquels doit s'exprimer la subjectivité dans son essence. Entre deux néants, celui d'où l'on vient, lentement, et celui vers lequel on va, à vive allure, il y a place, peu de temps, pour un moment où le sujet se dévoile subrepticement dans sa quintessence. Fort de la mémoire qui le constitue comme tel, composé par elle, en passe de se faire recomposer par le temps qui passe, il se situe dans l'intervalle, entre son passé et son avenir, pur produit d'une intériorité vivante advenant par effraction dans l'impassibilité de son visage. Le portraitiste s'immisce entre ces deux épaisseurs d'une extrême finesse pour capter ce qui est mais ne sera déjà plus dès la photographie prise. Prédateur d'un temps insaisissable, l'opérateur arrête l'image d'une figure, capte les événements qui font paysage, dégage une émotion et raconte ce qu'il voit, comment il le voit.

Afin de parvenir à ce résultat, le photographe pratique deux opérations magiques : envisager puis dévisager. J'aime que la construction de ces mots, voire une étymologie sollicitée, dise des jeux multiples : mettre dans un visage, appréhender d'une manière particulière, avoir en vue, prendre en considération, prévoir, regarder avec curiosité, imaginer, penser dans un temps à venir, projeter dans une durée non encore advenue ; puis défaire un visage, le décomposer, scruter avec insistance, s'arrêter avec une attention particulière, chercher en lui un événement peut-être impossible, se trouver devant une énigme à résoudre, interroger. Envisager une figure suppose de la dévisager, de partir à la conquête de son histoire et de sa géographie.

Le jeu nécessite un regardeur et un regardé, un actif, chasseur, voyant, et un passif — la proie vue. Dans cette cynégétique, envisager, c'est fureter, interroger le terrain, prendre la mesure du territoire sur lequel on se trouve, mesurer, mettre en chiffres, se situer, prendre position et occuper un espace ; dévisager, c'est s'apprêter à reconnaître, mettre un nom, nommer, nombrer la spécificité du détail regardé. Le voyeur a vu, et, souvent, la proie a constaté qu'elle a été repérée, isolée. Le photographe et le photographié évoluent dans cette logique où un voyeur élit un exhibitionniste qui consent avant de pouvoir lui-même devenir à son tour un voyeur qui interroge l'autre pour savoir comment il l'a vu, comment on peut, lui, le regarder et le voir.

Le chassé-croisé entre les deux protagonistes se suspend lors du bruit de l'obturateur qui tombe. On peut baisser la garde, le temps que soit réarmé l'instrument avec lequel se joue ce jeu singulier. Peu de temps. Le moteur interdit la pause et le repos, même infimes : sous l'œil du photographe armé, la proie ne dispose d'aucun moment de répit, son temps est compté. Envisagé rapidement, dévisagé tout aussi promptement, il est fixé immédiatement. Son temps propre s'effondre et se fige dans l'image, artificiellement capté, alors que la durée poursuit son chemin — et le temps avec lui, impassible et impérial. Illusion qu'on peut arrêter son cheminement : on n'en fixe que le mode d'apparition, l'être au monde. Sa nature demeure incorruptible.

La leçon d'anatomie supposée par l'envisagement et le dévisagement implique une série d'opérations mentales dans lesquelles se montre le talent, sinon le génie du photographe. Isoler, décomposer, cacher, exacerber, ombrer, dissimuler, il travaille les volumes et la matière avec la lumière, du soleil aux éclairages thermiques. La brûlure de ce feu naturel ou artificiel contribue à ce travail d'envisagement et de dévisagement. Cruauté ou compassion, vérité ou illusion, insistance ou gommage, la déconstruction mécanique rend possible une reconstruction éthique. La morale demeure indissociable du moment choisi par le photographe pour enfoncer le bouton d'obturateur. L'événement élu qui constitue le paysage et induit l'émotion reste à la discrétion du prédateur.

Défait, puis refait, le visage obéit cette fois-ci à la seule démiurgie de l'artiste. Plus de viscères, une âme, plus de réalité, une virtualité semblable à l'aura : un portrait photographié effectue une recomposition éthique à partir d'une série de propositions physiologiques, anatomiques et biologiques. La matière saisie dans un visage est rien moins que le temps cristallisé et inscrit depuis la naissance. En passe de supporter plus de traces encore, le portrait témoigne dans un moment, celui qu'a élu le photographe. Dévisager et envisager, pour ce faire, croisent une autre série d'opérations qui supposent défigurer et transfigurer.

Défigurer, c'est rendre méconnaissable, altérer l'allure, l'apparence, travailler ce qui se montre pour le réduire à de l'inconnu, de l'invisible ou de l'inédit. Abîmé, enlaidi, altéré, dénaturé, transformé, le visage ne ressemble plus à rien après qu'il a été opéré par le photographe. Je songe aux tortures, aux accidents, à la boucherie, au vitriol, au feu et à tout ce qui dilue la forme, dissout les contours, les apparences visibles en des matières avachies comme dans les peintures de Francis Bacon. Avant de faire poser un sujet, pendant la pose même, ce travail mental de défiguration est nécessaire, indispensable, afin de décomposer, distinguer les parties avec lesquelles se formule un tout dans un agencement avec lequel l'artiste peut — doit même — rivaliser. Ensuite, quand il dispose des fragments, des morceaux, il peut réagencer l'ensemble en fonction de son projet à l'aide de la lumière, acteur essentiel de ce collage nouveau.

Transfigurer devient alors possible. Avec ce que crée le photographe, le visage devient autre, nouveau. Pour preuve, lorsque les portraits photographiés ont sublimé sa matière charnelle en une transfiguration imaginaire, on constate toujours un moment d'arrêt lors de la découverte du cliché par le patient — appelons-le ainsi —, suivi par le temps d'apprivoisement de sa propre image. L'approbation du sujet à l'opération photographique, lors du déclenchement, redevient nécessaire dès la découverte de ce qui sort de la chambre noire et des bains amniotiques. Il s'agit d'obtenir l'assentiment à l'image de soi que l'on peut donner à autrui, loin de tout narcissisme ou de toute complaisance à son propre endroit.

Disons-le en termes sartriens, le pour-soi, en surgissant à soi, se montre sous l'apprêt d'un pur pour-autrui. D'où les déconvenues, les douleurs de qui apprend et découvre comment on peut le percevoir, à quoi peut ressembler son identité une fois soumise à un tiers. Il arrive ainsi qu'envisagé, dévisagé, défiguré, puis transfiguré, le sujet en reste à l'avant-dernière opération et s'imagine maltraité, blessé, décharné, charcuté, sans recours, sans secours. Où l'on apprend qu'entre l'idée que l'on a de soi et ce que les autres pensent ou voient de nous s'intercalent les monstres dont se nourrissent depuis toujours les pulsions bovaryques... Le prédateur a saisi un corps, en a expurgé l'âme idéale pour y laisser subsister ce que montrent les événements brûlés par une lumière. Nous sommes aux premières heures du monde, aux minutes inaugurales d'une existence nouvelle.

En fin de course, après que le photographe a métamorphosé la matière vivante, la chair animée en objet fixe participant d'un sujet mobile, on constate qu'il a fonctionné à l'inverse de la procession platonicienne : à partir de la viande d'un corps, de la matérialité d'un visage concret, réel, la démiurgie lumineuse produit une idée, une trace intelligible, une image immobile, une icône presque semblable aux objets du monde nouménal kantien soumise à l'épreuve d'un révélateur. Réifier pour déifier, vouloir d'un objet vivant qu'il devienne une chose insensible au temps, voilà le projet du prédateur. Dans le long figement sombre de la photographie, l'âme oublie qu'elle procède de viscères et de muscles, de nerfs et d'os, de lymphe et de sang. Pure peau tannée par les sels d'argent, elle accède au statut d'événement qui se rit du temps dès qu'il participe un peu de la durée consentie aux choses qui vieillissent plus lentement. L'œuvre investit d'autres temporalités, plus lentes, et laisse croire à la conscience échappée de ce visage qu'elle pourra bénéficier de ces faveurs intemporelles.

Du visage au négatif, la distance semble aussi grande que de ce dernier au tirage définitif. Là où il a fallu envisager et dévisager, regarder et apprivoiser, défigurer et transfigurer, réifier et défier, il s'agit, pour le photographe, de consentir aux derniers travaux : composer, décomposer. En effet, lorsque le visage entre dans un cadre, il obéit à un autre ordre que lorsque sont tracées en lui, sur lui, dans cet espace figural, de nouvelles lignes horizontales et verticales. Quand la forme est donnée par le format de la pellicule, l'artiste peut vouloir un autre cadre, taillé à vif dans le support, mais aussi et surtout selon d'autres règles montrant que le rectangle se cisèle dans le vif de la chair du visage. Les opérations de prise de vues se trouvent réactualisées. Tout ce que le visage a subi, son image le connaît à nouveau. Mêmes outrages.

Dans la fenêtre du négatif, là où la chair était devenue lumière, l'artiste double son travail magique et dessine des lignes parallèles de gauche à droite, puis retour, de haut en bas, et inverse. Entre elles, il contraint la viande éthérée à prendre place, contenue, cadrée, retenue, soutenue. La figure réinventée subit des agencements originaux, le paysage est à nouveau travaillé, les événements sont une fois encore sollicités, autrement, différemment : tailler un visage, découper une figure, entamer une face, couper un front, déchirer une joue, scier un buste, sectionner une main, ôter, trancher, retrancher, émonder, entailler, émarger, rogner, toutes opérations de soustraction, de concentration sur les événements ainsi nouvellement distingués — un regard dur, une bouche molle, un menton impérial, un front immense, un œil sombre, une chevelure léonine, un nez effondré, une série de rides pliées.

Photographié puis encadré dans le vif d'une forme, le sujet accède au statut d'objet de concentration pour le regardeur à qui l'on soumet la photographie afin qu'il exerce son œil et circule dans le paysage, afin, lui aussi, de partir à la chasse des événements autorisant la saisie d'une géographie puis d'une histoire, sinon l'inverse. De toute façon, il s'agit pour le premier spectateur à qui l'on propose le cliché d'entrer dans l'âme d'une figure par les portes entrouvertes par les accidents de son corps, les flétrissures et écritures de sa peau, les brûlures de sa mémoire travaillée comme une terre, défoncée, labourée, soulevée, creusée, ensemencée — semblable à ces boues et glèbes dans lesquelles finissent toujours par se décomposer tous les visages, sans espoir jamais d'une quelconque recomposition ou transfiguration, sans possibilité même d'un quelconque événement, fût-il le plus infinitésimal. Le néant finit toujours par ravager les images réduites aux reliefs de la vanité.

13

POUR EN FINIR AVEC LE JUGEMENT DES HOMMES

Pour Eric Enquebecq.

Dans un pays sans nom, innommé tout autant qu'innommable, sous un drapeau sans couleurs, avec des hommes sanglés dans un uniforme qui pourrait être celui de nombre de nations, des individus consciencieux s'affairent auprès d'une étrange machine. Dès la sollicitation de son mécanisme, elle fonctionne seule, dans la plus parfaite et aveugle autonomie. Pour ce qui est de son office, les règlements en confinent l'usage à douze heures, entre le lever et le coucher du soleil, le temps de déroulement d'une journée d'homme ordinaire et sans qualités. Pendant la durée de cette course des planètes, un supplicié déglutit son sang dans sa gorge, boit la haine et digère la mort distillée.

À l'œil, l'engin ressemble à l'une de ces machines infernales que l'on retrouve en feuilletant les vieux grimoires illustrés de bois gravés qui racontent l'histoire des instruments inventés pour punir. Sur le lit de gros madriers rudes, des sangles maintiennent fixes les bras et les jambes, puis le crâne. Au-dessus de cette surface, une herse aux pointes de verre aiguisées à blanc reproduit très exactement la configuration du corps humain, tête, tronc, membres. Chaque dent longue se double d'une plus courte, la première grave, la seconde, à l'aide d'un jet d'eau, lave les couleurs de lymphe et de sang. Entre ces deux plans, on glisse parfois, de temps en temps, souvent, le corps nu d'un homme à supplicier. À plat ventre, il mord dans une masse de cuir quand son dos s'offre au labour des crocs. Juste au-dessus de la tête, un seul piton menace.

On connaît également le fonctionnement de cette machine : le lit oscille de droite à gauche et de haut en bas, roulis et tangages de mort. Les oscillations faibles ou rapides offrent une parfaite synchronisation avec le mouvement de la herse. Les pointes s'enfoncent donc dans un corps qui épouse les manœuvres du lit. Et l'appareillage tout en verre permet de suivre toutes les opérations dans le moindre détail : la pointe approchée de la chair, la peau touchée, puis coupée, enfin déchirée, la viande offerte, le muscle tranché, les humeurs et les liquides suintants, pulvérulents, coulants, l'eau marbrée de coulures rougeoyantes puis roses, les vibrations tranquilles mais lancinantes. Un système avec de la ouate sèche la surface vivante et permet une relative propreté du support. De sorte qu'en transparence, on déchiffre le dessin et les arabesques gravés par la herse. En des heures moins humaines, les responsables humidifiaient les pointes du mécanisme d'un acide extrêmement corrosif. Mais la bonté légendaire des hommes et leur aptitude au progrès les ont conduits à renoncer progressivement à ces raffinements.

Son existence assurée, son mécanisme expliqué, reste à préciser sa fonction, ce pour quoi des ingénieurs l'ont désirée, voulue, pensée, dessinée, construite, mise au point. Elle inscrit dans le corps de l'homme supplicié le texte au nom de quoi il a été condamné. Ignorant la sentence, le prisonnier torturé ne voit pas la phrase qui s'écrit sur son dos, mais sa chair, elle, la lit, son corps l'enregistre, en prend connaissance, petit à petit, dans une progression lente mais certaine, avec une souffrance calculée pour que les membres découvrent puis retiennent une leçon directement destinée à l'âme mais exclusivement infligée à la viande, médiatisée par elle.

Ne sont sollicités ni la conscience ni le jugement, mais les sensations, les émotions, les perceptions, la pure matière et la matérialité brute de l'être. L'exécution de la sentence coïncide avec sa gravure. Au final de cette opération, la mort parachève le travail. À un moment, sur la peau du coupable, on parvient à lire l'objet du délit. La machine s'installe entre le Code pénal et la chair suppliciée, elle fusionne la loi écrite, le droit manifeste, la règle, les interdits et le corps en un dramatique objet sanguinolent. L'écriture s'accompagne d'une foule de dessins libres et fantasques sur les membres.

La sentence elle-même, dans cet entrelacs de lignes gratuites, se marque dans l'espace d'une étroite ceinture. Le temps de la calligraphie se déplie lentement et la profondeur maximale s'envisage seulement dans les derniers moments du supplice. Les douze heures écoulées, la herse embroche totalement le corps. La pointe qui menaçait la tête s'enfonce dans le crâne pour atteindre la cervelle et fixer l'âme sur le bois du banc de supplicié. Démembré, ce qui fut un être humain finit aux chiens dans un cul-de-basse-fosse où les rats finissent le travail, désossent et œuvrent pour le droit...

Les amateurs de machines de justice auront reconnu l'instrument de torture de *La Colonie pénitentiaire* de Franz Kafka, l'une des plus belles mécaniques allégoriques pour penser la justice et le rapport que le droit et la loi entretiennent au corps dans notre Occident frappé au coin du christianisme. Elle peut se lire comme une duplication littéraire de la crucifixion de Jésus dans laquelle on retrouve plus ou moins les clous, le sang, les pointes, les trous de lance, les plaies suintantes, la nudité de la victime, l'exposition d'une chair tuméfiée, la torture avant le trépas voulu comme tel, et surtout cette étrange idée qu'un châtiment, une punition — fondée ou non —, se pense en termes de graphisme de sang, d'écriture de chair, de calligraphie de viande. Sur le Golgotha palestinien, cette éminence en forme de crâne, la loi dit de manière emblématique et sanglante ses épousailles avec la souffrance, puis la mort. Où l'on peut lire en filigrane le crime indéfectiblement logé dans tout châtiment.

D'aucuns rétorqueront qu'une machine de justice littéraire ne dispose de vérité et de statut que dans la fiction, entre glosateurs de textes classiques et spécialistes en histoire des idées ou des images. Kafka ne vaudrait qu'en inventeur de figures théoriques, poétiques. Or il n'en est rien. L'instrument maléfique de *La Colonie pénitentiaire* signifie rien moins, à mes yeux, que la quintessence de toutes les machines de justice inventées et fonctionnant de par le monde depuis l'apparition de l'homme jusqu'aux raffinements actuels dont vraisemblablement nous ignorons encore les détails mais qui sévissent sûrement à cette heure en un lieu de la planète pour mettre à mort les hommes jugés coupables.

J'en veux pour preuve une exposition que j'ai visitée dans le quartier de Cannaregio à Venise il y a une quinzaine d'années ; elle montrait une collection impressionnante et effrayante d'instruments de torture ayant vu le jour et fonctionné entre le Moyen Âge et l'époque industrielle — en fait, de la hache fichée sommairement sur son billot à la guillotine savamment conçue. Le génie des hommes semble illimité dès qu'il s'agit d'inventer de nouvelles douleurs, des supplices inédits, ou d'échafauder de sombres arithmétiques sadiques à l'ombre tutélaire de la pulsion de mort.

J'ai souvenir, dans cette collection disparate, qu'aucun endroit du corps n'avait été épargné par la furie destructrice des hommes : garrots pour le cou, cages d'enfermement pour tout le corps, entraves métalliques pour chaque articulation et jonction des membres, machines à écraser les doigts et les mains, les crânes et les ongles, les genoux et les pieds, colliers d'épines et masques infamants imitant une tête de porc, d'âne ou de monstre, instruments d'élongation — bancs, cordes, échelles —, poires d'écartement des orifices — bouche, vagin, rectum —, ceintures, cilices, fers à marquer et autres pals, scies, pinces, fouets, crocs, roues, piloris, griffes, poids et boulets. Je me rappelle même un genre de masque de fer contraignant la bouche à souffler, lors de l'expiration, dans l'embouchure d'un instrument de musique qui annonçait et soulignait le passage public du malheureux entravé. Un seul point commun à toutes ces machines de justice, réelles celles-ci : toutes supposent affirmée et avérée cette croyance qu'une (hypothétique) faute, qu'une (prétendue) culpabilité trouve une monnaie scripturale et d'échange pour apurer les comptes dans la griffure et le marquage des corps, dans la blessure et la torture des chairs.

Comment donc trouver une équivalence entre l'action coupable d'un homme, du point de vue des lois et coutumes de son pays, et son éviscération, son dépeçage, son décharnement, son démembrage ? Quel type de justice se manifeste dans l'ordre donné de scier, brûler, ébouillanter, déchiqueter, supplicier, décapiter le corps d'un individu coupable d'un forfait, fût-il majeur ? De quelle façon établir sans broncher un signe d'égalité entre le vol, le larcin, le délit, le crime de délinquant et la souffrance délibérément infligée au nom de la loi en vertu des principes de justice par des figures investies de l'autorité et de la moralité publiques ? Il faut obtenir des aveux, disent les juges ; on doit fonder et prouver la culpabilité, s'exclament les exécuteurs des basses œuvres ; la punition suppose sanction, l'exercice de la justice détermination, ajoutent les officiers de justice. Le philosophe s'autorise à douter de pareilles raisons.

Quoi qu'il en soit, quand une répression se dit au nom de la loi, elle élit prioritairement le corps et la chair pour une contrainte infligée sur le seul bien dont dispose chaque homme en propre : une intégrité physique, qui, aux mains d'un gouvernement autoritaire ou tyrannique, peut être l'objet d'un traitement brutal et sans égards. Qu'on songe aux incarcérations, aux dispositifs pénitentiaires, de l'entravement aux fers, hier, à celui des puces magnétiques, aujourd'hui ; aux colonnes de forçats, liés par des chaînes, qui traversaient les villages avant l'embarquement pour les bagnes outre-mer, jadis, et aux prévenus menottés, les mains dans le dos, dans les palais de justice contemporains ; aux exécutions capitales publiques au cours desquelles des bourgeoises en mal d'émotions venaient tremper leur mouchoir de batiste dans les litres de sang du guillotiné d'avant-hier et aux détenus américains d'aujourd'hui, emportés au petit matin dans une chambre à gaz, sur une chaise électrique ou liés sur un brancard avant l'injection d'une solution létale, tandis que dehors la foule jouit et frissonne. Chaque fois, et partout, à des degrés divers et selon des modalités différentes, la justice s'exprime par l'inscription d'une volonté tierce dans un corps : la loi veut la sentence incarnée, au sens étymologique — mise en chair.

Certes, en Occident, on a rangé au magasin des accessoires les lapidations, écartèlements, fustigations publiques et autres mutilations. Mais il me semble que rien n'a changé de cette mystique de la punition et de ses présupposés métaphysiques. On pense toujours, dans la France démocratique d'aujourd'hui, autant que dans les fausses républiques vraiment islamiques qui salissent ici ou là telle ou telle nation, que la faute existe, qu'elle ne fait pas problème, que son auteur est toujours responsable donc coupable, qu'il faut le punir, et que cette punition passe par une atteinte à l'intégrité de son corps. En quoi la machine de Kafka apparaît définitivement emblématique de ce qu'est *toujours* une machine de justice.

Au commencement se trouve la loi, car c'est toujours en son nom que tombe la guillotine ou que se ferme une porte de prison sur vingt ans de la vie d'un homme. Elle a d'abord procédé du divin, d'une extériorité et d'une transcendance. Dès les premiers codes égyptiens ou mésopotamiens, elle se veut parole terrestre descendue d'un lieu céleste. Désir des dieux, volonté des puissances de l'éther, la loi porte sur le terrain de l'immanence une parole venue des contrées réservées aux créatures parfaites. Le droit sacré précède et annonce le droit civil et j'aime que les étymologies données par Littré confirment la parenté de la loi et de la religion en insistant sur la liaison, ce qui fait lien et réunit, constitue un groupe. De l'Indus aux cathédrales d'Occident, en passant par les pyramides et le forum romain, droit et loi supposent Dieu et son silence troublé par sa propre parole.

En matière de droit et de loi, les dieux conjurés ou congédiés le sont avec les penseurs du contrat social pour lesquels les hommes décident de leurs règles du jeu afin d'échapper à la violence naturelle ou dans le but d'établir une communauté fondée sur le bien commun et une vie collective heureuse. La généalogie de la loi demeure mystérieuse, la décision de sa formule procède d'un moment flou et théorique, mais tout un chacun, même non contractant immédiat, se trouve tenu d'honorer ou de subir un code qu'il n'a pas choisi mais qui fait autorité. À la manière du péché originel, le contrat social est une affaire de générations antérieures : fomenté à l'aube des temps, nous devons en supporter les conséquences à la manière d'un péché originel irrémissible.

Bien que laïque et immanente, la loi conserve un aspect sacré, divin, car la religion du contrat social interdit depuis toujours qu'on la regarde en athée : nul n'est censé ignorer la loi, et l'on doit renoncer à son droit propre, singulier et individuel, en échange de la garantie d'une sécurité assurée par la collectivité. Ce à quoi hypothétiquement se sont engagés nos ancêtres nous tient formellement aujourd'hui dans des liens éternels et infrangibles qui ne souffrent aucune dérogation.

Toute infraction à l'endroit de ce pacte primitif légitime la violence légale du groupe qui contraint le rebelle à rentrer dans le rang. La loi qui, jadis, procédait du sacré devient elle-même sacrée quand ce qui l'a rendue possible a disparu. L'autonomie du droit est une fiction : il énonce toujours une métaphysique qui, peu ou prou, s'appuie sur une mystique. Le monarque, seul représentant sur terre de l'Un absolu régnant dans le ciel, a longtemps dit le droit en inspiré, en missionnaire éclairé et investi ; son absence, sa disparition physique et spirituelle induisent une parole sans autre bouche pour l'énoncer que le sacré laïque. Mais dans les deux cas, des sables mésopotamiens aux mégapoles planétaires, en passant par les cathédrales chrétiennes, le droit et la loi demeurent associés à une transcendance qu'en philosophe critique on peut, on doit interroger.

Contre les généalogies qui en appellent à un au-delà du monde, je veux solliciter le réel immanent. Loin de tout sacré religieux, le droit et la loi d'une société obéissent à une logique des forces, une économie des énergies. La mystique juridique sacrée énonce les pleins pouvoirs des dieux et la soumission des hommes ; la mystique athée, païenne, consacre la toute-puissance du groupe et l'inexistence de l'individu : la totalité et l'universel priment, la partie et la particularité doivent se soumettre. Le droit occidental manifeste la force grégaire cristallisée et concentrée contre les électrons libres qui voudraient se déterminer de manière autonome.

La loi se fait l'instrument de la conservation du groupe qui la promeut et les hommes de loi profèrent des vérités utiles à la perpétuation de leur système de caste, donc du système social qui les permet et les appointe. Loin de tout arrière-monde possible ou pensable, aux antipodes d'un divin matriciel ou d'une nature intrinsèquement sacrée de la loi, elle avalise un rapport de force et inscrit dans un texte ce principe fondamental : l'instinct grégaire cimente le social, il faut décréter bon et bien tout ce qui le rend possible, puis mal et mauvais ce qui contrarie la pulsion communautaire.

La finalité du droit consiste donc à protéger le plus grand nombre de l'agissement des monades sauvages et sans loi. Instrument de la masse, la loi instaure en vérité générale et universelle ce qui pérennise le groupe comme tel. De sorte que la loi n'accorde de place qu'à l'individu soumis à la totalité et ayant abandonné son pouvoir d'être lui-même au profit d'une intégration sociale gratifiante. Renonçant à son autonomie, on lui accorde une prétendue sécurité qui culmine en assurance de pouvoir persister dans son automutilation.

La force du plus grand nombre constitue et structure la loi contre la puissance potentielle des individualités souveraines. L'exercice de la subjectivité hors du groupe, en dehors des sentiers balisés, devient un délit, un crime, une déviance, un désordre. L'antinomie radicale entre l'individu et la société se résout par le droit et la loi via le sacrifice de l'unicité au profit de la masse. La nature même du droit suppose le ressentiment du plus grand nombre cristallisé en refus de la souveraineté solaire d'une maigre poignée de figures libertaires. Ceux qui expriment le droit le font respecter de conserve avec ses inventeurs, ses promoteurs, ses thuriféraires qui se prémunissent contre les ferments de décomposition de la totalité à laquelle ils doivent leur essence et leur existence, leurs avantages et leur consistance.

Les vérités de groupe définissent toujours des mensonges sociaux utiles à la production et à la reproduction des systèmes éthiques, politiques et métaphysiques qui jettent le discrédit sur l'individu, l'atome, la singularité irréductible décidée à économiser le détour altruiste. Le corps politique a pour ennemi le corps des personnes qui le constituent : il veut être le seul à pouvoir disposer d'organes, de fonctions, de systèmes vitaux, d'autonomie, de liberté, d'une physiologie. Dès qu'un seul refuse la reconnaissance des règles, la totalité se ligue contre lui pour le dissoudre, le détruire, le réduire. Le délinquant surgit quand un seul regimbe à se faire semblable à tous. Les machines de justice existent pour remettre dans le droit chemin et inviter à la subsomption de soi sous le registre de l'universel social. Le corps politique, dans l'expression de sa mystique, induit une politique des corps — la plupart du temps répressive. Pour sanctifier ce règne juridique, l'onction d'une théorie du sacrifice est nécessaire.

Délinquer, chez Bescherelle et Littré, signifie faillir, manquer à un devoir, commettre un délit, délaisser un droit chemin. De sorte que le délinquant sort de la route dans laquelle il aurait dû se contenter de cheminer. Chez les casuistes du droit pénal, d'aucuns distinguent parmi cette engeance le criminel-né, l'aliéné, le passionnel, l'occasionnel et l'habituel. De quoi classer l'amateur de contre-allées et de sentiers déserts parmi les tarés, les malades, les fous, les déraisonnables et autres déviants de tous ordres, familiers des marges ou de l'exception. Quoi qu'il en soit, contrevenir aux lois, au droit, aux règles, c'est, de fait, s'installer dans la pathologie — ce qui induit rapidement la nécessité d'une thérapie.

Le corps social se dit parfois malade de la délinquance, il la voit comme une plaie, une excroissance, une tumeur bénigne ou maligne, un kyste. Ou encore un ferment de décomposition, un agent de pourrissement, une occasion de gangrène généralisée, une épiphanie de contamination. D'où les métaphores médicales du soin, du curatif ou du préventif, de la pharmacopée et de la prophylaxie, de l'hygiène ou de la chirurgie, du diagnostic et du traitement, sinon de l'amputation ou de la guérison. L'animal grégaire veut une santé de fer et conçoit ce qui pourrait la perturber ou l'entraver comme un parasite, une peste, une lèpre ou une autre maladie relevant de l'épidémiologie.

Dans cette logique, le sacrifice équivaut à la saignée chez les médicastres du Grand Siècle : purifier le corps social, faire couler le sang pour revivifier l'organisme, le vider de ses mauvaises humeurs, de ses substances corrompues. La justice semble agir motivée par des considérations de santé publique, elle pose des ventouses, scarifie, expulse le liquide de vie pour entreprendre une vaste opération de nettoiement à l'issue de laquelle l'organisme recouvre ses rythmes, ses fonctions, ses équilibres habituels et rituels. Châtier le délinquant suppose la croyance en cette antique et primitive logique qu'un sang qui coule — réellement ou métaphoriquement — paraît agréable au dieu auquel on sacrifie, car la colère des divinités s'apaise avec une offrande.

Puisque ce qui a eu lieu ne peut pas ne pas avoir été, qu'un crime ou un délit commis, un tort infligé, ne saurait d'aucune manière involuer dans le temps pour que l'individu les ayant subis se trouve en position de ne jamais les avoir connus, pour quelles raisons et selon quels étranges critères une peine est-elle infligée en guise de réparation, en forme de paiement d'une dette ? L'idée semble moins de prévenir ou de faire en sorte que l'événement n'advienne pas à nouveau que d'apurer les comptes en infligeant un dommage à qui en a commis un. Aussi est-on en droit de se demander en quoi consiste l'efficacité d'une violence légale aujourd'hui pour rendre impossible une violence illégale demain. L'essence de la justice paraît aux antipodes du discours mis en avant pour se justifier, et l'on a du mal à croire qu'elle puisse viser purement et simplement la prévention, la préservation de l'équilibre social.

Comment peut-on, dans cet esprit, juger et justifier les mille vexations du corps subies par le prisonnier chaque jour dans sa cellule ? Sont-elles nécessaires au paiement d'une dette à l'endroit de la personne directement lésée ou à celle que pourrait revendiquer la société pour un dommage concernant son être propre ? En quoi le déni d'intimité, d'hygiène, de solitude, de moments privés, de sexualité, d'affectivité, de silence, d'espace, de temps peut-il trouver une justification éthique en matière de peine ? De quelle façon la gestion autoritaire et collective des corps incarcérés, l'humiliation et l'entrave, le refus de l'humanité élémentaire peuvent-ils exprimer la quintessence d'une justice ne renonçant jamais à se dire humaine, voire humaniste ? À moins de voir dans ces logiques de brutalité et de contraintes légales ce qui s'y trouve véritablement : une variation moderne et contemporaine sur le terme classique et antédiluvien de sacrifice.

L'objectif cesse d'être préventif ou curatif et la punition vise moins à rendre impossible le retour du négatif — sinon, il faudrait vraiment s'y prendre autrement... — que la jubilation dans l'exercice d'une magie singulière, celle qui entoure depuis toujours les offices du bourreau aujourd'hui disparu en France mais dont subsistent des clones, des figures recyclées. Le but apparaît clairement : la loi qui punit et agit douloureusement sur un corps ou une âme vise clairement à dédommager le social de l'offense en cas de non-respect de sa toute-puissance et de son autorité intégrale. Quiconque ne reconnaît pas la supériorité du groupe sur sa personne, et le montre par une action délinquante, fait les frais d'un sacrifice en bonne et due forme.

En victime expiatoire pour réaliser, obtenir et maintenir la cohérence de la totalité et du nombre, les justiciers offrent son tribut au dieu social sous forme de parfum d'ossements, de viande à griller ou de corps à écorcher — aujourd'hui des amendes, des peines sursitaires ou effectives, des travaux divers dits d'intérêt général ou de la prison ferme. La justice ne veut pas prévenir mais punir. Elle entend de la sorte briser l'orgueilleux dont l'arrogance et l'insolence consistent à croire sans vergogne sa propre loi supérieure à celle du groupe.

De quel schéma barbare procède cette croyance à l'efficacité du sacrifice propitiatoire et de l'immolation de la victime émissaire ? Comment peut-on décréter mauvaise une violence fondée sur le caprice d'un seul et bonne celle qui se réclame de la collectivité cristallisée ? Vérité de la brutalité en deçà, erreur au-delà ? Quelle plaisante montagne borne ces deux précipices ? Effacer la dette par le rachat, payer pour rembourser, monnayer un dû, fonctionner sur une logique de troc où un dommage ici compenserait un autre dommage là, l'un arrêtant singulièrement l'autre avec les mêmes moyens ? Quelles étranges confusions...

De sorte qu'on découvre qu'en matière de justice, comme partout ailleurs où se joue la violence, la fin justifie les moyens. En l'occurrence, la fin visée par le sacrifice légal exprime le ressentiment généralisé d'un groupe sur le corps du solitaire en marge pour le punir d'avoir refusé les séductions de l'instinct grégaire. Vouloir se retrancher du corps social expose à voir son propre corps retranché dudit corps social par ceux-là mêmes qu'on aura défiés et qui reprendront activement à leur compte ce qui, *a priori*, leur était destiné négativement. Le social récupère et recycle une force négative, la violence délinquante, pour en faire une force positive, la force du droit et de la loi. L'ensemble se place sous le signe de la réappropriation dialectique du mal afin de le transfigurer puis d'en faire un bien : l'en-dehors, pour n'avoir pas voulu le dedans du social, devient un incarcéré de celui-ci et gît à l'épicentre du mécanisme, au lieu même où le sacrifice sanctifie la cause collective.

Dans l'ordre du sacrifice, à quoi donc ressemble un châtiment ? À la possibilité d'exercer des violences légales en forme de dons nécessaires au recouvrement de l'équilibre social. Physiques ou psychiques, mentales ou corporelles, les souffrances obtiennent l'onction sociale puisqu'en la matière, la société est juge et partie. Privations, vexations, humiliations, soumissions, exactions, persécutions, mortifications, sujétions, tout donne forme au sacrifice : l'individu rebelle doit comprendre qu'il est moins coupable d'avoir fauté à l'endroit de tel ou tel qu'à celui du saint des saints, ce sanctuaire collectif, en bafouant le principe grégaire. Les puissances sociales ont été offensées ? Il faut les calmer, apaiser leur courroux, s'attirer leur faveur et leur pardon. D'où la croyance qu'en sacrifiant une chair ou une âme, en offrant à la divinité insultée une figure mutilée légalement, on obtient réparation, l'ordre revenant séance tenante.

Sacrifice, expiation, purification et rachat, on reconnaît là, à peine travesti, le modèle chrétien lui-même fort averti des techniques recyclant les vieilles coutumes païennes de l'immolation des victimes émissaires. La faute, la punition, la passion, la pureté recouvrée, le salut, voilà de quoi fabriquer un schéma pratique pour christianiser une théorie du droit qui aurait pu être plus autonome, moins obsédée par ce modèle. Dans la logique christique, on retrouve le crime, la décision de justice, la peine de prison, la libération, la réintégration sociale. Et l'incarcération comme une épreuve initiatique visant la conversion induite et initiée par le consentement et l'acquiescement du patient éprouvé ou de la victime ayant expié.

Toute pensée qui affirme la possibilité du jugement des hommes et la condamnation de l'un d'entre eux par un autre s'appuie sur le modèle chrétien. Elle consent à l'idée que le sacrifice conduit au rachat, qu'il vaut monnaie pour le paiement d'une dette dont les équivalences et détails sont posés par le système social, l'offensé devenant l'offenseur en vertu d'un équilibre métaphysique nécessaire. Le corps martyrisé, humilié, bafoué, torturé fournit le modèle du salut. Retenons que le christianisme n'élit pas impunément la croix et les instruments sanglants de la passion et du supplice comme signes de ralliement. Ces instruments valent nos chaises électriques, guillotines et autres instruments tranchants inventés par la délicatesse des hommes. Le culte de la souffrance rédemptrice est une idée radicalement judéo-chrétienne.

La pensée juridique occidentale suppose une métaphysique religieuse et l'appui sur une mystique sacrificielle qui, toutes deux, impliquent et nécessitent la fabrication théorique d'un individu correspondant aux nécessités de leurs présupposés. D'abord, on dote cette figure singulière du pouvoir de choisir, donc de connaître, d'évaluer, de dire oui ou non tout en sachant où résident le Bien et le Mal, ce qui les distingue, pourquoi et comment l'un demeure préférable à l'autre, dans quelles circonstances et selon quels principes. Elle sait ce que définissent règles et lois, vertus et droit. Par conséquent elle n'ignore rien de l'inverse et distingue tout aussi nettement l'illégalité, le vice et la faute. La solidité de leur jugement, l'efficacité de leur raisonnement ne faisant aucun doute, ces individualités conscientes et rationnelles, raisonnables et logiques connaissent intimement le Juste, le Vrai, le Bien et savent le décliner sous toutes ses formes.

Ensuite, on crédite cette création métaphysique d'un droit et d'un devoir de suite qui implique l'exercice libre du libre arbitre, d'où l'idée de responsabilité individuelle. Choisir le Bien ou le Mal, c'est être susceptible de mériter les félicitations ou d'encourir l'opprobre, aller vers la Légion d'honneur ou se diriger vers la cellule malpropre. Dans tous les cas, puisqu'on peut choisir, on assume les conséquences de son geste et de ses préférences. Les rois et les sujets, les génies et les simples d'esprit, les puissants et les misérables, les nantis et les affamés, les savants et les incultes, les possédants et les démunis, les maîtres et les esclaves, voilà distinctions bonnes à mettre au panier : l'individu métaphysique existe dans l'absolu en vérité ontologique nécessaire à l'exercice occidental du droit.

Or les individus ne disposent pas également d'un libre arbitre. Pis, ils sont d'autant moins responsables dans l'absolu que relativement ils procèdent d'occasions et résultent brutalement d'une nécessité impérieuse. La liberté de choisir mêmement distribuée chez chacun et le devoir d'assumer les conséquences d'un choix hypothétique tracent deux lignes de force sur lesquelles s'édifie la métaphysique juridique occidentale. Mais ces deux fables justifient le désir de légitimer la puissance et la cohésion du groupe : vouloir suppose opter délibérément et en pleine connaissance de cause pour ou contre la communauté. Dans un cas, on obtient d'elle ses félicitations et son adhésion, dans l'autre, sa réprobation et son exclusion.

Or le libre arbitre n'existe pas. Seule triomphe la nécessité — le *fatum* des Latins —, définie en relation avec des agencements, des rencontres, des circonstances, des opportunités, des moments propices, des hasards objectifs. Là où gesticule l'individu se noue et se croise un formidable paquet de forces et d'énergies, d'influences et de déterminismes. L'identité de tout un chacun demeure redevable d'une physique, d'une physiologie, d'une histoire, d'une géographie, d'une climatologie, d'une génétique, d'une politique, d'une psychologie, d'une sociologie, d'une civilisation, d'une culture, d'une éthologie, et de tout ce qui disparaît, trop petit pour être repérable par une science précise, mais qui produit suffisamment d'effets pour induire de forts tropismes dans une âme. On ne naît pas ce que l'on est, on le devient. Et ce devenir tient moins à un libre arbitre doublé d'une conscience et d'une faculté de juger qu'à un matérialisme complexe où l'inextricable le dispute à l'indéfinissable.

Personne ne naît violeur ou gynécologue, criminel ou chirurgien, délinquant ou avocat général, charcutier ou médecin légiste, instituteur ou pédophile, soldat ou saint, mercenaire ou médecin, évêque ou prostituée, philosophe ou prêtre, mais chacun le devient, aveugle sur une route où le conduisent des forces plus aveugles encore que lui. Ce qui sépare le chemin de ses fossés, ce qui distingue le Capitole de la roche Tarpéienne, ce qui creuse la différence entre le prix Nobel et l'échafaud, parfois, souvent, a l'épaisseur d'un papier japon. Cet infinitésimal procède de l'irrationnel et de l'irréductible aux raisons raisonnables.

D'aucuns doivent leur versant sombre ou lumineux à une rencontre, un silence, une inflexion de voix, un décalage trop long de quelques secondes entre leur attente fébrile et l'arrivée d'une phrase décevante. Quelques-uns, bandits dans un moment, auraient été héros dans un autre, et parfois le sont. Sinon l'inverse. Qui osera rendre chacun responsable de ce qu'il est, intégralement, totalement, définitivement ? Lequel dira le devoir d'assumer toute sa nature, dans le moindre détail et la plus infime parcelle de son être ? Les plus dotés, les plus doués, croient le plus souvent à l'existence du libre arbitre pour justifier leur trajet et récolter des félicitations plus faciles à recevoir que des reproches. Mais ceux-là ne méritent pas plus la consécration que d'autres la vindicte : ce que tout un chacun est et devient, il l'est et le devient par-delà le Bien et le Mal, dans un registre où la morale n'a plus cours, mais seulement une mécanique d'un genre subtil. Un individu procède d'un compromis entre de multiples influences et résulte d'une alchimie singulière, complexe, impossible à réduire intellectuellement.

L'identité cristallise des zones d'ombre et des clartés magnifiques, des parts maudites et des coulées limpides, des morceaux de nuit et des inondations de grand jour, le tout enchevêtré dans un sac de peau dont aucune psychanalyse existentielle ne fournit le mode d'emploi. Entre Lacenaire et le professeur Barnard, Robespierre et Landru, Sade et mère Teresa, Violette Nozière et Simone de Beauvoir, le maréchal Pétain et Jean Moulin, Gilles de Rais et Jean XXIII, Vidocq et Mesrine, Marc Dutroux et monseigneur Lustiger, je vois moins effet de libre arbitre et responsabilités individuelles que travail de la nécessité, œuvre du déterminisme, tropismes irrésistibles, énergies impérieuses, puissance de logiques dans lesquelles la liberté compte pour rien — ou presque. Ni les grands hommes dans la vertu, ni leurs semblables dans le crime ne sont responsables d'eux-mêmes puisque ce qui les construit suppose un enchevêtrement de dynamiques, de vitalités plus tard nommées des individualités.

Si chacun disposait d'un libre arbitre, il faudrait en conclure, bien évidemment, et dans toutes ses conséquences, à la responsabilité de ses moindres faits et gestes, certes, mais aussi à la possibilité de se vouloir et de se pouvoir autre qu'on n'est. Or qui peut dire, qui peut se dire, à lui-même, en son for intérieur, qu'il peut, s'il le veut, être autre qu'il n'est ? Dans cette hypothèse, quel être impuissant ne souhaiterait la puissance ? Quel individu disgracié ne voudrait la grâce ? Quelle personne démunie ne se doterait illico des moyens de faire fortune ? Quel esclave ne deviendrait maître ? Quel homme du commun ne se voudrait exceptionnel, héros, génie ou saint ? Quel pédophile n'aspirerait immédiatement à une sexualité moins destructrice pour les autres et pour lui ? Quel violeur ne préférerait une sexualité épanouie ? Quel criminel n'opterait pour une vie lavée de toute trace de sang ? Et pourtant, combien d'impuissants et de disgraciés, de démunis et d'esclaves, d'hommes du commun et de pédophiles, de violeurs et de criminels qui subissent la loi de la nécessité et les contraintes du déterminisme ? Tous coupables, tous responsables de ne pas réaliser ce dont ils n'auront jamais les moyens ni la possibilité ? Sûrement pas...

À ce jeu, chacun d'entre nous se choisirait tout de suite un autre destin, plus reluisant et plus doré, flamboyant, moins terne et moins banal. On peut toujours croire que l'on fait ce que l'on veut, mais a-t-on les moyens de vouloir autrement ? Je ne crois pas. Le vouloir n'est pas libre, il résulte d'une lutte intérieure pour des motifs, des raisons d'agir, dont certains d'entre nous triomphent, non parce que nous les choisissons, mais parce qu'ils nous choisissent, non parce que nous les voulons, mais parce qu'ils nous veulent. Le libre arbitre en l'homme pèse presque autant que dans les autres règnes, minéral, végétal ou animal. Pas plus que la pierre ne décide de l'agencement de ses cristaux, le tournesol ne choisit son mouvement vers le soleil, ni la langouste de migrer vers les fonds sous-marins aux courants plus chauds. De la même manière, le criminel n'opte pas pour le crime contre la vertu quand ce qui fait de lui un criminel le requiert. Seule la volonté est libre, pas l'individu dont elle se joue.

Le roman autobiographique de chacun obéit à une

pure nécessité nulle part inscrite, mais tout entière en train de se faire au fur et à mesure que se déploie une existence dans un lieu, en relation avec des faits, des circonstances, des rencontres, des conditions, des personnes. Le libertin ou l'ascète, le criminel ou le saint, le bourreau ou la victime obéissent aux mêmes logiques et se situent aveuglément à l'épicentre d'eux-mêmes, ignorant ce qui les constitue et consentant sans aucune autre possibilité à ce qu'il advient d'eux. L'existence individuelle échappe en premier lieu à qui en est l'occasion, en second lieu à qui tâche de voir pourquoi et comment elle se structure ainsi et pas autrement.

Dès lors, si l'on ne choisit pas son destin, mais qu'on est choisi par lui, qu'advient-il de la responsabilité ? Que reste-t-il comme arguments au juge pour juger, aux hommes pour condamner ? Jadis des procès d'animaux envoyaient des porcs à la hache du bourreau quand ils avaient dévoré un enfant ou blessé un homme ; des poules étaient égorgées, après décision de justice, pour avoir troublé la paix d'un voisin ; des chiens ont été pendus après avoir mordu des passants, et ce toujours en vertu de vérités juridiques supposant la possibilité d'étendre la responsabilité partout quand, à l'inverse, on aurait dû généraliser métaphysiquement l'innocence.

Croire à la responsabilité, tout comme fantasmer sur l'existence du libre arbitre, donne aux maîtres et aux seigneurs, aux puissants et aux dominateurs les moyens d'assurer leur pouvoir en s'érigeant en modèles, en acteurs emblématiques du devoir-être et du devoir-faire dans la société. Devenus parangons de vertu, dont ils disent les prospérités — autant qu'ils fustigent les malheurs du vice —, ils transforment les esclaves, les serfs, les délinquants, les gens de peu, les démunis, les malchanceux en bourreaux de la société bien qu'ils en soient les victimes les plus éprouvées. De ceux-là, on ne peut accepter que le déterminisme les conduise à mettre en péril la machine sociale à laquelle l'homme qui juge doit sa position de maîtrise. Et plutôt qu'agencer autrement les déterminismes pour agir sur la nécessité et les causes, on préfère réprimer les effets, se fâcher contre les conséquences. De sorte qu'en lieu et place de la politique, la justice opte toujours pour la morale.

Que punissent les juges ? Un dommage et une offense causés à l'ordre auquel ils doivent leur statut et leur condition. Ils défendent un monde dans lequel les lois définissent les bonnes places et punissent les occupants des mauvaises — même si la défense d'autrui, de ses biens et de sa personne, de sa sécurité, fournit d'excellents arguments pour présenter la pensée juridique comme une éthique moraliste et humaniste. Le manque d'égards à l'endroit du social apparaît comme un défaut de révérence au monde qui sélectionne les dominants et les bénéficiaires de la machine grégaire. Le jugement des hommes ne peut se contenter d'avancer un franc et net ressentiment en guise de généalogie, pas plus une défense en règle du monde qui leur offre prébendes. D'où la fabrication d'une fable et de mythes — le libre arbitre et la responsabilité — en vertu de quoi l'exercice de leur office passe pour une défense et illustration désintéressée des grands principes : la Loi, le Droit, l'Ordre, la Justice.

D'aucuns verront dans une philosophie de la nécessité, dans une pensée de la pure détermination une option métaphysique tragique ne laissant d'alternative qu'entre le désespoir ou le laisser faire, le laisser aller : si les hommes ne sont pas libres de leurs faits et gestes, pas plus qu'ils ne sont responsables, si le bourreau ne vaut pas davantage ontologiquement que la victime, si tout ce qui advient procède d'une pure et inévitable logique de conséquences aveugles, alors le désordre est certain, l'anarchie à venir et l'apocalypse à nos portes. Comment penser positivement et offrir matière à une philosophie politique et juridique dans un monde fonctionnant sur ce mode terrible ? De quelle manière repenser le droit et la loi dès lors qu'on congédie le sacré, la transcendance, l'absolu pour délibérément s'installer sur le terrain nu de l'immanence, là où aucun arrière-monde ne perturbe la pensée ?

Dans cette perspective au-delà du Bien et du Mal, la machine de justice de Kafka, et toutes celles qui en procèdent non pas métaphoriquement mais réellement, deviennent caduques. L'idée qu'un châtiment, qu'une peine à inscrire dans la chair ou que le corps devienne seule monnaie d'échange pour une réparation cesse d'être pertinente et d'actualité. Que faire, donc ? D'abord, sur le terrain théorique, dissocier la loi de la force du plus grand nombre et du ressentiment pour l'inscrire dans une logique politique et non plus seulement morale. Autant dire qu'il s'agit de vouloir une philosophie juridique qui revendique nettement une position politique et prenne en considération les causes à traiter dans la cité plus que les effets à juger à l'endroit d'un individu. Ensuite, renoncer au sacrifice et au recyclage des vertus de l'idéal mortifère qu'il suppose pour célébrer la pulsion de vie et les occasions de soigner plutôt que miser sur l'amputation, la destruction. Enfin, penser l'individu autrement que comme une figure métaphysique douée de qualités qui n'existent pas pour célébrer un individu réel, concret, redevable d'une pensée pragmatique, nominaliste.

Pour appuyer ces propositions et contribuer à la fin d'une loi patriarcale, divine, autoritaire, castratrice, dominatrice, on pourrait solliciter, informé des vérités de l'« innocence du devenir », une théorie du droit qui inverse la logique de la répression au profit d'une logique de la prévention : là où des causes entremêlées produisent la délinquance, que le droit défasse cet enchevêtrement et mette les individus susceptibles de sombrer dans une situation où ils auront à s'en sortir. Plutôt que de couper la main du voleur, rendre nulles et non avenues les conditions qui le font tel. Et pour celui qui a succombé, que la loi redise sa volonté de ne pas châtier et punir, mais son désir réparateur d'hospitalité communautaire et collective.

Pour en finir avec le jugement des hommes, il faut laisser derrière soi l'attirail des concepts de la pensée juridique réactionnaire et conservatrice : la répression et le châtiment, le sacrifice et la peine, la responsabilité et la volonté, le sacré et la transcendance, la condamnation et la réparation, la punition et l'expiation, le rachat et la faute. De la même manière qu'on a relégué aux musées de l'histoire de la cruauté les guillotines et les bancs d'élongation, les masques infamants et les cages d'exposition, les piloris et les fouets à clous, laissons aux musées des notions caduques tout ce matériel conceptuel. Et réhabilitons les vertus politiques qui ont à voir avec l'hospitalité et la longanimité, la magnanimité et la grâce, la clémence et la douceur. Car une nation qui dispose de valeurs et y croit, les défend et s'en honore, ne peut succomber à la tentation de la répression et de la cruauté en matière de philosophie juridique sans d'un seul coup montrer sa faiblesse, sa fragilité, son impuissance et son manque de grandeur. Seul est grand celui qui peut nuire ou tuer, mais qui s'en abstient. Il en va des individus comme des pays.

Là où le ressentiment du plus grand nombre induit le recours au sacrifice et à la punition, la magnanimité des meilleurs doit renoncer et annoncer une théorie de la chance. Je pense ce concept susceptible d'être cardinal pour élaborer une philosophie juridique qui soit politique et à la hauteur de ce à quoi devraient toujours servir les corps constitués : accueillir, intégrer, faire place et donner avant d'exiger qu'on lui donne, offrir avant de vouloir qu'on lui sacrifie. Pas d'État, de nation, de société sans ce devoir de civilité qui fonde la civilisation. L'obligation à des devoirs ne peut s'imposer sans que la puissance demanderesse soit aimable, désirable et complice.

La chance, l'étymologie le confirme, suppose la bonne donne dans un jeu, l'aléatoire et le caprice du destin faisant l'essentiel du travail. Dans les trajets individuels et solitaires, dans les existences multiples et diverses, les chances se distinguent inégalement. Une pensée juridique — osons les mots — hédoniste et libertaire soumettrait le droit et la loi à des règles permettant la redistribution des cartes quand d'aucuns, trop lésés, se retrouvent à tricher pour disposer de la seule chance qu'ils puissent espérer pour gagner. On ne peut désespérer des hommes et leur reprocher de se comporter en désespérés si aucune chance ne leur est offerte pour qu'ils puissent jouer une fois sans risquer sûrement de perdre.

Dans le recours à la chance transparaissent les antiques et nobles vertus de la grâce, du droit régalien exercé par un seul qui expérimente de la sorte une puissance exprimée arbitrairement et soumise à son inspiration. Parce que son pouvoir procédait de Dieu, il pouvait en user selon son bon vouloir. Loin des princes et des dictateurs, loin des rois et des tyrans détenteurs des puissances les plus étendues, l'homme de justice, tournant le dos aux herses de Kafka et aux caves de torture, pourrait expérimenter la grâce pour montrer l'humanité de la fonction et sa logique aristocratique. Que ceux que le destin a désignés pour être heureux et prospères usent de leur chance moins en suzerains négateurs qu'en seigneurs affirmateurs et qu'ils n'ajoutent pas au désespoir des victimes du destin de plus grandes infamies. Une politique de la chance et une métaphysique de la grâce fournissent deux lignes de force pour une pensée juridique enfin laïque, païenne et immanente.

Une théorie juridique de la chance reprend sur le terrain de la loi et du droit les arguments semblables à ceux du pari de Pascal : à ne pas donner sa chance, on perd à tous les coups ; à la donner rarement, on rend d'autant plus rares les occasions de gain ; à la donner souvent, on augmente et multiplie les probabilités. À ne rien essayer, on perd à chaque fois ; à tenter l'aventure, on explore des contrées vierges qui peuvent s'avérer chanceuses. La métaphysique active à laquelle je songe suppose que là où tombe un homme, au lieu de lui écraser le visage parce qu'il gît à terre, on le relève et on lui donne l'occasion de poursuivre son chemin dans de meilleures conditions. Là où le délinquant se retrouve tel, impuissant et produit d'un faisceau de causes sombres, la chance consiste à l'extraire de ces conditions, à l'éloigner de ce qui l'a fait tel, à lui faire prendre des distances avec le milieu délétère l'ayant constitué.

La justice consiste à multiplier les chances heureuses là où les causes perverses font la loi, à fournir des occasions de déterminismes bénéfiques là où seuls sévissent les maléfiques. Créer des chances arrache l'individu aveugle à son destin pour l'installer dans des conditions où la nécessité devient autre, où les potentialités se modifient. Dans certaines circonstances, dans certains lieux, dans certaines conditions, on sait la chance impossible et les probabilités grandes de délinquer. Qu'on crée donc d'autres circonstances, qu'on détruise certains lieux, qu'on rende impossibles certaines conditions, qu'on brûle les bouges, qu'on épuise les vitalités du maléfice. Et que disparaissent les mauvaises étoiles remplacées par des feux magnifiques. Aucune révolution métaphysique de la justice ne s'accomplira sans *une politique des contre-feux favorables*. Qu'advienne la politique douce pour que cesse la morale cruelle.

14

LES PROMENADES D'UN RÊVEUR SOLITAIRE

Le temps passant, je constate que l'essentiel de mon savoir et de ma vision du monde, je le dois moins aux leçons des maîtres et à la culture afférente qu'à une infinité d'expériences toutes enracinées dans le rapport que j'ai entretenu, enfant, avec la nature. Ma fièvre de livres et d'écriture, de textes et de mots procède d'un désir sourd et profond de donner forme culturelle à d'antiques sapiences emmagasinées par mon corps dans ses premières années et apprises sans médiations, par le seul spectacle du roman baroque de la vie. Mon verbe jaillit aujourd'hui de cette source fraîche magie de mon âme enfantine.

Avant l'âge de dix ans, le monde se réduit à ce que je peux voir, sentir, goûter, entendre et expérimenter sensuellement dans un village bas-normand aux franges du pays d'Auge et de la plaine d'Argentan, entre vergers de pommiers et vastes champs de blé, chaumières à colombages et maisons de pierre blanche. Nous naissons tous sensualistes, donc hédonistes, seuls quelques-uns le demeurent : la philosophie me semble coïncider avec l'art de ne pas oublier ces émotions violentes et fondatrices, ces sensations puissantes et généalogiques. Elle suppose, ensuite, un désir de les entretenir ou de les retrouver. Les promenades et les rêveries de mes premières années structurent mon âme comme une clé de voûte la nef gothique.

Du village de mon enfance, j'ai tout appris qui se déplie maintenant comme une voile immense dans laquelle s'engouffrent les vents porteurs pour de longs et passionnants voyages. L'eau, la terre, l'air et le feu, les songes et les sentiers frais, l'été, les champs recouverts de neige, l'hiver, les odeurs de sous-bois, les parfums de gibiers, les fleurs qui bordent la rivière, la vase ou les fragrances fades de l'onde suivant ses mouvements dans des terres grasses ou argileuses, rousses ou jaunes, brunes ou noires ; les truites immobiles dans la rivière, nageant avec indolence face au courant, la queue et les nageoires équilibrant le corps fuselé perlé de points gris ou roses ; les vairons minuscules aux bouches translucides ourlées d'une lumière pâle ; les barbeaux affreux aux moustaches liquides, têtes écrasées et mâchoires larges ; les anguilles naines, élégantes et noires, la bouche ventousée sur le dos de la main. Voilà les éléments d'une poétique appliquée en forme de variations sur le thème du sentiment de la nature.

Le long de la rivière, les arbres permettent qu'on s'y cache pour rêvasser, prendre le soleil derrière la dentelle découpée par les feuilles : des saules qui balaient la surface de l'eau, des peupliers aux écorces blanches veinées de brun, des fruitiers également, pommiers ou poiriers, mais aussi cerisiers sauvages. Et les taillis ou buissons de mûriers, les noisetiers ou les cynorrhodons. Sur la place du village, les tilleuls enseignent les saisons, entre nudités hivernales et frémissements amoureux des soirs de brises estivales, du bourgeon prometteur de lumières magnifiques, aux taches marron sur les feuilles annonciatrices du triomphe prochain de l'obscurité et des soirées tristes. Aux franges du village, une sapée et une garenne disent ici des parfums puissants de résineux, des sables dans lesquels on s'enfonce et glisse, là des terres grasses et lourdes, de hautes futaies et des sommets perdus dans l'éther.

Dans ces espaces d'eau et de terre, au lavoir ou dans les chemins, nous nous battons entre enfants de villages ancestralement ennemis. Parfois violemment, avec du sang qui coule de blessures ouvertes avec des lames de couteau emmanchées sur des lances de noisetiers. Des chats sauvages, puissants, musculeux, fauves, traversent les champs avec des bonds qu'on imagine réservés aux grands félins africains, des lièvres aux oreilles démesurées filent en zigzag dans les parcelles déchaumées ; des écureuils semblent propulsés par leur panache électrique, des hérissons se roulent en boule, des couleuvres, longues et fines, traversent les clairières ou des vipères courtes à tête triangulaire, sinon des orvets qui n'ont ni queue ni tête et brillent comme de l'acier glacé. Des crapauds chantent et des grenouilles modulent inlassablement. Des renards aux pelages en feu, des blaireaux indolents mais pressés. Et tous les petits rongeurs, fouines et belettes, souris et mulots.

Dans ce jardin primitif, les enfants se battent à la manière des animaux, poussés par l'énergie des inventeurs de péchés originels. Coups violents et brutaux, hordes et tribus qui s'affrontent, mais aussi singularités perdues se surprenant au détour des bois : je découvre là le sentiment d'appartenance, le devoir, le sens de l'honneur ou de la parole donnée, le goût du sang dans la bouche ou sa chaleur épaisse quand il coule d'une arcade sourcilière fendue. La nature oblige à ses règles et à ses lois, elle sollicite dans le corps les vitalités bestiales et rapporte sans cesse l'humain à sa matrice : les instincts, les pulsions, les passions, les forces, l'obéissance aveugle à plus fort que soi — le mouvement du monde.

L'exercice du réel se confond avec le gouvernement sauvage de soi, les caprices de l'enfance coïncident avec le mouvement fou des animaux qui jubilent de s'ébrouer et d'expérimenter leur force musculaire. La nature apprend à l'individu son statut de fragment plus ou moins détaché et montre de quelle totalité il procède. Sans cette leçon philosophique primitive, aucun sens ne paraît pensable, aucune situation métaphysique ne semble possible dans le monde, l'univers et le cosmos. Au milieu de la végétation et des animaux, de la sève et des saisons, des arbres et des rivières, une figure peut se constituer, elle a matière à se former, à se formuler. À défaut, le nihilisme triomphe et avec lui l'insensé, le désordre, la fragilité et le délire de forces dépourvues de programme.

Je sais mon âme trempée au chant des alouettes époumonées dans le champ où j'aidais mon père à planter des pommes de terre, puis aux sifflements coupants, tranchants, vifs, des martinets volant au ras du sol pour chasser les insectes proches de la terre à cause des chaleurs orageuses. Les saisons manifestes, incarnées, colorées et tempérées, minutées, les rythmes et les cadences climatologiques ou sidérales, les partitions cosmologiques écrites à l'aide d'équinoxes et de solstices, de durées brèves ou longues, mais régulières, tout cela m'a fabriqué plus que je ne le crois, moins que je ne le sais. Ma physiologie, ma biologie respirent l'air alors apprivoisé ; ma pensée d'aujourd'hui s'en nourrit avec avidité.

La première leçon radicale obtenue des contacts anciens avec la nature est métaphysique : j'y ai appris les formes du temps. Loin de l'image mobile de l'éternité immobile ou des formes *a priori* de la sensibilité, des flèches unidirectionnelles ou de l'étendue créée, ni mouvement d'une chose constituée ou mesure de celle-ci, pas plus intervalle entre besoin et satisfaction, le temps m'apparaissait incarné, immuable, omniprésent, omnipotent et doué des caractères de ce qui dispose d'un empire intégral — une puissance aveugle impossible à contenir et dégradant l'ensemble de ce qu'elle touche. Loi du monde dans tous les domaines, tous les registres, il affecte et règle le cours du réel. Son essence se manifeste dans sa seule existence, et celle-ci n'est visible que dans ses effets. L'éternité englobe tout son contraire.

Le temps de mon enfance, vu, vécu, expérimenté et constaté dans ses exercices naturels, correspond très exactement à celui d'un Virgile abordé grâce à des catégories métaphysiques tierces : le Même et l'Autre, le Cycle et l'Éternel Retour, la Différence et la Répétition. Levers et couchers de soleil, tombées de la nuit et fins du jour, aurores et crépuscules, longues soirées hivernales sombres et clartés estivales prolongées, cycles solaires, lunaires, saisonniers, tout exprime à satiété le Semblable et le Dissemblable. Rien ne ressemble plus à une journée d'équinoxe qu'une autre journée d'équinoxe, elles se superposent dans leur identité. Mais la révolution solaire qui les sépare, d'une année l'autre, interdit qu'elles soient exactement mêmes. Entre les deux, un écoulement transfigure la répétition en différence. La preuve de cet écoulement s'observe dans la nature marquée de manière indélébile aux fers de l'entropie.

Le roman des arbres, par exemple, offre les moyens de constater ces métamorphoses. La sève vaut sable naturel dans les ampoules artificielles du sablier, elle nourrit ses informations de la lumière qui, elle, procède directement de la loi des cycles : plus ou moins de clarté, plus ou moins de vivacité lumineuse, plus ou moins de chaleur, et la feuille captant les photons enseigne à l'arbre la nécessité d'indexer la vitesse de ses sucs sur ces données essentielles. Il s'ensuit un bourgeonnement, une feuillaison, une floraison, un fanage, un trajet qui conduit aux pistils, aux étamines, aux pollens, aux fruits, à leur flétrissage, leur pourriture, leur chute : ce qui vaut pour le règne végétal concerne pareillement le règne animal, donc le nôtre.

Du vert tendre aux taches brunes s'accomplit un parcours semblable à celui qui mène la peau rose du nourrisson aux tavelures du vieillard, œuvre sinistre du temps dans tous les cas.

De la même manière que dans les forêts ou sous l'arcature feuillue d'une place de village, la nature travaillée par les hommes l'est en relation avec l'empire du temps. La terre nue des labours, les guérets dessinés, les novales fraîches, les essarts parfumés, les semailles secrètes et les épousailles sombres du grain avec l'humus, les premières pousses frêles, fragiles et colorées franchement, les tiges de plus en plus formées, reconnaissables, puis les verts du maïs, les jaunes du colza, les bleus du lin, enfin les fruits, épis et tubercules avant brûlures, dessiccations et disparitions : une fois encore, les travaux et les jours mélangés, complémentaires, offrent des preuves tangibles et visibles de l'existence du temps.

Regarder la nature permet d'entendre l'écoulement des secondes. Solstices et équinoxes, canicules et hibernations, chaleurs lourdes et épaisses, ralentissements et accélérations, la nature raconte des rythmes et musique le réel en un genre de symphonie dont les paysans et les marins connaissent les mouvements. On ne peut percevoir finement les ruptures et les agencements du temps musical qu'en ayant constaté, un jour inaugural, la loi des grands rythmes naturels. Un genre de musique des sphères et des planètes entendu dans l'enfance rend l'oreille habile et adéquate pour décoder plus tard les sons subtils de l'artifice des compositions savantes.

La deuxième leçon prise aux vents et aux sucs de la nature, à son spectacle et à sa fréquentation, induit sans conteste une épistémologie. La pratique expérimentale de l'infinitésimal et du cosmologique oblige, après avoir saisi le jeu des formes du temps, à comprendre les logiques infiniment petites et infiniment grandes à l'œuvre dans l'espace. Herboriser dans les fossés, pratiquer l'entomologie dans les fourrés implique aussi suivre le doigt de son père en direction de la Grande Ourse, du Petit Chariot ou pointant le scintillement spécifique de l'Étoile polaire, première arrivée, luisante aristocrate. À ce jeu du brin d'herbe et des voies lactées, j'ai expérimenté au plus tôt les deux infinis qui faisaient vaciller Pascal dans le silence de sa chambre.

J'y ai compris la forme fractale, la partie enseignant le tout, le fragment révélateur de la totalité, car le cœur d'une fleur obéit aux mêmes lois que le noyau d'une supernova, les cristaux d'un minéral architecturé à celles d'une galaxie en expansion. Dans l'épicentre d'un bouton-d'or, entre pétales et sépales, étamines et bractées, calices et corolles, je reconstituais des mondes, je créais des univers entiers où mouvoir mon âme, déplacer mon esprit, stimuler mon imagination. Les poudres jaunes, les variations de couleurs, les découpes, les surfaces grasses, les plans lisses, les granulations, les changements chromatiques, le contrepoint avec le vert des tiges, leur abondance dans les champs et la couleur du beurre ainsi localisable, tout suppose et exige le détail, l'œil pour distinguer ce qui du même apparent produit du dissemblable évident.

Quand je n'avais pas élu le bouton-d'or, ce pouvait être la tige velue d'un coquelicot, la feuille lancéolée d'un bleuet, la grappe agitée des digitales pourpres, la fragilité d'un pétale de capucine, la gueule étrange d'un muflier ou d'une giroflée, l'odeur de l'angélique ou les liquides du laiteron, mais aussi les déplacements lents et monstrueux de bousiers ou de hannetons, de lucanes ou de punaises, l'affairement nerveux des fourmis en processions indéchiffrables, l'ondulation que j'imaginais visqueuse d'un lombric annelé et vipérin, la course danseuse et déhanchée de grillons en partance pour un terrier où j'entrais un brin d'herbe chatouilleur, le recroquevillement sphérique des cloportes sous les pierres enveloppées de toiles d'araignées bleues, le contrepoint jaune et noir sur l'aile d'une pierride du chou ou celui, rouge et noir, de la kératine peinte d'une coccinelle. Autant dire que la cigale de Platon, le taon de Socrate, la souris de Diogène, le ciron de Pascal, l'abeille de Mandeville, le papillon de Fourier procèdent d'un bestiaire qui m'est familier.

L'infiniment petit pascalien, doublé de l'infiniment grand, m'a donné le vertige, m'a fait tourner la tête quand elle était perdue dans les labyrinthes lumineux des constellations. Dans les myriades de la Voie lactée, j'ai expérimenté le tournis métaphysique et le cœur chaviré coïncidant avec le constat de la vacuité de toute existence au regard des planètes froides, éteintes, qui scintillent à la manière des fantômes, en souvenirs fidèles de périodes incandescentes disparues. Aux lumières d'étoiles millénaires, j'ai allumé mes angoisses et mes ravissements primitifs.

Le bras de mon père, tendu dans la direction de cet infini aux trous noirs qui absorbent jusqu'au sens, sa voix me disant le nom de quelques étoiles, me décrivant leurs lieux, leurs agencements, mon plaisir à me mouvoir un peu dans cet océan de nuit trouée de falots fébriles, tout cela m'a réjoui. J'ai conservé des étoiles filantes, des comètes, des planètes et des cratères devinés sur la lune, des intuitions et un savoir à l'aune duquel se relativisent et s'apprécient à leur juste valeur l'étendue factice et la dimension vaine d'une existence — de mon existence. Entre la granulation d'une motte de terre écrasée et la qualité de lumière de l'étoile Absinthe, j'ai constaté dès l'enfance que ma vie était soumise aux mêmes lois, à la nécessité naturelle, aux déterminismes physiques et aux obligations d'avoir à disparaître un jour.

Après des leçons métaphysiques et épistémologiques, la nature m'a également fourni des certitudes éthologiques susceptibles de contribuer à une anthropologie dans laquelle l'homme apparaît moins radicalement différent de l'animal que relevant réellement d'un autre degré dans un même registre. Je ne distingue pas les hommes et les bêtes en opposant deux essences radicalement différentes et irréductibles. En revanche, je crois la parenté plus grande qu'on ne l'imagine et me plais à animaliser l'homme tout autant qu'à humaniser la bête pour mieux comprendre l'un et l'autre, ce qui peut finalement les définir et, *in fine*, exprime de fragiles différences. Du singe à l'homme je crois la distance moindre, dans l'absolu, que relativement d'un homme à un autre.

La tortue de Zénon, l'âne de Buridan, le chat de Montaigne, le loup de Hobbes, le lion de Machiavel, la seiche et le renard de Gracián, l'orang-outang de La Mettrie et de Diderot, le porc-épic de Schopenhauer, la chouette de Hegel, la vache de Nietzsche m'ont plus appris sur les hommes que les syllogismes de rhétoriques spécieuses. De la même manière, Esope et Phèdre, puis La Fontaine et Grandville, sinon le Toussenel de l'ornithologie passionnelle, me séduisent toujours plus avec leur bestiaire lucide et cruel que les philosophes patentés familiers de paralogismes tribaux et de croassements stériles. La haine de l'animal en l'homme, sa dénaturation, génèrent un nihilisme plus grave encore dans une civilisation que la prise en considération de ces parts maudites pour tâcher d'en extraire le meilleur.

La présence au monde sur le mode animal active vivement les sensations primitives : besoins de manger, de boire, de dormir, de se protéger, sinon de se reproduire. Les instincts, passions et pulsions sont communs à l'animal et à l'homme. La loi de la nature ne fait pas de quartier et suppose le partage du monde en mangeurs et mangés, morts et vivants, chasseurs et chassés. Loin de toute vision irénique proposée par les lieux communs, dans la nature le réel paraît à nu, tel quel : un vaste théâtre de violence et de cruauté, une scène primitive régie par la force et le combat. Sur ce champ de bataille, tous les sens exigent mobilisation.

Dans les forêts proches de mon village natal, j'ai expérimenté mon corps comme celui d'un animal aux aguets : renifler, sentir, humer, flairer, respirer à pleins poumons, puis goûter, mâcher, sucer, croquer, enfin écouter, épier, guetter. Le nez, la bouche, l'oreille, ces auxiliaires de sensualité primitive suppléent la vue entravée par les arbres, taillis, buissons, talus, fossés d'où le danger peut toujours surgir. Une vipère endormie se chauffant au soleil, un sanglier inquiet tapi dans une cache, un chat haret agressif caché sous un hêtre, et le risque d'une morsure venimeuse, d'un coup de hure brutal et assassin, d'un paquet de griffes labourant le visage — du sang, des blessures, de la mort. Loin de risquer ces désagréments au quotidien, il fallait savoir l'hypothèse, l'envisager, ne jamais l'exclure. Dans ces moments de marche ou de promenade, de balade ou d'errance voluptueuse, l'instinct du chasseur se protégeant fouaille le corps et traverse la chair. À cette heure, on sait ce qui, en soi, reste du mammifère primitif protégeant sa peau, économisant sa vie.

Aux antipodes de l'enfant sauvage nécessitant pour sa survie la geste du pêcheur, du chasseur et du cueilleur, je n'avais en campagne que des besoins alimentaires superfétatoires, le supplément d'âme justifiant les plaisirs de prélever sur les buissons, dans les ronciers, les mûres dont le jus tiède coule dans la bouche, l'herbe dont les parfums de sève saturent l'intérieur des joues, les noisettes qui craquent sous les molaires, les pommes dont l'acidité râpe la langue, les bigarreaux dénoyautés avec les incisives, les pêches déchirées avec les canines, les tiges d'ail sauvage mâchonnées, les pistils de primevères sucés, les morilles infusées dans la salive. Je savais aussi la ciguë et les colchiques mortels, le lait amer des pissenlits et la tige urticante des orties.

Plus avant encore, à l'époque aquatique de l'ancêtre de l'homme, l'eau fournissait le milieu. Elle demeure inséparable des jeux de l'enfance. J'ai souvenir de l'impossibilité de tenir le doigt, encore moins le bras, dans l'onde glaciale d'une source transparente à un point tel qu'elle fait à peine écran au squelette d'une grenouille gisant loin, profond, inatteignable, et qui semble pourtant à fleur de surface ; j'ai gardé mémoire de nages dans le courant froid de la Dives, la rivière qui coupe le village en deux, entre saules et lavoirs, berges feuillues et virages aux fonds mystérieux, soit une vase grasse et noire, aux odeurs puissantes, soit des trous transformés par l'imagination en gouffres où l'on risque de perdre pied ; j'ai encore présente à l'esprit la tête émergée de la couleuvre nageant dans un étang — où je pêchais des poissons rouges, des carpes aux grosses écailles, des tanches en fuseaux lisses et verts —, alors que le reste de son corps ondule gracieusement, oblique par rapport à la surface, la queue dardant les fonds. Eaux primitives, habitées, hantées et que je traversais pieds nus ou dont je voulais la volupté caressante en nageant.

Animal chasseur et chassé, poisson, amphibie, saurien, bête mutante, j'ai tout été. Le devenir-animal chez Deleuze fut d'abord chez moi une expérience existentielle et primitive. Anguille et torpille comme chez Platon, serpent et poulpe comme chez Nietzsche et Diogène, sinon Béhémoth tapi dans les marais de Hobbes, mon corps enfantin a enregistré toutes ces mutations avant de finir dans la peau d'un homme aux souvenances vives et actives. Ma mémoire n'a pas négligé non plus le chant des oiseaux, entendus quand ma chair se mouvait dans les rivières : les trilles des rouges-gorges, les cris secs et affûtés des buses piquant sur les rongeurs, le roucoulement des pigeons, les remontrances modulées des merles et des pies. Friselis dans les feuillages, bruissements dans les cimes, chants d'amour et logiques de parades, cris de guerre ou vocalises de prédateurs : j'ai su très tôt épousés la mort et l'amour, la sexualité et le combat, la volupté et le danger.

D'où, finalement, d'ultimes leçons éthiques. Odeurs de moissons et d'herbes coupées, parfums de terre retournée et de pollens impérieux, brûlures du soleil et chaleurs dansantes, piqûres de frelons et griffures d'épineux, brises légères, parfumées, et vents d'acier, tailladants, certes j'ai expérimenté tout cela, mais aussi et surtout, l'arraisonnement du réel dans un monde définitivement situé par-delà le Bien et le Mal. La nature ignore les vices et les vertus, la douceur et la douleur : elle triomphe en énergie violente et brutale, imposant sa loi et ignorant qu'elle l'inflige, aveugle et muette, sourde et autiste. Son front d'animal furieux pulvérise tout ce qui se trouve sur son passage, elle veut, produit et nécessite un tribut. La vie qu'elle permet se paie du prix de perpétuelles apocalypses : Thanatos demeure accouplé à Eros, dans un ballet sombre, en une danse macabre glacée.

Sans cesse les travaux des champs à refaire ; climats ordonnateurs de tout, pluies qui dévastent les terres, gels qui compromettent les bourgeonnements, grêles qui détruisent les promesses, sécheresses radicales qui cuisent les récoltes ; jeu innocent des espèces qui s'entre-dévorent pour se nourrir, vivre et survivre ; mouches enveloppées dans les toiles d'araignées, épeires croquées par des rongeurs, musaraignes avalées par des émouchets, rapaces plumés par les hommes ; cadavres de bêtes qui pourrissent et vers qui s'en repaissent, charognes au soleil et vermines qui en profitent — tout enseigne un monde gouverné par ce qui commande également l'univers des hommes : le sexe et la reproduction, le sang et la nourriture, le combat et la mort, conjurer le trépas, bander en soi toutes les forces qui résistent au néant, et le conjurer par de pitoyables énervements.

Les rythmes cosmiques, les travaux et les jours, l'éternel retour, les formes du temps, la place dans le système solaire, le réel fractal, les deux infinis, la pratique de l'infinitésimal, le devenir-animal, l'identité bestiale des hommes, l'empire de la nécessité, les sensations primitives, la leçon des bêtes, autant de vérités métaphysiques, épistémologiques, anthropologiques, éthologiques et éthiques, autant de matière pour constituer un caractère, tremper un tempérament : je n'ai rien oublié de tout cela, même si le travail de la culture se pense classiquement, en Occident, comme un effort de dénaturalisation. Oublier son corps et ses désirs, négliger sa chair et sa viande, mépriser ses pulsions et ses instincts, douter de ses sens et de sa perception, créditer le seul cerveau et ses productions rationnelles sécurisantes, la culture œuvre depuis toujours, perfidement et malheureusement, à éloigner les hommes de la nature et du sol, de la terre dont ils procèdent et vers laquelle ils retournent.

L'entreprise touche à sa fin : l'accomplissement de ce deuxième millénaire confine au nihilisme le plus achevé. Jamais les hommes n'ont été autant séparés, coupés de la nature. Êtres d'artifices, ils ignorent maintenant leur terreau généalogique pour célébrer la perpétuelle lumière des villes, la folie des mégapoles, l'hystérie du béton, des banlieues, des périphériques, les violences urbaines, les feux et incendies citadins, les anosmies triomphantes et agueusies généralisées. Dans des niches parentes des cages de zoos, en des rythmes induits par les usines, les machines, les horloges, les instruments à mesurer le temps devenu indissociable de l'argent, un mutant sans foi ni loi se débat en proie aux jeux de la pulsion de mort qui le possède. Bitume, acier, ciment, asphalte, verre, oxyde de carbone, pesticides, chimies, la nuit tombe sur les civilisations oublieuses des corps et de leurs capacités voluptueuses. Je me souviens des tilleuls et du cri des martinets, des bains d'eau glacée dans la rivière et du souffle d'un chat-huant dans le château médiéval du village, du goût des fraises des bois et de la résine pleurée par les sapins, du parfum des labours frais et des contorsions des vers de terre dans les sillons — toute philosophie infidèle aux enfances radieuses mérite l'indifférence.

15

LES PRÉDICATEURS DU DÉCLIN DE L'OCCIDENT

Les fins de siècle ou de millénaire donnent toujours naissance à un courant décadentiste qui communie dans les sempiternelles rengaines réactionnaires et conservatrices. Haine de son siècle, mépris de son époque, détestation de l'environnement du moment, l'ensemble se double d'un éloge des valeurs d'antan — cette belle époque parée de toutes les vertus. Simple, le schéma fonctionne, repérable sans aucune difficulté, chez tous les penseurs de la décadence, avant-hier chez Joseph de Maistre et Donoso Cortès, hier chez Maurras et Drumont, Spengler et Rosenberg, aujourd'hui, chez de plus petites pointures spécialisées dans les grandes vertus, le requiem pour les avant-gardes, la sagesse des modernes, l'ère du vide, la comédie de la culture, la défaite de la pensée et autres variations sur le thème éculé du déclin de l'Occident.

En purs produits des angoisses millénaristes, ignorants des causes qui les déterminent, ces symptômes se travestissent des plus belles plumes et se drapent dans de prétendues vertus : en hérauts et héros de leur temps, ils montreraient du courage, de l'audace, de l'anticonformisme, de l'honnêteté, de la franchise, de la clairvoyance et tout ce qui constitue le grand homme dans une époque où on le cherche partout. Là où les autres ne pratiqueraient que soumission, conformisme, langue de bois, eux oseraient. Oseraient quoi ? Penser comme parlent ceux qui ne pensent pas ? En ce sens, ils réussissent, peut-être au-delà de toutes leurs espérances.

Étrange paradoxe, les philosophes de la Sorbonne, les appointés en conseils de ministères, les commis de l'État culturel, les auxiliaires du néo-libéralisme triomphant, les bêlants de l'humanisme libéral, les producteurs d'émissions intellectuelles, en avançant les lieux communs de leur concierge, obtiennent, piètre consolation, le succès de librairie monumental et du même coup les couvertures de tabloïds. Les paillettes kantiennes ou spinozistes n'y suffisent pas, ni les rhétoriques du paroxyste indifférent, du simulacre et autres outils scolastiques : penser en flattant la veulerie du plus grand nombre, y ajouterait-on des citations de philosophes pour classes terminales, ne conduit qu'à œuvrer activement dans le sens de ceux qui travaillent sur ce terrain, à savoir les gramsciens de droite qui attendent les ralliements avec patience mais sûreté. Déjà, ils obtiennent régionalement ceux des politiques les plus vils, il leur faudra attendre assez peu pour que viennent manger dans leur main ceux qui gloussent insidieusement contre la modernité et salissent le travail des artistes contemporains ici et maintenant à la manière dont on organisait naguère bruyamment des expositions d'art dégénéré.

La guerre intellectuelle se mène, sans conteste. Elle a ses camps, nettement distincts, ses partisans et ses ennemis, ses réseaux et ses transfuges, ses organes de presse, ses lieux d'expression, ses revues, ses éditeurs et ses journalistes, ses hommes de main, ses troupes, sa chair à canon. Le décadentisme monté en épingle sur le terrain esthétique et intellectuel renvoie très explicitement à celui auquel recourent actuellement les forces politiques de droite fédérées autour de l'extrême droite. Chaque salve envoyée ici contre des parangons de modernité culturelle — le nom de Pierre Boulez semble faire l'affaire — produit là, sur le terrain politique pur et dur, des effets de cohésion, des complicités, des associations, des alliances. La théorie des catastrophes vaut pour les continents géographiques, mais aussi, malheureusement, pour les continents intellectuels.

Dans cette guerre annonciatrice des chances et des dangers du millénaire prochain, je ne vois pas sans étonnement les partisans de la réaction et du conservatisme en appeler à la notion de plaisir. Depuis dix années que j'entreprends un parcours hédoniste qui tâche de ne laisser aucun secteur dans l'ombre — y compris, et surtout, l'art contemporain sous toutes ses formes —, je ne rencontre que la morgue des opposants au plaisir dont certains écrivent régulièrement, et par ailleurs, qu'il ne saurait suffire à faire une philosophie. Bien. Mais pourquoi, alors, critiquent-ils la modernité au seul nom du plaisir qu'il faudrait retrouver parce que récusé par les modernes depuis un siècle ? Comment mépriser l'ensemble des productions de cette époque en déplorant leur péché majeur : avoir rompu avec le plaisir ?

Je me réjouis de voir l'hédonisme enfin reconnu pour sa charge subversive et alternative, mais je crains qu'on entreprenne, côté décadentiste, l'éloge de sa formule vulgaire dont je voudrais préciser la nature. Car le plaisir dont parlent ceux-là mêmes qui le fustigent quand cela les arrange, et le réclament dès lors qu'il peut soutenir leurs thèses débiles, semble le même chez les pourceaux et chez les hommes, chez les animaux et le mammifère supérieur. Cette étrange indistinction laisse croire que le plaisir définit la satisfaction simple, immédiate et sommaire d'un besoin élémentaire ; que la faim, la soif, la sexualité et la culture relèvent de la même logique ; que l'orang-outang des savanes et l'homme des mégapoles connaissent les mêmes désirs et jouissent d'une manière identique de les satisfaire.

Certes, les envies paraissent communes aux mammifères supérieurs et à ceux qui le sont moins. Mais convenons que la façon de les savoir, de les connaître, de les différer, de les circonscrire, de les isoler, de les retarder, de les moduler, d'installer de la conscience et de la culture entre leur empire et leur satisfaction, tout cela creuse la différence. L'animal subit ses envies, l'homme peut choisir d'y répondre de manière culturelle. Et la nuance est de taille. L'*Homo sapiens sapiens* n'envie pas aveuglément des objets indistincts. Une culture des désirs pensables annonce une philosophie des plaisirs possibles.

Le plaisir auquel je me réfère est une construction, jamais un donné. De sorte qu'on ne désire rien par hasard, ni librement, mais toujours en relation avec une civilisation, une époque, une culture, un milieu. Nos désirs, nos envies et nos plaisirs signent pour nous une appartenance et nous y consentons dans la mesure où ils expriment également une satisfaction sociale tribale, sociétaire. Sur l'ensemble de la planète, le tropisme qui conduit *naturellement* les insectivores à satisfaire leur désir de faim par un plaisir de nourriture essentiellement trouvé dans le règne où s'effectue l'acte prédateur ne laisse aucune latitude mentale aux protagonistes. En revanche, sur le même terrain — la faim —, les hommes disposent d'une multitude de moyens pour répondre *culturellement* à ce besoin.

A priori, et dans un hypothétique état de nature, les hommes ne se dirigent vers aucune satisfaction esthétique : rien ne montre en lui une ébauche d'art, de religion, de métaphysique ou de philosophie. Et si personne n'éduquait le petit d'homme à ces besoins, jamais il n'en ressentirait la nécessité. Vouloir du sens procède exclusivement d'une transmission intellectuelle, sûrement pas d'un penchant naturel. Ces aspirations graduées vont des plus simples aux plus complexes, aux plus élaborées. Quiconque n'est pas éduqué, initié, soit ignore ce genre d'envie, soit se contente d'une demande sommaire et se satisfait d'une offre tout aussi pauvre. De la part des victimes tenues à l'écart de cette pédagogie du plaisir, vouloir un plaisir simpliste, indigne du philosophe, semble tout juste défendable.

Je trouve coupables ceux qui proposent de répondre à ce désir de culture par des brouets insipides. Y a-t-il un besoin de philosophie ? Alors les décadentistes se précipitent pour offrir une pitoyable réponse susceptible de plaire au plus grand nombre. Le plaisir appelé de leurs vœux coïncide avec la flatterie quantitative. Car il est plus facile de descendre la proposition philosophique (qu'en reste-t-il, d'ailleurs ?) jusqu'à la demande, que d'exiger des efforts et une ascension de qui attend une réponse à ses questions. À contenter les masses avec des plaisirs sommaires et simples, loin de pratiquer généreusement de manière démocratique, on agit dangereusement de façon démagogique. Appeler au plaisir massif et immédiat d'un public prétendument négligé depuis trop longtemps entretient l'idée fallacieuse de l'inutilité de l'effort en matière de pratique culturelle.

Ce que l'on accepte pour l'apprentissage d'une langue — du temps, des efforts, de la volonté, un investissement, de la patience, de l'humilité, de lents progrès —, pourquoi le refuse-t-on dès qu'il s'agit de s'initier à ces langues que sont les beaux arts ou la philosophie ? Qui peut laisser croire sans flatterie à la possibilité d'apprendre une langue complexe en économisant tout effort ? Je vois une perversion dommageable dans cette idée fausse qu'il vaut mieux baisser l'exigence esthétique ou philosophique au niveau du plus grand nombre plutôt que de hisser chacun jusqu'au degré nécessaire pour qu'il apprécie et connaisse un véritable plaisir. La qualité du plaisir prime sa quantité. La première option, faussement démocratique, est vraiment démagogique ; la seconde, apparemment aristocratique, est réellement démocratique. Flatter le peuple constitue la pire façon de le mépriser.

Le plaisir suppose au moins une connaissance de ce que l'on veut transmettre. Je m'étonne, dans l'argumentation des décadentistes, de voir coexister deux prises de position : la première consiste à annoncer qu'ils n'aiment pas l'art contemporain, la seconde qu'ils ne le pratiquent d'aucune manière. L'absence de proximité avec l'art d'aujourd'hui interdit de juger de sa nature épuisée. Qui accepte des jugements sur une langue, sa nature, sa syntaxe, sa grammaire, sa précision, sa rigueur, son évolution, de la part de quelqu'un qui ne la pratique pas ? Seules une présence dans les salles de concert où se donnent les créations d'aujourd'hui, une proximité avec les galeries, une habitude des salles d'exposition, une fréquentation des artistes permettent de juger, et non la vague écoute d'un disque, voire le distrait feuilletage d'une revue ou d'une encyclopédie.

La condamnation de l'art contemporain est impensable et insupportable chez ceux qui ne le connaissent ni ne le pratiquent. La compétence du jugement suppose autre chose que de vagues points de vue d'amateurs faussement éclairés. Le philodoxe tourne radicalement le dos au philosophe. Et l'usage bourgeois de la musique de chambre de Schubert en disque n'induit en rien un avis autorisé en matière de productions contemporaines. Les donneurs de leçons n'apprennent pas les leurs et appellent avec les incultes à la démolition d'un continent qu'ils ignorent et ne fréquentent pas, mais détestent sans sourciller. À l'incompétence du public, ils ajoutent leur propre incompétence en imaginant qu'il en ressortira des appréciations fondées et des pratiques légitimes.

Le jugement — autant dire la capacité à éprouver du plaisir — suppose une réelle compétence. Les amateurs de Platon que sont souvent les décadentistes devraient savoir qu'en matière de pilotage d'un navire, le philosophe préfère les marins aux cordonniers et que pour faire réparer ses sandales, mieux vaut éviter de recourir au cuisinier. Qui, en matière de jugement de goût esthétique, dispose de compétence ? L'affaire est réglée : sûrement pas les véritables incompétents qui disent n'y rien comprendre. Elle semble plus problématique, en revanche, dès que le moralisateur se dissimule derrière un semblant de compétence. À savoir ?

À savoir celle qui prétend que l'esthétique platonicienne ayant ouvert la voie, puis celle du christianisme, enfin celle de l'idéalisme allemand, il y aurait des façons légitimes et exclusives d'aborder la question du beau : il suffirait d'en référer à Platon et aux platoniciens, à Kant et aux kantiens, à Hegel et aux hégéliens. Ce qui déborde cette esthétique en trois temps, comme les dissertations scolaires, ne mérite pas l'épithète de Beau. De sorte qu'après la fin de la philosophie annoncée par Hegel, il faut également communier dans la mort annoncée de l'art. Ainsi, la philosophie s'arrête avec le chantre de Iéna, comme si jamais Nietzsche ni Marcel Duchamp n'avaient existé. Comprendre l'art d'aujourd'hui avec les esthétiques d'hier, c'est viser la conquête spatiale avec pour seul instrument les mathématiques de Descartes. Ou tâcher d'apprécier l'*Ulysse* de Joyce avec les catégories de l'*Art poétique* de Boileau.

Les décadentistes ne sont pas nietzschéens. Or le XXe siècle esthétique l'est tout entier. Et plutôt que d'y consentir, ils préfèrent allumer un autodafé, jeter l'art de ces cent dernières années dans les flammes et en appeler au retour des esthétiques d'avant. *La Volonté de puissance*. Ah, que l'époque était jolie quand on parlait du Beau en soi, de la réalisation sensible d'une idée intelligible, du spirituel incarné dans une matière, voire de ce qui plaît universellement et sans concept, ou de la satisfaction désintéressée ! Dieu que les temps étaient doux quand on recyclait les vieilles notions platoniciennes et celles de la *Critique de la faculté de juger* ! Mais voilà, Duchamp vint, et il est aux beaux-arts ce que Nietzsche fut à la philosophie : une dynamite pulvérisant les catégories anciennes. Dieu est mort avec le père de Zarathoustra ; la beauté avec celui du ready-made. *Qu'on le veuille ou non*. Le fait est avéré. D'où le problème des décadentistes : ils ne le veulent pas, ils ne se font pas à l'idée, ils la refusent de toutes leurs forces. Pas plus que Joseph de Maistre n'acceptait l'évidence de la Révolution française et appelait de ses vœux le retour de l'ordre spirituel monarchiste, l'urinoir de R. Mutt leur reste en travers de la gorge.

Le plaisir ancien pris à la beauté, à l'élégance, à l'équilibre, à l'harmonie, à la symétrie, à la consonance a rendu l'âme ; de la même manière qu'ont expiré l'arrière-monde chrétien, le salut et l'eschatologie religieuse, les visions bibliques du monde, les constructions sotériologiques catholiques. *Qu'on le veuille ou non*. L'incompétence du public se double de celle des philosophes qui tâchent de penser leur siècle avec des instruments périmés. Ils ne saisissent pas les vols interplanétaires qu'ils récusent parce que leur mathématique n'a pas dépassé les acquis de Huygens. Mais si l'on ne comprend rien à l'art conceptuel quand on pense selon les principes de la troisième Critique de Kant, on fustigera moins l'œuvre d'art que le guide bleu philosophique défraîchi et passé de mode depuis longtemps — plus d'un siècle. Qu'on le remplace par les textes-manifestes de Duchamp. Le jugement de goût et le plaisir n'existent pas en soi, mais relativement à une époque. Or les temps ont changé : l'esthétique de Poussin ne permettra jamais de rendre compte des installations contemporaines. À refuser perpétuellement le mode d'emploi approprié, les décadentistes se condamnent sans appel et sans issue à être d'hier, et de plus en plus.

Après la mort du Beau, le Sens a pris sa place. Dans la niche où s'adorait cette vertu inexistante qui toujours cachait d'autres intérêts — Dieu, l'Église, le Roi, puis le Capital —, la beauté a déserté au profit du seul Sens. Les œuvres font sens et il échoit aux philosophes, de conserve avec les artistes, de le dire et déchiffrer. De la même manière, une toile de Poussin fait autant sens qu'une œuvre de *land-art* : le peuple et les puissants, de tous temps, ont besoin d'explications. Le plaisir simple leur est interdit. Quiconque ne savait rien de Virgile, de Diogène Laërce, du stoïcisme et des humanités classiques ne comprenait rien aux toiles du peintre normand ; et quiconque l'ignore encore de nos jours se condamne à n'aimer que la surface de Poussin, sa réputation et son travail d'artisan, habile et talentueux, rien de son message d'artiste. Le paysan du XVIIe siècle n'avait pas de plaisir à cette peinture, pas plus que l'ouvrier des villes, aujourd'hui, ne saisit la nature d'une œuvre minimale ou conceptuelle de Carl André, Richard Long ou Walter De Maria.

Le décadentiste se trompe de manuel de décodage — toujours nécessaire, pour tous et en tous temps. Je refuse le propos démagogique qui consiste à dire le peuple hier de plain-pied avec l'art, qu'il aimait et comprenait, alors qu'aujourd'hui le divorce serait consommé entre les créateurs et le plus grand nombre : toujours le fossé est grand, mais toujours il peut être comblé. Les penseurs décadents renoncent à le combler et enseignent que se trompent non pas ceux qui refusent d'apprendre et de comprendre, mais ceux qui produisent et créent. Monde à l'envers :

infatués d'eux-mêmes, arrogants, prétentieux, ignorants et fiers de leur propre inculture — ô la très lointaine inscience socratique ! —, des philosophes se mettent au service d'incultes qu'ils flattent et séduisent...

Le plaisir sommaire et simple donne des joies sommaires et simples. De la même manière, le plaisir subtil et raffiné procure des satisfactions à l'avenant. Le seul recours au plaisir immédiat ne suffit pas : quid du plaisir brut, sauvage et sans loi dans le *Requiem* de Mozart ? Picasso vise-t-il celui des visiteurs de musée quand il peint *Guernica* ? Michel-Ange celui des touristes quand il décore le plafond de la chapelle Sixtine ? Schubert celui des bourgeoises quand il compose l'opus 100 ? Bosch celui des paysans flamands quand il donne naissance aux monstres de *La Tentation de saint Antoine* ? Ou obéissent-ils à d'autres impératifs utiles et essentiels à connaître — en l'occurrence à des impératifs historiques et culturels — pour comprendre, saisir, aimer et apprécier les œuvres en question ?

Quel plaisir peut-on prendre à un objet si l'on ignore tout de lui ? Qu'en est-il de son sens, de sa raison d'être, de ce qu'il a dit, a pu dire, de ce que sont les matières, les techniques, les agencements, les formes ? Stationner devant une œuvre d'art en attendant qu'elle donne du plaisir équivaut à guetter le passage d'une comète en plein jour. On risque d'attendre longtemps et vainement. Le plaisir esthétique s'accompagne de tout ce qui le permet : un maximum d'informations sur ce qui le rend possible, une jubilation intellectuelle, un concours de références, un puzzle de citations, de connaissances, une compétence et un œil exercé, des idées, des avis, des habitudes, une patience du regard et du corps tout entier, un contrepoint permanent entre l'objet et ce qui le dévoile, des textes, des lectures, des comparaisons, des mises en perspective. L'acquisition d'un langage nécessite une grammaire, une syntaxe, une orthographe. Les décadentistes refusent tout effort pour acquérir les rudiments d'une langue dont ils ne reconnaissent même pas l'existence. Le plaisir relève de conditions, se les interdire rend définitivement impossible l'abordage.

Le Plaisir n'est pas plus une idée pure que le Beau, le Vrai ou le Bien. Car toutes ces entités se définissent en relation avec un temps, une époque, une société. Comprendre immédiatement et sans concepts, sans références, sans culture, sans renseignements, sans initiation une musique nubienne du Nil, un rythme du culte Tigara ghanéen, le *sertão* des favelas brésiliennes, les accords de la musique tzigane d'Europe centrale ou la statuaire tantrique d'un temple asiatique, le jardin zen et la cérémonie du thé, l'origami et l'ikebana japonais, l'architecture solaire maya, l'urbanisme symbolique romain — autant de projets impossibles, vains, sinon imbéciles. Toute œuvre d'art, pour procurer du plaisir, nécessite autre chose qu'elle-même. Cet autre chose, l'histoire, la sociologie, la géographie, l'ethnologie, la religion et bien d'autres activités y contribuent. La philosophie vaut liaison, synthèse et conditions de possibilité de cet hédonisme.

Enfin, les penseurs réactionnaires et conservateurs se trompent tout autant sur la nature que sur l'origine du plaisir. Loin d'être donné dans le rapport simple et immédiat d'œuvres vraies, sincères et authentiques — c'est leur vocabulaire —, il s'offre par la médiation. Sociologiquement, le plaisir apparaît nettement impur, comme une production historique. C'est une banalité de dire qu'une même œuvre d'art produit des effets différents, voire contradictoires, suivant les moments et les conditions dans lesquels on l'examine. L'histoire de la médiation de l'objet contribue à son appréciation hédoniste. Le plaisir apparaît d'autant plus grand qu'il est complet, accompli, fin, délicat et subtil. De sorte que sa densité se constitue en proportion et résonance avec la période d'apprivoisement à laquelle on consent.

Duchamp signe l'importance du regardeur, du sujet élevé par lui à la dignité de créateur en affirmant une œuvre moins faite par son fabricant artisan que par le spectateur qui lui donne sa forme, sa force, sa consistance. Une époque vaut moins par son art débile ou ses artistes médiocres que par la qualité de son public. Craignons qu'avec les décadentistes on invite ce dernier à persister dans son épaisseur imbécile, fier dorénavant de pouvoir s'appuyer sur des philosophes pour reprocher à la langue son inanité plutôt que d'interroger sa propre inculture et son refus de cheminer vers l'œuvre. L'origine du plaisir réside dans l'intelligence de qui le sollicite. Mais vouloir ne suffit pas pour pouvoir. Car d'aucuns peuvent peu.

Jamais le plaisir n'est contentement sommaire, satisfaction simple d'un désir immédiat. Le désir d'art s'entretient afin de rendre possible un plaisir à la hauteur. Le supplément d'âme s'enseigne et déborde d'autant la singularité primitive qu'il a été transmis avec talent, voire génie. Face aux besoins naturels de boire, manger et copuler, devant ces désirs nécessaires, l'hédonisme vulgaire répond simplement et invite à une satisfaction sommaire ; devant les mêmes obligations, on peut aussi agir en transformateur, en sculpteur de nécessité et inventer l'œnologie, la gastronomie et l'érotisme. D'un monde à l'autre, d'un homme à l'autre, l'écart peut paraître plus vaste qu'entre le premier des animaux et le dernier des hommes.

Entre les plaisirs animaux des premiers et les voluptés humaines des seconds s'installe l'épaisseur de la culture et avec elle la pédagogie du plaisir, la distinction entre plaisirs vulgaires et plaisirs philosophiques, les vertus de l'artifice conceptuel, la médiation intellectuelle, la formation plastique du jugement, le dépassement des préjugés démagogiques et populistes, la patience de l'initiation. L'hédonisme construit l'âme, et l'art y contribue en un perpétuel mouvement d'aller et retour. Les feux allumés par les décadentistes présentent un réel danger parce qu'ils réjouissent d'autres incendiaires, embusqués, qui attendent leur heure pour lâcher les chiens.

Eux aussi parlent de décadence et de dégénérescence, d'onction populaire et de morgue des élites, de défection du grand public et de coûts dispendieux, eux aussi fustigent l'art contemporain subventionné, le roman expérimental, la musique atonale et sérielle, la peinture abstraite, les courants esthétiques d'avant-garde. Ils aiment la figure, le visage, le spirituel dans l'art, le peuple flatté par les créateurs. Ainsi commencent-ils. Puis ils finissent par préférer à tout cela la Nation, l'État, la Patrie, voire la Race, et autres colifichets célébrant l'identité nationale. Naguère, ils organisaient des expositions pour fustiger l'art nègre, maçonnique et judéo-bolchevique, aujourd'hui, les bûchers sont administratifs : dans les bureaux impersonnels des municipalités où siègent les clones politiques de ces prophètes décadentistes, on élit des priorités significatives.

Ainsi détruit-on plus sûrement l'art d'une époque en l'interdisant qu'en le rendant métaphysiquement impossible. Pour l'heure, les philosophes qui font commerce du déclin de l'Occident, consciemment ou non, rendent inepte l'art contemporain dans les esprits. Gramsciens, ils préparent à droite les ingrédients avec lesquels s'annoncent les catastrophes. De premiers ralliements politiques, puis ces compagnons de route intellectuels : les conservateurs, les réactionnaires et les néofascistes ne peuvent mieux espérer pour conquérir le pouvoir. Et, qui sait, peut-être que, loin de Schubert et de Boulez, loin des débats plus ou moins policés ou des passes d'armes pour l'instant écrites, ce qui s'annonce dans cet aveuglement, c'est le bruit de bottes et de musiques militaires. Ce sera trop tard alors pour éteindre les brasiers.

16

LES JOURS DE TOMBEAU

Pour Madame Ribrag

Je viens de relire le *Journal* d'Anne Frank et ne me souvenais pas d'une première lecture faite au collège — peut-être pas même achevée. Rien ne me restait de cet étrange livre que je m'étais promis de reprendre, naguère, lors d'un de mes passages à Amsterdam, avant de visiter la fondation au 263, Prinsengracht. En revanche, mes souvenirs étaient restés précis des lieux, de l'escalier, de la bibliothèque tournante, des photographies pâlies épinglées au mur, de la tapisserie, des traces d'occultation sur les fenêtres, des odeurs de bois blanc et de vieux papiers ou de balatum sur le sol. Puis ce véritable recueillement de tous, ce silence, sinon ces voix baissées, lourdes et lentes, comme dans l'épicentre d'un édifice sacré.

Souvenir, aussi, de la libération physique en sortant de l'Annexe comme l'appelait Anne Frank : le canal et les ponts, les longues silhouettes indolentes sur de grands vélos noirs, le calme et la tranquillité bataves, les arbres et leur ombre, le soleil troué en eux, et les bancs pour accueillir un peu de la méditation qui suit pareille expérience. Je m'étais senti abattu par cette visite, inquiet, aussi, d'avoir vu au rez-de-chaussée de la fondation une exposition sur les fascismes internationaux dont une section particulièrement consacrée à la montée du Front national. C'étaient les années quatre-vingt... Je me sens plus encore dégoûté par la diffusion capillaire constante des idées de ceux pour lesquels Anne Frank compte pour un détail dans l'histoire de ce siècle.

À la relecture du *Journal*, je suis d'abord stupéfait de découvrir ce qu'Anne écrit dans les années 1942, très précisément à la date du 9 octobre : « La radio anglaise parle de chambres à gaz. » Puis, le jeudi 3 février 1944 : « Des millions de gens paisibles sont assassinés ou gazés sans aucun ménagement. » Tout ce que l'on peut savoir de l'abjection du IIIe Reich se trouve dans l'ouvrage : la chasse aux Juifs, leur persécution, leurs conditions d'existence, les violences, les déportations, le transport dans des wagons à bestiaux (9 octobre 1942), le traitement identique des vieillards, des enfants, des femmes enceintes, des malades (19 novembre 1942), le cheminement des convois vers la mort, les familles séparées, femmes et enfants d'un côté, hommes valides de l'autre (13 janvier 1943), l'utilisation de chambres à gaz, l'étendue des dégâts, les millions de gazés (3 mars 1944). Quand elle écrit ces pages, Anne Frank est âgée de treize ans...

Et je me souviens, en cascade, du visage de cadavre de François Mitterrand apparaissant à la télévision, comme sorti d'un cercueil, pour justifier son amitié de toujours avec un haut fonctionnaire de Vichy. Cette quintessence d'immoralité affirmait éhontément, à son habituelle façon, qu'on ne savait pas, pendant la guerre, ce qui se passait, qu'on ignorait tout du destin des déportés, qu'on ne connaissait pas l'existence des chambres à gaz, de la solution finale, qu'on ne pouvait imaginer, qu'il était impensable, etc. Lui, avocat à cette époque, ignorait le contenu et la nature des lois antijuives de Vichy, lui qui visait une carrière politique n'avait rien aperçu de la nature homicide du gouvernement de Pétain ! Et dans ma tête se télescopaient le masque mortuaire de cette perfidie incarnée et le sourire d'Anne Frank sur ces photos qui nous restent d'elle et qui ont fait le tour du monde. Le vieux scolopendre et la jeune vierge.

On sait le succès du *Journal* : trente millions d'exemplaires, plus d'une cinquantaine de traductions, une présence sur tous les continents. Ce livre sobre, net, tranchant, équivaut, pour le régime nazi européen, à Thucydide pour la guerre du Péloponnèse ou à César pour celle des Gaules : un monument, un livre cardinal, majeur. Ce contrepoint entre l'histoire subjective, individuelle, personnelle, d'une enfant juive dans Amsterdam et l'histoire générale, universelle, collective, d'une Europe en fin de millénaire, voilà matière à une œuvre dans laquelle se trouvent le roman d'un corps, l'autobiographie d'une figure, mais aussi l'obsession carcérale d'une idéologie, le devenir-animal de ses victimes, puis, surtout, le salut par les livres et la culture, la sublimation esthétique d'une nécessité historique.

Roman d'un corps ? En effet, le journal raconte les heurs et malheurs d'une chair, d'une âme, les aléas quotidiens d'un corps confiné qui expérimente l'espace carcéral ressenti avec d'autant plus de douleur que la croissance fait éclater les bornes de l'enfance pour annoncer l'adolescente et bientôt la petite femme. Sur l'embrasure d'une porte, dans la maison devenue musée, on voit encore les traits marqués par les parents d'Anne pour matérialiser les centimètres pris pendant ces vingt-cinq mois. Comme on compte les jours, les heures, les mois en prison, on comptabilisait le devenir-adulte de cette enfant dont le destin était de le rester. De treize à quinze ans, le corps se développe, croît, grandit, se modifie, se métamorphose. Le tout dans les quelques mètres carrés de l'Annexe. Je me prends à imaginer qu'elle a compensé le manque d'espace physique par une ouverture maximale de son champ intellectuel et que l'incarcération a produit une des plus vastes intelligences pensables pour un tel âge.

Deux années ramassées dans une série d'encoches, mais aussi une somme considérable d'expériences, de connaissances, de savoirs accumulés par la seule observation. Les heures, longues, obligeaient cette intelligence à fonctionner sur cet objet de prédilection, une faune et une flore de huit personnes fournissant un genre de matière semblable à la jungle d'un entomologiste. Les passions humaines se vivent chez la jeune fille par le seul filtre de son corps en mouvement. Elle écoute son ventre et sa respiration, son système digestif et son théâtre hormonal, condamnée à soi comme à un spectacle obligatoire.

Elle expérimente d'abord la nourriture. En temps normal, les repas peuvent être trois fois par jour l'occasion de jubilations et de voluptés simples, répétées, rassurantes et bienfaisantes ; en revanche, dans les conditions de l'appartement de Prinsengracht, ils réitèrent un crève-cœur : manque permanent, quantités contingentées, approvisionnement difficile, qualité médiocre, variété nulle. Odyssée de haricots, de graisse et de margarine, de beurre, de pommes de terre et de choux frisés extirpés d'un tonneau où ils marinent en conserves puantes depuis plus d'une année : la bouche ingère de perpétuelles punitions, elle subit plusieurs fois dans la journée une violence distillée et mâchée jusqu'à la lie.

Ensuite, Anne vit sans cesse la promiscuité et expérimente la présence de l'autre comme un fardeau : les odeurs de huit corps qui digèrent et défèquent, vessent et transpirent aux narines de chacun. Les lettres du journal soulignent à plusieurs reprises cette violente leçon d'humanité. Des miasmes du chou pourri aux latrines en passant par les toilettes improvisées dans une corbeille à papiers pour éviter les bruits de chasse d'eau à même de trahir dehors une présence humaine dans l'Annexe, voire le pur et simple usage hygiénique des toilettes par toutes et tous : l'autre apparaît d'abord comme une violence olfactive, une inévitable autorité malodorante.

Par ailleurs, l'altérité s'expérimente radicalement sur le mode du corps qui prend une place, occupe un espace, privant autrui de la jouissance de ces mètres carrés disputés. Jamais mieux que dans l'enfermement on ne vérifie le bien-fondé de la lecture hégélienne : le monde fournit indéfiniment l'occasion d'un perpétuel combat entre consciences de soi opposées à l'issue de quoi, comme un fruit, le réel s'ouvre en deux moitiés, l'une de domination, l'autre de servitude. Les maîtres et les esclaves luttent à mort pour la reconnaissance. Dans la « maison de derrière », comme l'appelait Anne Frank, l'espace délimite un territoire dans lequel des bêtes de proie tentent d'assurer leur vie, leur existence, leur survie, leur pure et simple présence. Occuper un lieu, c'est être — et vice versa. Chaque instant génère des combats : disposer des toilettes, accéder à une surface plane pour écrire, s'isoler pour lire, jouir de silence, d'isolement, de tranquillité, tout appelle l'instinct agonique. La diplomatie règle les usages, dans la meilleure hypothèse ; dans la pire, les violences verbales fusent, puis les crises, les fâcheries, les tensions, la guerre.

Enfin, ce roman d'un corps suppose le souci de son auteur pour sa sexualité naissante, les caprices de sa libido ou les aventures de son œdipe au quotidien. Elle tait ce qu'elle entr'aperçoit de l'intimité sensuelle des hôtes de la maison ou des tentatives de séduction de son père par une femme qui partage l'appartement avec eux. Mais ses émois hantent sa correspondance avec Kitty, cette amie parfaite puisque idéale. Entre un amour déclaré sous toutes ses formes pour son père et une inimitié oscillant entre l'indifférence et la détestation de sa propre mère, Anne Frank installe son corps désirant, ses règles, ses insomnies amoureuses, ses sensations et ses émotions à l'endroit du jeune garçon qui partage l'Annexe avec sa famille. Son énervement laisse place à de l'intérêt, puis de l'émoustillement, enfin de l'amour — toutes les étapes de la cristallisation stendhalienne se succèdent indéfectiblement.

Autobiographie d'une figure, ai-je également écrit. Effectivement : le *Journal* propose une autobiographie en bonne et due forme, évidemment négligée par les spécialistes du fonds de commerce dissertant habituellement sur le genre. Autoportrait au quotidien, souci de soi et description de son âme, écoute des moindres vibrations constitutives d'un être et tentative d'un portrait dans lequel se découvre un caractère, un tempérament : les lettres à Kitty fournissent le prétexte littéraire d'un miroir pour une peinture du moi élaborée touche après touche. En fait, les pages écrites coïncident assez précisément avec les photographies de la jeune fille que tous connaissent : la bouche fendue par un large sourire, les yeux tristes, le regard profond et malicieux — soit l'humour, la mélancolie, la gravité et l'espièglerie.

Dans sa description, au plus près d'elle-même, Anne Frank confesse un talent accompli pour le bavardage. Si l'on en croit ses confidences, elle était imbattable dans le rôle du moulin à paroles. Sa passion pour le verbe, les mots, les phrases, l'écrit, enseigne ce que devait être son débit : la cadence des pages oscille entre vivacité et allégresse, efficacité et précision. La musique entendue dans son style trahit une intelligence vive, exercée, acérée. L'artifice littéraire de la correspondante imaginaire autorise un propos calibré, changeant, divers : le sérieux fait place à la drôlerie, la gravité remplace l'humour. Du détail de la vie quotidienne aux réflexions sur le destin du pays, le statut des Juifs ou l'achèvement de la guerre, la verve ne tarit pas. En lisant son *Journal*, on *entend* la voix d'Anne — gracile et fluette, mais étrangement assurée.

De même, elle apparaît d'une exceptionnelle maturité. Moins par l'expérience vécue que par la décision de prendre la plume, le jour de son anniversaire, et de décrire finement, avec une précision d'entomologiste, le détail du microcosme de l'Annexe : les gens, les relations, les sentiments, les émotions, les tensions, les affections, les espoirs, les abattements, les réflexions, les colères, les envies, les aspirations, les haines, les tendresses, les craintes, les énervements. Son ouvrage propose un traité des passions dans la tradition des moralistes du XVIIe siècle, versus pragmatique. Il répertorie le détail de ce qui s'installe de toute éternité et pour toujours dans les interstices de chaque intersubjectivité.

Bavarde, mature, mais aussi intelligente, perspicace, ironique, lucide, déterminée, cyclothymique et têtue, Anne Frank témoigne également d'une incroyable culture : elle lit beaucoup, et nombre d'ouvrages pointus : des biographies de Galilée ou de Charles Quint, des ouvrages de mythologie grecque et romaine, des textes consacrés à l'Antiquité de la Palestine, à la géographie du Brésil, à la généalogie des familles princières, à l'architecture des cathédrales, à l'histoire des pays nordiques, à l'art, elle découvre aussi la Bible. Rien de ce qui, habituellement, constitue les bluettes des jeunes filles de sa génération, ou ces anecdotes à l'eau de rose qu'on aime dans les chaumières pubères, ne retient son attention. De sorte qu'on assiste également à l'élaboration d'un portrait « en cap » d'une Anne Frank qui revendique le salut par les livres — lus ou écrits.

Le salut par les livres, donc, Anne Frank résiste et survit parce qu'elle lit, écrit — son *Journal* et ses *Contes* — et apprend des langues étrangères, traduit de l'anglais, du français dans sa propre langue. Dans une lettre à Kitty, elle insiste sur la question des livres et souligne leur importance dans l'économie carcérale. De l'extérieur, on lui apporte régulièrement des ouvrages empruntés à la bibliothèque municipale. D'après mon compte, Anne Frank aurait lu plus de cinq cents livres pendant les cent huit semaines qu'a duré sa captivité. Une moyenne hebdomadaire de cinq fait de la jeune fille une exceptionnelle lectrice qui ajoute à sa connaissance directe du monde, par l'expérience, un savoir livresque, médiatisé par les grandes œuvres historiques, mythologiques et romanesques de l'Occident.

La lecture relève des activités qui contractent le temps, le font paraître moins long. La durée se modifie quand elle entre en relation avec des temps autres, anciens. La fréquentation des auteurs grecs ou latins, les rêves de la mythologie, les voyages autour de la planète, les trajets dans l'Ancien Testament raccourcissent l'étalement des journées. Dans tout livre, l'espace s'abolit et le temps se contracte. L'expérience menée sur plus de deux années construit une intelligence singulière du monde. Dans une lettre datée du 27 mars 1943, Anne Frank parle de ses « activités-à-tuer-le-temps ». Lorsqu'on compare ces lignes avec une autre version du *Journal*, à la même date et dans la même lettre, on trouve l'expression « les jours de tombeau » en lieu et place de la phrase précitée. Le livre vise un autre temps, une abolition des durées interminables, une sortie imaginaire et fantasmatique du cimetière.

Roman d'un corps, autobiographie d'une figure, salut par les livres, le *Journal* d'Anne Frank détaille également la spécificité du fantasme fasciste : l'enfermement, l'obsession du carcéral, du confinement de l'espace et la malédiction du temps des sujets. Le huis-clos obsède les régimes autoritaires : réduire à une

Race, enfermer dans une Nation, confiner dans un Empire, contenir dans un Camp. L'objectif consiste à installer chacun dans un monde dont il ne doit pas sortir. Refuser cette perspective expose à se faire détruire, rayer de la carte puis installer dans l'éternité d'un néant sans repères et sans traces. Toute déviance se localise, se mate et se supprime : la prison résout les problèmes. Elle s'étend au Reich, à la Nation, aux pays conquis ou aux Stalags : l'Allemagne, Berlin, l'Europe, Auschwitz, Bergen-Belsen, toute cette épopée noire se ramasse dans la tragédie du 263, Prinsengracht.

À la façon dont on croupit dans un tombeau, dont on pourrit dans un cercueil, la captivité de la famille Frank réduit l'histoire du nazisme à cette idée simple : le modèle de société fasciste, son idéal communautaire, c'est la prison. Dans l'histoire d'Anne Frank se joue la monstruosité de cette figure inventée par Térence et popularisée par un poème de Baudelaire : l'héautontimorouménos, cet animal effrayant qui est à lui-même son bourreau et sa victime. Être à soi le couteau et la plaie, car le choix de l'exil intérieur, du confinement chez soi, de la prison aménagée pour les siens donne raison à la machine nazie. Là où un exil anglais ou extra-européen pouvait assurer une survie, la famille d'Anne Frank opte pour l'aménagement de sa propre prison. D'où l'impasse du fascisme dans ce piège ouvert et tendu par la peur.

La faute de la famille Frank est l'optimisme ; son péché originel, la foi en l'humanité. L'idée folle consiste à croire qu'on peut échapper à la barbarie alors qu'elle se répand sur l'Europe comme un encrier sur une carte géographique. Vivre en exilé dans son pays expose toujours au risque de la dénonciation, de la perfidie des voisins, de la vilenie des autres. Qui, bien sûr, excellent dans ces rôles. Car le fascisme réalise le devenir-animal des hommes. Refleurissent avec lui, inévitablement, les passions vouées à Thanatos : la mort et son cortège de souffrances, de douleurs et de peines, de mensonges, de tortures et de bestialité. Dénonciations, collaborations, compromissions, compositions avec les régimes forts et dictatoriaux. Les politiques autoritaires flattent toujours les ratés, les faibles, les débiles, les sans-grade, les domestiques ayant à cœur de servir ceux qui jouissent de les écraser sous leur botte.

Sales mais puissants, plutôt que propres mais modestes : la plupart des hommes sont ainsi faits qu'en temps de guerre et de paix, ils préfèrent collaborer, obéir et consentir plutôt que résister, se rebeller et refuser. En 1944, un obscur raté traînant derrière lui faillite et chômage, larcins divers et petits vols réguliers, s'en va *vraisemblablement* trouver les autorités policières et militaires néerlandaises. Magasinier dans l'entreprise de Monsieur Frank, travaillant au-dessous de la prison des huit damnés, le dénommé Van Maaren vend ces huit âmes comme on cède de la graisse ou de l'huile, des pommes de terre ou de la margarine : le vendredi 4 août, les nazis investissent l'Annexe. Dans la précipitation et l'énervement, le petit journal à couverture orange et petits carreaux tombe à terre.

La suite est connue. Sur les huit occupants, un seul survit : le père d'Anne. Après six mois à Auschwitz et quelque temps à Bergen-Belsen, la jeune fille meurt du typhus. Elle n'a pas disparu dans les flammes, comme elle le désirait — plutôt l'incinération que le pourrissement dans la terre. En 1953, Monsieur Frank se remarie, et rend l'âme en août 1980 ; le probable donneur, Van Maaren, administre l'entreprise Frank quelque temps mais ne sera jamais inquiété, il trépasse en 1973, à Amsterdam, âgé de soixante-treize ans — si tard, si vieux ; Silbauer, l'Allemand qui effectue l'arrestation de toute la famille, finit sa carrière comme policier à Vienne — chère Autriche ! À l'heure où j'écris, non loin du solstice de juin de l'année 1998, Anne Frank aurait fêté ses soixante-neuf ans. Le visage du presque nonagénaire qui fut président de la République française m'obsède de manière obscène, avec dégoût et écœurement. En contrepoint, le triste sourire d'Anne me touche, comme celui d'une enfant qu'on aurait aimé avoir, et qui n'est pas, ou qui n'est plus.

17

LE CLIQUETIS DES PETITS SENTIMENTS DESSÉCHÉS

Je tiens la caste d'*un certain nombre* de critiques littéraires propriétaires des rubriques idées dans les supports médiatiques contemporains pour une engeance de rats et de chiens. À quelques très rares exceptions près, elle illustre en une allégorie presque parfaite l'antique comportement parasitaire dont Esope fut l'un des premiers anatomistes. Rats et chiens, mais aussi ténias et tiques, doryphores et punaises, morpions et puces, tout animal vivant de la substance et du sang d'autrui fait excellemment l'affaire. Leur ardeur à transformer le travail des autres en charogne puante dont ils peuvent enfin se nourrir et se repaître, jouir et profiter, les désigne sans difficulté : ils se rencontrent là où glapissent et feulent les animaux malades de la peste, ces symptômes de lieux de putréfaction dans une civilisation en décomposition.

L'étymologie situe le parasite à la table des autres. Voilà qui le caractérise superbement : il vit par procuration, en ombre sale de ceux qu'il suit et piste, mord puis accroche de sa haine et de sa méchanceté. Seul il n'est rien, ne vaut rien, compte pour rien. Son existence se déplie comme les anneaux d'un reptile gras dans les méandres de la vie des autres. L'oisiveté intellectuelle souligne sa nature débile : hormis cette haine pour tout ce qui n'est pas lui, il ne se trouverait aucune raison d'exister. Son mépris lui donne sa seule et unique raison d'être. Isolé, sans proie, sans objet à détruire, il ne produit rien, ne pense rien, n'écrit rien.

Si d'aventure il peut aligner deux ou trois titres dans une bibliographie, c'est presque toujours rien ou moins que rien, protection d'éditeur qui trouve de la sorte un homme lige ou détournement et captation du travail des autres. Comme la mouette pillarde, animal stercoraire qui se nourrit de la vomissure poissonneuse des animaux qu'elle poursuit en prédateur, le critique signe la plupart du temps des livres qui n'en sont pas : recueil de ses laborieuses et pitoyables critiques, de ses préfaces et annotations de contributions d'ouvriers œuvrant dans des colloques ou séminaires qu'il dirige ou anime, entregloses, collage de fiches et de citations, recyclage de vieux travaux universitaires, entretiens ou biographies de commande et autres livres pilonnés de naissance lui donnant l'illusion de voler de ses propres ailes quand il dépend des miettes d'autrui pour pouvoir seulement survivre. La haine du critique à l'endroit de ce qu'il a élu comme objet est à la dimension de l'indigence et de l'impuissance qui l'habitent : plus son incapacité à créer est grande, plus son ardeur critique s'active. Moins il est, plus il salit.

Littré découvre le parasite chez certains Grecs, dans des républiques où il était admis à des repas qu'il partageait aux côtés des prêtres. À la table des magistrats où l'on servait les cuissons victimaires, il tendait la main vers les écuelles comme un minable chien de compagnie. J'aime les Romains qui, eux, accueillaient ce rebut de l'humanité comme commensal dans la mesure où ils lui faisaient payer ses bassesses en le ridiculisant, le bafouant, voire en le battant. Je rêve d'un monde où les parasites que sont les critiques modernes auraient des comptes à rendre et pourraient, à égalité — une fois n'est pas coutume —, se mesurer et se battre avec ceux qu'ils prennent plaisir à conchier du haut d'un Capitole où ils règnent seuls après avoir verrouillé les accès et occupé les lieux au sens militaire du terme. Qu'ils seraient alors crédibles ceux qui joueraient un gramme de courage dans leurs entreprises de démolition ! Car habituellement ils se vautrent dans la lâcheté, la couardise, embusqués, intouchables et protégés par l'institution qui les nourrit.

Parce qu'ils craignent leurs représailles et souhaitent éviter de faire l'objet de la conspiration du silence dont ils sont capables, nombre d'individus méprisés par eux se taisent. Soit ils s'en font des amis et des complices, dans des réseaux de services rendus qui leur assurent le bienfait des grâces mafieuses, soit ils optent intégralement et totalement pour le silence. Les premiers grenouillent dans le milieu et pigent régulièrement, selon l'expression consacrée, dans les mêmes endroits, et empruntent les habitudes parasitaires de leurs frères ennemis. Les seconds rongent leur frein et prennent patience, ils attendent, couverts de crachats, suintant de glaires, un improbable changement de situation, un vent qui ne tournera pas. D'aucuns, parfois bien inspirés, donnent des gifles, comme à l'époque où l'honneur valait de l'or.

Une typologie du parasitisme, un genre d'étiologie qui permettrait de comprendre un peu les mœurs de ces animaux enragés et malintentionnés, devrait commencer par cet inévitable constat : le critique littéraire haineux qui œuvre seul, sans possibilité pour l'auteur visé de répondre et d'argumenter, fait triompher la seule et unique pulsion de mort par la passion qu'il voue à la négation. Ce qui le travaille est rien moins que la volonté de détruire, de casser, de briser, d'écorcher, de salir, de disloquer. Je le range aux côtés des animaux fouilleurs de tombes, des nécrophiles et autres thanatopracteurs, des amateurs de morgues et de cadavres, de charognes et de viandes corrompues. Là où pourraient triompher le positif, la création, l'enthousiasme, le grand oui voluptueux et partageur avec les lecteurs, ils s'évertuent, dans les milliers de livres qui paraissent, à élire et choisir ceux dont ils diront du mal et sur lesquels ils pourront à loisir s'acharner, comme des malades hystériques sur le capiton de leur chambre de sûreté. La mort les habite, la haine du monde et d'eux-mêmes transfigurée en haine de l'autre leur dicte leurs mouvements, conduit leurs éructations. Ils ne se possèdent plus, enivrés et envoûtés par leur rage d'infirmes. Leur ton, leur style trahissent l'empire total sur eux du négatif et de ses œuvres.

Quand il opère, le critique hargneux varie les doses négatrices, qui peuvent aller des plus infinitésimales et homéopathiques aux plus déraisonnables : *In cauda venenum* ; ce sont les allusions, les réserves perfides, les effets de rhétorique, le double langage, les choses entre-dites, énoncées et aussitôt reprises, modulées — le poison qui le travaille n'engorge pas encore sa logique, mais il la teinte d'amertume et de fiel, de bile et de sanie ; ou alors, l'entreprise de démolition intégrale, la colère débordante qui trahit les glandes et les vapeurs, la parfaite mauvaise foi, l'abattage industriel, le procès d'intention, l'absence totale de mesure, la distorsion acharnée, l'insulte *ad hominem*, le mépris généralisé, le mensonge et la calomnie éhontés : la haine qui le parcourt sature l'ensemble — il n'est plus qu'une boule de mépris, un chancre, une tumeur suintante. Dans les deux cas se manifeste l'empire de la pulsion de mort, rien d'autre.

La modulation de cette énergie sombre suppose, bien évidemment, le ressentiment dont on s'aperçoit vite qu'il agit en premier moteur immobile de l'entreprise mortifère. Car je cherche ailleurs que dans cette affection mentale les raisons de comportements aussi destructeurs et ravageurs — et ne trouve rien. La passion mauvaise procède de l'incompétence du critique, étouffé par son déni qui lui fait croire à la médiocrité de tous quand il ne s'agit que de la sienne. La fureur destructrice du critique s'enracine dans son impuissance à créer, son ardeur à détruire trouve son explication dans son incapacité à construire. Sa négativité ici relève d'une impossible positivité ailleurs.

De sorte que je m'interroge : qu'en est-il de la compétence de cet individu ? De quoi s'autorise-t-il pour juger, jauger, blâmer ? En quoi est-il fondé à donner son avis ? De quelle légitimité dispose le critique pour parler ? Sûrement pas au titre de son œuvre, de son travail, de son trajet d'écriture, de son intelligence, ni même de sa culture. Encore moins de son talent ou de sa perspicacité. S'il disposait un tant soit peu de tout cela, il évoluerait dans un autre monde, moins mortifère, et mettrait ces qualités au service d'une œuvre personnelle. Il donne l'impression de dire le vrai parce que le lieu d'où il profère son avis crédite sa maigreur individuelle d'une épaisseur sociale : là où la facticité d'un critique littéraire agit, on ne voit que la puissance de l'organe qui accueille son propos. Ce qui légitime la parole du critique c'est uniquement la scène d'où il l'énonce. Parasite, là encore, il disparaît en tant que tel dès que son support fait défaut. On ne peut mieux souligner et déterminer la nature d'une existence par procuration. L'endroit où s'épanouit ce néant est tout et lui rien.

D'où une inévitable logique de potlatch : le critique redevable de son existence au support qui l'accueille est le vassal du suzerain qui l'appointe. Consciemment ou non, volontairement ou pas, il rend la monnaie de la pièce à son employeur en usant de sa rubrique pour entretenir le système comme il va. Il utilise volontiers sa tribune, au passage, pour haranguer, flatter, séduire et épargner ceux qui peuvent lui être utiles dans la promotion de sa propre vacuité. Combien, dans leurs chroniques, ont usé de leur statut de domestiques dans la presse pour servir tel patron d'université, tel directeur de CNRS, telle éminence grise dans une maison d'édition, tel vizir siégeant dans les collèges, décades et autres lieux de pouvoir intellectuel ! La pulsion de mort et le ressentiment du critique négateur lui confèrent une grande force avec les faibles et il manifeste une immense faiblesse avec les forts.

Dans son ardeur à conspuer et massacrer, le critique négateur crée, à un moment ou à un autre, un objet virtuel en lieu et place de l'objet réel qu'il faudrait lire, comprendre, analyser, commenter et critiquer véritablement. Lire est un art, et il faudrait dire ce qu'il suppose de talent, de patience, de compétence. De sorte qu'il est facile d'inventer un livre qui n'existe pas dont on fera d'autant plus aisément la critique qu'on pourra lui reprocher des thèses qui ne s'y trouvent pas mais qu'on aurait aimé y voir pour faciliter l'entreprise de démolition. Devant la difficulté d'une œuvre, rien n'est plus facile qu'une simplification outrancière. En défigurant une pensée, on semble triompher plus facilement de sa complexité. Savoir lire est vertu de philosophe-artiste, pas de journaliste.

L'exercice de la critique suppose une condition élémentaire qu'on hésite à rappeler : il faudrait lire le livre dont on parle. Le lire, l'annoter, y revenir, le comprendre — pouvoir le comprendre —, prendre le temps de le pénétrer, de le circonscrire, ne pas se contenter d'un survol, d'un rapide coup d'œil à la quatrième de couverture, à la table des matières, à deux ou trois pages prélevées ici ou là : voilà le minimum qui devrait être exigible... Combien de livres assassinés, pas même lus, tout juste détruits sur la foi de l'opinion : ce que l'on sait, dit ou raconte de l'auteur, sa réputation intellectuelle ou médiatique, les stratégies de son éditeur, la personnalité de son directeur de collection, et autres périphéries littéraires collectionnées par le tâcheron du journal comme glands par les cochons. Le livre virtuel devient l'objet critiqué, au mépris du livre réel qu'il importe peu, alors, d'avoir lu. La critique des idées, des thèses, des contenus, le débat à partir des propositions théoriques, tout cela disparaît au profit d'une sociologie du ressentiment et d'une pathologie de l'affect.

Dans ce jeu où le livre compte pour rien et l'affectivité du critique pour tout, apparaît un mouvement singulier : celui de l'entreglose tribale. Si l'ouvrage n'est plus lu, les critiques qu'il suscite, en revanche, sont pillées, exploitées, recyclées, détournées, plagiées. Le premier qui lance une sottise peut assister à son trajet dans l'ensemble de la presse, grégaire à souhait. Un imbécile qui reproche une fois à un auteur un mot prétendument savant, mal recopié par lui ou déformé par un mastic ou une coquille à la composition, et l'on retrouve ce substantif mutant sous la plume de deux ou trois domestiques qui trahissent ainsi leur lecture des seules coupures de presse au détriment du livre lui-même. Comment, sinon, comprendre la forfaiture qui fait d'un hapax fautif une occurrence dûment répertoriée ?

À défaut d'esprit critique véritable, ce qui suppose une intelligence qui, bien évidemment, leur manque, les journalistes aigris pratiquent la critique de critique, montrant par là à quel degré d'inanition en est leur courage, dans quels culs-de-basse-fosse croupit leur vertu, dans quelle estime ils tiennent le travail intellectuel. Sur le principe que les amis de nos amis sont nos amis, que les ennemis, etc., on construit son opinion en feuilletant sa presse écrite de référence : prétendument satirique, mais véritablement institutionnelle, officiellement communiste, tout en étant soluble et diluée dans la gauche libérale, respectueuse et vénérable, ou conservatrice et réactionnaire, mais célébrant d'une même voix la pensée commune, il suffit de puiser dans le vivier du prêt-à-penser intellectuel pour se fournir en idées courtes. Le quotidien donne ses idées à l'hebdomadaire qui, lui, trouve ses informations clonées à la télévision, à la radio, dans les mensuels ou les revues. Le critique littéraire agit en voyageur de commerce des plumitifs dont le premier donne le ton qui, sur le principe de la théorie des catastrophes, induit les variations météorologiques et intellectuelles afférentes.

Dans ces pratiques incestueuses où la pulsion de mort côtoie le ressentiment, l'instinct grégaire et l'indigence cérébrale, le critique négateur obéit à la ruse de la raison qui l'utilise en rouage d'une immense machine qui le compte pour rien. Un valet, un serf, taillable et corvéable à merci, remplaçable à souhait. En paiement de son usage d'un support comme d'une occasion de régler ses comptes avec lui-même et avec le monde, il doit s'acquitter d'une dette en agissant avec assez de servilité pour permettre la reproduction du système qui le nourrit, l'appointe et le rend possible. Au lieu d'user d'un talent affirmateur et constructeur, il contribue à la médiocrité généralisée dans laquelle il ne détonne pas — pour sa plus grande satisfaction. D'où sa fatuité, son arrogance et son contentement de soi.

Obéissant, chien docile, chacun des soldats de cette engeance hurle à la mort sur le ton des prédicateurs en chaire. Car leur propos sent la moraline, il est infesté de bons sentiments enveloppés et sucrés nappant le vitriol et l'acide : un mélange de morale et de jugements, d'anathèmes et de mauvais points, un mixte d'imprécation évangélique et de prêche indigné vaguement humaniste. La critique digne de ce nom laisse place à une hystérie d'excommunications et de condamnations, d'agrégations ou de dithyrambes, d'oracles et de divinations, de bons points et de couronnes de lauriers. Du strass et des paillettes. On ne cherche plus à comprendre, on se contente de rire ou de pleurer, d'acclamer ou de fustiger. Pouce vers le haut ou vers le bas, la critique négatrice a des manières d'empereur romain vautré dans une logique de théâtre antique.

En lieu et place du fonctionnement normal d'une intelligence critique, au sens étymologique du terme, le donneur de leçons, le juge, le prêtre, l'aruspice désigne les damnés et les réprouvés, il adoube également les élus, sauvés par sa grâce et sa magie. En agissant ainsi, il infantilise et dépossède lecteurs et auteurs, puis s'arroge la place de Dieu au lieu d'exercer le jugement des hommes dont seule une intelligence débarrassée du ressentiment, de l'incompétence et de ses scories pourrait se prévaloir. Qu'on en finisse avec les figures mafieuses, chefs de gang et de secte, confiscateurs de sens et dictateurs du verbe, qui font et défont un travail dont ils se savent incapables d'envisager le premier mot. Qu'on dénonce les parasites, ceux qui vivent et se nourrissent de la substance des autres, les détruisent pour survivre et se reproduire, leur seul destin. Leurs deniers tintent comme ceux de Judas. Qu'on pointe le néant qui les habite, le vide qui les hante, et qu'on sache enfin les raisons de leurs chevauchées en compagnie des forces de mort.

En fait, travaillés par le négatif et l'impuissance, employés d'une machinerie décérébrée et drapés dans la vertu des donneurs de leçons, les critiques négateurs pratiquent leur travail à la manière d'une juridiction d'exception. Seuls, ils choisissent et désignent un individu qui devient coupable par leur unique bon vouloir, ils s'acharnent ensuite sur cette victime émissaire pour expier leurs fantasmes de grandeur impossible ; seuls, ils instruisent le dossier, falsifient les pièces, créent des faux, inventent des chefs d'accusation, cherchent des culpabilités, en trouvent par l'artifice de la distorsion ; seuls, ils endossent tous les rôles, procureur et avocat, magistrat et policier, gendarme et bourreau ; seuls, ils prononcent aussi, bien sûr, la sentence ; seuls, ils envoient le sacrifié sur la chaise électrique, ils le sanglent, et de leur main, ils abaissent l'interrupteur qui décide de la destruction, sans appel, jamais. Nul doute qu'alors ils jouissent.

Aucune défense n'est possible, aucun débat contradictoire, aucune justification ou présentation de pièces : le critique négateur, dissimulé derrière les colonnes de son journal ou protégé par la mousse de son micro, décide toujours arbitrairement qu'il abat sa victime sans qu'elle ait aucun moyen de répondre. À la manière des tribunaux politiques, des geôles de l'Inquisition à celles des régimes totalitaires, des bassins grouillant de murènes aux pendaisons publiques, ils jettent aux chiens et n'ont aucun compte à rendre, à personne. À vaincre sans péril, les plus lucides savent qu'ils triomphent sans gloire. Au mépris de l'équité la plus élémentaire, de la justice la plus sommaire, de l'humanité la plus rudimentaire, ils s'arrogent le droit de fabriquer des cadavres et de s'acharner sur eux en toute impunité.

Je n'aimerais guère être dans la peau, fût-ce une journée, de ces malades qui ont épousé la mort, se repaissent de ses baisers, de ses caresses, et ne peuvent jubiler qu'en salissant, en détruisant. Là où ils sont, inutiles et vaniteux, la haine de soi se trouve aussi, mais transfigurée en haine des autres et du monde. Voltaire avait bien vu que les parasites ne disent du bien que des morts et d'eux-mêmes. Dans la bouche de ces hommes aux paupières cousues, la terre, déjà, charge leur langue. Ils grouillent dans la grande ville où un tropisme grégaire les réunit. Aux portes de cette cité nocturne et maléfique, Nietzsche disait : « Ici on ne laisse cliqueter que les petits sentiments desséchés. »

Loin de ces cliquetis morbides, j'aspire à une critique solaire radieuse et affirmative, qui donne envie de lire et d'aimer, de partager. Une critique qui effectue le passage, en toute honnêteté, entre le monde des auteurs et celui, nécessaire, des lecteurs. Que, pris en tiers entre ces deux mondes, celui qui lit soit moins contraint de se faire le spectateur de règlements de comptes que le témoin d'une conversation entre deux énergies tendues vers la positivité et les étincelles joyeuses. Qu'advienne la polyphonie des grands sentiments généreux — l'élégance, la longanimité, la magnanimité, la courtoisie, la verticalité, en un mot, la santé. À défaut, que cette engeance s'engloutisse dans le silence des déserts que rien ne trouble.

18

FIGURER RADICALEMENT LA PROSE DU MONDE

Dieu est mort, Marx également, réjouissons-nous. En ces temps de deuil, nombre des points cardinaux de la pensée disparaissent tant le nord magnétique des boussoles intellectuelles se perd dans les énergies folles qui parcourent le globe. Fausses valeurs, vrais vendeurs d'arrière-mondes, chalands d'hypocrites certitudes et receleurs des vertus qui rapetissent pullulent à la manière des rats attirés par l'odeur du naufrage annoncé. Le nihilisme anime le monde du mouvement qui contraignait Sisyphe. L'argent, le marché, le libéralisme fournissent les valeurs avec lesquelles les seigneurs américains et leurs complices intéressés décident partout sur la planète qui sont les barbares et où s'épanouissent leurs villes. Sur ce champ de bataille, les artistes et les philosophes ont une tâche redoutable car ils doivent sauver aristocratiquement ce qui peut encore l'être et figurer la prose du monde de façon à le rédimer, le sublimer, le transfigurer.

À côté des cadavres de Dieu et de Marx prospèrent parfois les mouches et les parasites, les chiens et les charognards de l'intelligence : ils vendent un succédané intellectuel et bradent de petites pensées en profitant de l'occasion de briller à peu de frais en ces temps de pénurie de sens. Les vieilles lunes se recyclent en quantité et les esthétiques d'hier ou d'avant-hier, sollicitées et réactivées, permettent de fustiger les productions artistiques d'aujourd'hui. Dans le hiatus ouvert par eux, ils précipitent toute la modernité et s'interdisent de saisir la spécificité de leur époque, certes, mais aussi, et surtout, ils se rendent impossible le compagnonnage avec les artistes de leur temps. Faute majeure à l'orée d'un millénaire qui exige la tension et la dureté de toutes les volontés cérébrales.

Au milieu des décombres et des gravats, dans ce paysage d'apocalypse contemporain de la fin des grands récits, on ne trouve plus guère que deux ou trois points d'ancrage en lointain écho de Montaigne : le Soi, le Moi, le Je, et ce qui permet la variation sur le thème de l'identité, de la subjectivité, de l'individualité et du corps qui les porte. Après l'intelligible platonicien, l'eschatologie chrétienne, le transcendantalisme kantien, l'idéalisme hégélien, la dialectique marxiste, l'ontologie phénoménologique ou le radicalisme duchampien, tous en ruine, épuisés ou vidés de leur substance, le moment vient de rendre possible l'avènement des signatures. Car les temps à venir sont voués à l'empire des grands paraphes et des noms propres inducteurs de révolutions fortes.

L'émergence de ces figures singulières, de ces grandes subjectivités radieuses, ne pourra se faire que dans le contexte d'un foisonnement dans le magma confus et jubilatoire des recherches et des travaux contemporains. Là où jadis et naguère des styles triomphaient sans partage pendant des siècles ou des dizaines de décennies, créons des fulgurances dans la vitesse des propositions et l'abondance de leur chiffre. L'époque fourmille, grouille et pétille de multiplicités dans lesquelles se préparent les signatures de demain. Le bouillonnement fournit le matériau généalogique de nouvelles modernités — pourvu que des conditions d'exercice soient réunies. En l'occurrence tout ce qui permet un renversement du platonisme. Précisons comment.

La vision du monde échafaudée par Platon se peut détruire en enterrant définitivement et radicalement, dans un tohu-bohu de fête et de réjouissance, le Beau en soi tel qu'il a été bricolé par le philosophe de la caverne. Qu'adviennent des funérailles gigantesques pour cette idée pure — comme il en faudrait pour en finir avec le cadavre de Dieu ! Brasiers et feux furieux, saturnales et orgies bachiques, parfums entêtants et danses épuisantes : le Beau idéal nageant dans les eaux claires du monde intelligible, voilà qui est mort, fini, achevé, terminé, caduc, dépassé. Tout critère transcendant, pourvu qu'il procède d'un univers de type platonicien, se doit d'être congédié et conjuré.

En lieu et place de cet univers maintenu à bout de bras par les métaphysiques essentialistes, il faut une logique de l'immanence, un souci du réel idiot, pour le dire comme Clément Rosset — sans double, sans duplication, sans existence blanche en miroir ou revers. Une volonté d'œuvrer dans la plus absolue des réalités. Pour l'exprimer dans les mots de Nietzsche, il s'agit, sans délai, de « retrouver le sens de la terre ». De Dieu, de l'idée, du Concept, il faut faire son deuil afin de célébrer la naissance du Sens, la mise en avant de l'œuvre d'art comme technique singulière et subjective de narration du seul réel sensible.

Par-delà la spiritualisation de l'art, l'urgence consiste à rematérialiser l'esthétique, à lui donner des finalités et des objectifs en relation avec l'ici-et-maintenant. Ramener l'exercice artistique sur terre, le déconnecter des fumées autistes et des brouillards exclusivement cérébraux. D'où une redéfinition du romantisme, de la place de l'artiste et de sa signature, de la relation intime entre la production d'une création et son influence active et agissante sur le monde sensible. Que se repensent la catharsis aristotélicienne et la sublimation freudienne dans la perspective d'un réinvestissement des notions de sublime et de plaisir, de terreur et de pitié, de volupté et d'émotion, de sensualisme et d'hédonisme, de ludisme et de tragique, de dionysisme et de subversion, d'incarnation et de corps.

Loin des hurlements de la meute conservatrice et réactionnaire qui veut le retour aux vieilles valeurs, aux anciennes vertus, aux antiques monuments kantiens ou platoniciens pour mieux haïr, détester et fustiger la modernité, il faut s'appuyer sur le XXe siècle, prendre étai sur lui, le célébrer, le vouloir, l'accepter et l'assumer intégralement. Au nom de Marcel Duchamp, devenu pour eux emblème négatif et repoussoir, les hommes du troupeau intégriste veulent enterrer ce siècle qui s'achève. Portons-le plutôt au pinacle, adressons-lui péans et dithyrambes, rendons-lui justice. Puis dépassons-le, tout en le conservant.

Renverser le platonisme, rematérialiser l'esthétique, retrouver le sens de la terre, vouloir les grandes signatures, tout cela suppose un art soucieux d'une grande politique. Aux antipodes d'une esthétique mise au service d'une politique ou d'une politique aux ordres d'une quelconque esthétique, le souci d'immanence incite à envisager la création artistique en relation avec le monde réel, non pas celui des fictions pures de la philosophie idéaliste, mais celui que fabrique quotidiennement l'histoire au moment où nous en parlons en impliquant les milliards d'hommes affairés.

La forme de la cité grecque ou celle de l'Empire byzantin, la structure de la société féodale ou les logiques du capitalisme médiéval, la raison critique des Lumières et la révolution industrielle, le nihilisme des boucheries guerrières du siècle atomique ont produit des esthétiques en étroite liaison conséquente. Il faut aujourd'hui un art en relation avec la forme prise par l'hystérie de notre civilisation proche et à venir. Un diagnostic ici et maintenant rend possibles une pharmacopée esthétique du monde, une lecture et un usage de l'art comme thérapie sociale.

On sait de plus en plus et de mieux en mieux le devenir planétaire des destins, le triomphe de la forme sphérique, l'abolition de l'espace, sa destruction, sa désintégration, mais aussi la concentration des durées, la modification génésique du temps. Entre les distances abolies virtuellement ou réellement et les minutes contractées, raccourcies, au milieu d'une géographie étroite et d'une histoire concentrée dans un point, l'instant, le pur présent, la subjectivité peut se mouvoir en toute connaissance de cause. Le devenir universel des sociétés, l'apparition d'un État planétaire dirigé par des éminences reliées de manière informatique en temps réel, l'abolition des lignes qui faisaient naguère frontières de nations, barrières linguistiques, séparations de races, la confusion des moments sur la flèche du temps, l'interpénétration du passé, du présent et du futur, l'avènement de la fiction comme une science et de la science à la manière d'une fiction, la pulvérisation de la mémoire qui s'ensuit, l'intelligence réduite à rien ou presque rien, la confusion des genres, le mécanique au service du vivant, et vice versa, l'usage thanatophilique de la génétique et des techniques biologiques, l'individualité comptée pour rien sur l'autel de cette religion athée, de ce mysticisme sans Dieu — voilà ce siècle et l'esquisse de ceux qui viennent.

La tâche de l'artiste ? Célébrer la résistance de quelques individualités rebelles, manifester l'insoumission caractérisée de subjectivités libres, produire une forme autonome dans laquelle s'exprime un aristocratisme revendiqué. Au milieu des cohortes d'aveugles enchaînés, domestiqués et ressassant jusqu'à épuisement, à la manière des derviches tourneurs, les sourates et les versets du catéchisme planétaire, l'artiste oppose la vérité nue de ses commandements. Dans les villes où plus jamais la nuit n'apporte ses songes ou ses bienfaits, sous les clartés blafardes de la lumière artificielle, il persiste à célébrer les rythmes et les cadences d'un temps où l'espace n'empêchait pas le mouvement.

Face au Moloch social et étatique, l'artiste ose une revendication stirnérienne ou jüngérienne ; il se veut, se construit, se revendique et se vit sur le mode de l'Unique ou sur le principe de l'Anarque. Son être intempestif porte l'incandescence dans ces temps de plus en plus voués au grégaire et aux mouvements de foule monstrueux. Au pays de la Vache Multicolore nietzschéenne, il ne sort qu'accompagné de son aigle et de son serpent, pour la vue perçante, l'agilité, la prédation et le ventre toujours au contact de la terre. La fonction de l'artiste consiste moins à créer des dieux ou à célébrer des divinités qu'à s'y substituer et à offrir des mondes alternatifs. Au devenir planétaire des destins numérotés il oppose le cri d'une subjectivité affranchie. L'art naît de la trace de ce cri.

De l'antinomie entre l'individu et la société, il tire sa force et sa substance. Son œuvre est critique et subversive. Les formes politiques triviales prises par le mouvement global du monde s'incarnent dans les variations sur le thème du libéralisme. Les civilisations, toutes dotées d'un centre, produisaient en rayonnant : de Babylone à Thèbes, de Jérusalem à Athènes, de Rome à Byzance, de Cordoue à Paris, de Berlin à Moscou, puis de Washington au vide sidéral et sidérant, puisque l'Amérique poursuit seule sur la planète son entreprise de colonisation plus ou moins douce, suivant les pays auxquels elle s'adresse, suivant la force ou la nullité des civilisations qu'elle se propose d'assujettir ou de renverser.

Aux ordres de cet impérialisme qui remplace Ulysse par Mickey, les pyramides par les McDonald's, les cathédrales par Disneyland, le Dieu du monothéisme par l'Argent, Jésus par Oncle Picsou, le Vatican par

Wall Street, les peintures de Michel-Ange par les images télévisées de CNN, on trouve tout ce qui, haut sur col, se présente comme la modernité, la sagacité, le bon sens : des banquiers acoquinés à des intellectuels, des acteurs, des journalistes, des professeurs flanqués de politiciens, d'économistes, de financiers, de chefs d'entreprises et autres sectateurs convaincus du Veau d'or. À cette collaboration, l'artiste sait pouvoir opposer un souverain mépris, une résistance forcenée. Dans l'histoire qui s'abolit, il persiste à revendiquer le droit d'être ailleurs et de sacrifier à d'autres vertus, d'autres valeurs.

On peut, on doit même, ne pas consentir aux forces des masses, aux puissances grégaires et aux mouvements présentés comme inéluctables. Sous prétexte que l'Europe — ne parlons même plus de la France — ne serait qu'une province, un théâtre d'ombres, une quantité négligeable, nulle et non avenue, il faudrait accélérer le mouvement et précipiter la chute ? Je vois plus et mieux pour l'artiste : un devoir de baliser des chemins de traverse, des lignes obliques, des parcours transversaux, une souveraine mission d'inventer de nouvelles possibilités d'existence, de proposer des formes alternatives de vie quotidienne, d'expérimenter en miniature une esthétique qui soit aussi une éthique susceptible d'élargissements.

Viser une hyper-politique, pratiquer l'art en médecin de la civilisation, résister en individu rebelle, puis œuvrer à une esthétique incarnée et praticable, voilà matière à une action dont l'amorce suppose la destruction, le travail du négatif, la mise en œuvre d'un mouvement radicalement déconstructeur. Les acteurs du jeu esthétique doivent s'émanciper, se libérer de ce qui entrave leur liberté et les confine dans la reproduction, le conformisme, un nouvel académisme si utiles pour faciliter la tâche des conservateurs et des réactionnaires embusqués. Premières victimes de cet holocauste intellectuel : les grandes figures tutélaires dont l'ombre paralyse et réduit au psittacisme nombre de victimes consentantes. Certes, plus l'offrande d'émissaires est grande dans ce sacrifice, plus la cause semble entendue, plus incontestable paraît la grandeur à laquelle on voue son culte. Mais les suiveurs, les disciples, les écoliers rendent peu service à leur maître en cédant à un parasitisme de bon aloi.

Marcel Duchamp fut génial par et pour les horizons qu'il dégagea : sans lui, ce siècle n'aurait pas eu lieu ainsi. Passionnants et nécessaires furent ceux qui, en lui emboîtant le pas, ont rendu possible son action purificatrice et positive. Moins intéressants les épigones, les imitateurs, les héritiers du fonds de commerce qui se contentent d'user en parasites du monde qu'on leur a légué. Détestables ceux qui ignorent qu'une révolution centenaire, quand elle n'est pas elle-même révolutionnée, conservée puis dépassée, devient conservatrice, guindée, académique et ridicule. D'autant qu'à s'interdire le mouvement, à se complaire dans l'immobilisme, le statisme, ces fils de famille épuisés prêtent le flanc aux coups portés par ceux qui n'en finissent pas de haïr l'inventeur du *ready-made*. Avec leur impéritie, ils mettent en péril l'ensemble de ceux qui œuvrent sur le terrain esthétique contemporain.

De la même manière qu'il faut en finir avec l'imitation forcenée, il faut dépasser les cloisonnements que s'infligent, pour leur plus grand dommage, les artistes qui pensent en animaux soucieux de défendre leur territoire en compissant et conchiant les zones qu'ils veulent conserver pour leur seul usage. Le tabou des genres opposés et contradictoires, des pratiques nobles et des actions d'avant-garde élevées en forteresses contre les techniques ancestrales de la toile sur chevalet ou de la fresque à détrempe, la guerre que mènent les tenants du marbre et du bronze contre les partisans du carton et de la ficelle, les sculpteurs de matériaux nobles contre les installateurs de substances viles — tout cela génère des guerres picrocholines qui, en divisant, permettent le règne véritable de réels ennemis.

L'art contemporain doit faire feu de tout bois, ne s'interdire aucune pratique, ne décréter aucune exclusive, ne jeter aucun anathème parmi les siens et se refuser à crucifier le peintre ajustant ses châssis et broyant ses pigments pour lui opposer le sculpteur d'éphémère qui fixe ses objets en plastique avec des élastiques colorés. Dans les logiques exclusives réapparaissent les comportements d'Église, de chapelle : on jette l'anathème, on conclut à l'hérésie, on décrète l'excommunication, on décide de l'orthodoxie, donc de l'hétérodoxie, on fomente un intégrisme, on théorise un purisme, on fabrique des dogmes, un catéchisme, et l'on attend pour seuls comportements légitimes de l'adoration et de la vénération, de la piété et du fanatisme, de la superstition et du prosélytisme, de la bigoterie et de la ferveur. L'art est trop faible, toujours et en tout temps, pour s'autoriser des ennemis dans son propre camp, pour se les inventer, se les créer, les recruter à domicile. Trop se réjouissent, à la porte, d'économiser leur feu en constatant que leurs adversaires s'étripent et s'entre-tuent.

Enfin, l'artiste tâchera de se libérer de l'obsession de la réception de son travail, de son accueil dans les sphères officielles de la critique, des galeries, des acheteurs publics, des collectionneurs, des mécènes et des curateurs. L'indexation des productions esthétiques sur l'ordre marchand, quel qu'en soit le commanditaire, avoué ou non, transforme l'œuvre d'art en pure et simple valeur d'échange et lui dénie définitivement toute portée esthétique, toute efficacité critique. Elle rejoint le monde ouvert des biens de consommation, des produits d'entretien, des décorations ménagères.

En rompant avec la valeur d'usage, en s'inscrivant dans une rigoureuse logique de marché, l'objet d'art cesse d'appartenir au monde esthétique pour relever exclusivement de l'univers trivial des articles sans noblesse.

Certes, l'option de l'indexation peut se faire plus ou moins consciemment, plus ou moins volontairement, avec plus ou moins de renardie ou d'intention cynique. Entre l'artiste sans épaisseur, influencé par le marché parce que, sinon, n'ayant rien à dire, il s'effondrerait, et celui qui produit et offre pour répondre à la demande en sachant qu'il occupe de la sorte un créneau, il existe un nombre infini de possibilités qui séparent l'inconsistant du rapace, le benêt du rusé. L'obsession du débouché marchand pour le travail produit l'académisme et génère la répétition de ce qu'affichent à longueur de pages les revues internationales d'art contemporain.

Les fonds d'achats publics, les acquéreurs privés, les investisseurs collectifs, les galeristes rentabilisant leur pas-de-porte, les commissaires d'exposition carriéristes, les barbouilleurs de revue appointés, les auteurs professionnels de monographies étiques, les critiques d'art fonctionnarisés, tous attendent la cote pour prendre le risque, alors que seul leur risque serait susceptible de créer une cote. De sorte que l'art piétine, bouge peu ou mal, reproduit à longueur d'expositions, et sur tous les continents, du pseudo, du néo, du post, du para, du trans, du pré, du nouveau, et autres qualificatifs en isme accolés au substantif d'art, mais rien qui laisse espérer l'émergence d'une signature ou la naissance de formes nouvelles.

Des capitales mondiales aux villages provinciaux, des mégapoles planétaires aux cimaises locales triomphent les génies tutélaires, en dieux anciens impossibles à sacrifier ; les cloisonnements artificiels, en rubriques impossibles à transgresser ; et les séductions conserves, en préalables inconcevables à négliger. L'art ne recouvrera pleinement ses esprits qu'en osant ces brasiers et ces chantiers gigantesques. Seuls des Titans peuvent faire basculer et chanceler les vieux mondes, puis créer des Formes dans le Chaos qui gagne du terrain jour après jour. Guettons les aurores qui n'ont pas encore lui et attendons fébrilement les moindres prémices. De belles individualités ne manqueront pas d'advenir.

19

INVENTIFS ET INSATIABLES DANS LA CRUAUTÉ

Qui est cruel ? Quand et où ? Comment et de quelle manière ? Tout un chacun a expérimenté, ou cru expérimenter, la cruauté de tel ou tel. Mais quels détails ou précisions permettent de savoir qu'on se trouve véritablement en sa présence ? Quelles épaisseurs infinitésimales séparent la vertu dangereuse du vice redoutable ? Convenons d'abord d'un détour par l'étymologie, elle trompe rarement. Où l'on apprend alors la parenté et la famille identique de cruauté et crudité, de nature crue et viande à vif, de chair sanguinolente et de sang répandu. Toute cruauté suppose une mise à mort, un dépeçage, la dénudation du chirurgien, le scalpel qui incise la peau, découpe l'enveloppe, découvre la chair, les muscles, et met au jour l'incarnat du liquide vital. Mais ajoutons une précision : le chirurgien n'est pas cruel s'il se contente de mettre les chairs à vif, pourvu qu'il vise le salut, le soin, l'amélioration de la santé de son patient.

La cruauté suppose le plaisir pris à cette opération, la jubilation mauvaise expérimentée dans l'exercice chirurgical. Le soldat qui tue sur le champ de bataille fait son métier, dans toutes les dictatures le tortionnaire agit de même. Qu'ils jouissent de cet état et éprouvent une sombre volupté à pratiquer cette boucherie pour eux-mêmes, voilà qui définit et circonscrit la nature cruelle. Là où cette logique froide permet aux impuissants, aux lâches, aux valets, aux fonctionnaires d'endosser le sentiment de puissance qu'une surhumanité intellectuelle ne leur permet pas, il y a vice, perversion et acte dégoûtant. En revanche, mise en œuvre comme moyen, elle peut devenir vertu cardinale dans une éthique du dévoilement nécessaire de la vérité nue et crue.

Notre civilisation, fatiguée et endormie par des siècles de morale inhumaine parce que impraticable, prétend interdire toute cruauté, toujours et partout. En la rendant invisible, elle imagine l'avoir éradiquée. Or, conjurée, congédiée, comprimée, cachée, dissimulée, elle ne peut que resurgir, travestie sous les oripeaux des violences sociales qui gangrènent le réel en tous lieux et en tous temps. La cruauté fait partie intégrante de l'humaine nature, elle habite chacun d'entre nous, prête à surgir et à détruire. Loin de la taire, de la fustiger dans un moralisme de circonstance qui ne satisfait que les bonnes consciences, il faut lui donner ses lettres de noblesse, ses formes, puis en préciser rigoureusement les conditions d'exercice. Quand la cruauté est un moyen au service d'une fin philosophique, sotériologique, elle mérite qu'on s'y arrête. Lorsqu'elle offre le spectacle d'une tautologie, soucieuse de sa seule expansion, qu'elle joue dans l'arène autiste de la violence perverse visant la destruction de l'autre, pour la simple jubilation d'exercer une pulsion de mort et de la diriger contre autrui plutôt que d'avoir à la retourner contre soi, elle mérite les feux et la foudre, la guerre et la violence.

À quel moment et dans quel lieu la cruauté fonctionne-t-elle en circuit fermé, en unique justification d'elle-même ? Dans le jeu pervers et sadique, dans les hostilités qui veulent le sang versé et la chair à vif, pour le seul plaisir de jouir de la mort infligée et transformée en spectacle. Je vois cette passion mauvaise très explicitement à l'œuvre dans la partition du conte tragique qu'Alexander von Zemlinsky écrit en guise de purification à la rupture que lui inflige Alma Schindler, bientôt entichée de Mahler, puis de Gropius et de quelques autres. Le compositeur écrit *Le Nain* pour suivre à la trace une cruauté pure, à vif, celle qui dénude, détruit, brise, casse, et se rit des effets produits, tout en ayant pour prétexte la pure et innocente jubilation de la souffrance infligée.

L'opéra met en scène une jeune infante espagnole couverte de cadeaux pour ses dix-huit ans : des costumes et des fleurs, des coursiers et des livres de prière, des fleurs et des fourrures, des pierres précieuses et des bijoux, un miroir sans tain pour se confesser. Et un nain, contrefait, bossu, hirsute, sans âge, sans passé, ou si peu, sans enfance. Pis : un nain qui, pour ne s'être jamais regardé ni vu dans un miroir, ignore sa vérité et ne sait rien de sa nature. Exemple extraordinaire de bovarysme achevé : s'imaginer autre que ce qu'on est, méconnaître sa véritable essence, puis se reconstruire une identité utile pour s'imaginer beau, intelligent, élégant, gracieux, noble. Venu du Levant, chanteur, auteur de mélodies délicates et légères, mais nain, il se veut chevalier servant, amoureux empressé d'une dame qui se joue de lui sans aucune pudeur.

Parce qu'elle lui offre une rose blanche, accepte de danser dans ses bras, puis de recevoir l'un de ses baisers en public, elle laisse l'homme sans image croupir dans son ignorance et l'entretient dans son jeu. Elle lui demande de choisir une épouse parmi les femmes de sa cour. Il l'élit, elle, et personne d'autre. La cruauté pourrait s'arrêter ici, ne pas aller au-delà, stopper net. L'infante dispose de tous les moyens pour mettre fin à cette histoire douloureuse — elle opte pour une suite. La cruauté s'amplifie, grossit, gronde. Le bovarysme entretenu s'épanouit toujours plus et mieux. Elle consent à s'amuser de son amour et lui laisse une place entre son perroquet vert et sa svelte levrette. Cruelle, elle laisse espérer : la cruauté réside principalement dans l'espoir qu'on laisse se nourrir et enfler. Le cadeau d'une fleur vaut dans l'opéra passeport pour l'enfer.

La camériste de l'infante, moins impliquée dans les jeux cruels des hommes et des femmes de pouvoir, tient la position de la pitié. Elle aimerait rendre heureux les êtres privés de grâce et de beauté, de charme et de chance. Elle chante à un moment cette profession de foi dans la compassion : « Peut-être suis-je trop faible pour dire la vérité à un être. » Douce, elle envisage le condouloir : la cruauté gît secondairement dans la vérité infligée sans regard pour ses effets et ses conséquences. L'incapacité à imposer la vérité telle une gifle installe aux antipodes de la cruauté, du côté de la douceur à la généalogie aristocratique.

Bien évidemment, l'infante charge sa camériste d'affranchir le nain sur sa laideur. Forte de cette sagesse en vertu de quoi le pire consiste à s'imaginer autre que ce que l'on est, elle verbalise, formule et met en mots la difformité du nain, étymologiquement son inhumanité. Bien évidemment, il n'y consent pas. Toujours on refuse la vérité et l'évidence quand elles génèrent de la douleur et l'on préfère une erreur pourvu qu'elle agisse en baume. Dire la monstruosité du monstre ne suffit pas pour l'en convaincre, il veut l'irréfutable preuve. Les mots, trop souvent, agissent en auxiliaires de l'aveuglement sur soi et contribuent aux malentendus, ils confortent les êtres désireux d'être trompés. Les chimères et les sirènes font plus de bruit que la parole des pythies.

Refusant l'évidence verbale, désireux d'embrasser le fauteuil touché par le corps de l'infante, s'accrochant aux rideaux qui couvrent les glaces dissimulées pour épargner le contrefait innocent de sa disgrâce, le nain déchire la draperie et met au jour le miroir pourvoyeur de vérités plus cruelles que les mots pour qui consent à y prendre des leçons. Fidèle reflet, mémoire infaillible, duplication méticuleuse, cruauté mécanique, la psyché montre moins l'exhibitionniste que le voyeur vu. La cruauté coïncide très exactement avec la vérité nue, or presque toujours cette nudité est effrayante, écœurante, dégoûtante.

Que reste-t-il à qui a vu la vérité ? Œdipe se mutile et se perce les yeux, instruments symboliques du dévoilement, du découvrement ; Tirésias, Tobie, Samson deviennent aveugles ; Odin et Wotan perdent l'usage d'un œil ; le nain de Zemlinsky tombe et meurt. Bien évidemment, persistant dans sa nature, son caractère et son tempérament, la caméríste déplore le trépas d'un cœur pur et beau quand, soumise aux mêmes lois, l'infante dénigre un cadeau si peu inoxydable avant de continuer à vaquer aux préparatifs de son anniversaire.

Étrangement, sur le terrain musical, on n'entend pas la cruauté, mais ses effets : la douleur. Dans un langage postwagnérien sans innovation particulière, Zemlinsky montre l'implacable déroulement de la nécessité. La laideur du nain, loin de permettre un traitement sonore dissonant, grimaçant, sarcastique, sinon caricatural sur le mode purement narratif, se musique dans une longue mélancolie, une grande plainte, une tristesse infinie. De la même manière, la cruauté de l'infante ne s'entend pas dans les sonorités violentes de la cruauté en acte, car on assiste musicalement au déroulement de la force aveugle qui fait cette jeune fille cruelle. Langueurs douloureuses, cordes étirées, scintillements indolents, la musique de Zemlinsky trahit l'autobiographie — la difformité du nain transfigure sa propre laideur, bien connue, la cruauté de l'infante celle de sa femme, légendaire.

Opéra de la cruauté qui triomphe, autobiographie de la douleur, roman des effets dévastateurs de la vérité et de l'innocence du devenir, prospérités du vice et malheurs de la vertu, tragédie de la souffrance, force gigantesque de la puissance bovaryque, odyssée de la conscience malheureuse et de la quantité négligeable qu'est toujours la belle âme, l'œuvre met en scène le pur exercice de la cruauté dans une impossible catharsis et démontre l'impuissance de la pitié devant l'évidence d'un monde qui, de toute éternité, ignore la morale. Le réel, bien évidemment, se déploie en toute méconnaissance du Bien et du Mal.

Pour autant, et parce que le monde se moque de l'existence des valeurs, faut-il renoncer à la morale et consentir à un immoralisme généralisé, sinon à un amoralisme nihiliste et radical ? La cruauté gratuite mise en musique par Zemlinsky trouve son pendant dans la cruauté conjurée que proposent Colette et Ravel dans *L'Enfant et les sortilèges*. Opéra chrétien ou bouddhiste, aurait écrit Nietzsche, car il oppose la cruauté pure à la cruauté transfigurée par la pitié — défaillante chez l'infante mais triomphante chez la cameriste. Là où la cruauté suppose la boucherie, le sang, la chair à vif, la pitié, proche de la piété, induit le sacrifice, la transformation de ce sang en offrande, en sacrifice propitiatoire : la pitié est purification, catharsis, apaisement des dieux par le devenir socialement acceptable d'une pulsion *a priori* inacceptable.

La femme de pouvoir et le nain chez Zemlinsky trouvent leur exact contrepoint dans l'enfant et la mère chez Ravel. Après le conte tragique et pessimiste, la fantaisie lyrique optimiste montre une cruauté dépassée, la prospérité de la vertu et les malheurs du vice. L'éthique de la cruauté laisse place à une morale de la compassion. La moraline n'est pas loin et le système des valeurs judéo-chrétiennes peut pleinement fonctionner à son rythme. Les parfums d'encens montent vers les dieux et sont agréables à leurs narines : le rachat, la rédemption, le salut laissent penser que la passion mauvaise dispose d'un remède efficace, l'amour du prochain, la passion pour les faibles et les démunis.

Quand le nain est contrefait, homme inachevé, caricature et ébauche, erreur de la nature, l'enfant paraît tel un être en puissance, en devenir, à peine en acte par lui-même, mais seulement considéré pour ce qu'il deviendra. Promesse tout entière, mais sans le secours d'un verbe accompli, il exprime la naïveté, la simplicité, la fraîcheur, mais aussi — heureux héritage de Freud — la perversion, la pure volonté d'empire, l'autisme psychologique, le solipsisme métaphysique et autres variations sur le thème de la cruauté. Disons-le en employant le néologisme fabriqué par Deleuze dans *Logique du sens* : l'enfant commet perpétuellement l'*altruicide*. Colette met en mots et Ravel en musique l'art consommé du petit d'homme pour cet homicide singulier.

Qui déclenche cette colère ? L'empire et la tyrannie du principe de réalité quand l'enfant ne connaît que le principe de plaisir. Et sous quelles formes ? Les leçons, les devoirs à faire après la journée de classe, le pensum scolaire. La mère apparaît identifiée à un bas de robe immense, couvrant toute la scène, sur lequel scintillent et cliquettent une chaîne et une paire de ciseaux... Freudiens en tout genre s'en sont donné à cœur joie, dissertant abondamment sur la castration et autres sottises propres à cette scolastique. Moins prosaïquement, l'autorité parentale envahissante, omniprésente et omnipotente, entre en contradiction avec le désir enfantin d'une liberté étendue aux limites du monde. Pour échapper à cette formidable pression, l'enfant se met en colère et opte pour une négativité qui n'épargne rien : les objets, les animaux et les hommes.

Voici l'inventaire de la cruauté enfantine : tirer la queue du chat, couper celle de l'écureuil, gronder tout le monde, mettre sa mère en pénitence, éclabousser d'encre le tapis, tirer la langue, trépigner, crier à pleins poumons, casser la théière, briser les tasses, ouvrir la cage de l'écureuil, le blesser avec une plume d'acier, brandir le tisonnier, renverser la bouilloire, s'en réjouir, attaquer les personnages de la tenture et la draperie elle-même avec le nécessaire à cheminée, casser le balancier de l'horloge, déchirer livres et cahiers, donner des coups de couteau dans les arbres du jardin, crucifier une libellule sur un mur, tuer une chauve-souris avec un bâton. Puis chanter à tue-tête la liberté, la méchanceté et la détestation généralisée. Rien de très anormal, me semble-t-il, pour un parent ayant exercé un jour cette profession...

Les bêtes, les choses et les gens : on ne peut mieux englober le réel dans sa totalité et jeter son dévolu sur le monde entier. Où est la cruauté ? Dans la blessure, la destruction, l'insulte, l'injure, la menace, la salissure, la brisure, la mise à mort, la volupté dans la pulsion de mort exacerbée. La vie des animaux, les emblèmes du savoir et de la culture, le rapport aux parents, la présence silencieuse des objets, tout est nié, vilipendé. La cruauté suppose le refus de l'ordre au profit d'une jubilation des désordres de la transgression. Elle dénude l'apparence des choses, dévoile ce qui dissimule le réel et dépasse les convenances. Liberté et méchanceté se revendiquent de pair, en couple, l'un accompagnant l'autre. Dans l'exercice absolu et illimité de la première se révèle la seconde, et vice versa. L'être cruel asservit l'existence d'autrui, du réel et du monde à son pur et simple caprice, sans aucun souci éthique, sans aucune considération morale : il revendique le plein empire sur le monde avec le désir de l'affecter ou de le détruire.

Hystérique, frénétique et épuisé, l'enfant s'effondre dans un fauteuil. Qui s'éloigne et lui refuse le confort et le repos. Alors apparaît le merveilleux : les objets se rebellent et s'animent, l'âme des choses se manifeste dès que la poésie du monde s'incarne dans la musique de Ravel : le menuet de la bergère et du fauteuil, le ragtime de la théière, la ronde des personnages, la polka de l'arithmétique, la valse lente de la libellule, celle, ironique, des grenouilles, les timbres grotesques, les trémolos ridicules, les trilles tremblotants, le pathos d'opérette, les petits motifs entendus, le glissando des harpes, les falsifications instrumentales, les dissonances variées, l'humour et l'extravagance, la drôlerie et la magie, le collage et les sortilèges. La cruauté effective et concrète du livret disparaît, remplacée par l'univers musical ravélien — une incise sonore mystérieuse dans un monde brutal et violent.

Tout ce qui a été blessé et outragé se rebelle contre la cruauté de l'enfant. Les objets et les animaux le bousculent, le malmènent, lui font violence. Au milieu de ce capharnaüm, en plein combat, un écureuil blessé choit sur le corps de l'enfant — qui dénoue un ruban attaché autour de son cou et panse la blessure du petit animal. Alors l'œuvre bascule et devient l'opéra de la cruauté conjurée, la messe de la pitié et de la compassion, le grand œuvre de la raison morale. L'empathie pour les animaux vaut chez Schopenhauer — mais aussi chez Marguerite Yourcenar ou quelques suffragettes et autres bonnes consciences néo-bouddhistes — quintessence de vertu, point culminant de l'éthique, preuve de la qualité absolue d'une âme. Les bestioles ne s'y trompent pas et accordent leur bénédiction à cet enfant qui, par son geste moral, obtient pardon pour ses péchés, rémission pour ses fautes et salut sans autre forme de procès. De sorte que la gent animalière, regroupée autour du corps glorieux de l'enfant lavé du soupçon de cruauté par la démonstration de sa pitié, prend voix humaine et appelle la mère de l'enfant. Tombe alors le rideau.

De la cruauté tragique à la cruauté rédimée, du Nain mort à l'Enfant vif, on mesure l'écart entre le réel pur et la morale absolue. Zemlinsky montre le monde tel qu'il est, crûment ; Ravel, tel qu'il pourrait être, hypothétiquement. Le premier table sur une violence irréfragable, une méchanceté irrécupérable ; le second sur la magie et les sortilèges d'une éthique de la compassion. Entre la version optimiste et la version pessimiste, il y a place pour une version tragique : ni l'empire intégral de la cruauté, ni sa disparition totale par l'effet d'un enchantement moralisateur, mais son exercice nécessaire et maîtrisé, son usage comme un cordial, une arme de défense, une épée de justice. À égale distance du conte tragique et de la fantaisie lyrique se formule alors un genre de roman agonique.

Trop dangereuse pour être utilisée n'importe quand, n'importe où, n'importe comment, la cruauté fournit une arme périlleuse, mais nécessaire. Asservie aux pulsions de mort, à la destruction, à l'*altruicide*, à l'offense, à la haine, elle demeure indéfendable, injustifiable ; au service des pulsions de vie, de construction, de défense, de protection, elle devient indispensable. Mettre à vif, faire couler le sang, décharner, pratiquer la chirurgie, voilà vertus de philosophe-artiste quand elles visent l'exercice d'une relation à autrui où l'on entend seulement se préserver des coups, sachant qu'ils peuvent pleuvoir n'importe quand. Mise en œuvre avec sagacité, la cruauté dispense d'un usage inconsidéré et violent. Par l'utilisation chirurgicale, elle préserve du recours massif, brutal, catastrophique et nihiliste. Pour éviter l'empire intégral de la cruauté, il faut apprendre à être cruel. Zarathoustra comme antidote à l'Infante et à l'Enfant.

20

ÉCHINE DE TAUREAU, REGARD D'ANGE

L'usage récent de la philosophie populaire sous forme de panacée remplaçant à peu de frais les grands récits devenus caducs déplace la définition du philosophe, la rend floue, imprécise. D'aucuns se réclament du mot, certains arrogants en usent à la manière des bons points d'antan et, bien que sans qualités pour agir de la sorte, décident, sur le mode démiurgique, qui l'est ou non. Philosophes autoproclamés et parasites qui se servent de la discipline, alors qu'ils mériteraient l'épithète seulement en la servant, pullulent en de sinistres marécages qui menacent et font craindre de plus dangereuses épidémies démagogiques. La séparation entre philosophes et parasites de la philosophie est devenue imprécise.

Le moindre certificat universitaire, le plus petit diplôme enluminé avec des feuilles de radis et des glands suffit pour qu'un phraseur occupe sans vergogne une tribune et s'installe d'autorité au banquet des philosophes, à la meilleure place, aux côtés de Spinoza, entre Aristote et Hegel. La plupart des amateurs de café pour Socrate — de fait, plutôt consommateurs de tisane avec Protagoras — constituent une caste équivalente en plus d'un point à celle des professeurs et des universitaires : ils prolifèrent sur des cadavres, se font charognards et thanatopracteurs, embaument et lyophilisent, exhument et empaillent. Leur quotidien suppose les mœurs du pou, de la puce et des punaises : ils vivent par procuration et se nourrissent, gloutons, du travail des autres.

Partout se multiplient ces philosophes primeurs : les enseignants du secondaire et mandarins du supérieur, glossateurs appointés pour commettre des compilations livresques et auteurs intégralement alignés sur le modèle journalistique, doctorants et agrégatifs de comptoir, barbouilleurs de revue — pour le dire comme Nietzsche —, tous se parent des plumes du paon et ajustent la couronne de leurs propres mains sur leur tête étroite. Se revendiquant de la lignée des plus grands, et sans avoir inventé d'alternative à la façon des anciens ou des classiques, ni à leurs méthodes, ni à leur style, ils investissent et occupent le terrain à la manière des tiques qui perforent un pelage chaud et une peau gorgée de sang. Une aubaine pour les profiteurs piaffant d'attendre leur heure.

Si les parasites vivent de la philosophie tout en n'étant pas philosophes, la philosophie, elle, ne gagne rien, mais rien du tout, à leur excitation et à leurs parades rituellement réglées dans les amphithéâtres crasseux, les cafés médiatisés, les salles de classe ou les lieux de conférence sinistres. Sinon une mauvaise réputation, celle d'être une compagne facile, peu regardante, arrangeante avec les approximations intellectuelles, les bricolages conceptuels et les rhétoriques spécieuses, commode pour ses compromis toujours annonceurs de compromissions, bonne fille pour ses charmes vite donnés, parfois en échange de menue monnaie. À laisser croire qu'on philosophe en se contentant de solliciter l'histoire de la philosophie, de bavarder en saupoudrant son laïus des citations et références vagues au gotha de la discipline, voire d'entregloser une obscure tradition pour la rendre plus sombre encore, on interdit tout abord véritable de ce qui définit véritablement le philosophe : la conscience libre et sans entrave, la singularité autonome et indépendante, le tempérament synthétique et exemplaire, le styliste inducteur et inventeur.

Dans cette basse-cour où grouillent ces animaux pelés et galeux, le professeur incarne une engeance redoutable. Je le sais, j'en suis. Pour nier l'évidence qu'il végète en fonctionnaire de l'Éducation nationale payé pour apprendre à des élèves indolents à rédiger en limitant les dégâts une dissertation en trois points ou un commentaire de texte relevant des auteurs et des notions du programme, l'enseignant consent à toutes les bassesses, il ne recule devant aucune dénégation, aucun arrangement avec le réel, use de toute la rhétorique dont il est capable — pourvu qu'il s'imagine échapper à son statut étroit.

Surtout, ne pas se laisser enfermer dans le rôle de celui qui remplit un cahier de textes, comptabilise les absences dans un registre destiné à cet effet, distille un résumé du manuel qu'il compulse névrotiquement, fait circuler dans la classe des photocopies extraites d'un compendium d'œuvres complètes au programme, paraphe des bulletins scolaires, siège dans des conseils de classe, déplore le niveau plus que lamentable de ses élèves, parade devant des parents déguisés comme des sapins de Noël le jour réservé à cet effet. Ne pas ressembler au collègue de gymnastique ou de travaux manuels, mais revendiquer une altitude, une hauteur, un statut, une différence : le professeur de mathématiques ne se dit pas mathématicien, le professeur de philosophie, souvent, n'hésite pas à se dire philosophe. Du moins, il ne rougit pas quand on le dit de lui. Et ne proteste pas non plus.

Ensuite, revendiquer une tâche noble, un grand dessein, une mission métaphysique, un devoir ontologique : Socrate fonctionnaire prétend former ses élèves à l'esprit critique, à la liberté de penser ; il apprend à forger les outils adéquats pour penser le monde ; il invite les individus à rayonner dans un univers où triomphent les pensées communes, la *doxa* — du moins le croit-il. Certes, les impératifs de l'inspection existent, contraignants en diable ; bien sûr, il faut faire avec le programme, chargé comme un mulet ; évidemment, il ne saurait être question d'échapper au diktat des textes officiels, détaillés tel un mode d'emploi d'aspirateur ; d'accord, il s'agit de passer par les fourches caudines du baccalauréat, épreuve initiatique à souhait — mais qu'on ne s'y trompe pas, le professeur de philosophie, royal dans sa classe, dispose des moyens pour parvenir à ses fins, on lui laisse toute latitude pour décider de ses propres voies, pourvu qu'il parvienne au point de rendez-vous à l'heure et en temps. Faussement libre parce qu'il se polarise et s'illusionne sur l'autonomie de ses moyens, il est véritablement contraint, car il n'a pas le choix de parvenir ailleurs que ce pour quoi on le paie. L'enseignant reste et demeure un commis de l'État, un domestique du système, un valet de l'entreprise nationale. En aucun cas un philosophe.

À expliquer le mythe de la caverne, l'être en tant qu'être, la rhétorique du cogito, la connaissance du troisième genre, les petites perceptions, les formes *a priori* de la sensibilité, les quatre antinomies, la ruse de la raison, l'éternel retour, les étapes sociologiques, l'énergie spirituelle et autres stations obligées du parcours philosophique, le professeur brille en historien des idées, voire en historien de l'histoire de la philosophie. Il ânonne, raconte, répète — beaucoup —, reprend, ajuste à la baisse, explique, détaille, examine, expose — oui, mais le travail des autres, les idées des autres, les œuvres des autres.

Sa subjectivité compte pour rien : les détails de l'histoire de la philosophie constituent des faits qui, pour être enseignés, exigent et nécessitent l'objectivité du rapport de police ou du constat de médecin légiste. Le *clinamen* épicurien existe dans l'absolu du texte. L'excipient, l'enrobage, la façon de présenter l'objet en question, tout cela nécessite moins les vertus du philosophe que le talent de l'acteur sur scène, du comédien sur les planches, du bateleur dans les foires. Le professeur de philosophie excelle dans le rôle de Scapin — pas dans celui de Platon.

On lui demande seulement de déplier devant ses élèves le rouleau sacré des références instruites par le corps des inspecteurs de l'Éducation nationale, auxiliaires mécaniques des ministères soucieux de se donner une légitimité libérale, voire libertaire. Quoi qu'il advienne, les exercices demeurent canoniques, les épreuves codifiées, les références calibrées. Les auteurs classiques contribuent à renforcer l'état du monde tel qu'il est : rien à craindre de Platon et du platonisme, de saint Augustin et de la patrologie, de Descartes et du cartésianisme, de Kant et du criticisme, de Hegel et de l'hégélianisme, de Husserl et de la phénoménologie, tout cela fait assurément d'honnêtes citoyens convaincus de l'excellence d'être bons époux, bons pères, bons citoyens, voire bonnes épouses, bonnes mères, etc. On n'enseigne officiellement ni Diogène le cynique, ni Antisthène l'hédoniste, ni La Mothe Le Vayer le libertin, ni La Mettrie le matérialiste, ni Chamfort le moraliste, ni Fourier l'économiste libidinal, ni Stirner l'anarchiste, ni Vaneigem le situationniste, ni Schérer le fouriériste. Sinon hors programme...

Qu'on n'attende donc pas du professeur de lycée autre chose que le service pédagogique afférent à la fonction pour laquelle on l'appointe. Et qu'on cesse d'imaginer dans cette tâche ingrate et fatigante, mais aucunement philosophique — dix-huit années de pratique me font parler d'expérience —, matière à donner au fonctionnaire statut ou qualités pour désigner le philosophe et devenir l'arbitre des élégances en la matière. Sous la Restauration et le Second Empire, Victor Cousin voulait ce salarié de l'État au service de la Nation, de la Patrie et de l'idéal libéral ; il demeure, sous la République, taillable et corvéable à merci au regard des mêmes obligations et des mêmes principes.

Dépassant d'une tête l'enseignant du secondaire, dressé sur ses ergots, mais dans la même cour de ferme, l'universitaire regarde la valetaille des lycées avec juste le mépris et la condescendance nécessaires. On taira ce qu'il a fomenté d'intrigues, fourbi de complots, avalé de couleuvres, courtisé, on passera sous silence les heures consacrées à faire antichambre pour parvenir à la chaire d'où il professe avec componction et gravité. Le souvenir des échines courbées, des domesticités, des innombrables servilités finit par produire ses effets. L'existence entière de ces promus — aux diplômes parfois moindres que ceux de leurs collègues du secondaire et aux compétences de temps en temps inférieures — devient l'occasion d'une expiation dont leur assistance fait les frais, jusqu'à la fin.

L'universitaire se distingue de son collègue du secondaire comme le phacochère du chien : le premier fouille sur place, longuement, et quitte rarement le sol où il enfonce son groin pendant des lustres quand le second furète un peu partout, va et vient, circule, déambule dans de vastes paysages. L'un est géologue, l'autre géographe. Car le fonctionnaire des amphithéâtres s'installe pour longtemps, sinon pour la vie, dans un étroit sujet transfiguré en obsession et en fonds de commerce perpétuellement sollicité. Sa spécialité, dit-on pour ne pas le froisser.

L'œuvre apportant témoignage de cet acharnement laborieux, c'est la thèse, vaste compendium de références, immense collage de citations, indigeste assemblage de propos soporifiques — je le sais, j'en ai obtenu jadis des lauriers que je n'ai jamais voulu monnayer — destiné à ravir un jury composé d'atrabilaires et de maniaques, de pervers et de refoulés jouissant d'exercer les pleins pouvoirs, raides devant le tapis vert, mais frétillants dans l'orgasme sadique. Le grand œuvre se propose de révolutionner une thématique, un sujet, une question. La plupart du temps, il masque le détournement d'idées, le vol caractérisé, le recyclage de pensées déjà utilisées ou circulant ailleurs, à l'étranger par exemple, dans une autre langue qui la plupart du temps assure de la confidentialité française.

Parasite, l'universitaire l'est également en usant de ses élèves comme de travailleurs serviles, d'esclaves à sa merci. Tout doit tourner autour de sa thèse : les recherches de ses étudiants, le cours dispensé, les articles écrits, les conférences données, les livres publiés, les séminaires et les colloques honorés. L'existence se consume lentement pour lui à distiller un peu partout la maigre quintessence d'un travail consacré, la plupart du temps, au *concept de chose chez Bidule entre telle date et telle autre*. La formulation change peu, la matrice demeure indéfectiblement la même. La révolution copernicienne intellectuellement annoncée et attendue, bien sûr, se trouve toujours différée. Une thèse qui compte, voilà depuis les limbes un superbe oxymore.

Dans cet exercice de style, l'entreglose vaut épistémologie. Les codes de choix du sujet, de construction du travail, de rédaction et de soutenance démarquent à peine l'épreuve du baccalauréat : pas d'originalité, pas de singularité, surtout pas de talent, encore moins de génie. Il faut se contenter d'obéir, de reproduire les schémas conventionnels et surtout d'éviter une pensée propre qui montrerait inélégamment à la profession qu'elle ne pense pas quand elle se polarise sur l'histoire de la philosophie et le charcutage des grands auteurs ou de la tradition. La thèse est à la carrière philosophique ce que sont les classes dans le métier des armes : une épreuve initiatique à l'aune de quoi se juge la docilité des recrues, leur aptitude à faire fonctionner la machine, à intégrer, éventuellement, un jour, l'état-major.

Le docteur mérite l'estampille en consentant à rédiger assez de pages, avec assez de souffrances et de domesticité, pour pouvoir revendiquer une place dans la mécanique qui l'a humilié. La plupart, le diplôme en poche, quand ils ne sévissent pas déjà dans le système, intègrent la maison institutionnelle dans laquelle ils se mettent à l'ouvrage. Les esclaves d'hier deviennent les maîtres par lesquels se reproduit le système social aujourd'hui. De philosophie, dans tout cela, il est rarement question. Tout juste sous la forme du prétexte et de l'otage.

L'universitaire entregloseur, voilà un pléonasme. Un universitaire épigone, bien souvent aussi. Puisque fondamentalement et structurellement il ne peut avancer d'idées propres et personnelles — toujours à l'aise dans la logique parasitaire —, il devient un suiveur et s'inscrit dans le sillage d'une école, d'un courant, d'un mouvement. Après avoir opté pour une chapelle, il s'en fait le dévot pendant un demi-siècle — voilà comment se pétrifient les époques... Avant-hier existentialiste, marxiste, freudien, phénoménologue ou structuraliste, hier herméneute, heideggerien, lacanien, althussérien, derridien, deleuzien, foucaldien, voire, aujourd'hui, néo-bouddhiste avec Épicure, néo-chrétien avec Descartes ou néo-conservateur avec Kant, il dispose d'un vaste choix de comparses et d'affidés pour ne pas être seul.

En conséquence, il obtient du groupe les faveurs toujours distribuées aux thuriféraires de l'instinct grégaire. Il est des nôtres, il a soutenu sa thèse comme les autres. Jurys indulgents et nominations de convenance, éditions de complaisance et invitations obligeantes, la machine tourne à son régime de croisière, huilée à la manière des autres mécaniques institutionnelles. Toujours pas de philosophie dans ces eaux sociales et sociologiques, mondaines et politiques. De l'histoire de la philosophie, certes, du psittacisme de scolarque, évidemment, de la répétition laborieuse, toujours.

Les épigones se reconnaissent dès le titre du livre, dès la table des matières, dès la bibliographie, dès le sujet du cours ou de la conférence. Les tics de langage les accompagnent sur le modèle de l'ombre. Plus confus que leurs maîtres, plus courts et plus limités qu'eux, moins brillants, jamais inventeurs, ils excellent dans le verbiage scolastique, l'obscurité entretenue, le néologisme recyclé, le style ampoulé et l'écriture lourde. Excités sur un point de doctrine infinitésimal, minimal et souvent dérisoire, ils consacrent leur carrière à l'exploitation du filon.

Quand ils tournent sur eux-mêmes, ivres à la manière des derviches, ils s'imaginent penser, philosopher, alors qu'ils se contentent de mettre en musique les sourates du mentor. Nombre de productions universitaires — que le lieu soit officiel ou prétendument marginal, de la Sorbonne au Collège international de philosophie — confinent au ridicule. Des maisons d'édition, des lieux spécialisés dans la gestion de cette répétition font vivre des collections et du personnel dévoué à l'apostolat épigonique. Les Églises ressembleront toujours aux Églises et les empressés, les zélés seront toujours en plus grand nombre que les athées radicaux.

Aux côtés des parasites qui se servent de la philosophie, cheminant avec le professeur, glossateur et épigone, je veux maintenant considérer le degré d'entropie inférieur et m'arrêter sur le cas du démagogue, journaliste et sophiste, parfois enseignant par ailleurs. Toujours aussi peu philosophe que les acolytes précités... J'aspire à voir dans cette caste des *penseurs*, tous individus installés publiquement dans la posture du bronze de Rodin : voûtés, la tête sur le poing, enfermés dans leurs méditations, l'œil perdu dans le sol, fixé en terre, rivé sur l'immanence, pas forcément nus, mais conscients d'user de la posture, de la revendiquer, ils pensent. C'est-à-dire ? Ils réfléchissent, selon l'étymologie, ils théâtralisent, verbalisent et surtout formulent. Le penseur, tel que je l'entends, désigne le parleur, le rhéteur, voire le sophiste. Spécialiste de tout, intervenant sur chaque sujet que le marché et le moment lui proposent, il intervient sur l'ensemble des questions du jour, peu importe sa compétence.

Le penseur et l'intellectuel singent le philosophe qu'ils ne sont pas. Ou, s'ils le sont par ailleurs, ils cessent de l'être au moment où ils endossent ces habits-là. Les lieux publics de la presse écrite, parlée, ou de la médiation télévisuelle, sinon des rencontres avec le public, ne peuvent être des lieux de philosophie. Je le sais, j'en suis parfois. Le livre demeure, et pour toujours, le support privilégié du travail philosophique en dehors de quoi il n'existe que vanité et poursuite du vent. Devant deux pages écrites, aucune performance orale ne tient : ce qui se dit produit d'autres effets, pas forcément rien, mais se trouve toujours en deçà de l'écrit. Du moins si l'on a rédigé avec le souci de jouir des possibilités immenses qu'offre la rédaction en langue française. Car indexer le texte sur le verbe oral, puis ce verbe sur l'actualité, le bon sens populaire et la *doxa*, ce qui définit le démagogue et le penseur, voilà qui détruit les deux registres porteurs de vertus distinctes — parler, écrire.

Le démagogue formule le sens commun, agite des idées générales, avance des propos insipides, souvent conservateurs, sinon réactionnaires, et donne des avis, juge. Il tient de la concierge pour la rigueur analytique, du VRP pour la célérité des déplacements et le risque de collision accru, du journaliste pour l'étendue et la pertinence de ses références, du chauffeur routier pour l'intelligence de vue et la perspicacité de jugement. Mais toujours il semble parler clairement, ce qui passe pour vertu cardinale et paraît procéder du respect des auditeurs ou des lecteurs alors qu'il n'y a pas plus détestateurs des gens que le démagogue et le populiste.

À quoi reconnaît-on cette engeance de philistins ? À l'écrit, elle choisit ses sujets en fonction de l'air du temps. L'objet de ses livres procède le plus souvent des dossiers qui s'affichent régulièrement sur la couverture des hebdomadaires parisiens : le retour en force de la morale, la percée de la pensée écologiste, l'engouement nouveau pour le religieux, la décadence de l'enseignement, le bon usage de l'art contemporain, le triomphe du plaisir consumériste, les différentes commémorations montées en épingle, la mode de la philosophie, la puissance de l'individualisme, la différence entre nazisme et communisme, les modalités de la laïcité, le pouvoir des juges, les péripéties de la mondialisation, le danger des manipulations génétiques, et autres thèmes à même de fournir les enseignants de culture générale en textes pour les synthèses de documents destinés à leurs étudiants.

À l'oral, on repère le démagogue au nombre de concessions médiatiquement consenties au public : descendre sa réflexion à la limite où plafonne le plus grand nombre et dispenser d'efforts ceux qu'il condamne à stagner sans appel à des altitudes dérisoires. Conséquemment, il s'interdit d'œuvrer à des niveaux décents où il pourrait inviter le grand public à faire l'effort de le rejoindre. Aristocratiser les foules, les masses, le plus grand nombre, voilà à quoi vise l'authentique ouvrage philosophique, ce qui suppose le refus de concéder aux modes, aux fainéantises intellectuelles, aux facilités culturelles, aux raccourcis mentaux. On ne méprise jamais autant le public qu'en ne lui offrant que ce qu'il attend — des idées toutes faites, des évidences bas de gamme. Qu'on réponde plutôt à cette demande extraordinaire par une offre de qualité où techniques et méthodes, culture et patience, investissement et rigueur permettraient d'accéder à des certitudes essentielles.

Citer les grands auteurs du corpus, se mesurer aux thèses majeures de l'histoire des idées, asservir une culture spécialisée à l'expression de quelques vérités d'évidence qui justifient le monde comme il va, voilà un projet aux antipodes des promesses de la philosophie. Du livre écrit pour figurer dans la liste des meilleures ventes, aux logorrhées déplorables des cafés philosophiques, en passant par les centaines d'occasions conviviales créées par les animateurs culturels de province ou de télévision pour qu'il soit question de philosophie dans des conférences, des débats ou des rencontres avec le public, les chances et les probabilités de la rencontrer véritablement restent minces. Pénétrer et apprivoiser une œuvre, un travail suppose la librairie, puis le silence de la pièce où l'on lit, relit, prend des notes et médite.

Le démagogue aligne sa production écrite et verbale sur les lois du marché, le regard rivé sur l'offre et la demande. L'alternative, pour le philosophe contemporain, ne se réduit pas à accepter ou refuser le marché, mais à accepter ou refuser de produire *pour* le marché. Peu importe ce que le marché fait d'un ouvrage, pourvu qu'il ait été voulu et rédigé dans le souci des idées, de l'œuvre, de la tâche qui définit véritablement le philosophe : « nuire à la bêtise » — selon l'excellente expression de Nietzsche. Le moment, la mode, l'air du temps, l'occasion commémorative, les impératifs du marketing, sinon les sondages d'opinion, qui parfois suscitent un ou plusieurs livres, réservent à ces objets périssables un destin identique à celui des journaux et des magazines : de la litière du chat, pour les plus utiles, à la poubelle glaireuse pour les moins défendables.

Au degré zéro du parasitage, loin de ceux qui enseignent, cherchent, même s'ils ne trouvent pas, écrivent et lisent, même s'ils opèrent sur le mode des éditorialistes, on trouve l'animateur de café philosophique, la réincarnation la plus fidèle, non pas de Socrate — qui manque — mais de Protagoras, Gorgias, Hippias et autres sophistes — qui grouillent. L'*inventeur* des cafés philosophiques, Marc Sautet, se référait volontiers à l'Athènes de Périclès, au ve siècle avant Jésus-Christ, et à Socrate pour penser notre époque en pure et simple réplique de ce moment de l'histoire grecque. Or le Paris de Mitterrand sinon de Chirac, au xxe siècle finissant, et les animateurs de bistrot ne ressemblent en rien à la glorieuse épistémè politique de jadis.

Il me semble que le rhéteur de zinc a moins à voir avec les figures socratiques cyniques, cyrénaïques ou sceptiques qu'avec le courant sophistique. Sans se soucier des différences doctrinales repérables parmi les philosophes de cet archipel, mais avec le dessein de souligner leurs traits communs, je retiens : que les sophistes enseignent d'abord et avant tout une technique de parole, une rhétorique visant à l'efficacité mondaine dans la cité ; qu'ensuite ils se soucient moins de vérités, de certitudes, de positions clairement tranchées, nettes, que de manières verbales — forme contre fond, malgré lui et sans lui ; qu'enfin, ils donnent leurs leçons ou consultations moyennant paiement, sans aucun froncement de sourcils.

Le café philosophique paraît réactiver ces trois lignes de force : la logorrhée, sinon la logomachie, l'indigence idéologique et le salaire, direct ou indirect, en espèces sonnantes et trébuchantes, ou en symbolique monnayable de toute autre manière — du contrat d'éditeur pour rédiger des digests philosophicants, à l'animation de séminaire pour entreprise, en passant par les cabinets de consultation privés ou la gestion des avantages sur les terrains médiatiques élargis, voire sur le terrain du faire-valoir commercial de l'institution accueillante. Je le sais, pour avoir été approché plusieurs fois par d'aucuns qui « ne-m'avaient-pas-lu-mais-avaient-entendu-parler-de-moi-ou-m'avaient-vu-à-la-télévision », et souhaitaient animer leurs lieux marchands avec le nouvel engouement populaire, moyennant rémunération conséquente.

Face à l'extraordinaire demande philosophique dont témoigne la vogue du café philosophique, l'offre bien souvent exécrable gaspille et gâche les potentialités d'un grand public qu'en d'autres temps les universités populaires sublimaient et canalisaient, gratuitement et superbement. Une forme sans fond — le plateau télévision plus que l'agora grecque — pour modèle, une absence totale d'idéologie subversive au profit d'une parole faussement libre, et vraiment désordonnée, une anarchie verbeuse en lieu et place de l'ordre des raisons, une fausse ouverture intellectuelle et un vrai verrouillage mental, d'hypothétiques pistes cachant mal d'authentiques impasses, une apparente démocratie des prises de parole libres et une réelle démagogie des interventions narcissiques, autistes, hystériques, voire psychotiques, sinon thérapiques, un semblant de recours à la philosophie, aux philosophes, aux classiques, et un franc pot-pourri de citations tronquées prélevées dans les dictionnaires, tout cela fait du café philosophique moins un lieu alternatif où se pratique la discipline qu'une contre-institution (la pire des institutions) où se révèlent les symptômes de notre civilisation branlante : pleins pouvoirs aux rhéteurs, impunité intellectuelle des sophistes, indexation de la vie intellectuelle sur les lois du marché, alignement de la raison occidentale sur les catégories de la raison médiatique, nihilisme de fond généré par l'empire contemporain purement formel des images et de la parole, confusion terrible des logomachies sauvages et de l'agir communicationnel — pour le dire comme Habermas —, primat de l'apparence des prédateurs arrogants sur la vérité des pensées discrètes et réservées, triomphe du dialecticien pervers sur le bègue intègre.

Le personnel animateur de ces cafés mériterait une analyse sur le mode bourdieusien : on y retrouverait sûrement nombre de professeurs de lycée, parfois en délicatesse avec leurs élèves, plus à l'aise avec la petite bourgeoisie de promotion ou les candidats à l'intégration dans cette catégorie sociale qu'avec leurs classes bruyantes, des intellectuels locaux animés par le ressentiment et le désir d'exister dans la presse de province, de vieilles autorités culturelles de préfecture se souvenant de leur année de philo en terminale ou de quelques certificats décrochés à l'époque des incertitudes universitaires, voire de fragiles et maigres licences ou maîtrises qui paraissent légitimer leur sacerdoce provincial dans un bistrot inscrit au registre du commerce.

Les universitaires ne s'y précipitent pas, car la gestion du public désordonné leur est inhabituelle : l'institution les dispense de se compromettre dans la manœuvre des collectivités verbales aux mouvements anarchiques. En revanche, et les néologismes fleurissent sur leurs cartes de visite, on voit apparaître dans ce milieu spécifique la catégorie des doctorants et des agrégatifs. Ce qui trahit nettement la puberté intellectuelle des officiants. En fait, la figure tutélaire des dames patronnesses moyennement diplômées, mais fortement en mal de reconnaissance publique, semble tenir le haut du pavé dans ces endroits folkloriques. À défaut de café pour Socrate, on vend à tour de bras des potions tièdes et des boissons allégées.

Échine souple et regard fuyant, le professeur des lycées et des universités, l'historien de la philosophie et le glossateur obsessionnel, l'épigone confit de vénération hystérique et l'intellectuel spécialisé dans les idées générales, le penseur soumis aux lois du marché et le rhéteur sophiste imbibé de caféine œuvrent aux antipodes du philosophe. Parasites vivant de la discipline et lui donnant une allure laborieuse dans les amphithéâtres tagués, ou vibrillonnant sous les feux de l'actualité médiatique, tous survivent en tuant la philosophie, en dépeçant son cadavre et en se partageant des morceaux vite corrompus. À cette table, agrégatifs et agrégés, doctorants et docteurs, pontifiants d'estrades ou paonnants de sunlights travaillent dans la même direction. Avec des moyens différents, ils visent les mêmes fins.

Où donc est le philosophe ? J'aimerais pouvoir consentir aux propositions faites par Gilles Deleuze dans *Qu'est-ce que la philosophie ?* et contresigner sa réponse : « La philosophie est l'art de former, d'inventer, de fabriquer des concepts » — et de créer des personnages conceptuels. Mais, à cette aune, Montaigne n'est pas un philosophe, car on chercherait longtemps dans les *Essais* la formation, l'invention, la fabrication et même la présence de concepts. Encore moins de personnages conceptuels. Et pourtant, suivant les principes deleuziens, il faudrait consentir à intégrer dans la caste un certain nombre de bricoleurs de néologismes, de commerciaux du concept clinquant, franchement inutiles, qui, à mes yeux, constituent l'écume des jours et grossissent le rang des charlatans verbeux. Taisons les noms par charité...

Mon panthéon personnel me conduit à préférer les philosophes qui magnifient un *style*, soit dans leurs écrits, soit dans leur pensée, soit dans leur existence. Je songe à Diogène et Antisthène, Lucrèce et Montaigne, Pascal et Nietzsche, Kierkegaard et Fourier, plus quelques autres. De sorte que je définis le philosophe comme celui qui, dans ces trois domaines — le texte, la vision du monde et la vie quotidienne —, propose et réalise un style, manifeste une subjectivité immédiatement reconnaissable et distincte. Pour caractériser ces hommes sublimes, Zarathoustra repérait et retenait deux instances identitaires et généalogiques : *échine de taureau, regard d'ange*. Autant dire le mariage de la force irréfragable et de la douceur.

La force pour la subversion active, le travail résolument critique, l'ardeur dans la nuisance dirigée contre les lieux communs et pensées communes, la radicalité célébrée dans l'incandescence, la certitude de se condamner à la solitude, l'engagement clairement revendiqué, l'art de se créer des ennemis et de les mériter, de les vouloir et de les assumer ; la douceur pour tout ce qui ne mérite pas la force et ne la nécessite pas. Le taureau charge l'imbécillité et la sottise, la bêtise et l'idiotie, la niaiserie et la stupidité, mais aussi la cupidité et la veulerie, la corruptibilité et la compromission, le populisme et la démagogie ; l'ange repose d'avoir combattu et d'avoir à combattre. Une échine jamais souple, un regard toujours magique.

Ne pas se servir de la philosophie, mais la servir par un style. À savoir ? S'installer dans un monde agonique, batailler et consentir à la vérité du perspectivisme : se contenter de proposer une vision du monde subjective, sans jamais prétendre à l'objectivité — une chimère. Poser son individualité comme créatrice de valeurs, inventer de nouveaux angles d'attaque, de nouveaux sujets, de nouvelles lignes de force et lignes de fuite, et par le fait, devenir reconnaissable, nimbé d'une musique, d'un ton, d'une aura, d'une façon et d'une manière repérables. Regarder, voir, penser et structurer ces regards, ces visions, ces pensées autour d'un axe visible comme colonne vertébrale pour une machine en quête d'épiphanies annoncées. L'ensemble fait œuvre.

De sorte qu'un philosophe doit vouloir et viser la synthèse du réel, la réduction du multiple et du divers aux quelques points d'ancrage avec lesquels s'édifient et s'équilibrent une architecture, un bâtiment. Rien ne doit lui être étranger : éthique et esthétique, politique et métaphysique, ontologie et épistémologie se meuvent toujours en relation, en perspective. Le système cohérent, le désir synthétique, l'aspiration homogène, la volonté harmonieuse, l'ordre achevé, voilà ses soucis et la légitimation de sa signature. Loin du chaos et du désordre, de la production de livres sur le mode épars, ce qui structure la diversité des propos, c'est l'œuvre. Chaque pierre contribue à parfaire l'édifice encyclopédique.

Subjectif et systématique, le philosophe se doit d'inventer des formes — elles manifestent la cristallisation de ses intuitions et de son énergie dans des volumes adaptés et appropriés, voulus par lui. Les poèmes, les lettres, les essais, les journaux, les aphorismes, les traités, les propos, les dialogues, les opuscules, les manifestes, les leçons, les discours, les esquisses, les précis, les sommes, les réflexions, les abrégés, les rêveries, les *parerga* et autres *paralipomena*, tout agencement excelle s'il autorise l'émergence d'un ton et sa formulation concrète. L'adéquation entre un fond et une forme, une vision du monde et sa façon d'apparaître ou de se montrer au lecteur exigent une architecture singulière, puis une grammaire, une syntaxe, un spectre verbal immédiatement repérables. L'édifice de pierre doit chanter une musique reconnaissable, à la manière d'une pyramide ou d'une cathédrale, d'une usine ou d'une mégapole.

Loin des modèles mathématiques et scientifiques, des scolies et des propositions, des déductions et des démonstrations, aux antipodes des méthodes réservées à la physique ou à l'astronomie, le philosophe nourrit son style à l'énergie de la poétique. Débordant son monde propre, il élargit la discipline aux univers qui la bordent, la frangent. Cinéma et arts plastiques, théâtre et photographie, politique et chorégraphie, peinture et littérature, sculpture et architecture, musique et poésie, toutes ces forces doivent féconder la philosophie qui, en retour, peut sublimer les puissances qu'elle a intégrées et dépassées. La poétique suppose des effets inducteurs chez le philosophe qui joue un rôle extraordinaire de passeur, de créateur d'archipels.

Quand le philosophe-artiste a produit ses effets sur les mondes qui le frôlent, dès lors que ses visions induisent des textes, ses livres débordent le papier et investissent l'univers de la vie quotidienne pour la transfigurer. Subjectif et agonique, systématique et inventeur de formes, poète et inducteur, il lui reste à pousser ses racines dans le ventre du réel pour tâcher de le modifier, de le transfigurer, de le blesser, de le renverser. Le style suppose une œuvre négatrice autant qu'un travail constructeur. Après en avoir fini avec ce que les épaules du taureau font tomber, le regard d'ange peut advenir : il distingue les hommes sublimes ouvrageant la vie comme un matériau, tâchant de la sculpter et se proposant d'éterniser le rire et la jubilation, la volupté de vivre et la joie d'exister. Croiser ce regard un jour structure l'échine pour les combats nécessaires.

21

PHYSIOLOGIE DU CORPS DE JÉSUS

La haine du corps anime fondamentalement, viscéralement dirais-je, acteurs et défenseurs, thuriféraires et protagonistes du christianisme. Du Vatican irradie depuis près de vingt siècles une onde de détestation, de fustigation, d'exécration, de répulsion à l'endroit des choses humaines, trop humaines. Sur le mode du ressentiment et de la vengeance, de l'hostilité et de l'aversion, les tenants de celui que Nietzsche appelait *l'araignée à croix* organisent sans relâche et frénétiquement l'holocauste des corps, puis la dispersion théorique de leurs cendres dans un monde dévasté et déserté par la vie.

Pourtant, même de piètres dialecticiens flanqués de rhéteurs malhabiles pourraient demander à ces vindicatifs et malveillants de la chair des précisions sur la nature humaine de leur Homme-Dieu annoncé dans la vulgate catholique et célébré par eux sous ce registre oxymorique. Quand le Verbe s'est fait Chair, quelle viande a-t-il élue ? Quels muscles, quels nerfs, quelle lymphe, quels os ? Quel groupe sanguin, demanderait Monsieur Homais, quel rhésus ? Quel système immunitaire dans le calice où brille le sang du Crucifié ? Quels viscères dans l'hostie où se montre le corps du Christ ? Quelle médecine pour les plaies au flanc, le front déchiré, les mains et les pieds percés ? Un chirurgien, un ostéopathe, un pneumologue, ou un médecin légiste ?

Déjà se lèvent les intégristes, puis ceux qui leur emboîtent le pas. J'entends déjà les juges et les inquisiteurs parler de provocation, de blasphème, de sacrilège, d'impiété. Toujours les mêmes condamnations, la même haine en direction de qui interroge le sens des mots et demande naïvement des précisions et détails sur l'humanité de Jésus, son incarnation et sa manière d'habiter, lui, le fils de Dieu, le corps d'un homme, du plus humble et du plus simple des hommes. Car, bien que procédant de Dieu, il veut la chair du fils d'un charpentier, n'est-ce pas ? Alors pourquoi n'en connaît-il pas les affres et les tourments, selon les lois élémentaires de la nature ?

Car dans le texte sacré le Verbe se faisant Chair élit une matière spiritualisée, outrancièrement dématérialisée. Dans cette étrange opération alchimique, il génère un ectoplasme, une idée pure faussement travestie sous les oripeaux de quelques apparences humaines. Les Écritures le montrent à satiété : des évangiles deviennent canoniques pour cette raison, d'autres apocryphes selon ce même principe. Or dans le Nouveau Testament Jésus homme n'existe pas, le corps du Christ nourrit une fiction, il n'est célébré qu'en Dieu jouant à être un homme pour séduire l'humanité souffrante tout en évitant de se compromettre avec la réalité incarnée, la vérité charnelle. Qu'on en juge en relisant les textes : l'Homme-Dieu ne boit ni ne mange, pas plus qu'il ne dort ou copule, actes qui, quoi qu'on en dise, soulignent à dessein l'humanité de l'homme, sa participation au règne des mammifères supérieurs. Les grands singes et les prix Nobel, les macaques et les professeurs de philosophie, les lémuriens et les évêques partagent cette soumission aux nécessités naturelles. Pourquoi pas Jésus, l'homme ? Du plus simple des individus au plus honoré des citoyens, du croyant le plus fervent à l'athée le plus convaincu, être humain suppose connaître le chemin qui conduit de la table au lit en passant par les lieux d'aisance. Réel trivial, mais d'évidence.

Le fils de Dieu fait homme, quand il mange, avale et consomme du symbole, du concept, de l'idée. Du pain ? Certes, mais pour le levain, le blé et le travail des hommes, autant dire la transfiguration, la promesse et la vie. Du vin ? Bien sûr, mais pour la vigne, le sang de la terre, l'annonce de la passion et du royaume de Dieu. Du poisson ? Oui, mais pour l'homophonie et le jeu de mots qui, en grec, rapprochent *ichthus* et *chrestos*, le poisson et le Christ. De sorte qu'à se nourrir de pareils ectoplasmes, il ne faut guère s'attendre à un Jésus très humain, trop humain, qui déféquerait ou urinerait. Pas de déchets en matière de symboles, pas de digestion, de miction, d'excrétion. On n'est pas tenu de pousser l'humain aussi loin quand on exerce le magistère du fils de Dieu.

Pas plus qu'il ne mange d'aumônières de légumes, de religieuses crémeuses ou qu'il ne boit de pétrus ou de bénédictine, Jésus ne lutine. Pas de libido chez qui est dépourvu des inconvénients du corps des hommes. Dieu relevant du genre masculin, son fils devenu homme lui aussi prend sa place dans l'empyrée mâle, mais sans phallus, sans pénis, sans testicules, sans sperme et sans scrotum, comme son père. Drôle de drame ! Que pourra bien savoir de la condition humaine un enfant divin prétendument partageur du destin de ceux qu'il vient sauver ? Les édulcoreurs de biographie écartent les évangiles trop diserts sur l'enfance et l'adolescence du rejeton de Joseph et Marie. Ils élisent et portent au pinacle les textes qui négligent allégrement la vingtaine d'années qui séparent les leçons données par l'enfant doué aux prêtres du temple de Jérusalem et les premières années du magistère messianique.

En économisant cette période majeure dans une existence, les hommes d'Église se dispensent de rencontrer ce qui, au moment de l'éveil d'un corps, montre vraiment et nuement son humanité : le travail de la libido, la puberté métaboliquement exigeante et l'avènement de l'autre sexe dans l'économie d'une vision du monde. Ignorant la soif, la faim, les besoins naturels et les impératifs sexuels, Jésus continue sa carrière d'homme en préférant le statut divin, plus confortable. Qui d'ailleurs pourrait lui donner tort de privilégier les attributs de la divinité à ceux de l'humanité ? Puisqu'il a le choix...

De sorte que pour parfaire le portrait de l'Homme-Dieu amputé d'une partie de lui-même, hémiplégique, les évangiles canoniques montrent également une force de la nature qui, au jardin de Gethsémani, par exemple, reste éveillé et prie quand tous ses prétendus amis tombent la paupière et ronflent sans vergogne, malgré l'imminence de la catastrophe. Que reste-t-il d'humain à un être qui ignore tout cela ? Soit ce Dieu fait homme n'a jamais été homme, alors il triomphe en imposteur ; soit il n'a jamais été Dieu, et il paraît tout autant trompeur, sinon plus.

Devant cette contradiction évidente, et pendant des siècles, les artistes n'avaient pas le choix. Certains qui tâchaient de *toucher* au corps du Christ déchaînaient les foudres de l'autorité ecclésiastique, de l'Église, du Vatican. Aux gens de l'art on a signifié l'obligation et les codes : ne jamais représenter l'humanité de l'Homme-Dieu, toujours en souligner, accentuer et appuyer les traits divins. Pas de Jésus mangeant, buvant autre chose que du symbole, pas de Jésus dans des postures humaines, donc humiliantes, pas de Jésus sexuellement transmissible, mais une figure éthérée, immatérielle, désincarnée, idéalisée — codifiée. Que Véronèse imagine et représente un chien dans *Le Repas chez Lévi* et tout de suite on reproche au peintre d'avoir installé la figure divine dans un environnement trop humain pour son rang, donc excessivement trivial.

Aujourd'hui, comme naguère d'autres artistes, et vraisemblablement plus tard de nouveaux créateurs, Bettina Rheims fait les frais de l'ire chrétienne, sinon intégriste. Dans *INRI*, elle propose un recueil de photographies qui, fête du deuxième millénaire chrétien aidant, proposent une Passion revisitée, sinon une histoire sainte réécrite dans les catégories esthétiques contemporaines. À la lumière de près de vingt siècles d'art, elle relit la mythologie néo-testamentaire. Son travail montre sans détour les stations obligées de l'iconographie religieuse catholique : Annonciation, Nativité, Fuite en Égypte, Cène, Passion, Crucifixion, Ecce Homo, Descente de la Croix, Résurrection et autres variations sur le thème de la vie et l'œuvre de Jésus. Depuis près de deux mille ans ces repères ont généré un nombre incalculable de figurations, des plus lamentables aux plus remarquables.

Sa série de photographies cite avec bonheur des références qui, bien évidemment, échappent aux censeurs et aux imbéciles : le Christ de Mantegna ou la Cène de Vinci, mais aussi les formes triptyques ou le genre des vanités, ou encore le travail des actionnistes viennois, les performances du body-art occidental, sinon les happenings ou les esthétiques contemporaines — funk, bad painting ou néo-kitsch. Ses clichés synthétisent et ramassent les contributions fin de siècle au profit d'un style qui, ironique ou sarcastique, réinvestit le ton sulpicien et lui donne les formes les plus actuelles. Rien d'athée, de provocateur, de blasphématoire, pas de transgression dans cette proposition pour une figuration contemporaine de l'odyssée de l'âme chrétienne.

Le travail de Bettina Rheims pourrait correspondre à celui dans lequel Ludwig Feuerbach s'est illustré sur le terrain philosophique : il s'agit du christianisme et de son essence, de son actualité et des façons d'hypostasier les faiblesses d'une conscience malheureuse dans les formes d'une mythologie singulière. L'artiste insiste sur l'humain et l'humanité de l'Homme-Dieu sans négliger ou nier sa divinité, sans s'en soucier ou s'en préoccuper. Son propos consiste moins à diviniser un homme qu'à humaniser un Dieu jusqu'à sa coïncidence intégrale avec le portrait des individus d'aujourd'hui, notamment les plus démunis, les plus pauvres, les plus oubliés, les plus négligés — ceux qui intéressaient le Nazaréen vingt siècles en amont.

Les corps montrés, photographiés, exhibés magnifient l'artifice : maquillés, apprêtés, grimés, fardés, huilés, luisants, ils s'exposent dans la fragilité de corps moins glorieux que périssables. Salis et souillés avec du jus de raisin, du cambouis, de la crasse ou du sang, ils peuvent être également tuméfiés, cicatrisés. De même, l'œil qui les fixe pointe leur subjectivité radicale, leurs différences, leurs diversités : corps de Juif, corps de nègre, corps de femme, corps androgyne ou homosexuel. Corps réel et multiple contre le corps irréel et singulier, aryen, du Jésus canonique et calibré : blanc, blond, barbu, cheveux longs, yeux clairs. Quand en chaire la religion prône l'universel, elle exclut paradoxalement et contradictoirement toute figuration autre que particulière, interdisant picturalement tout ce qui ne relève pas de l'absolu.

Dans cet européanocentrisme doublé d'androcentrisme, les hommes montrent qu'ils fabriquent Dieu selon leur image hypostasiée puis, à l'inverse, que l'idée d'un Dieu faisant l'homme à son image est une fiction. Les photographies de Bettina Rheims montrent la vérité feuerbachienne : l'Homme-Dieu procède moins d'un Dieu tout-puissant que d'une humanité impuissante, fragile, faible, désemparée, réduite aux artifices de la transcendance afin d'échapper aux aléas de l'immanence. Elle fixe sur la pellicule la tragédie des hommes métaphysiquement abandonnés, ontologiquement désemparés.

Si le fils de Dieu s'est fait homme, alors, demande esthétiquement Bettina Rheims, pourquoi cette humanité figurée exclurait-elle les Noirs, les femmes, les Juifs, les vieux, les androgynes — ces gibiers théoriquement et spécialement élus par le Christ ? Ou bien qu'on cesse de faire du christianisme une religion de l'universel et qu'on dénonce en lui une des modalités du particularisme religieux parmi des milliers. *INRI* — le livre de Bettina Rheims — enseigne et montre l'universalisme chrétien, la figure christique susceptible d'un élargissement à toutes les variations sur le thème de la différence, de l'altérité radicale. Les chrétiens devraient se réjouir de lire un message évangélique pareillement réactualisé et réécrit pour cette fin de millénaire cosmopolite, multiracial et multiculturel.

Le propos métaphysique de l'artiste se double d'une proposition méthodologique. Loin de nier le symbolisme catholique, elle le reprend à son compte et pratique ce que les dialecticiens hégéliens appellent une *Aufhebung* — une conservation en même temps qu'un dépassement. Objets et lieux saints ou sacrés trouvent photographiquement une correspondance — presque dans l'acception baudelairienne — dans le réel contemporain. L'artiste pratique ce qu'étymologiquement il convient de nommer une transfiguration, une transposition, un mouvement de translation qui déforme, certes, mais maintient l'intégrité et l'intégralité de l'information saisie.

Son travail suppose une collision iconographique, une dynamique des forces anciennes vivifiées par des forces actives et contemporaines. La mythologie canonique chrétienne, figée et encroûtée dans les églises, les musées et les duplications multimilliardaires, subit dans cette série de photographies un éclairage violent et se trouve parcourue et irriguée d'un sang neuf. Son symbolisme suppose une herméneutique ironique, l'humour, la citation et la dérision dans le dessein de saisir la nature des agencements esthétiques.

Ici, Bettina Rheims demande à une bicyclette de se faire l'instrument véhiculaire et médiologique d'une annonciation ; là, de vieux journaux envahissent et saturent l'espace d'une nativité entendue comme la bonne nouvelle ; ailleurs, les instruments emblématiques de l'hôpital signifient les maladies soignées miraculeusement et l'aspect médecine de l'âme de l'idéologie chrétienne ; encore ailleurs, une télévision implosée et déchiquetée raconte les marchands du temple puis laisse imaginer où sévissent aujourd'hui les profanateurs, les vendeurs d'illusions et les fabricants de mensonge.

Les Évangiles font défiler des hydropiques, des paralytiques, des aveugles, des boiteux, des épileptiques, une hémorroïsse, des sourds, des bègues, et autres aveugles ou démoniaques, sinon des morts ou des mourants ; les photographies de Bettina Rheims transposent, transfigurent et installent ce passé chrétien qui dure, cette antiquité catholique d'actualité dans un monde radicalement contemporain. De sorte qu'aux images mentales bibliques elle fait correspondre des icônes rétiniennes esthétiques où le décor se campe avec des lits d'hôpitaux, des canules, des camisoles de force, des béquilles, des perfusions, des bassins, des bandes Velpeau, des paillasses, des pansements.

Quels maux, avant d'être soignés par Jésus, feraient *aujourd'hui* l'économie de cet appareillage hospitalier ? Où Lazare pourrait-il reposer ailleurs qu'en un cercueil ouvragé par un menuisier ? Quand l'Église idéalise la maladie, spiritualise les maux, les installe sur le registre du symbole, décorpore et déréalise le monde, l'artiste incorpore et rematérialise le réel. Ou ces affections relèvent de l'allégorie : et la théologie vaticanesque doit le dire — puis réhabiliter Drewerman ; ou elles sont effectives, réelles : alors il faut accepter leur traitement sur le mode visible, humain et tangible — puis célébrer le travail de Bettina Rheims.

La collision infligée par l'artiste aux objets se double d'une semblable opération à l'endroit des lieux, eux aussi transfigurés par l'art. Les Évangiles et la canonique impérieuse enseignent la Visitation à la maison de Nazareth, le Repas chez Marthe, le Sermon sur la Montagne, les Instruments de la Passion, le Chemin de Croix, les Pèlerins d'Emmaüs ; Bettina Rheims propose une rue banale et ses toits constellés d'antennes de télévision pour un cheminement vers le Golgotha, un réfectoire avec son mobilier graisseux et sinistre en guise de pièce familiale pour l'Enfant Jésus, une cuisine sans âge, un squat ou un loft, un hôpital minable, un café malpropre comme écrins humains aux aventures et aux grands moments de l'histoire sainte.

De la même manière, les citations, d'une photo à l'autre, laissent entr'apercevoir des objets singuliers pour une grammaire de l'holocauste : un berger allemand, des cheminées d'usines apparemment banales crachant une fumée noire, des brasiers d'incinération, des ossements, des cendres, des caténaires de chemin de fer, des traverses, des voies ferrées, des wagons, des gares. Ainsi, au fur et à mesure que le regard chemine dans les ex-voto de l'artiste, sur le mode inconscient ou impressionniste s'énonce une passion dans la Passion. La géographie symbolique transfigure le message évangélique et le donne à entendre dans la perspective d'une fin de siècle coïncidant avec l'achèvement d'un millénaire de feu et de sang.

Après le propos métaphysique de l'universel et la proposition méthodologique de la collision, Bettina Rheims expérimente une postulation esthétique : la rematérialisation des corps. Son univers pictural, son agencement formel, sa rhétorique photographique montrent une authentique apothéose esthétique de la laideur à même d'illustrer une vision kitsch du monde. Contre l'immobilité des reproductions traditionnelles, elle ose la mobilité d'une création dans le registre de l'art religieux. Loin devant, déclassant la mièvrerie catholique, l'idéologie blanche européenne, la politique spiritualiste, l'artiste met en scène une réalité appuyée jusqu'à l'écœurement. Aux antipodes d'un monde transcendant, irréel, céleste et pacifié, elle construit un univers immanent, un réel terrestre et violent.

Elle dépasse et conserve le sulpicien traditionnel pour l'outrer en le photographiant : un angelot peint dispose d'une moindre réalité que le même, photographié. L'épaisseur d'un objet fixé sur la pellicule n'a rien à voir avec celle que lui donne la matérialité d'une peinture. L'ange accroché aux voûtes d'une coupole d'église, figuré dans un monde vaste, loin de l'œil, vaut plus irréellement que le même, doté d'ailes en carton-pâte, maquillé et grimé pour ressembler à la créature déjà lointaine dans les airs. Le sulpicien photographique outre celui du monde pictural.

De même pour tous les objets constitutifs du dictionnaire évangélique classique : les épines de la couronne, les pétales de rose, les fleurs rouges, les colombes blanches, le morceau de pain rompu, le verre de vin, les crucifix, les chapelets de fruits, les crânes, les voiles de femmes toujours plus réels sur le papier bromuré que fixés dans l'épaisseur d'une huile de peinture. Ou pour la texture des objets en carton, plastique et mousseline, les vêtements en strass, les paillettes, les carrelages ou les sucreries, les perles ou les dorures, les vernis, plus rutilants sous l'œil du photographe que sous la main du magicien de la brosse ou du pinceau.

Le réel photographié, même quand il procède de

l'artifice intégral — ce qui est le cas chez Bettina Rheims —, crée un monde réifié là où la peinture, malgré le mythe de Zeuxis, figure de manière plus hypostasiée. Ainsi pour les substances mises en scène dans les photographies : le sang, le lait miraculeux de la Vierge, les larmes blanches, translucides, le mercurochrome, les coulures d'hémoglobine, la bave répandue, la salive, les sueurs luisantes, le cambouis, les souillures de crasse, les ongles sales ; mais aussi pour les travestissements qui supposent l'habillement contemporain de figures antiques, mythologiques et sacrées.

Reformulés matériellement, les corps de ces saints, saintes, vierges, apôtres, disciples, et autres acteurs de la biographie de Jésus, apparaissent selon les codes vestimentaires d'aujourd'hui : le grunge de Marthe, le trash de Simon ou de Salomé, le sadomasochisme de Marie, le chic mondain de Pilate, le funk d'André, le baba de Simon-Pierre. Aréoles sanglantes et piercing mammaire, bas résille et maquillage outrancier, dentelles noires, nylon léopard et slips rouges, lèvres peintes et chevelures rousses : la femme adultère, Marie Madeleine et les commensales des Noces de Cana exhibent un corps violent, immanent, libidinal.

Le kitsch de Bettina Rheims suppose la rematérialisation du monde jusqu'à l'écœurement. Saturées de réel, remplies du monde concret, débordant de références immanentes, les photographies d'*INRI* invitent à l'immersion dans la vie de tous les jours, dans le quotidien trivial des gares, des lieux désaffectés, des usines, des terrains vagues, des zones urbaines, des banlieues, des murs tagués, des garages crasseux, des soupentes aux peintures écaillées, des hôpitaux. Car le fils de Dieu fait homme, s'il désire vraiment partager la vie des gens simples avant de les sauver et de prendre sur lui tous les péchés du monde, se doit de connaître leur destin, de ressentir les affres de leur siècle, les douleurs existentielles de leur époque, dans leur peau. Manger, boire, dormir, vivre et copuler comme eux ; saigner, baver, déféquer, transpirer, se salir comme eux ; s'habiller, souffrir, habiter, vieillir, se dégrader comme eux.

À défaut, s'il refuse, si on le lui refuse, si on lui interdit d'épouser ainsi les détails de la vie des hommes, si on ne veut pas qu'il soit ainsi montré, représenté, figuré, il n'est qu'une imposture, tout juste utile à brimer l'humanité, la détruire et lui infliger le ressentiment et la haine de ceux qui détestent la vie. S'il est homme, en même temps que Dieu, il doit agir, vivre, penser et pâtir comme tel, avec le corps des mortels ; s'il n'est que Dieu et endosse l'habit des humains seulement pour se divertir, alors il déteste les hommes, se moque d'eux et se joue de leurs destins tragiques. Reste l'hypothèse la plus probable : que Jésus de Nazareth, fils de charpentier, fut un homme qui se prit pour Dieu. Alors son délire empoisonne une civilisation depuis bientôt deux millénaires. Qu'advienne donc le temps de l'Antéchrist qui nous réconciliera avec nos corps de chair et d'os...

22

À CEUX QUI NE VEULENT PAS JOUIR

Comment peut-on ne pas être hédoniste ?

Assez souvent, dans la semi-obscurité des amphithéâtres ou des salles qui m'accueillent pour des conférences, je vois surgir dans la nuit du public le visage torturé d'un — le plus souvent d'une — qui tient absolument à me faire savoir qu'il n'est pas hédoniste et ne veut pas l'être. Toujours ses propos trahissent une violence mal contenue, une agressivité qui le déborde, une souffrance qui le travaille. Dans la pénombre, je distingue les traits pâles, les découpes douloureuses du corps de cet être soucieux de conjurer en lui cette voix en forme d'invite à jouir mais qu'il étouffe au nom d'une puissance mortifère dont je voudrais ici tâcher de voir l'œuvre et les travaux.

Dans l'absence de sérénité de l'amateur d'ascétisme, je vois l'effet d'une émotion, d'une passion, d'une action viscérale. Affaire de chair, de ventre et d'épiderme : l'acteur du drame entortille son propos autour d'une colonne vertébrale vipérine, une obsession, une récurrence, une peur préhistorique. La haine de soi, vraisemblablement, et la peur d'assister en spectateur contraignent à la démonstration de l'énergie et de la puissance qui constituent et structurent son individualité. Angoisse d'enfant qui craint sa chair et la déteste pour n'entendre en lui, au moment du désir, que la voix de la castration et du dressage, du ressentiment et de la culpabilité, l'ennemi de l'hédonisme exhibe d'abord une fâcherie avec lui-même.

L'inquisiteur de ses passions et de ses pulsions, le tortionnaire de ses instincts et de sa part animale décide de rendre gorge aux bêtes qui hantent encore sa carcasse, malgré des siècles de civilisation, de culture et de religion. Il se veut pur esprit. On le souhaite âme désincarnée, il se vit porteur d'un cerveau reptilien et d'un système nerveux primitif, entre rat et singe. Dans cet écart monstrueux, il voit naître des fantômes, des songes, des rêves et des délires qui l'inquiètent, le troublent. Sa paix n'existe pas, sa sérénité demeure improbable. Le détestateur de l'hédonisme veut égorger et saigner jusqu'à la dernière goutte la part animale qui demande voix en lui. Au lieu de viser la modulation de ces sons rauques et étranges venus d'un autre monde pourtant si proche, il décide l'holocauste. Le sang, désormais, accompagne la haine de soi bientôt transfigurée en haine du monde.

À se signer devant le mot même, à brandir le crucifix, ou quelque objet conceptuel équivalent, le thuriféraire de l'idéal ascétique délire sur des fantasmes, erre à partir d'un imaginaire révélateur, tôt ou tard, de ce qui le hante, l'habite et le travaille dans la douleur. Dès le mot *plaisir* prononcé, la victime de soi entre en transe, connaît le tremblement, s'agite, éructe et trépigne. Même si j'ai pris la précaution de préciser ce que j'entends par ce terme, de définir les notions, de citer, jusqu'à satiété, l'impératif catégorique formulé par Chamfort dans l'une de ses maximes — « Jouis et fais jouir, sans faire de mal ni à soi ni à personne, voilà toute morale » —, de souligner la dimension intersubjective du projet éthique, de distinguer l'hédonisme vulgaire, consumériste et solipsiste, de l'hédonisme philosophique, métaphysique et altruiste, rien n'y fait.

Les victimes du déni veulent entendre le contraire, l'inverse : la voix intérieure couvre celle du défenseur des existences épanouies et le fantasme bruit plus que la réalité.

Ai-je signalé la volupté et le désir de jubiler ensemble, avec autrui, jamais contre lui, sans nier l'autre ? Ils conçoivent le plaisir à l'aune des informations fournies par leur inconscient torturé : une puissance dangereuse, négatrice d'autrui, sadique et perverse, tordue et sombre, sale et dégoûtante, une énergie noire à l'œuvre chez les nazis et les fascistes dans les camps de la mort et l'Holocauste — ah, la récurrence de l'usage rhétorique et sophistique des camps de concentration chez ces belles âmes trouées par la haine de soi ! On parle de *plaisir ensemble*, ils comprennent *jouissance de la destruction*. Or je sais maintenant, l'expérience aidant, mon propos moins à mettre en cause que le trouble qui fait associer aux victimes du dressage social une entreprise vitale et joyeuse à l'œuvre sinistre de la mort.

Jouir *et* faire jouir interdit résolument, définitivement, le recours à la mort, à la destruction, à la négation de l'autre. Comment autrui pourrait-il éprouver du plaisir à souffrir par moi, s'il n'a pas donné son consentement ? La pulsion de mort n'a aucune dignité, elle ne dispose d'aucune place, aucune, dans une logique intersubjective hédoniste. Qui associe de fait torture et souffrance dès l'apparition du mot plaisir renseigne de manière symptomatique sur l'état déplorable de son âme. Seuls ceux qui rencontrent des problèmes avec *leur* plaisir s'acharnent à fustiger *le* plaisir. Qui donc, sinon, peut préférer l'inverse de l'hédonisme ? Qui, hors perversion, peut souhaiter et vouloir le déplaisir de soi ou des autres ?

En dehors de cette alternative, il n'y a pas d'issue. Une éthique vise, ou non, le plaisir. Si elle refuse l'hédonisme, alors elle célèbre la subsomption de l'individu à un objectif supérieur, transcendant et castrateur. De sorte qu'une éthique ascétique enseigne toujours la nécessité de souffrir pour l'État, de mourir pour la Patrie, de périr pour la Nation, de transpirer pour le Savoir, de payer pour le Salut, de pâtir pour le Travail, de supporter pour la Famille, puis d'endurer toutes les peines et les malheurs utiles à l'être et à la permanence de la Société. Le mobile de qui refuse l'hédonisme se trouve presque sans coup férir dans le désir de conserver la réalité ou l'hypothèse des gratifications sociales obtenues pour rétribution de son renoncement et de son aliénation. Le visage déformé des grimaçants qui refusent l'hédonisme se visse souvent sur un corps individuel ayant fait son deuil de ses potentialités pour n'être plus qu'un rouage du corps social.

Héautontimoroumériénos, proposait Térence pour qualifier les artisans de leur propre malheur et donner un nom à ces bourreaux d'eux-mêmes. Voici la généalogie de cet animal ravageur et autophage, voilà les raisons en vertu desquelles un être préfère sa souffrance chérie comme une chienne galeuse à sa jouissance compissée à la manière des ivrognes désespérés : haine et peur de soi, angoisse de se retrouver face à des puissances magiques et magnifiques, jouissance perverse de la servitude et volupté malsaine de l'aliénation, individualités débiles sécurisées par l'enlacement des tentacules du Léviathan, toute figure haineuse à l'endroit de l'hédonisme entretient l'obscurité au cœur d'elle-même. La lumière, l'idée même de la lumière lui semble odieuse.

Quels arguments avancent-ils pour justifier leur passion mauvaise ? Car, devant les réactions de l'épiderme ou du ventre, la victime ravagée tente de donner forme discursive et logique, verbale et rationnelle à ses refus viscéraux. Là où la haine sanguine ne suffit pas, il s'agit de mobiliser les artifices de la rhétorique et du savoir, de la culture et de la dialectique. La haine de soi sait se travestir d'autant plus habilement qu'elle est puissante : son intérêt redouble, car il en va de la permanence de l'être construit selon les principes de cette douloureuse complexion. Une clé de voûte mise à mal, et l'ensemble de l'édifice s'effondre. L'architectonique ascétique confie les pleins pouvoirs à la pulsion de mort ; le verbe suit, édulcore et mène le combat.

D'abord, le mot même effraie, inquiète, angoisse. Ensuite, les ennemis de l'hédonisme réduisent bien souvent le plaisir à sa seule acception sexuelle. Jouir, jouissance, volupté et jubilation s'entendent restrictivement, pour eux, sur le terrain de la libido et de l'alcôve, du lit et de la chambre. Dans leur logique, et loin de l'étymologie associée à *ce qui plaît*, à l'agrément, la réjouissance, l'euphorie, la délectation, le contentement et la satisfaction, le plaisir signifie moins la vie heureuse ou l'existence harmonieuse, le quotidien radieux et le réel sensuel que le souci stakhanoviste égrillard, débauché, licencieux et dévergondé.

Vouloir l'élargissement des possibilités du corps sensuel, loin de valoir plaidoyer pour l'oreille et l'œil *autant que* pour le nez, la bouche et le toucher, semble supposer une stratégie visant la seule exacerbation des chairs concupiscentes. Or la philosophie du plaisir veut autant la jubilation dans la peinture et la gastronomie, la musique et l'œnologie, le voyage ou la sexualité, la conversation et la séduction, l'amitié et le libertinage, la lecture ou la fête. Autant, pas plus. Car, loin d'être un sexualisme, *l'hédonisme est un sensualisme*, une invite à exercer au mieux ses cinq sens et à se réconcilier avec la totalité de son corps, sans exclusive, sans complexe hémiplégique.

Le bourreau de lui-même reproche également à l'éthique voluptueuse de lâcher la bride aux pulsions animales, de ne plus mettre aucun frein aux instincts, voire d'en appeler au réveil de l'animalité en l'homme, pour flatter la sauvagerie et la brutalité des forces sombres tapies dans les limbes de la nature humaine. À ses yeux, l'hédoniste fait songer aux bêtes de proie, aux rapaces ou aux fauves, aux grands carnivores à la lippe baveuse, en quête de viande à déchiqueter et de sang à boire. Après le chien, animal sexuel et vagabondant, la hyène et le vautour. Vouloir le plaisir — de soi et des autres —, voilà qui supposerait le champ de bataille et les carcasses fumantes, les cadavres ensanglantés et les charognes puantes ? Drôle de conception de la jouissance...

Faut-il être travaillé par des hantises et des angoisses préhistoriques pour imaginer l'hédonisme à ce point sanguinaire et destructeur, exclusivement indexé sur la pulsion de mort ! Car, loin d'être un bestialisme, *l'hédonisme est un volontarisme*, une philosophie de la volonté, de la tension et de l'ascèse parmi les éthiques les plus sévères. À la manière des sagesses antiques et des grandes écoles d'existence hellénistiques, sur le principe des stoïciens ou des épicuriens, des cyrénaïques et des cyniques, l'hédoniste veut l'objectif élevé, l'idéal exigeant, la tension permanente, l'exercice spirituel périlleux, la pratique délicate et l'engagement perpétuel. Ce souci éthique suppose la lenteur de la progression, la patience de l'ouvrage sur soi et la régularité expérimentale. Théorie et pratique se nourrissent sans cesse pour culminer dans une sculpture de soi réalisant la mise en forme des énergies vitales anarchiques et sauvages. Le volontarisme veut puissamment la domestication des forces brutales et violentes en lieu et place de la pure et simple destruction que visent habituellement les morales de l'idéal ascétique. Là où le christianisme égorge la bête et saigne l'animal, l'hédonisme dompte et apprivoise.

L'homme ne gagne une humanité supérieure que s'il

assujettit et domine ses instincts, s'il soumet et maîtrise ses pulsions. En revanche, il régresse s'il imagine se surpasser en éliminant rageusement le naturel et le sauvage en lui. L'éradication de l'énergie, de toute énergie, au profit d'un anémisme éthique, condamne l'opération à l'échec intégral : on n'en finit jamais avec les instincts. Pis, à vouloir les assassiner, les tuer, on risque le retournement de ceux-ci contre l'individu qui voulait leur destruction. Le ratage d'une mise à mort met l'animal en furie. Dans cet état de violence aveugle, les instincts deviennent mauvais, puis ils génèrent haine de soi et haine du monde, chérissement de la pulsion de mort et complaisance à l'endroit des catharsis sadiques. Le bourreau procède des logiques victimaires sociales, des pratiques émissaires culturelles. En voulant faire l'ange, la morale ascétique fabrique la bête.

Le volontarisme éthique de l'hédonisme vise une mise en forme de ces forces dangereuses. La lutte perpétuelle contre la tentation de l'avachissement, le refus de l'abandon aux facilités égoïstes, autistes et solipsistes, le combat à l'endroit des puissances négatrices d'autrui, voilà qui conduit et structure la philosophie du plaisir. Le souci de l'autre impose une tension permanente hors de soi au profit du monde, de l'extérieur. D'où la promotion d'une arithmétique des plaisirs, un calcul des intérêts mutuels, un désir de s'informer des aspirations du tiers, de ses souhaits. La volonté se tend pour imaginer, présupposer, supputer la nature des conséquences d'un geste, d'un choix, d'un silence, d'un ton dans l'âme et le corps de l'autre. Jamais cette tension ne doit faiblir. Quand elle enregistre une moindre raideur, l'immoralité pointe son mufle.

De sorte qu'il devient facile de rétorquer à ceux qui voient un égocentrisme forcené dans la pensée voluptueuse qu'ils confondent les registres. Car, loin d'être un égoïsme, *l'hédonisme est un individualisme*. Là où l'égoïste ne pense qu'à lui, ne voit que lui et ramène l'ensemble des péripéties planétaires, voire cosmiques, à sa petite personne, l'individualiste affirme l'existence exclusive des individus, et de rien d'autre. Ni fonction, ni représentation sociale, ni structures collectives, ni machines de guerre étatiques, ni quoi que ce soit de général, d'universel, ne peut ni ne doit prendre le pas sur le singulier, le particulier, le subjectif. La généalogie de l'humanité d'un être ne saurait venir de son extérieur : elle surgit de l'intime et des profondeurs d'une chair informée par une mémoire et des traces vives.

À l'évidence, l'altruisme demeure radicalement et fonctionnellement incompatible avec l'égoïsme ; en revanche, seul l'individualisme permet la réalisation d'une éthique véritablement intersubjective. Là où triomphent les formes grégaires et les cristallisations de culture et de civilisation, l'individu n'existe pas, il ne dispose d'aucune essence, d'aucune potentialité génétique. Et je veux voir, d'ailleurs, dans l'individualisme tel que je l'entends et le définis un remède, une pharmacie artificielle efficace pour soigner l'égoïsme naturel et séculaire. Le souci du désir et du plaisir de l'autre, de ses souhaits et de ses aspirations, peut permettre de fonder une morale utilitariste, la seule qui, en présence de la toute-puissance de l'amour de soi, demeure concrètement envisageable.

Le pourfendeur d'hédonisme persiste à associer cette éthique à la négation, au refus et à l'ignorance d'autrui : vouloir son propre plaisir supposerait immanquablement détruire l'autre, attenter à son intégrité. En vertu de quelle loi ? Jouir sans faire jouir, bien sûr, permet ce genre d'holocauste de l'altérité ; mais j'ai déjà dit et écrit mille fois mon refus de cet hédonisme nocturne pour lui préférer une version solaire et libertaire, radieuse et constructive. Ni Sade ni Laclos, ni

Bernis ni Morny, ni Bataille ne m'agréent, car tous sentent trop l'Ancien Régime, le christianisme et le solipsisme, l'hostie et l'eau bénite. Le plaisir dans le crime, voilà moins une formule hédoniste qu'un impératif réactif cher au cœur des familiers de transgressions, ces nécessiteux du sabre et du goupillon, du péché et de la faute, de la culpabilité et du blasphème. Leur sacrilège prétendument athée et matérialiste suppose une métaphysique religieuse et spiritualiste, catholique et féodale. Leur besoin de Dieu vaut celui des grands mystiques consumés.

Les prospérités du vice et les malheurs de la vertu n'excitent que l'égoïste dévot du diable, soumis, donc, à la nécessité épistémologique d'entretenir son contrepoint avec ferveur : Dieu et ses attributs, l'angélique, le paradisiaque, le céleste, et autres fariboles qui truffent le récit du Divin (!) Marquis ou de l'auteur de la *Somme athéologique*. L'individualiste hédoniste combat l'égoïsme qui, d'ailleurs, entrave sa propre satisfaction, son agrément personnel : le déplaisir d'autrui, sa souffrance, sa peine, sa tristesse, son oubli ne peuvent réjouir qu'une personne inféodée aux jubilations sadiques et entièrement soumise à la pulsion de mort — que refuse de toutes ses forces l'hédoniste solaire dont je propose la formule archétypale. L'impératif catégorique du philosophe voluptueux ? Guerre à la mort, *sous toutes ses formes*.

Faisant suite à l'empire de la libido, au triomphe de l'animalité, à la consécration de l'égoïsme, l'hédonisme passe également, aux yeux de ses détracteurs, pour une idéologie négatrice des valeurs humaines classiques. Or, loin d'être un antihumanisme, *l'hédonisme est un surhumanisme*. Certes, il suppose caduque l'idée d'une définition transcendante de l'homme, accrochée au ciel des idées, et que ressassent encore aujourd'hui les tenants du vieil humanisme classique, éculé, ayant fait les preuves de son inefficacité, sinon de son conservatisme réactionnaire. Le temps des prêtres, cléricaux ou laïcs, vaticanesques ou philosophâtres, se fait toujours plus ou moins complice du temps des assassins. Tout est affaire de décors.

Se référer à des valeurs spirituelles, pseudo-religieuses, nouménales, intelligibles, voilà la meilleure façon d'épargner définitivement et sûrement l'homme réel et concret, celui qui, de chair et d'os, se moque de savoir si, dans le ciel des idées, on consent pour lui à une petite place au milieu des cierges allumés pour la Vérité, la Justice, la Beauté, la Bonté et autres billevesées purement conceptuelles. Dans ces lieux-là, l'Homme repose pour l'éternité, certes, mais à la manière d'un corps dans un suaire. L'humanisme classique en appelle aux idées pour ne pas changer l'humanité, le surhumanisme hédoniste convoque les idées pour modifier le réel, le transformer ; le premier se bat pour adoucir les effets sans s'attaquer véritablement aux causes du mal, le second en veut radicalement à la généalogie du négatif.

Le surhumanisme s'installe délibérément dans l'immanence et congédie toute transcendance ; il revendique la matérialité du monde réel et refuse l'idéalité d'un univers spirituel ; il pense en termes d'incarnation, de chair vivante, de vérité existentielle et congédie la désincarnation, l'immatérialité, la véracité idéelle ; il veut l'individu concret et l'éthique sensualiste, non la personne abstraite et la morale idéaliste ; il aspire au mouvement de la terre et ne se contente pas des immobilités célestes. Il veut le fleuve héraclitéen et refuse la sphère parménidienne. Loin de toute célébration d'idéal, qui s'effectue toujours au détriment du réel terrestre, le surhumanisme hédoniste propose la réactivation et la réactualisation de l'existentialisme — celui de Kierkegaard et de Sartre — qui célèbre la vie réelle exhaussée sur les hauteurs philosophiques.

L'homme de l'hédonisme vit, pleure, travaille, mange, souffre, boit, désire, dort, parle, pense, agit, médite, rit, vieillit, caresse, jouit, meurt. Sa naissance l'installe de fait dans une entropie qui s'empare de sa chair, de son corps et de son âme. Le surhumanisme seul permet de penser l'action et d'agir en fonction d'une pensée, si toutefois ces opérations théoriques et pratiques s'effectuent sur le terrain bariolé et chatoyant du monde concret. Là où l'humanisme classique éloigne les hommes de leur chair pour les constituer de spiritualité, pour les nimber conceptuellement et les installer dans le brouillard intelligible, le surhumanisme revendique les droits de la terre et enracine la sagesse dans la vie quotidienne.

L'Homme des penseurs classiques évolue dans un monde d'idées : la Justice ou la Vérité s'animent devant ses yeux à la manière des objets dans *L'Enfant et les sortilèges*. Danse des Vertus, gigue des Qualités, gavotte des Concepts, bourrée des Essences, menuet des Noumènes, sarabande des Idées : l'étourdissement menace les individus qui ignorent ce monde d'éther et de vent, de souffle et de transparence. L'humanisme classique ne vit que de banquets philosophiques où les convives impalpables se nomment en majuscules ; le surhumanisme hédoniste ne connaît que des individus réels qui subissent la justice ou l'injustice dans leur chair, qui ignorent ou savent la liberté dans leur quotidienneté.

Or le monde se métamorphose seulement lorsque les hommes quittent le cénotaphe où reposent ces idées. Car au milieu de ces danses de fantômes on vit à merveille, certes, sans aspérité, sans blessures, mais à la manière de l'ectoplasme, dépourvu de la chair où s'inscrivent les vérités d'évidence. Le surhumanisme descend les hommes du ciel pour les installer sur terre et congédie le pur usage philosophique conceptuel au profit d'une pratique existentielle impure. L'altruisme, la bonté, la générosité, le courage, l'amour, la charité permettent bien souvent une messe humanitariste et bien-pensante qui déculpabilise les acteurs de la violence sociale, ces bénéficiaires du régime de faveur libéral, et détourne leur souci d'un engagement véritable dans le concret politique et social des individus. L'histoire de l'humanisme comme pouvoir conservateur ou contre-révolutionnaire reste à faire ; la généalogie du surhumanisme rend toute idée nouvelle possible, tout projet neuf pensable.

Enfin, celui qui ne veut pas jouir et montre son visage exsangue dans la nuit des amphithéâtres garde sa carte ultime pour le coup de grâce qu'il espère : à tant parler de la mort, à tellement se référer à l'entropie, au néant, il faut bien que l'hédonisme soit philosophie d'inquiet, de troublé, de terrorisé, de grand ravagé par le fait d'avoir à mourir un jour. Il procède d'un affolement d'impuissant, non ? Le discrédit semble jeté sur celui qui opte pour le plaisir de soi et d'autrui, dans un monde où tout va vers la destruction et la décomposition, et l'on pointe chez lui une fascination pour la mort, une obsession pour elle, une incapacité à s'en défaire. D'où le procès : à tant adosser sa pensée sur l'évidence de la mort, la philosophie du plaisir travestit mal un désir de théodicée, une quête gnostique, voire l'aspiration à un genre de théologie sans Dieu travaillée, sur le mode hégélien, par le contraire et la contradiction. Et pourquoi pas une envie secrète de conversion pendant qu'on y est ?

Car, loin de toute théologie négative, *l'hédonisme est un vitalisme athée*. Et rien d'autre. J'ajoute que la vie, telle que je la définis, n'est pas susceptible d'une divinisation, d'une formalisation déifiée, d'un recyclage panthéiste, d'une tentative de redéfinition du déisme ou de réactivation de l'onto-théologie susceptibles de me conduire, un jour ou l'autre, à connaître les joies et les affres d'un genre de prie-Dieu pascalien ou de pilier claudélien, le temps faisant l'affaire. La vie dont je parle emprunte tout bonnement sa définition aux travaux de Bichat, médecin du siècle dernier — auteur de *Recherches physiologiques sur la vie et la mort* —, quand il qualifie de la sorte « l'ensemble des fonctions qui résistent à la mort ». Le mot dont j'use doit à la table de dissection, à la leçon d'anatomie, aucunement à la chaire d'église ou au lutrin de monastère.

Pour passer à côté de ce vitalisme, d'aucuns tâcheront d'enrôler l'hédonisme dans l'optimisme ou dans le pessimisme. Mais ni l'un ni l'autre ne conviennent. L'hédoniste ne voit pas le pire partout ; pas plus le meilleur. Il tâche de saisir le réel tel qu'il est. Autant dire qu'entre l'optimisme leibnizien et le pessimisme schopenhauerien, l'hédoniste opte pour le tragique nietzschéen. Parce qu'il sait la vérité ultime du néant, l'emprise intégrale de la mort sur tout ce qui est, l'inéluctable décomposition du réel, on l'imagine pessimiste ; pour la raison qu'il affirme la possibilité volontariste d'une issue, qu'il avance une réponse à la question de la finitude et propose une existence jubilatoire au bord même du précipice, on le pense optimiste. Certes il adosse sa philosophie du plaisir à la pensée de la mort et les annonce toutes deux comme avers et revers de la même médaille, recto et verso de la même feuille, bien sûr il énonce la nécessité de l'hédonisme au regard du nihilisme et de son spectacle, mais, pour autant, ce qui importe est moins de *devoir mourir* — ce qui soucie optimistes et pessimistes — que d'*avoir à vivre*, et à bien vivre, à mieux vivre — ce qui mobilise et motive l'homme tragique.

Le vitalisme est célébration de l'instant, de chaque instant, des formidables possibilités d'existence, de la capacité d'élargir la vie, de densifier le réel, de magnifier toutes les minutes. Il suppose un usage de soi et du temps dans la plus parfaite des harmonies et des cohérences. La vie, le mouvement, la mobilité, les déplacements, la vitesse et les trajectoires, mais aussi l'agitation, la turbulence, la vivacité, l'impétuosité, la trépidation, l'action, la prestesse — et puis mourir quand l'heure viendra, mais pas avant. Aucune seconde ne doit être consentie au néant de son vivant — voilà le sens du vitalisme hédoniste. Ce qu'ailleurs j'ai appelé l'art de mourir vivant.

Sexualisme, bestialisme, égoïsme, antihumanisme, théologie négative, ceux qui refusent de jouir — et bien souvent de faire jouir... — ne ménagent pas la rhétorique, la sophistique, la dialectique et les grands arguments. Refusant de voir dans l'hédonisme un sensualisme, un volontarisme, un individualisme, un surhumanisme et un vitalisme, ils concluent souvent en fustigeant l'esthétisme de cette vision du monde. Or, loin de tout esthétisme, *l'hédonisme est une esthétique*. Quelle différence ? L'esthétisme suppose une posture, un genre d'affectation solipsiste devant l'éternité, une allure fabriquée pour faire pièce à la terreur qui travaille le corps sous la peau, une fiction destinée à cacher la misère. Le terme invoqué se veut dépréciateur, il disqualifie, discrédite, voire ridiculise.

On imagine l'esthète plaçant la beauté plus haut que toute autre valeur, ne croyant au salut que par l'art, dédaignant toute autre option morale ou politique ; on le veut sceptique à l'endroit du monde, nihiliste quant aux valeurs, relativiste à l'endroit des vérités ; on le suppose soucieux de faire de sa vie une œuvre d'art, en égoïste intégriste et demeuré, méprisant le reste de l'humanité ; on pense qu'il paierait volontiers de l'anéantissement de l'humanité son seul petit salut, optant plutôt pour une belle erreur que pour une vérité laide — et les niais font de Nietzsche le parangon de cette imposture intellectuelle. Or le père de Zarathoustra, loin d'être un esthète, triomphe en artiste, en styliste, en créateur. Ni sceptique ni nihiliste, il travaille en destructeur, *puis* en affirmateur, l'une des tâches ne se pratiquant jamais sans l'autre.

Je ne polémiquerai pas avec ceux qui, parlant de Nietzsche comme on en glousse dans les salons mondains, persistent à enseigner la caricature du nietzschéisme. Lire le philosophe, *vraiment et intégralement*, loin des morceaux choisis exhibés sous le projecteur du politiquement et du moralement correct, suffirait à lui rendre justice. De sorte que la plupart, voyant mon hédonisme placé sous les auspices du penseur allemand, réitèrent à mon endroit ce que l'on reproche classiquement au philosophe défiguré. Or nulle part dans son œuvre complète on ne trouvera d'éloges de l'hédonisme. Pis, pour l'auteur du *Gai savoir*, cette vision du monde vaut symptôme du nihilisme, du pessimisme et de la décadence. Affirmer son hédonisme suppose s'émanciper vivement de la lettre du philosophe pour en célébrer l'esprit, la meilleure façon de lui exprimer une quelconque fidélité. Être nietzschéen, c'est penser à partir de Nietzsche — pas comme lui.

Esthétisme ? Sûrement pas. En revanche, l'hédonisme propose une esthétique, une vision du monde nourrie de l'étymologie fidèlement assumée : *sentir* — expérimenter physiquement sa propre vitalité. Or ceux qui ne veulent pas jouir ne veulent pas sentir, ils préfèrent consentir — aux instincts du troupeau, aux passions du groupe, aux pulsions du collectif, aux viscères du grégaire. Ils ignorent tout du plaisir individuel. Handicapés et amputés, ils ne déborderont jamais les jubilations mortifères de l'idéal ascétique : le sacrifice, la résignation, l'acceptation, la soumission, l'endurance, la patience, la docilité, l'humilité et autres vertus de domestiques ou de gens qui obéissent en échange du pauvre salaire d'un contrat social communautariste. Abandonner son individualité, la dissoudre dans la collectivité, voilà le projet de l'ennemi de l'hédonisme ami des macérations.

Qui s'interdit la jouissance ne peut jubiler que du renoncement à soi-même. Tout désir de plaisir se dilue et s'éteint dans le seul plaisir du désir — générateur de frustrations. D'où les dérivatifs de culture et de civilisation, la canalisation des énergies rebelles dans des formes socialement acceptables : jubilations des pouvoirs du conformisme et de l'exercice de l'autorité, satisfactions d'aliénés, épanouissements convertis dans le professionnel, le familial, le patriotique, la figuration publique, le sécuritaire, le répressif. Ces plaisirs fictifs et virtuels masquent la plupart du temps l'aliénation de qui abandonne au collectif le soin de gérer ses jouissances, de les définir, de les circonscrire et de les réaliser. Autant dire, de les vider de leur contenu avant de les pulvériser.

L'esthétique hédoniste propose le réinvestissement de soi-même, la guerre menée contre les aliénations, l'invitation à construire sa propre singularité, le refus intégral de ce qui limite et entame la souveraineté, la célébration de toutes les possibilités du corps et de la chair, la pratique ludique et joyeuse d'une morale exercée au quotidien, la création de soi et de l'autre par un projet existentiel commun, la promotion d'une école d'énergie spirituelle, l'ensemble visant la transfiguration du réel morose en monde réenchanté. Que ceux qui ne veulent pas jouir passent leur chemin, leur punition gît dans leur faute même : à l'heure de mourir, ils n'auront pas vécu. Pour les autres, qu'advienne le temps des heures pleines et voluptueuses.

23

APRÈS LES ADOLESCENCES FURIEUSES ET FÂCHÉES

Qui peut bien croire qu'on n'est pas sérieux quand on a dix-sept ans ? Ce fut pour moi l'âge des basculements, des charnières et des passages. Changement de corps, abandon des peaux enfantines pour revêtir les voilures souples des chairs adultes ; changement de monde, délaissement de l'univers de mes parents où l'exploitation subie au travail les éteignait, les épuisait et débouchait sur de trop fréquentes guerres ; changement de métaphysique, éviction radicale des fables chrétiennes dans lesquelles je baignais depuis ma plus petite enfance, des premières heures passées dans une garderie tenue par une ancienne bonne de curé aux sept années d'écoles religieuses ; changement de repères, refus des propositions honnêtes qui me destinaient à devenir dans mon village natal clerc de notaire ou cadre dans l'entreprise dont le patron salariait mon père, et préférences avouées pour les poètes, les artistes, les écrivains, les philosophes et les fous.

Dix-sept ans fut dans mon existence l'occasion des mouvements qui ressortissent à la tectonique des plaques : j'ai entr'aperçu alors mon destin de solitaire, d'individu et de grand brûlé qui n'aura pas assez d'une existence pour panser ses blessures, se réconcilier avec le monde des adultes et trouver sa place dans un univers dévolu à l'argent, au pouvoir, à la violence, au mensonge, à l'hypocrisie et à la fourberie généralisée. Je vivais des années sauvages avec un ami et sa compagne, dans un vieux corps de ferme, entre fourrage entreposé et matériel abandonné, non loin d'une mare où coassaient les grenouilles, les nuits d'été, et d'un chemin qui servait aux adolescents et aux couples adultères pour confondre leurs baisers et leurs projets.

Nietzsche avait coupé ma vie en deux fragments distincts. Il devenait l'aune à laquelle j'allais mesurer l'ensemble de mes lectures à venir, jusqu'à aujourd'hui. À la lumière de Zarathoustra, presque tout paraît pâle, fade et insipide. Je découvrais les noms de Deleuze et Char, Klossowski et Foucault, Jünger et Stirner, tous absorbés par le grand entonnoir nietzschéen des cieux ultramarins. Mélange de machines désirantes et de feuillets d'Hypnos, de femmes lubriques et de fous incarcérés, d'anarques au port mystérieux et d'uniques consumés de nihilisme, le monde intellectuel dans lequel j'évoluais rendait difficile la fréquentation des médiocres qui décident la plupart du temps de la couleur d'une époque.

Sauf deux exceptions, lues dans le même état d'esprit que *Par-delà le bien et le mal* ou *La Généalogie de la morale*. D'abord le *Discours contre les entraves* de Marcel Moreau, puis *De l'individualisme révolutionnaire* d'Alain Jouffroy. Je trouvais dans ces deux livres un ton, un style, une hargne, une insoumission qui me laissaient croire pensable, sinon possible, une fraternité intellectuelle. Le titre d'Alain Jouffroy me fascinait par son aspect apparemment oxymorique. Mes lectures politiques, entre Marx et Bakounine, m'invitaient à penser que l'individualisme ne pouvait être que petit-bourgeois, position de classe dominante, symptôme égocentrique et conservateur supposant le repli sur soi, le mépris des autres, le refus de la compassion universelle, en un mot, tout ce qui débouche obligatoirement sur l'anarchisme de droite, au mieux, ou sur le pessimisme misantrophique réactionnaire, au pire ; quant à la position révolutionnaire, elle supposait alors — 1975, ô Georges Marchais... — le goût prononcé pour les vérités collectives, la passion presque christique pour le peuple, voire pour l'avant-garde éclairée du prolétariat, l'instinct grégaire, le renoncement à l'esprit critique, l'assujettissement à un appareil dirigiste. Je me sentais individualiste, mais autrement ; révolutionnaire, mais différemment. J'aimais donc que l'individualisme puisse être dit révolutionnaire — aujourd'hui encore.

Le livre ouvert, je fus perdu par la profusion de noms inconnus : Saint-Pol Roux ? Wilfredo Lam ? Baruchello ? Topino-Lebrun ? Le Peletier de Saint-Fargeau ? En revanche, d'autres m'étaient connus, sinon familiers. Fourier, par exemple, qui me permettait d'entreprendre au lycée une grande brune aux cheveux frisés et aux baisers avides volés sous les portes cochères. Elle était catholique militante (elle a trouvé son mari dans l'une de ses réunions sinistres), je lui proposais de succomber à la tentation et l'invitais à se délivrer du mal en découvrant les passions pivotales, qui lui permettaient de conserver son futur mari, et les papillonnantes, qui présentaient l'avantage de me laisser un peu la porte ouverte. À défaut, je lui parlais parties carrées, nouvel ordre amoureux et hiérarchie du cocuage. Je n'avais pas encore dix-sept ans, et le sérieux m'autorisait l'accès au frivole...

Stirner, j'avais aimé jusqu'à l'ivresse, tel un compagnon de Nietzsche — qui l'a vraisemblablement lu et s'en est certainement beaucoup inspiré ainsi qu'en témoignent, comme toujours en pareil cas, l'absence de références et le silence sur le patronyme dans l'œuvre complète du philosophe de la transvaluation. Bréviaire des adolescences furieuses et fâchées, bible de l'âge coléreux et des premières heures rebelles, *L'Unique et sa propriété* me revigorait et me légitimait à faire un lot de l'Église et de l'État, de la Religion et de la Philosophie, du Monde et de Dieu pour me soucier exclusivement de l'expansion de mon individualité fragile. Lacenaire allait en ce sens, je savais les assassinats et l'écriture, la prison et l'échafaud, et me sentais solidaire de cette victime de la société... Lautréamont m'enivrait, avec son bestiaire monstrueux, sa plume d'acier et ses images apocalyptiques. Duchamp me plaisait, avec son urinoir, même si je n'y comprenais pas grand-chose, je préférais de manière épidermique ses frasques froides aux tableaux de l'impressionnisme apprécié des bourgeois. Alain Jouffroy me présentait ses amis, c'étaient aussi les miens.

Je lisais *De l'individualisme révolutionnaire* devant la cheminée, le dos glacé, dans une maison sans chauffage. Je poursuivais dans mon lit aux draps humides de froid. Je reprenais au petit déjeuner, le nez dans un bol de chocolat brûlant, entre l'échiquier à la partie suspendue et les cendriers débordants. Je continuais en surveillant la cuisson des nouilles, la friture des pommes de terre ou le devenir du gratin de courgettes noyées dans l'huile. Je tardais dans la nuit, allumant mes cigarettes au mégot des précédentes, et dévorais le livre avec des frissons de plaisir. Je relisais des pages juste après les avoir lues, en jouissant des formules, me promettant d'aller voir plus tard qui étaient Bernard Réquichot ou Stanislas Rodanski. Je croisais David et reconnaissais Marat, j'échappais à la Terreur grise et j'entendais éructer Hébert. L'eau s'était évaporée, les coquillettes collaient dans la casserole.

Le dépassement de l'apparent oxymore *individualiste révolutionnaire* se faisait dans l'ouvrage via l'homme qui a consacré sa vie aux beaux-arts, en subjectivité traçante et superbe. J'aimais cette résolution magnifique du conflit. Contre les bourgeois égocentrés et les communistes holistes, j'avais envie de ce passage dans lequel l'ensemble de mon travail s'est engouffré depuis. Entre l'individu du capitalisme libéral, préoccupé d'enrichissement ou de salut personnel, et le peuple dans son entier, les masses, les foules, les groupes, Alain Jouffroy faisait défiler une troupe de peintres, de poètes, d'écrivains, d'artistes de la politique, de thermidoriens et de criminels notoires qui parlent à la première personne et avancent la puissance et la charge de leur individualité en guise de remèdes aux saisons désespérantes. Je n'ai jamais négligé cette leçon : ni l'individualisme sans la révolution, ni la révolution sans l'individu.

J'ai quitté le vieux corps de ferme. L'amitié qui s'y trouva vécue disparut, car malheureusement tout sentiment vivant naît, croît, vit, décroît puis meurt un jour. Les grenouilles chantent peut-être encore les nuits d'été. Mais les bâtiments ont été restaurés puis réinvestis par une famille répandue dans la cour sous forme de jouets d'enfants et de bruits associés. Les grands arbres dont j'aimais la puissance, la majesté et l'envergure ont dû grandir encore, ou mourir. La lune et les étoiles crevaient la voûte sombre dans une incandescence dont je n'ai pas oublié les effets sur mon âme. L'éternel retour nietzschéen concerne aujourd'hui vraisemblablement les pépiements d'oiseaux dans les haies, les bruissements d'élytres des grillons dans les prés, les sauts des poissons rouges dans la mare ou le vrombissement grave des libellules pressées.

Restent aujourd'hui les passions pour mes lectures d'alors. J'avais là-bas découvert aussi les styles de Céline et de Gracq, l'inconscient freudien, la littérature anarchiste, l'immanence de la philosophie existentialiste et je n'ai pas renoncé, depuis, aux certitudes alors révélées : prose et poésie peuvent et doivent se nourrir mutuellement, une vision du monde suppose une façon afférente de la dire, le corps conserve mémoire intime de tout ce qui advient dans le quotidien, la philosophie mérite l'intérêt seulement quand elle permet la transfiguration de l'existence concrète. Alain Jouffroy m'avait appris que l'art seul permet à l'individu digne de ce nom de réaliser une révolution acceptable, que la poésie se vit, s'expérimente, que la culture doit servir la subversion, que l'individu réalise la collectivité, que la singularité exemplaire fournit un modèle existentiel. J'ai emmagasiné ces savoirs dans un corps qui, depuis, ne cesse de s'en souvenir.

Je ne connaissais rien d'Alain Jouffroy, sinon ce livre emblématique, pas même un début de bibliographie. Rien de son âge, rien de sa vie quotidienne, rien d'une éventuelle profession, rien qui m'aurait permis d'en savoir plus sur son trajet de poète, d'écrivain, de penseur, d'artiste. Et puis, vingt ans plus tard, j'ai découvert un jour en librairie le *Manifeste de la poésie vécue* (1995). Il m'a semblé que mon adolescence me revenait au visage, à la manière d'un parfum, sur le mode proustien d'une odeur d'enfance, d'une fragrance douce et tendre, renversante et voluptueuse. Sous la couverture Gallimard, chez Sollers, je découvrais un texte et une bibliographie qui m'apprenaient d'un seul coup l'essayiste, le romancier, l'historien d'art, le poète, l'épistolier, le critique, l'ami des artistes de tous temps — de Pietro di Cosimo à Pierre Klossowski —, le confident de Duchamp, le complice de Michaux, le *disciple* de Breton, le banalyste initié, le topographe des géo-poétiques, le voyageur aux magnétismes orientaux. Et un voisin bas-normand.

Car ce livre qui raconte le poète et la poésie, le sourire étrusque et le danseur du Bénin, le situationnisme de Guy Debord et le projet encyclopédique de Novalis, la métrique japonaise et l'ontologie heideggerienne, l'art de regarder et l'éthique de la vidéosphère, ce texte qui redit le génie de Rimbaud et l'excellence de Mallarmé, l'heure venue du manifeste et la subjectivité nomade, il décrit également les routes sinueuses et mystérieuses du Cotentin, ses villages tranquilles et silencieux, le port de Saint-Vaast-la-Hougue sous le vent, la lumière humide des petits matins normands, les plages désertes soulignées par le cri des mouettes, les vents fous venus de l'océan et ce qui exprime l'avers maritime d'une Normandie au revers de terre — la mienne.

Je travaillais aux lectures de *Politique du rebelle*. Essentiellement des livres consacrés à la Révolution française : biographies de Saint-Just et de Hébert, de Toussaint Louverture et d'Anacharsis Cloots, histoires des sans-culottes et monographies sur la famine de 1788, odyssée du babouvisme et roman girondin, statuts des Juifs, des femmes et des malades mentaux, les deux mille pages lyriques et sublimes de Michelet sur le sujet. Puis, des ouvrages sur la Commune de Paris, les mémoires de Lissagaray et de Maxime Vuillaume. Ou des vies d'Auguste Blanqui, Proudhon ou Ledru-Rollin. Dans la préface de ce manuscrit en cours, je venais de citer Alain Jouffroy parmi les auteurs essentiels à ma formation politique.

Un soir, le téléphone sonna à mon domicile. Embusqué derrière le répondeur, j'avisais la voix, en quête d'un ton, d'un timbre qui me décideraient, ou non, à décrocher. La bande se déroulait et le verbe se faisait singulier, dans la mélodie et le contenu : Alain Jouffroy me disait être à l'autre bout du fil, affirmait aimer ce que j'écrivais, repérait des convergences entre nos livres mutuels, souhaitait que nous fassions connaissance, que nous nous rencontrions bientôt. Incrédule, dubitatif, j'ai décroché — et parlé à l'auteur du livre qu'adolescent j'avais aimé. J'imaginais, en l'écoutant me parler, une maison au bord de la mer, les embruns manchots, la furie des vents du noroît, une nuit d'encre, une bibliothèque monstrueuse, et le visage d'un homme dont j'ignorais tout. La conversation fut brève, mais dense, la promesse de nous voir rapidement conclut notre conversation. Ma nuit fut animée par ce mouvement singulier : des lectures d'adolescent fermées en boucle à l'âge adulte quand on a écrit soi-même un certain nombre d'ouvrages.

À Sainte-Suzanne, dans le Cotentin, nous nous sommes retrouvés comme si nous nous étions connus depuis toujours, à la manière d'amis qui se sont quittés la veille. J'avais apporté dans mes bagages un château-d'yquem 1989 — puissance, concentration, abricot confit, confiture de pêche, liqueur de soleil, incandescences orangées — et ma cave de havanes avec des lanceros de cohiba — terre, sol, épices, puis générosités humides de terroir exotique. J'avais promis de cuisiner — et d'inventer une recette pour fêter Alain Jouffroy puis célébrer en contrepoint le flacon de sauternes. Ce fut un poulet aux gousses de vanille en croûte de sel, accompagné d'un émincé de céleri branche braisé. Dans la cuisine où je préparais tout cela, nous avons parlé poésie et philosophie, présocratiques et nietzschéisme.

Le dîner fut étincelant de références, de citations, de confidences, de mémoire. La rencontre d'Alain Jouffroy avec André Breton, les conversations avec Henri Michaux, les entretiens avec Marcel Duchamp, les dîners avec Octavio Paz, les visites à Gilles Deleuze, les propos échangés avec Pierre Klossowski, mais aussi les amis Fromanger et Matta, Celan et Borer. Et surtout, nous avons parlé de la Révolution française comme si nous en sortions, Alain Jouffroy défendant Saint-Just, Robespierre et la Terreur, moi célébrant le désespoir des Enragés, la subjectivité radieuse de Charlotte Corday et le verbe voluptueux de Michelet, puis clamant ma haine de l'Être suprême, des temples de la Raison, des fêtes populaires. J'ai regretté qu'Alain Jouffroy n'ait pas raconté sa Révolution française dans un livre — je le regrette encore.

L'ivresse vint des mots et des mémoires croisées, des références et du verbe chauffé à blanc, du vin bu en quantité et de la fumée des havanes, de la fatigue et de la nuit, des émotions et des fantômes : je sortis sur le pas de la porte. Le nez dans le ciel profond comme les abysses des premiers jours, le visage humidifié par la fraîcheur nocturne, l'absolu nourri aux eaux d'étoiles et aux feux de voûtes célestes, les bruits de la campagne vociférant les monstres du bocage et trahissant le bestiaire fantastique des sorciers, je sentis mon corps vaciller, ma chair se tasser, mon poids augmenter. La nausée m'envahit, je me vidais dans la direction des planètes. L'envie me vint de dormir jusqu'aux heures les moins blanches de la matinée, quand, l'aurore disparue, les lumières deviennent plus douces, les couleurs mieux affirmées.

Nous nous sommes revus. En route vers son domicile, l'explosion du radiateur de mon vieux coupé Mercedes empêcha nos retrouvailles, mais il y eut Sainte-Suzanne, encore, et Paris, une autre fois. Nous avons parlé d'Orient et de Japon, de cuisine asiatique et du petit monde parisien que j'abhorre, du rôle de la violence et de sa nécessité, de la tolérance, que je ne tolère pas, de la solitude et, pour ce faire, des vertus de la province. De ce qui fait le provincial — qui n'a *jamais* de domicile à Paris, où il se contente d'hôtels — et des délices du désert normand, où l'on peut *vraiment* travailler. Car je crois que le monde se partage entre ceux qui travaillent, et ceux qui vivent du travail des autres. J'ai défendu, encore et encore, la vie quotidienne loin de la capitale, et dit l'écriture possible dans le calme et le recueillement des provinces aux temps plus lents.

Nous nous parlons parfois au téléphone, tard le soir, nous nous écrivons de temps en temps, nous nous envoyons nos livres respectifs. Mais régulièrement je pense à Alain Jouffroy comme à l'un de ces êtres avec lesquels Marc Aurèle inaugure ses *Pensées* en consignant par écrit ce qu'il leur doit, ce qu'il a retenu d'eux. En pratiquant pour moi cet exercice, il me faudrait dire : d'Alain Jouffroy, j'ai appris la possibilité de révolutionner le réel en pratiquant l'individualité jusqu'à l'incandescence, là où l'on se trouve, toujours et partout ; la relation de cause à effet entre la volonté d'une subjectivité radieuse et la modification du réel ; la position architectonique de l'artiste entre des mondes *a priori* inconciliables, antinomiques ; l'absolue nécessité d'un style, d'un tempérament, d'un caractère ; la validité d'un projet poétique quand il s'incarne dans une vie quotidienne. À dix-sept ans, pareilles certitudes constituent le viatique avec lequel une vie peut se métamorphoser en occasion de jubilation plutôt qu'en prétexte à désespérer. Mon existence, depuis, ressemble à des variations sur ce thème généalogique : demeurons fidèles aux adolescences furieuses et fâchées.

24

QUAND L'ÂNE ENTREPREND LA GRENOUILLE

Les moralistes opèrent souvent ailleurs qu'en leur domaine de prédilection, l'aphorisme, la fusée ou le mot d'esprit cinglant et définitif. J'aime, à la manière d'un cordial puissant, toutes les vaticinations vitriolées d'un La Rochefoucauld ou d'un Chamfort, les remarques plus douces d'un La Bruyère et d'un Vauvenargues aussi, mais je tiens l'art français de la saillie littéraire et de l'ironie mise en maxime, sinon du cynisme tranchant comme l'acier des sentences, pour l'un des plus accomplis. En musique, il se trouve fort peu de moralistes parents de cette engeance, encore moins d'œuvres incisives en même temps que décapantes. En la matière, l'ironie manque et se chercherait en vain entre la bouffonnerie d'opérette et les hypothétiques drôleries des opéras bouffes.

Avec *Platée*, Rameau propose une œuvre sans double qui allie la complexité musicale et la légèreté du propos, la fabrication cérébrale, dont il est coutumier, et les leçons données à la façon d'un fabuliste, Florian par exemple. L'histoire d'une grenouille abusée par les dieux, dont l'un prend les habits du hibou, puis de l'âne, montre l'arrogance et le mensonge des grands et des puissants, puis le destin toujours floué des petits punis d'avoir cru aux promesses royales ou divines. Sur son lit de mort, Rameau envoie au diable le prêtre auquel il trouve une voix mal posée. Dans son opéra, il congédie de la même manière, sur un mode savamment ironique, les Jupiter et Junon qui se jouent du petit peuple des marais, là où coassent les grenouilles fautives de donner crédit aux gens étrangers à leur monde.

Platée met en scène la cruauté, la tromperie, la fausseté, la séduction que pratiquent toujours, arrogants, les habitants et locataires du ciel. En même temps, l'œuvre souligne la naïveté, la candeur et l'ingénuité des sans-grade, laids et crédules, qui vivent dans la boue des roseaux et la pestilence des marécages. Loin d'être une œuvre politique, ce ballet bouffon, comme on le désigne, fournit sur le terrain musical l'équivalent des petits textes efficaces du Vauvenargues des *Discours sur les mœurs de ce siècle* pertinents pour toutes les époques tant s'y disent les mécanismes et les travers de l'humanité d'une manière quintessenciée. Avec une insolence affleurante, le livret de Le Valois d'Orville expose aux grands de la monarchie française, à qui l'œuvre fut proposée un jour de leurs fêtes, un miroir de leurs vices, un reflet de leur vilenie.

Jean-Philippe Rameau moraliste ? Voilà donc une gageure. Car on connaît le théoricien de la musique, l'auteur de savants traités d'harmonie, l'épistolier brillant, le philosophe cartésien, l'organiste improvisateur, le musicien absolu — comme on parle d'oreille absolue —, le théoricien docte du corps sonore, le protagoniste mordant de la Querelle des Bouffons, le polémiste croisant le fer avec les Encyclopédistes, le promoteur d'une esthétique qu'aurait peut-être pu signer Descartes s'il s'était attelé à la tâche, mais on passe sous silence, par exemple en négligeant le livret et la musique de *Platée*, la dimension éthique et le propos moraliste du musicien metteur en scène des dieux et des bêtes proposés en spectacles édifiants aux gens de Versailles. Et dans ce rôle, Rameau tient la posture royale de l'ironiste.

Plus grand que la moyenne, dégingandé, sec comme un long roseau pensant, le visage taillé en lame de couteau, les os saillants sous la peau, les contemporains de Rameau associent sa silhouette à celle des spectres qui hantent les vieilles demeures et les nuits sans lune. Voûté, penché en avant, les mains dans le dos, quand il n'est plus un fantôme, il se promène, rêveur, quotidiennement, immense squelette flûté, dans les allées du Palais-Royal où il met au point, vraisemblablement, ses pièces pour clavecin, ses traités musicologiques, ses lettres à Voltaire, ses philippiques contre Rousseau, ses opéras, ses ballets, ses tragédies lyriques et ses autres œuvres musicales.

On a retenu son regard incandescent, sinon son grand corps tout entier consumé. Les brûlures se manifestent dans son abord sombre et peu avenant, son insociabilité radicale, sa hauteur parfois dédaigneuse, son ton cassant, son goût vindicatif pour les querelles sans fin. Coléreux, acharné, dur, n'aimant, disait-on, rien ni personne, Rameau agit, pense et voit le monde avec l'extrême lucidité des écorchés qu'un souffle, qu'une vibration infinitésimale blessent au sang, fouillent à l'os. Sachant la nature des hommes, dessillé, désabusé, tout s'agence chez ce philosophe pour faire de lui un moraliste ironique — d'autant que les confidences de ses proches permettent de savoir qu'il était fondamentalement tendre, émotif, sentimental et généreux. De quoi faire un tempérament brillant dans l'exercice des feux initiés par les fusées de La Rochefoucauld.

Car bien souvent, entre l'humour doux et le cynisme corrosif, l'ironie distille un cordial pour ceux dont le cœur, à défaut de se briser intégralement, n'est jamais parvenu à bronzer définitivement. Frère en cela, par-delà les époques, des partisans de la méthode socratique grecque, juive hassidique, romantique allemande ou existentielle danoise, Rameau demande à la grenouille entreprise par Jupiter, caché sous les traits de l'âne, des leçons sur l'humaine nature, sinon l'humaine condition, en recourant à la drôlerie, au sourire, au rire grinçant, à l'humour, à la plaisanterie, à la farce, au travestissement et à tous les artifices qui permettent la pointe avec laquelle on découpe à vif la chair du réel pour en obtenir les lambeaux dans lesquels s'engouffre le vent des âmes mélancoliques. Depuis l'Antiquité, bile noire et génie entretiennent d'incestueuses relations.

Ironiste, Rameau l'est magistralement en cette période de monarchie triomphante et de pouvoir royal incontesté quand il propose *Platée* le 31 mars 1745 dans le Grand Manège couvert de Versailles à l'occasion du mariage du Dauphin avec l'infante d'Espagne dont la laideur n'échappait alors à personne. Pour célébrer musicalement les noces du prince et de son épousée, le compositeur élit un Jupiter transformé en hibou, en âne et une Platée incarnée dans une grenouille. À part la carpe et le lapin, jamais zoologie n'a semblé plus prometteuse ; en dehors du parapluie et de la table de dissection, aucune combinaison n'est parue aussi audacieuse. La réception de l'œuvre fut, dit-on, laconique. Qui s'en étonnerait ?

Outre cette provocation digne d'un Diogène moderne, Rameau persiste, en plus de l'argument du livret, avec le traitement théâtral et musical du sujet. Le siècle sacrifie à l'opéra de manière quasi religieuse, sinon mystique ? Il communie dans le rite, réglé à la manière d'un cérémonial maçonnique ? Il tient le genre pour cardinal, central, emblématique du pouvoir royal et de ses fastes ? Il construit la plupart de ses thématiques sur la célébration de l'Amour, presque exclusivement associé à Pygmalion ? Alors le compositeur propose une transmutation des valeurs, une transvaluation, toujours selon les principes de la règle ironique, en supposant que le destinataire du signe saura restaurer l'ordre voulu par le démiurge musicien pour saisir l'intégrité du message moraliste.

Afin de permettre *a priori* des points de repère destinés à installer le propos musical dans une apparente géographie familière, tout dans *Platée* recourt aux artifices d'un monde esthétiquement connu, jusqu'à satiété : la cavalerie mythologique, une Thalie, une Thepsis, un Mercure, une cohorte de satyres, une théorie de ménades, une troupe d'aquilons, une armée de nymphes, Jupiter et Junon, bien sûr, mais aussi Momus, le dieu de la raillerie, Cythéron, le roi d'un obscur État de Grèce, les figures conceptuelles de l'Amour et de la Folie, puis des fous, les uns, gais, habillés en Ponpons, les autres, sérieux, vêtus en philosophes grecs. De même, les chœurs généreux alternent avec les ballets nombreux, pendant que les dieux se métamorphosent, qu'un char traverse le ciel, que des nuages se déplacent sur scène.

Sans compter les différentes machines génératrices, dans le théâtre transformé en champ de bataille pour le démiurge, du vent ou des éclairs, du tonnerre ou de la foudre, de trois orages et d'un arc-en-ciel, de pluies de feu et de bourrasques soutenues. J'allais oublier les descentes et remontées du ciel, le dieu tenant en main un foudre de feu, quelques pépiements et piaillements d'oiseaux, le passage d'un hibou et la traversée d'un âne. La famille royale pouvait se réjouir, tous les ingrédients de l'opéra à l'âge classique étincellent sur scène et dans les coulisses, sans exceptions.

Faut-il voir de l'ironie, disons lacanienne, jusque dans les mots du librettiste ? Je ne sais. Du moins, il faut ne pas laisser passer un Jupiter qui *jette son foudre*, ici, ailleurs on invoque *des nœuds solennels* quand plus loin se verbalise *un nœud légitime*. Ni l'immense carquois un peu phallique d'un Momus aux yeux bandés et à l'arc prêt au décochement de flèches destinées à enflammer définitivement la grenouille que convoite le dieu au foudre. La diction et la déclamation, puis la mise en scène, cardinales, soulignent ou effacent les propositions écrites du librettiste Adrien-Joseph Le Valois d'Orville dont l'histoire retient le raffinement comme trait de caractère distinctif.

Argument grinçant, surcharge de codes, jeux verbaux, l'ironie semble également se manifester dans la confusion des registres voulue par le compositeur qui sollicite, pour l'œuvre présentée à Versailles, les ressources du théâtre de foire qu'il connaît bien pour l'avoir pratiqué en d'autres occasions. D'où le ton railleur et léger, les phrases emphatiques qui parodient le genre tragique, le recours au vocabulaire populaire, sinon la prononciation provinciale, le comique de répétition et celui qui s'appuie sur les monosyllabes sonores associés aux borborygmes, aux difficultés d'élocution — dont, par ailleurs, souffrait personnellement Rameau —, les cadences et phrasés paysans, voire les allitérations génératrices d'effets souriants. Les grimaces, les cris, les coassements et braiments simulés, les cris d'animaux et le bestiaire parachèvent les citations et baptisent l'intrusion du style populaire dans le genre noble par excellence. Ainsi se trouvent invités des gens de foire à la cour du roi, au mariage du Dauphin...

Enfin, la musicologie achève de démontrer le propos ironique de Rameau dans cette œuvre singulière. Car les minauderies verbales se trouvent soutenues, illustrées et soulignées par les phrases musicales gauches de Platée, la grenouille, qui tend à la grâce, n'y parvient pas, prisonnière de son destin, et s'empêtre dans des lourdeurs musicalement signifiées par des contretemps grotesques. La solennité du propos rythmique manque ses effets et tombe à plat, sans relief. Les différents changements de tempos, les répétitions de notes, les erreurs volontaires de tons, les accentuations à faux, les élocutions falsifiées et la prosodie bousculée imposent une couleur fautive. Tout grince et bouffonne.

De même, le rôle-titre, habituellement réservé aux prouesses vocales et aux morceaux d'anthologie, loin de servir de vitrine esthétique musicale à l'œuvre tout entière, appuie le caractère grotesque de la situation. Le choix de mots rustiques, leur accentuation ridicule, leur platitude volontaire provoquent des dissonances de registre. L'emphase des voix divines singe le monde céleste. L'ensemble s'agence dans la dissonance, les onomatopées, les dysharmonies, les allitérations comiques. Toujours grincements, toujours bouffonneries.

L'opéra, du début à la fin, dans son ensemble et dans son détail, du livret à la partition, du sujet à son traitement, de la fosse à la scène, des dieux aux bêtes, des voix aux instruments, du cabinet du compositeur à la représentation fastueuse devant la cour royale, tout transpire l'humour, sue l'ironie, suinte le cynisme, et procède d'une connaissance aguerrie des hommes et de leurs tropismes. Finalement, et avec le brio d'un ciseleur d'aphorismes, l'œuvre brille d'une belle lueur noire, à la manière des apophtegmes assassins à l'aide desquels les amateurs de formes brèves du Grand Siècle et leurs suivants règlent radicalement son compte au monde. Rameau fait entendre la couleur et les timbres de cette musique spécifique qui parcourt toujours de manière ineffable la tradition aristocratique des moralistes français.

25

AU-DELÀ DU RIVAGE DES SYRTES

Fragments de Libye

En terre philosophique, voyager suppose quérir des traces, hanter des lieux, parcourir des paysages, enquêter pour traquer des sensations dans les registres géologique, climatologique, géographique et affectif. Avec les émotions trouvées, sinon cherchées en vain, le texte se nourrit, s'enfle et se gorge pour plus tard. Quitter les lieux de la sédentarité, les rites et les habitudes, opter, même brièvement, pour le nomadisme, les expérimentations et les trouvailles, voilà matière à fortifier le corps avec la certitude de joies insoupçonnées, de voluptés impensables. Changer de latitude ou de longitude, aspirer à de nouvelles langues, magnifiques et radicalement étrangères, vouloir un autre soleil, une autre lumière, d'autres peaux, désirer le décalage horaire ou l'étonnement dans l'espace, se sentir essentiellement et physiquement *dépaysé*, voilà les battements d'ailes généalogiques des géographies hédonistes.

J'ai toujours voyagé dans cet état d'esprit, parcourant d'abord l'Europe pour solliciter l'âme et les mânes d'un penseur lu, aimé, complice : un cimetière danois et la tombe d'un philosophe où fanaient des roses rouges derrière un enclos en fer forgé, les traces d'une prison moscovite où avait pu s'écrire avec les ongles la confession d'un anarchiste débordant de vitalité, l'appartement du fondateur viennois de la psychanalyse dans la lumière chatoyante d'un quartier londonien, l'architecture glaciale d'un logicien constructeur de maison perdue dans les plis dessinés par un ring autrichien, le parc genevois d'un ironiste français du siècle des Lumières exilé au plus près de sa patrie, les canaux inextricables d'une ville du Nord construite sur l'eau et abritant les cogitations de philosophes inventeurs de la modernité, le port lisboète d'un amateur d'hétéronymes rêvant les questions de l'identité.

Et puis les lieux nietzschéens, presque tous — sauf la tombe et le pensionnat. Car Nietzsche invente la quintessence du voyage philosophique. D'abord dans *Ecce homo*, quand il formule pour la première fois l'importance d'un climat, d'une géographie, d'une hygrométrie, d'une lumière, d'une climatologie, d'une géologie, d'un régime alimentaire, et plus généralement d'une diététique généralisée qui, seule, permet de savoir un tant soit peu pourquoi et comment l'on devient ce que l'on est. D'une certaine manière, cette invite à ne rien négliger d'une biographie pour pénétrer une œuvre détermine la possibilité d'une psychanalyse existentielle à l'aide de quoi on peut comprendre des textes, des livres, des phrases, déchiffrer des silences, saisir le sens de mots à demi prononcés, finir des phrases ébauchées et abandonnées aux brouillons.

D'où mes marches dans le vieux Nice, à la recherche d'une antique pension de famille louée par Nietzsche quand il vivait en Provence, sur le sentier d'Eze qui descend du nid d'aigle en direction du bleu de la Méditerranée, dans les rues de Sorrente, à l'ombre du Vésuve, dans les ruelles saturées par le parfum des orangers où l'on oublie la menace du volcan sur les villes construites à ses pieds ; d'où mes déambulations dans Venise à la recherche des appartements habités par Peter Gast, l'ami, et occupés par le philosophe quand il imaginait un livre sur Chopin ou retenait mentalement la découpe lointaine, dans le brouillard, du cimetière San Michele devenu l'île des morts dans le *Zarathoustra* ; d'où mes rêveries dans les sentiers de l'Engadine, à Sils-Maria, pour retrouver l'air glacé des cimes, l'eau gelée des sources et des lacs, l'œil noir des eaux profondes, le cri des oiseaux de proie qui tournoient dans l'azur ; d'où ma mélancolie sur le quai du petit port de Portofino ou de Rapallo, regardant les doigts des pêcheurs qui raccommodaient leurs filets, à deux pas des intuitions nietzschéennes de l'Éternel Retour et du Surhomme ; d'où, enfin, mes pérégrinations dans les rues de Turin, Milan ou Gênes, à la recherche d'une marchande de quatre-saisons, d'un cocher frappant son cheval ou d'un marin qui se serait appelé Yorrick.

Il me semble impossible de lire et d'aimer un philosophe sans vivre avec, désirer les lieux parcourus par lui, les ciels sous lesquels il a promené son corps traversé d'éclairs et de foudre, fouler le sol, la terre aux empreintes vite effacées par le temps, recouvertes par les voiles de l'éternité. J'aime les fantômes, les souvenirs, les traces, les ombres, les murmures, la complicité des âmes par-delà les siècles, le temps et l'espace. Mes contemporains, aux antipodes de mes congénères ennuyeux, se trouvent à des milliers de kilomètres des lieux où je vis et de l'époque dans laquelle je me trouve : Diogène le cynique et Aristippe l'hédoniste, plus que tous autres. Sinope la Turque et Cyrène la Libyenne accusent une épaisseur autrement plus chargée d'âme que Paris la gâteuse.

Je voulais depuis longtemps traîner mon désir à Cyrène, sur l'agora, interroger les vieilles pierres, toucher l'arête brisée des colonnades d'un temple, mettre ma main dans la terre, gratter le sol, lever la tête et m'enivrer d'azur, respirer à pleins poumons l'air venu de la Méditerranée toute proche, une quinzaine de kilomètres à vol d'oiseau. J'ai rêvé sur des cartes de géographie, des cartulaires, des portulans, des atlas, j'ai lu et relu : Tripolitaine et Cyrénaïque, golfe de la grande Syrte et désert de Libye, Tripoli et Benghazi. J'ai imaginé les vents de sable et les dunes orange, les troupeaux de dromadaires et les moutons paissants, les bédouins et les imams, les ruines grecques et les minarets aux croissants cuivrés, les camaïeux bleus de la Méditerranée et les gammes ocre des terres africaines, entre latérite et poudre blanche du Sahara. Et j'ai voulu, depuis une éternité, partir sur les traces d'Aristippe de Cyrène.

Car je me suis pris de passion pour une figure altière qui, pour philosopher, se moque proprement de la philosophie. À l'inverse de Platon, le docte sérieux décidant du destin des autres, justifiant l'idéal ascétique, le renoncement au monde et flattant le goût morbide de tout un chacun pour les vertus qui rapetissent, Aristippe veut l'humour, l'ironie, la drôlerie, l'amusement, le délire, l'indépendance, l'acquiescement intégral au vivant, le grand oui à l'existence, le rire, la pensée ludique, le corps joyeux, la passion, le désir et le plaisir réhabilités. Travesti en femme, fréquentant les prostituées, injuriant les bourgeois, dissertant sur les vertus des dauphins et des mulets, des perdrix et des chevaux furieux, il enseigne le mépris des fausses valeurs, de l'argent à la réputation en passant par le pouvoir, et fait l'éloge d'une existence radicalement autonome — au sens étymologique.

J'aime également, chez Aristippe de Cyrène, comme chez la plupart des philosophes qui précèdent le christianisme, l'existence et la pensée confondues, l'œuvre et la vie indissociables, le livre écrit et le quotidien vécu inséparables. Le moment biographique et le détail théorique s'appellent, se nécessitent, se fortifient. Cyrène en forme d'écrin à l'hédonisme, condition de possibilité et généalogie d'une philosophie du plaisir — cette expression quasi oxymorique dans l'histoire occidentale des idées —, voilà qui depuis longtemps retenait mon désir. Et puis je me sens contemporain des seuls penseurs électeurs des objets triviaux aux yeux des tristes sires : le désir, le plaisir, le corps, le bonheur, la douleur, la vie, la mort, la souffrance et tout ce qui permet une authentique sculpture de soi avant le trépas.

Partir à Cyrène suppose aujourd'hui se décider pour la Libye. Rude entreprise de persuader les autorités de la Grande Jamahirya Socialiste et Populaire Libyenne qu'on désire réellement se rendre sur le lieu de naissance d'un philosophe contemporain de Platon qui, certes, a bien écrit, mais dont ne subsiste aucun livre, dont les frasques paraissent même sujettes à caution chez les érudits. Pas de portrait sûr, pas de visage certain. Pas de manuscrits découverts dans une jarre. Pas d'œuvres complètes ou partielles. Pas de fragments, d'extraits de l'un de ses ouvrages consacrés soit à l'histoire de la Libye, soit aux naufragés, aux mendiants, aux songes, aux domestiques ou à sa fille. Pas de fragments non plus ayant échappé aux ravages du temps d'un volume réfutant tel qui lui reproche d'avoir acheté du vin et des courtisanes ou tel autre de bien banqueter. Pas de livres, d'articles ou de thèses consacrés au personnage. Rien. Le fonctionnaire qui me reçoit dans les bureaux de l'ambassade de Libye à Paris semble dubitatif.

Et si je me cachais derrière cet Aristippe de Cyrène, inventé peut-être de toutes pièces, pour partir là-bas faire de l'espionnage, renseigner l'Occident sur des tracés de route, des réseaux de pipelines ou d'oléoducs, le nombre de mosquées, l'état mental de la population ? Si ce jouisseur de philosophe était un prétexte pour photographier des frontières, des puits de pétrole, des casernes, des postes de police, des bases militaires ? Si la philosophie cyrénaïque n'offrait qu'un piètre paravent à des ennemis sionistes pour mener en toute tranquillité des investigations menaçant la sûreté de l'État ? J'eus à plusieurs reprises l'impression que mon souhait de hanter les géographies d'Aristippe paraissait une entreprise d'hurluberlu à mon interlocuteur embarrassé, empêtré dans un français qui valait mon arabe...

En regardant le chargé de mission qui, après m'avoir fait revenir plusieurs fois de province, m'invitait dans son bureau à lui répéter mes désirs à l'infini, je mesurais ce qui séparait une philosophie hellénistique païenne et radieuse d'un régime socialiste laïque, certes, mais fondamentalement musulman. Il s'acharnait à prétendre n'avoir rien reçu de moi alors que l'une de mes télécopies dépassait insidieusement de son dossier pendant qu'il tâchait de faire des phrases cohérentes. À quoi pouvaient bien correspondre, dans son esprit, ces références à Platon, à Socrate, à l'hédonisme, aux cyrénaïques, à Callimaque, à Synésios ? Je parlais des jeux pythiques de Pindare, il imaginait sûrement que je travestissais maladroitement ma volonté d'obtenir les plans d'un terminal pétrolier ou d'un aéroport stratégique.

Pendant que l'employé d'ambassade isolait dans mon propos la référence aux cyrénaïques — elle correspondait vraisemblablement pour lui à une région libyenne venant fort opportunément servir de point de repère et de point d'appui dans un échange difficile —, j'avisais les chiures de mouches sur un immense portrait du colonel Kadhafi, couleurs passées, posture de star échappée du cinéma américain, lunettes de soleil ayant fait florès de Pinochet à Jaruzelski, le portemanteau coincé dans la porte pour la maintenir ouverte, les trous creusés par des mégots dans l'épaisse moquette pisseuse, le skaï des fauteuils et canapés desquamés, pelés, voire déchirés, la peinture écaillée sur les murs tachés par le système de chauffage. Le thé brûlant fut excellent.

Une fois dehors, sur le trottoir de l'ambassade, je me demandai ce qui pouvait bien rester de cette conversation ubuesque. J'avais parlé d'Aristippe et de fouilles à Cyrène, de philosophie hellénistique et de généalogie de l'hédonisme, de témoignages de Diogène Laërce et de fragments d'auteurs antiques alors que, vraisemblablement, nous ne disposions pas même, mon interlocuteur et moi, d'une langue commune et véhiculaire. Le silence dura plusieurs semaines, avant que l'ambassadeur lui-même manifeste son désir de me recevoir.

Je m'en fus au rendez-vous proposé. Cette fois-ci au domicile privé de mon hôte. Décor kitsch, salles immenses, plafonds lointains, petits gâteaux immangeables couverts d'un papier beurre, thé, objets libyens, pierres du désert, couteaux précieux, dinanderies ouvragées. L'entretien fut cordial, comme on dit en langage diplomatique, et fructueux. Promesse me fut faite que, sur place, le chantier de fouilles et les réserves seraient libres d'accès, et que le responsable du programme archéologique de Cyrène proposerait sans difficulté ses services. Suivirent des considérations sur l'amitié franco-libyenne, les relations diplomatiques entre les deux pays et autres propos destinés à célébrer l'excellente et ancestrale amitié entre les peuples...

Là encore, de longues semaines s'écoulèrent sans nouvelles. Puis, par une trouvaille dont les responsables de la Grande Jamahirya Socialiste et Populaire Libyenne ont le secret, je fus sollicité pour faire partie d'une commission officieuse de Français invités à rencontrer le colonel Kadhafi en compagnie de financiers, d'économistes, d'hommes d'affaires, de diplomates et de politiques, toutes catégories bien évidemment rompues à l'hédonisme, à la philosophie grecque et aux traces de socratisme dans l'Afrique du Nord civilisée par les Grecs. Il s'agissait de travailler à des contacts pour préparer l'éventuel renouement de relations diplomatiques entre les deux pays. Je compris nettement que mon propos plusieurs fois réitéré dans les locaux de l'ambassade n'avait pas été saisi, que le malentendu triomphait et qu'il me restait à envisager ce voyage indépendamment des autorités officielles. Je souhaitais retrouver les mânes d'Aristippe, on me proposait de rencontrer Kadhafi...

Fin février 1999, je suis parti pour Cyrène avec Alain Szczuczynski, mon ami photographe, déjà complice pour d'autres frasques en Afrique, sans autres contacts qu'un chauffeur avec sa voiture et un interprète nous attendant à l'aéroport de Djerba, car l'embargo décidé par les Américains interdisait l'atterrissage de tout avion sur le sol libyen. Paris est à trois heures de Benghazi par les airs, à plus de mille cinq cents kilomètres par la route au départ de la Tunisie. Atteindre le plateau de Cyrène et rejoindre l'aéroport pour le retour supposait une semaine de voiture, plus de trois mille cinq cents kilomètres de route. De Tripolitaine en Cyrénaïque via le rivage des Syrtes, ce furent huit jours d'asphalte entre théories de dromadaires, troupeaux de moutons et chiens errants.

J'aimais ce voyage perpétuellement en bordure de Méditerranée. Je me réjouissais de traverser les paysages dont Hérodote raconte les habitants mystérieux et les peuples fabuleux, sinon les coutumes extravagantes : Psylles et Auses, Machlyes et Lotophages, Nasanons et Auschistes, Asbystes et Giligames, toutes peuplades constitutives de l'actuel peuple libyen, racé, élégant, discret, silencieux, au regard sévère, au port aristocrate. Fils et filles de rois du désert, familiers des vents de sable et des dunes mouvantes, des brûlures du soleil d'été et des paysages calcinés, âmes trempées et cuir boucané, peaux cuites et regards incandescents, l'antiquité de ces hommes secrets dessine encore aujourd'hui leurs traits et leurs silhouettes. Le sédentaire conserve du nomade les forces farouches de l'indépendance et du sens de l'élection.

Je retrouvais dans l'*Enquête* d'Hérodote le passé lointain de ce peuple qui expose à des crocs de boucherie les têtes de dromadaires dépecés dans des réduits, égorge les moutons, accroche les viscères et la viande à l'air libre, sous un bouquet d'herbes aromatiques, paît les troupeaux dans un paysage désolé, prie sur des tapis à ramages partout dépliés, monte des méharis qui galopent à l'amble dans les dunes blanches et disparaissent dans les plis du désert. J'imagine sur ces terres les anciens Libyens racontés par l'historien grec : les uns s'épouillent, les autres offrent au roi leur fille pour qu'il en profite à sa guise avant la cérémonie de mariage, ici passent de fiers athlètes conducteurs de quadriges magnifiquement décorés, là des femmes s'occupent à broyer des sauterelles séchées, puis mélangent cette poudre au lait de leur brebis ; une fois ce sont des guerriers partis en guerre contre le vent et ensevelis par l'élément provoqué et déchaîné, une autre des jeunes mariés heureux qui, le soir de leur nuit de noces, prêtent leurs femmes à ceux du village désireux d'en user.

Crânes rasés, crête de cheveux apprêtée, hémiplégies capillaires, cuirasses de peau d'autruche, des Libyens assistent à des combats de femmes puis flétrissent les perdantes, les insultent et les traitent de fausses vierges. Sources d'eaux brûlantes devenues glacées avec l'avancée du jour, mangeurs de serpents et de lézards, bœufs aux cornes trop grandes qui broutent l'herbe en reculant, étranges humains troglodytes qui crient comme des chauves-souris, insulteurs de soleil, créatures acéphales aux yeux entés dans la poitrine, pêcheuses d'or armées d'une plume enduite de poix, végétariens qui ignorent les rêves : les antiques peuples d'Afrique du Nord scintillent et cliquettent sous la plume d'Hérodote. Je me prends à rêver, en traversant le pays d'est en ouest, à l'apparition de ces hommes et de ces femmes armés et vêtus en contemporains de l'historien grec.

En attendant, à quelques centaines de mètres de la côte méditerranéenne, à la frontière entre Tunisie et Libye, il faut attendre dans la cohue d'une noria de voitures rafistolées, camionnettes chargées jusqu'à la gueule, Peugeot rouillées, bringuebalantes et de multiples fois repeintes, Mercedes décrépites ou, pour quelques-unes seulement, luxueuses et vraisemblablement officielles, véhicules aux tableaux de bord décorés — morceaux de moquettes bariolées, colifichets, objets divers —, chapelets accrochés aux rétroviseurs intérieurs, housses de fortune, tissus passés, poussière du désert partout insinuée. Visages sévères, peu de rires, sourires rares, pas d'éclats de voix, de cris ou d'emportements, immense patience. Islam oblige, des femmes venues de Tunisie sortent un foulard et l'ajustent sur leur visage, faisant soudain disparaître un regard pétillant, une bouche sensuelle, une sombre chevelure léonine. D'autres, recouvertes, corps et visage, d'un tissu blanc, attendent au fond d'une voiture, évitent les regards, fuient celui des hommes, patientent, aussi flegmatiques que les colis entassés dans la malle.

Le contrôle n'en finit pas. Je me rappelle la frontière soviétique, il y a une quinzaine d'années quand, venant d'Occident, on constatait que le temps, redéfini dans sa valeur intrinsèque, n'avait pas la même valeur dans un régime socialiste ou dans le monde africain. Qui plus est, ici, socialiste et africain. Rien ne presse et ne sert de courir. Rien n'attend, tout se fera à son heure.

Inch' Allah. Conversations entre habitués du passage de la ligne, camionneurs, guides, chauffeurs de taxis, voisins. Une bouilloire crasseuse contient une eau chaude avec laquelle on prépare un thé longuement siroté dans de minuscules verres culottés. Le temps passe, lent, étiré, fatigué, nonchalant. Prémices d'hédonisme ?

Abdelaziz, notre interprète, commente un immense panneau de facture réaliste-socialiste : décoration édifiante, icône politique, message idéologique, le colonel Kadhafi sur un bulldozer, à la manière d'un Duce tenant la faux devant un parterre de paysans subjugués. Du temps de sa splendeur panarabe, le Guide de la Révolution avait pris l'initiative d'abolir les frontières entre tous les pays arabes et, pour ce faire, avait empoigné les commandes d'un engin de travaux publics afin d'arracher tous les signes extérieurs de limites géographiques. Fi des barbelés, miradors, bornes, postes frontières, herses et autres barrières. Pour un temps seulement. Car la Tunisie et l'Égypte ne trouvèrent pas la formule à leur goût. Les séparations revinrent, nous en faisions l'expérience sous un soleil doux, dans un air frais.

D'où les contrôles de bagages, de voitures, les discussions, les formalités douanières, le regard inquisiteur, les interminables procédures administratives, les vérifications d'identité, les regards suspicieux, les questions inquisitoriales, les tracasseries gratuites, le tamponnage rituel et spécifique — entrée, séjour, longueur, durée, motif, points de chute, sortie. L'alcool transporté dans nos bagages, interdit, coûte cher en ennuis politiques. Il passe en fraude. Le matériel photographique professionnel d'Alain inquiète les autorités qui flairent et subodorent le journaliste, le reporter, l'espion potentiel. On craint la vidéo, la caméra, les images extorquées, vendues à l'Occident, exploitées à des fins politiques. La paranoïa se pratique ici à la manière d'un sport national. Mânes d'Aristippe, venez-nous en aide, nous ne désirons que Cyrène, et rien d'autre...

En fait, j'aime assez le personnage de Kadhafi en destructeur de frontières. Non parce que nous expérimentons leur sottise, leur pénibilité, mais pour la raison que ce désir panarabe, à la Nasser, offrait à l'époque une alternative possible aux politiques occidentales colonialistes. Fabriquer un monde cohérent, compact, homogène et résistant aux impérialismes de tous bords sur le mode moins musulman et intégriste, comme on le voit aujourd'hui, que sur la base d'un désir laïque d'identité arabe construit sur la tradition chevaleresque, le culte de l'honneur et de la parole donnée, la générosité à l'endroit des démunis, le goût du raffinement, voilà qui proposait une éthique et une politique africaines indépendantes des modèles occidentaux.

Pour n'avoir pas été rendu possible — d'exactions colonialistes en guerres américaines, du djebel algérien aux bombardements du Golfe —, ce dessein a disparu, relayé sinistrement par une internationale musulmane nettement plus inquiétante. À trop négliger Bagdad, Le Caire et Tripoli, l'Occident a fait le lit des prédicateurs de mosquée, grands utilisateurs des tribunes de prière du vendredi pour lancer les déclarations de guerre intégristes à un Occident étonné d'être aujourd'hui pris pour cible. Loin de l'antique culture arabe des alcools et des parfums, des vêtements et de la conversation, des jardins et des bibliothèques, de la poésie et du chant, de la philosophie et de l'astronomie, de la calligraphie et du corps célébré, de l'amour courtois et de la politesse, la négligence occidentale a exacerbé une civilisation du Coran, puritaine et castratrice, ascétique et culpabilisante. La Libye que je découvre me semble aux antipodes de l'hédonisme qu'elle a inventé, paradoxalement contrainte par l'Europe à préférer réactivement les pulsions de mort aux pulsions de vie.

Sur la route, après la frontière, les postes de police transpirent l'indolence. Une grosse corde en travers de la chaussée, à même le sol, oblige à ralentir impérieusement. À défaut, la voiture saute comme un cabri, s'envole ou brise ses amortisseurs. Tous passent au pas devant trois, quatre ou cinq policiers, gendarmes, douaniers ou militaires. La multiplicité des bérets, des treillis en camaïeux bleutés, ou brun et vert, les vareuses bleu nuit unies ou noires, les grades la plupart du temps invisibles, sauf pour un chef ventripotent sorti d'une casemate et se dirigeant vers la théière, les colifichets militaires divers signifient sûrement quelque chose au Libyen franchissant le poste. Il suffit que notre chauffeur dise un mot ou deux, brandisse les passeports européens pour qu'un léger signe de tête autorise le franchissement. Et la voiture continue sa route. D'immenses panneaux verts uniquement rédigés en arabe indiquent les destinations et les distances. Cyrène vit au bout du pays, à l'extrémité est, non loin de l'Égypte.

Parfois, dans le décor du poste de contrôle, sur des panneaux peints en un style hyperréaliste, une image pieuse gigantesque montre le Guide de la Révolution enturbanné, brandissant le poing devant des foules compactes et admiratives, haranguant en premier plan d'un paysage au fond duquel s'envole un avion ou se décharge un cargo dans un port, veillant sur un groupe de bédouins aux chevaux caparaçonnés et harnachés pour la fête, bénissant un barrage, une réalisation technologique, industrielle ou agricole. Des slogans témoignent naïvement que ces œuvres procèdent des comités populaires désireux d'offrir ces preuves de libre affection à leur valeureux guide. Le culte de la personnalité, interdit, n'exclut pas l'immense dévotion du peuple pour son chef...

Puis la Méditerranée. Encore et toujours recommencée. Une eau bleu sombre, longtemps, outremer saturé, épaisse couleur d'encre presque violette, ultramarine. Du sable. Des paysages désertiques ou de vastes étendues marécageuses, eau croupie, saumâtre, végétations à l'avenant, longues tiges graciles de roseaux ou de papyrus, de plantes fébriles frémissant au moindre vent. Ondulantes et ployantes, elles indiquent la direction des brises légères, des souffles infimes. Ces zones paraissent pestilentielles et tranchent sur la netteté turquoise de la mer ou l'ocre franc des sables.

Pourquoi suis-je à ce point fou furieux de Méditerranée ? Pour quelles raisons suis-je toujours ravi, au sens étymologique du terme, dès que j'aborde la côte d'un pays où je peux m'abîmer physiquement et mentalement dans cette mer ? Je me souviens du poème épique de Braudel constitué par toute son œuvre avec pour protagonistes magnifiques les Mésopotamiens et les Égyptiens, les Phéniciens et les Étrusques, les Grecs et les Romains, Byzance et Venise. Je ne peux regarder l'eau céruléenne sans songer à Homère, aux voyages d'Ulysse le Crétois, aux traversées maritimes faites par les philosophes, les gymnosophistes et autres pérégrins de la raison nomade alors bien plus voyageurs qu'aujourd'hui.

Puis j'imagine Sénèque exilé en Corse, Empédocle méditant sur les hauteurs d'Agrigente, Aristippe débarquant en Sicile, Épicure racontant sa définition du plaisir dans Athènes, Diogène crasseux et libre comme l'air quittant Sinope pour Corinthe. L'hédonisme inventé sur les terres d'Afrique, le cynisme venu d'Asie Mineure, l'épicurisme d'abord propagé en Campanie. Et saint Paul, contaminant l'Occident avec le christianisme dès l'abord de Malte, puis de Syracuse. Je vois les bateaux qui cabotent et approchent les côtes des comptoirs méditerranéens, je distingue mâtures et rangées de rames sur les trirèmes légères. Je me sens de ces peuples-là, intellectuellement, viscéralement, sensuellement, loin des tropismes hyperboréens celtes, des froidures germaniques et des forêts gaéliques. L'eau et le feu, d'abord. Je joue le paganisme arabe et méditerranéen contre le monothéisme occidental et capitaliste.

Le paysage se déroule. Simultanément, je convoque mes souvenirs d'Hérodote, je songe à l'ironie de Lucien de Samosate, ou, dans le désordre, au cours de Plotin à Alexandrie, aux facéties de Pyrrhon avec son porc pédagogique. Les idées et les images se mélangent. En vitesse de croisière, la voiture roule à vive allure — cent soixante kilomètres-heure. Le dépliage du monde côtier se fait horizontalement, sans variété, et incite au vagabondage mental. Souvenirs et projets, ritournelles musicales et mots obsessionnels, élaboration du plan d'un livre, recherche d'un mot approprié, d'un titre de chapitre, organisation du prochain ouvrage, décisions sérieuses ou futiles prises pour le retour, jeux avec les repères, les espaces, les intervalles, bouffées de bonheur en ondes électriques devant le soleil rougeoyant et l'ombre dessinée au loin par un dromadaire dans le couchant. Silence dans la voiture, plénitude d'être ensemble.

Parfois, sur le bas-côté de la route trancheuse des dunes de sable lumineux, ocre, jaune ou orangé comme une latérite liquide, pourrit un cadavre de dromadaire. Des voitures ou des camions percutent les animaux, libres dans l'espace immense et mal gardés par un bédouin à qui ils échappent. Élégants et découplés, indolents et aristocrates, ils ondulent dans le paysage, lents, paraissant fatigués. Parfois, ils blatèrent avec une incroyable puissance sonore. Terrassés, allongés dans une flaque de sang rapidement brunie, ils se décomposent sous le soleil. Tous ceux que nous avons vus, grands cadavres dégingandés, magnifiaient l'évolution et l'inéluctabilité du travail de la mort : flaques de sang rouge pour les plus frais, paquets d'os blanchis sous le soleil pour les plus anciens. Entre deux, tous les stades qui conduisent du gonflement, de la saturation des gaz au percement de l'animal par la pression, vents de pourritures, plaies habitées de mouches, pelages collés par les coulures, saillie des os encore couverts de chair, rictus des crânes nettoyés les premiers par le sable et le vent. Des chiens sauvages, au poil roux, puis des moutons bruns subissent le même sort sur la chaussée.

Les voitures et les camions passent à vive allure. Quand l'accident a lieu, les dégâts sont importants. Nous croisons un attroupement après une collision brutale. Un camion enfoncé, une camionnette décapitée, le tout au fossé, les objets contenus dans la cargaison pulvérisés et dispersés jonchent le sol. Fruits et légumes, télévisions et magnétoscopes, pacotilles diverses. La tôle est violemment pliée. J'imagine des dégâts corporels. Nous sommes à des centaines de kilomètres de toute infrastructure hospitalière — dont je suppose, par ailleurs, peut-être à tort, la précarité, sinon l'indigence.

Quand un accrochage a lieu, tout autant lorsqu'une pièce vient à manquer — car l'embargo en rend impossible le remplacement —, on abandonne le véhicule là où il rend l'âme. D'où la transformation de la Libye en un immense cimetière de carcasses, de véhicules dépecés, un charnier de tôles et de caisses, un champ de bataille pour des pneus se comptant par milliers d'unités. Comme pour les dromadaires écrasés, les pneumatiques relèvent soit d'un récent dommage, trahi par le caoutchouc encore noir, soit d'une antique décomposition, prouvée par la rosace des structures radiales métalliques effondrées après l'effritement et la pulvérisation de la gomme sous la fournaise. Fleurs de métal dessinées à l'aide d'un spirographe météorologique, elles disparaissent doucement, lentement, sous le sable du désert.

Le premier contact avec des ruines antiques se fait à Sabbratha où la lumière, douce, coule sur les pierres presque rouges. Le théâtre pouvait accueillir cinq mille personnes. Le mur de scène, trois étages, donne à l'édifice une puissance majestueuse. Au sommet, assis sur les plus hautes arcatures, j'entends le vent de la mer, venu de loin, de Grèce. L'étendue de la Méditerranée offre une variété considérable de couleurs changeantes en fonction du soleil, des nuages, du moment de la journée, des courants, des températures mêmes de l'onde : bleu profond, vert, turquoise clair, gris plombé, marine, violet soutenu, noir absorbant. J'imagine les vedettes d'alors, comédiens célèbres et adulés au nom perdu dans l'éternité, faisant leur apparition sur scène pour les comédies d'Aristophane, Plaute ou Térence ou les tragédies d'Eschyle, Sophocle ou Euripide.

Catharsis face à la mer, rires avec les maris trompés, les femmes adultères, les prétentieux épinglés, les matrones mal embouchées, les prostituées aguichantes, les vendeurs de poisson exubérants, pleurs avec les amours impossibles, les dettes d'honneur, les damnations éternelles, les obligations de la nécessité, les conflits entre cœur et raison. Charançon ou Alceste, Lysistrata ou Andromaque, Ploutos ou Philoctète, le monde comme comédie et tragédie, joué là, dans un paysage vaste et magnifique, générateur des catégories à l'aide desquelles Longin définit le sublime : l'extase, l'élévation, la joie, l'exaltation, la grandeur — le souffle coupé.

En descendant les escaliers, en passant par les échoppes aujourd'hui désertées, en empruntant les immenses couloirs conduisant vers la sortie, je me sens contemporain du public qui a ri ou pleuré puis quitte l'enceinte sacrée pour retrouver la ville, de plain-pied : les thermes, le forum, les temples, les rues, les estaminets, le cri des marchands, le bruit du cerclage de fer des voitures tractées par des ânes, des chevaux ou des mulets. Hommes et femmes en toge, sous le soleil libyen, enfants jouant aux osselets — ceux qui, en Grèce, réjouissaient Héraclite méditant sur la royauté du temps.

La ville va vers la mer en une pente douce, estompée par des massifs de cytise. La végétation me donne envie d'un herbier africain : jolies fleurs jaunes, petits bijoux fragiles et tremblants de pétales violets, herbes enracinées dans l'esprit d'une cité encore intacte sous la couche de sable. Des tesselles et tessons, fragments, morceaux en terre cuite de cratères, d'amphores et d'objets divers jonchent le sol. Le vent souffle, la mer est proche, une trentaine de mètres, sac et ressac, ruines et colonnades, pierres effondrées, chemins dessinés sur la ville recouverte — je me dirige vers la plage quand je découvre à même le sol quatre pièces de bronze, qu'on dirait tombées à l'instant de la bourse d'un Libyen contemporain d'Aristippe.

Un premier coup d'œil sur l'empreinte à demi effacée pour deux d'entre elles, mais assez nette pour les deux autres, laisse deviner, pour l'une, un cheval figuré sur le mode grec, haut sur jambes, élégant, seul, sans cavalier ni harnachement ; pour l'autre, une stylisation florale dans laquelle je crois reconnaître le silphium, cette plante magique et magnifique, aujourd'hui disparue, jadis pourvoyeuse de toutes les richesses de la Cyrénaïque au point qu'elle servit d'emblème pour battre monnaie. Si je ne me trompe pas dans cette première appréhension, la trouvaille d'une monnaie cyrénaïque sur les terres de Tripolitaine, en pleine géographie romaine, relève du miracle : une sortie de terre, une exhumation de pièces datant d'une période antérieure à l'occupation romaine, voilà qui, de toute évidence, semble un message de bon augure envoyé par des dieux païens protecteurs des mânes d'Aristippe...

Tripoli, reconstruite après la Seconde Guerre mondiale, flambant neuve, laisse peu de place à Oea, la cité antique : un arc de triomphe coincé entre les bâtiments modernes, quelques pavages d'une voie romaine, vraisemblablement des pierres recyclées dans l'urbanisme postérieur à la romanité. Le port, immense, accueille quotidiennement, venu de Malte, le seul bateau autorisé à accoster malgré l'embargo décrété par les Américains. Au loin, les cargos à quai chargent du blé et se nimbent d'une poussière qui estompe les navires et leurs couleurs, ils paraissent noyés dans un vent de sable puis disparaissent dans une vapeur d'aurore.

Les artères de la ville, larges, ne désemplissent pas d'un flux régulier de voitures en bon état. Une Mercedes interminable, noire, vitres fumées, astiquée, brillante, glisse, précédée par un appareil policier discret : Abdelaziz précise que parfois Kadhafi passe ainsi dans les rues, sans plus de faste ni de décorum. Place de la Révolution, les palmiers ne suffisent pas à ombrager un parking semblable à celui d'un supermarché occidental. Des photographes proposent un polaroïd avec pour décor une moto rutilante qu'on peut chevaucher ou de pitoyables peluches revêtues par des hommes qui se trémoussent dissimulés sous les atours de Mickey, Winnie et autres figures de dessins animés américains. Des taxis blancs aux ailes jaunes, ou noirs aux ailes blanches, longent les murailles de la vieille ville.

Dans le souk tripolitain, rien qui ressemble à celui de Marrakech ou de Casablanca. Rien qui fasse carte postale ou tableau destiné aux appareils photos. Pas de danseurs folkloriques, de montreurs ou charmeurs de serpents, de vendeurs d'eau, de musiciens typiques appointés par l'office du tourisme. La vie libyenne ignore le tourisme de masse. Quelques femmes voilées, très peu, des bijouteries qui exposent le minimum tolérable dans un pays musulman, mauvaise qualité d'or, dessins pitoyables, des échoppes d'étoffes, un atelier de tissage dans lequel le mouvement de l'artisan fait naître, petit à petit, une pièce de soie à la trame parfois constituée de fils d'argent. La vie quotidienne exprimée dans un temps voluptueux.

Plus loin, des dinandiers travaillent de larges plaques de métal pliées à coups de marteau ajustés avant d'en sortir les formes qui permettront les plats, les vases, les bouilloires, les services à thé ou les croissants faîtiers destinés aux mosquées. Les pièces sont sorties de bains acides avec précaution. L'eau coule sur les objets que le soleil sèche. Pas de saleté, pas de crasse, pas d'odeurs répugnantes. Pas de détritus, d'ordures ou d'immondices. Pas de bruits, de cris, ni de promiscuités. Le bruit des outils, le feutre ou le soyeux des corps se déplaçant dans les ruelles, l'air qui danse, léger, dans l'heure des fins de matinée. L'impression d'une vie plus lente, plus douce, sans violence — mais sans plaisir non plus. Le poids de l'islam, sûrement.

J'y pense dans une mosquée où je me repose des fatigues accumulées. Levers aux aurores, couchers tardifs, marches et kilomètres de voiture, puis dépaysement et profusions d'images, d'émotions, de sensations, de perceptions, un genre d'heureuse ivresse. Pourtant, depuis le franchissement de la frontière, pas d'alcool, pas de rires, pas de fêtes, pas de musiques, pas de sourires sur les visages, les très rares femmes croisées dans les rues ou sur la route sont voilées, cachées ou négligées. Elles attendent dans le fond de la voiture, en plein soleil, tandis que les hommes se détendent au café. Elles sont absentes des restaurants, des cafés, des terrasses, des lieux publics. Certes, on leur autorise la mosquée, mais à l'écart, dans un espace matériellement confiné, clos, derrière des cloisons de bois modestement ajourées, après les mâles et les enfants. Dans l'édifice même, elles ne disposent pas d'un lieu pour leurs ablutions qu'elles doivent effectuer chez elles, avant de se déplacer pour la prière. Elles ne travaillent pas dehors, dans les commerces, dans les magasins, où le service est effectué par des hommes. Bien évidemment, elles n'occupent aucun des emplois de fonctionnaire auxquels nous avons eu affaire depuis le début du voyage, police, gendarmerie, douanes, postes. La Libye revendique ouvertement une franche laïcité féministe, mais l'islam misogyne infuse insidieusement l'idéologie nationale.

Assis sur les tapis aux motifs chatoyants, je regarde au sol les fils qui traversent la mosquée, tendus dans la largeur, régulièrement espacés, parfois fixés sous un ruban adhésif : ils tracent une ligne sur laquelle les fidèles alignent leurs orteils. La tribune, la *qibla*, indique la direction de La Mecque et la présence matérielle de l'autorité religieuse investie du pouvoir de dire la vérité. L'islam, comme toutes les religions du Livre, se nourrit d'une métaphysique de l'impureté : le corps est sale, souillé, impur, pécheur, le tapis l'isole de la vilenie terrestre, les ablutions soulignent la permanence de la crasse, des excrétions, les postures rituelles obligent à la prosternation, à la courbure, à la pliure, à l'agenouillement et à toutes les formes de soumission corporelle, face contre terre, croupe à l'air, à la manière des animaux soumis aux nécessités libidinales.

L'étymologie de *musulman* confirme d'ailleurs ce que le corps montre : la soumission — en l'occurrence à Dieu, à l'ordre divin, aux impératifs édictés par le Livre. Je n'aime ni le Talmud, ni la Bible, ni le Coran — qui haïssent le corps, méprisent les femmes, fustigent la vie, déprécient la terre et indexent le réel sur la seule hypothèse d'un ciel pourtant inexistant. Les sourates consacrées aux femmes, dans le Coran, valent les versets de la Bible sur le même sujet : le désir et le plaisir, voici l'ennemi, le péché ; la mort au monde, voilà le modèle. D'où une série de variations, négligeables dans la forme, sur le fonds commun aux religions monothéistes : péché, faute, culpabilité, enfer, dégoût de soi ; il faut sans cesse se purifier, se dépouiller, déprécier la vie, s'interdire, se refuser, se contenir, se reprocher, se retenir, se haïr et passer son existence à se rétrécir, comme les cadavres qui, dans le cercueil, se raréfient jusqu'au squelette.

Le monothéisme se nourrit de l'interdit, il ne connaît que cela. La terre, vallée de larmes, mérite qu'on la méprise ; le paradis musulman, qu'il faut gagner, propose au croyant la réalisation différée de toutes les prohibitions subies de son vivant : les femmes, le vin qui coule à flots, le luxe, le loisir et la volupté. En attendant les *houris aux grands yeux*, ces femmes proposées par le Coran comme récompenses célestes offertes aux hommes pieux, ou les *ghilman*, ces éphèbes immortels comparés à des perles, en patientant, avant le jour des fleuves de vins rares qui coulent dans la géographie céleste du paradis, en espérant l'heure des viandes désirées, en escomptant les jardins irrigués de fleuves, de rivières et de fontaines, en souhaitant les bracelets d'or, d'argent et de perles, les vêtements de soie, de satin et de brocarts verts, le musulman renonce : aux femmes, aux éphèbes, à l'alcool, à la viande de porc, au luxe et au raffinement. Avant l'immortalité et les palais mirifiques, demain, il s'agit de supporter la mort et le désert aujourd'hui.

Au cœur même de la mosquée, j'éprouve le gâchis et la débauche hystérique dont se nourrissent les religions. Pourtant, j'ai toujours été sensible à la charge d'énergie et de spiritualité des lieux où souffle l'esprit : je ressens physiquement la nature magique des périmètres religieux sans jamais adhérer aux mythologies qui en découlent et tout en mesurant chaque fois la densité inoxydable de mon matérialisme athée. Que ce soit un monastère orthodoxe en Russie, une église arménienne dans le Caucase, un temple bouddhiste à l'île Maurice, une abbaye romane en Provence, un sanctuaire animiste au Brésil, une synagogue à Venise, un carmel en Normandie ou une cathédrale gothique à Vienne, chaque fois je ressens matériellement l'épaisseur mystique accumulée dans le lieu : ferveurs, invocations, prières, dévotions, intercessions — mais cette sensation se double du sentiment, en moi, que l'incapacité attristante du plus grand nombre à la solitude métaphysique génère les monstres religieux.

Les pratiques pieuses, quelles qu'elles soient, produisent enfantillages, croyances débiles et attitudes sottes. Débauche de temps, de forces et d'énergies, mais aussi craintes, peurs, angoisses et frustrations, comportements régressifs et infantiles, primaires et ridicules, ou encore goût pour les histoires édifiantes racontées aux bambins, aliénation du corps et de l'âme, de l'existence tout entière et du moindre moment de sa vie. Parfums destinés aux dieux, fumées des sacrifices, encens brûlés pour Yahvé, chants liturgiques, vêtements de procession, messes et rituels, promesses d'arrière-mondes, bénitiers et encensoirs, confessionnaux et autels, prières et psalmodies : je regarde ces manifestations comme la survivance contemporaine des peurs préhistoriques. Et j'en conclus que l'hédonisme vaut thérapie, purification du terrain religieux par la réalisation d'une éthique immanente, matérialiste et païenne. À quoi bon un paradis demain, au ciel, quand, sur terre, on peut rendre le quotidien moins infernal ? Aristippe, plus que jamais nécessaire...

Je n'avais pas imaginé que le rivage des Syrtes puisse se parcourir réellement, physiquement, tant j'associais cette toponymie à la géographie poétique de Julien Gracq dont le roman mystérieux laisse imaginer le lieu comme une pure création de l'esprit, un unique vouloir imaginaire, au même titre que les ruines de Sagra ou l'île de Vezzano. Or, j'allais là-bas, vers un lieu que les panneaux nommaient avec les mots mêmes du roman. Naguère, en lisant Gracq, j'avais eu recours à Littré pour tenter de dissiper le mystère du titre. J'y avais appris que les Syrtes désignent des sables mouvants dangereux pour les navires, l'étymologie supposant l'agitation, le renversement, le balayage. La carte déployée dans la voiture montre Cyrène installée au-delà du rivage des Syrtes.

Pendant ce temps, la route continue, avec des étapes de plusieurs centaines de kilomètres chaque jour — neuf cents pour la plus longue. Paysages semblables en Tripolitaine et dans le golfe de Syrte. Toujours la Méditerranée longée, accompagnée, bordée, jamais absente bien longtemps, même quand le tracé du chemin s'écarte de la côte. Notre voiture double parfois d'étranges équipages : deux dromadaires contraints à la posture agenouillée pour voyager dans le modeste espace d'une camionnette Peugeot, le regard presque humain ; une autre fois, dans le même genre de véhicule, un âne entravé, debout, avance telle une vision fellinienne, absolument immobile, mais à la vitesse de la voiture ; ailleurs des véhicules filent, chargés à la limite du déséquilibre avec des bassines en plastique, des brouettes métalliques ou des ballots ficelés d'objets dissimulés sous de savants emballages ; ou encore des taxis, remplis de voyageurs — jusqu'à huit —, le pôle mâle et âgé à proximité du volant, le pôle femelle dissimulé et tassé au fond de la voiture, dernier continent avant les bagages et les colis.

Les heures en voiture permettent au chauffeur de faire son travail avec un zèle exemplaire, à notre interprète de fermer les yeux et de somnoler parfois tout en conservant une allure noble et une tenue digne, quand, pour ma part, je me contorsionne sur le siège afin de trouver une posture adéquate entre les livres, le matériel photo, les vêtements, la nourriture, afin de dormir un peu les jours où nous nous levons aux aurores. Avec

Alain, j'aime le silence qui, dans le réel partagé tout au long de la journée, permet de dire plus que d'interminables logorrhées. L'amitié dont les anciens célèbrent le culte, et dont j'ai la constante nostalgie, suppose des actions communes, du temps mélangé, des projets réalisés ensemble, des complicités expérimentées. Nous refaisons le monde, tard le soir, un verre de whisky à la main, un havane dans l'autre, en invoquant Aristippe, terminus conceptuel de notre voyage.

En quittant Tripoli, un rond-point m'avait intrigué. Une foule considérable s'y masse, indolente et passive. Place de Grève de la Libye moderne, elle réunit tous les ouvriers qui mendient du travail avec leurs outils emblématiques — de la bétonnière affublée de pelles et pioches aux instruments agricoles en passant par les scies ou mains nues de ceux qui, assis la tête presque entre les jambes, attendent qu'on leur propose un petit emploi pour quelques dinars libyens. L'atmosphère paraît résignée. Tout ce qui rappelle le chômage, l'emploi, le salariat en Occident n'a pas droit de cité. La scène semble féodale, à la manière de celles qui se déroulaient près de la Seine pendant des siècles. Marché de l'emploi, main-d'œuvre en location, travaux précaires.

Sur ce rond-point, une majorité d'étrangers — précisons : plutôt les non-Libyens, les *Africains*, comme dit Abdelaziz. Comme si la Libye ne faisait pas partie de l'Afrique, comme si le continent excluait Maghreb, Machrek, Afrique blanche, ces régions d'une autre teneur spirituelle que la géographie de la négritude méprisée. Là s'exposent, insolents et cruels, le féodalisme et l'aristocratisme libyens : les mauvais travaux, les tâches ingrates, les labeurs répugnants reviennent de fait aux étrangers.

Du lavage des voitures effectué dans la rue par des Nigériens, Nigérians ou Tchadiens, aux services d'hôtellerie, en passant par les tâches d'accueil, de réception où la population tunisienne et algérienne domine, sans oublier le bordel tripolitain uniquement achalandé en femmes marocaines, l'employé vient d'ailleurs que de Libye. Trois millions et demi de Libyens vivent dans ce pays et un million et demi proviennent des autres pays africains. Le féodalisme politique passe par un colonialisme avéré dans la distribution et la répartition des tâches. Le socialisme de Kadhafi et la charité musulmane montrent là leurs limites.

Le sentiment national, puissant, génère également l'antisémitisme manifeste dont il se nourrit. Outre qu'un visa israélien interdit au titulaire du passeport l'entrée sur le territoire de la Jamahirya, de même, l'origine juive de l'impétrant rend impossible le franchissement des frontières. L'antisémitisme, doublé d'un antisionisme radical, vit d'amalgames médiatiques efficaces : la télévision d'État propose sur tous ses programmes, et en boucle, des reportages manichéens où les Juifs sont soit des intégristes arborant les signes extérieurs de leur extrémisme, soit des militaires de Tsahal armés jusqu'aux dents, avec un matériel technologique perfectionné, s'attaquant à des enfants dépenaillés, démunis, lanceurs de pierres ou armés d'une fronde ridicule. L'idée d'une gauche israélienne, progressiste, qui ne soit pas ennemie des Palestiniens n'a pas droit de cité.

Par ailleurs, l'antiaméricanisme — légitime — du peuple libyen ne fait pas le détail et associe le gouvernement de l'administration US, le Pentagone et l'hystérie d'une internationale juive décidée à en finir avec les peuples arabes dans leur totalité. Les musées libyens inaugurent toujours les trajets pédagogiques de leur civilisation avec les premiers peuplements préhistoriques, les gravures rupestres et pariétales de Mathendous et de l'Akakus pour enchaîner avec la Grèce, Rome et l'Islam — quelques svastikas phéniciennes ponctuant fort opportunément le circuit. L'ensemble débouche sur les trois décennies de gouvernement du colonel Kadhafi dans lesquelles l'Amérique et les Juifs sont Satan, le Diable, le Mal incarnés.

Le palais présidentiel bombardé par l'aviation américaine le 15 avril 1986 — Kadhafi y a perdu une fille et un certain nombre de proches — fournit une relique visitée par les chefs d'État étrangers invités, et eux seuls. De même, entre deux amphores grecques et trois reconstitutions de scènes du désert, la piété nationale se repaît, toujours dans les musées, de fragments de bombes, d'éclats d'avions ennemis abattus par la DCA libyenne, de présents offerts par les comités populaires qui, sous forme de peintures naïves, de lettres calligraphiées avec du sang humain, d'objets fabriqués de bric et de broc, célèbrent la grandeur du Guide de la Révolution et l'excellence de son combat contre l'impérialisme sioniste international...

Sur la route qui conduit en Cyrénaïque, pendant les heures de voiture, toujours le long de la Méditerranée, les paysages changent peu tant qu'on épouse les contours incurvés du rivage de la grande Syrte. Dromadaires en troupeaux, moutons et chèvres gardés par des bergers immobiles, chiens sauvages au pelage roux, errants et hagards. La route n'en finit pas, long ruban d'asphalte rectiligne, un virage tous les deux cents kilomètres. Des barrières dans le désert, des clôtures arrachées par le vent et le sable, dans le sol des carottages annonciateurs d'une future installation de poteaux électriques ou téléphoniques. Des usines sévèrement gardées, celles du complexe pétrolifère. Des pauses, pour l'essence au prix dérisoire, pour se dégourdir les jambes dans les dunes, pour boire un thé brûlant en regardant la mer ou le sable qui tourbillonne dans le vent. Se taire, se regarder et sourire, Cyrène toujours en ligne de mire...

Si Nietzsche invente *théoriquement* le voyage philosophique en formulant une diététique de l'esprit et de l'intelligence nomades, Montaigne le fait naître *pratiquement* dans le journal où il raconte ses pérégrinations à cheval en France, en Suisse, en Allemagne et en Italie. On voyage comme on est, avec ses désirs et ses projections. Quand son valet de plume écrit, pour lui, le détail des heures, il souligne le désir et l'allégresse de son maître, son pur souhait de déplacement, de voyage libre, improvisé, inventé, obéissant au caprice de sa volonté changeante. Le trajet qui le conduit de Bordeaux à l'Italie se déploie selon le principe des mêmes arabesques qui animent et structurent sa vie ou architecturent la composition des *Essais*.

Qui, en dehors de Montaigne et de Nietzsche, mélange le journal de voyage et la pensée, le cheminement géographique et la réflexion philosophique ? Personne, hormis quelques exceptions : Keyserling dans deux ou trois livres, Roland Barthes dans *L'Empire des signes* ou Lévi-Strauss dont *Tristes tropiques* fournit le modèle impeccable. Il faut chercher la pensée ailleurs, là où elle se trouve, chez des francs-tireurs, des philosophes-artistes — l'une des catégories des philosophes-voyageurs —, des poètes qui vagabondent et racontent le monde sans esprit de système, et se contentent de fournir la preuve du plaisir de se mouvoir en lui.

Victor Segalen, bien évidemment, leur père à tous, Élie Faure ou Claudel, Suarès et Michaux, puis, plus tard, la constellation des Nicolas Bouvier, Bruce Chatwin, Jacques Lacarrière ou Kenneth White, l'inventeur d'une géo-poétique toute neuve, encore dans les limbes — mais prometteuse. Tous m'ont plus appris sur l'exotisme, le voyage, l'histoire, la géographie, le paysage, le nomadisme, l'absence, l'enracinement, le temps, l'espace, l'étrangeté, le moi, la solitude, le dépaysement, l'autobiographie, le perspectivisme, l'altérité, le divers et les possibilités du corps que nombre de philosophes étiquetés ayant plus ou moins écrit sur ces sujets. Loin des ratiocinations sur la philosophie de l'histoire, des dissertations sur l'esprit des peuples ou le cosmopolitisme entre les nations, mes lectures de cette vaste poétique héraclitéenne comptent plus dans l'économie de ma vision du monde que le déchiffrage des considérations théoriques et étiques du moindre éleveur de concepts.

Vouloir la Cyrénaïque d'Aristippe, viser ses lieux, ses paysages, ses terres, sa géographie, son espace afin de retrouver son temps, de reconstruire son âme, voilà qui permet d'inscrire le voyage dans une perspective hédoniste : élargir mon existence aux limites du monde, désirer l'expansion maximale de ma jubilation sur la planète, pratiquer le nomadisme pour mieux saisir la nature et les formes de la sédentarité dans laquelle j'écris, je travaille, je lis, j'élabore mes livres. Et réaliser la communauté des âmes inactuelles et intempestives par-delà les époques. Se sentir des contemporains par l'élection seulement, et non par le hasard de l'époque dans laquelle nous sommes tombés. Depuis la Tripolitaine, je ne cesse de poursuivre cette conversation avec moi-même et avec ce qui reste du philosophe dont j'aspire à voir les lieux.

Avant d'arriver à Syrte même, la route s'élargit considérablement, d'un seul coup. Sur le sol on reconnaît le marquage des pistes d'aéroport, chiffres, bandes et flèches, puis les traces de gomme à l'atterrissage, enfin un système complexe et ostensiblement protégé de radars perfectionnés. Abdelaziz confirme notre intuition à Alain et moi : nous roulons effectivement sur la route, mais elle sert également de piste d'envol et d'atterrissage au Guide spirituel et permanent de la Révolution, originaire de Syrte, sa ville natale. Sa famille y réside toujours et il a transformé ce petit endroit sans charme en centre névralgique et politique du pays puisque désormais s'y tiennent les réunions des comités populaires et des congrès généraux — les structures théoriquement gouvernementales de la Grande Jamahirya Socialiste et Populaire Libyenne.

Dans la nuit fraîche, alors que nous cherchons un endroit pour manger, nous tombons nez à nez avec une tête de dromadaire qui oscille doucement dans le vent du soir à la vitrine d'une boucherie aux rideaux fermés. Légèrement, presque imperceptiblement, le vent fait frissonner le poil des lèvres lippues de l'animal. Les yeux clos, la langue sortant un peu de la bouche, la mort paraît un monde serein. Accroché à l'air libre, ce quasi-visage montre l'impassibilité visée par les philosophes se réclamant de l'idéal ascétique. Il sera toujours bien assez tôt pour atteindre ce faux nirvana pour l'éternité. En attendant, j'aspire à l'amble de ces bêtes superbes dans le sable blanc du désert qui brûle l'œil désireux de suivre leur course. Nous reparlerons de cette tête et de ce crâne à venir, Alain et moi, à propos de ce que pourraient être des vanités dans le registre photographique.

Dîner non loin de cette leçon de sagesse — cuisiniers marocains. Pendant tout le voyage, les repas confinent à l'extrême frugalité. Variations sur le même thème : semoule de couscous. Ailes et cuisses de poulet, morceaux et abats de mouton gras, voire, dans les villages de pêcheurs, du thon émincé et relevé aux piments. Avec les pommes de terre et les carottes, nous ne verrons presque rien d'autre, hormis des fèves et des œufs, puis, les soirs de fête, quelques cailles faisandées. Pas de thé pour les repas, on le boit seulement dans la journée. Bien évidemment, pas d'alcool — « abomination et œuvre du Démon », dit le Coran... ; pis, omniprésence des infâmes sodas américains, Pepsi-Cola en vainqueur incontesté.

Pour conjurer le diable, nous avions acheté du

whisky dans l'avion. Les bouteilles nous suivaient dans un sac à dos depuis le passage de la frontière où l'interdiction devient effective. Vengeance d'Allah, qui sait tout et voit tout : pendant le trajet, sur une route où nous circulons à vive allure, le hayon arrière de la voiture s'ouvre, le vent s'engouffre et, seul parmi tous les bagages entassés dans la malle, le sac à dos se trouve projeté loin dans les airs. Longues manœuvres pour arrêter la voiture, puis explications pour faire comprendre au chauffeur qui n'a rien vu de l'incident. Nous reculons jusqu'au point d'impact où nous trouvons le sac ruisselant, les deux bouteilles explosées et les livres qu'il contenait imbibés, dégoulinants.

Afin de nous être agréable, Nasser, le chauffeur, se propose de nous trouver de l'alcool de contrebande. L'idée nous réjouit. Nous y consentons. Un soir, en cachette, après avoir pris sa douche, enfilé un survêtement et tâché de contacter quelques amis utiles pour accéder au liquide prohibé, il part en quête du *vin* — c'est son mot. Les investigations d'une première soirée demeurent infructueuses. Une deuxième permet à notre rabatteur de revenir avec... des sacs en plastique dans lesquels se transporte habituellement l'alcool interdit, à la manière des enfants convoyeurs de poissons rouges dans les foires. Le premier, transparent, sert à contenir la mesure, coûteusement acquise, le second protège le premier d'un éventuel percement. L'ensemble contient un infâme liquide n'ayant rien à voir avec du vin, vraisemblablement obtenu par distillation artisanale avec un genre de cocotte-minute affublée d'un tuyau en caoutchouc.

Odeur de carburant, nez violent de produit pharmaceutique volatil, loin du rosé promis... Nous supputons l'antigel de voiture, l'alcool à brûler, sinon une mort-aux-rats savamment liquéfiée. Pour ne pas désoler Nasser, et le remercier d'avoir encouru la prison pour nous, nous avalons la potion à la manière d'une purge ou d'une huile de ricin qui brûlerait le tube digestif et l'estomac lors de l'ingestion : un soir, allongé de Pepsi, un autre avec une dose encore plus forte de soda. Le troisième jour, après avoir jugé que nous avions suffisamment expié, nous renonçons au *vin* libyen.

Abandonnant l'alcool transvasé dans une bouteille de plastique, je souris en pensant au texte écrit par Aristippe à ceux qui lui reprochaient de boire d'excellents crus de vins et de faire bonne chère. Puis, plus généralement, au sens de l'hédonisme sur le terrain de la gastronomie. Loin de signifier le pur et simple culte des produits luxueux et fins, extrêmement coûteux et inabordables, il est l'art de ne pas souffrir du manque et de savoir trouver du plaisir dans l'exercice de ce dont on dispose. Je songe, par exemple, à la frugalité : la cuisine libyenne d'aujourd'hui me semble proche de la cuisine hellénistique, mouton et fèves, pain azyme et huile d'olive. L'hédonisme d'Aristippe fonctionne tout aussi bien sur un grand falerne que sur le recours à l'eau de la fontaine d'Apollon, non loin du temple éponyme, à Cyrène.

Le plaisir n'a rien à voir avec l'usage des marqueurs sociologiques toujours associés à certaines cuisines et vins prestigieux, mais avec une diététique de l'insoumission à l'endroit de la tyrannie des désirs. Loin des ragoûts de langue de flamant, des filets de viande de paon, des vulves de truie farcies et autres menus à la Trimalcyon, l'hédonisme suppose l'art de transfigurer la douleur d'un désir en volupté de le satisfaire aux moindres coûts intellectuels, affectifs et financiers. Dépendre du pouvoir d'achat pour connaître le plaisir, rien de plus éloigné de la doctrine cyrénaïque d'Aristippe. Le philosophe veut plutôt qu'on ignore la souffrance, le manque et le désir, qu'on ne soit aucunement esclave, surtout pas de son corps. Jubiler dans l'exercice de la liberté, ne dépendre de rien. Ni de personne.

Sur la route, nous assistons à l'égorgement d'un mouton. Les campagnes de mon enfance normande étaient familières de cette relation au monde animal : on tranchait des gorges de poulets, on arrachait l'œil d'un lapin avec la lame d'un couteau, on fracassait le crâne d'un porc avec une masse, on noyait des pigeons en plongeant leur tête dans un verre d'alcool, on cassait la nuque d'une truite avec un bâton. Aujourd'hui, tout cela a disparu, la mort relève des entreprises qui la planifient. Plus d'artisanat mais des complexes industriels d'abattage loin du regard des hommes qui n'en font pas profession. Partout ailleurs qu'en Occident, la viande est traitée autrement : exposée aux mouches en plein soleil, puis souvent consommée bouillie, longuement cuite en ragoût.

Pendant tout le trajet, le nombre de carcasses de moutons, de quartiers de dromadaires — têtes mélancoliques et cuissots larges, poumons accrochés à des crocs — m'apparaît considérable. La boucherie se montre, sans complexe, sans asepsie, relevant moins de la geste alimentaire que de la tradition religieuse plusieurs fois millénaire. Les opérations effectuées par des garçons aux vêtements de ville tachés de sang répètent celles du sacrificateur d'animaux sur le mont Olympe à l'époque d'Homère. Scènes identiques à presque trente siècles de distance, le couteau affilé comme un rasoir tranche éternellement les mêmes gorges.

Alors que se balancent aux crochets des carcasses dépecées, décapitées, éviscérées, pattes coupées, le jeune boucher vêtu d'un blouson de faux cuir aux manches à peine retroussées entrave trois pattes d'un mouton noir et blanc avec un morceau de fil de fer. L'animal, à même le sol maculé de sang, *sait* qu'il va mourir. Je n'en doute à aucun moment. La controverse sur l'âme ou l'intelligence des animaux est vite tranchée dans un moment pareil. Malebranche envoyant un coup de pied au derrière de son chien en proclamant son insensibilité de pure machine eût mérité qu'on lui botte lui aussi l'arrière-train. Je n'oublierai pas la plainte, les cris, les larmes et le regard implorant de cet animal attendant l'imminence de sa fin jouée et donnée en spectacle sur un autre corps que le sien, devant lui, à la manière d'une répétition.

J'eus envie d'acheter l'animal une poignée de dinars pour le libérer dans le désert juste à côté, lui rendre sa liberté, le *sauver*. Je songeais au texte de Pascal sur la misère de l'homme sans Dieu qui recourt à la métaphore d'individus enchaînés dans une cave. Parfois la porte s'ouvre et l'on vient chercher l'un des prisonniers pour l'égorger. Du moins l'assassinat se fait-il en dehors de la vue des autres hommes. Le dépeçage d'un mouton en présence d'un autre qui assiste à l'annonce et à la révélation de son destin proche me souleva le cœur. Nausée, envie de vomir, de devenir immédiatement végétarien, strictement, radicalement, et pour le restant de mes jours.

Au moment où je décide de ne pas supporter plus longtemps ce théâtre sanglant, le boucher s'empare de l'animal qu'il traîne sur le sol, semant des flaques de sang sur le pavage, dessinant de sinistres arabesques rouges et brunes. À peine a-t-il empoigné la toison à pleine main qu'il passe la lame du couteau sur la gorge, fend la laine blanche et découpe une plaie incarnate, trouée par le jet puissant du liquide pourpre. Ouverture rapide du collier de chair. L'animal pleure, se débat, se secoue, vibre, tressaute, le regard en direction des hommes, un œil interrogateur qui ne comprend pas cette violence mortelle.

Le temps qu'il se vide de son sang me paraît une éternité. Le flot cesse, puis le flux permet de comptabiliser et de visualiser les pulsations du cœur. L'animal voit la mort en face. Ses membres frémissent, tremblent encore, mais de moins en moins, mélange de peur, d'horreur et preuve que la vie quitte la bête au rythme de son muscle cardiaque. Cri d'enfant, râle de vieillard malade, pleur de femme éplorée, expiration d'homme sous le couteau du terroriste — les lamentations me fouillent encore le ventre. Quand je crois le mouton vidé de son sang, immobile, enfin mort, figé dans la posture qui lui fait tendre le cou ouvert en direction du trou pratiqué dans le sol vers lequel coule le sang, un ultime tressaillement anime la carcasse, désespoir de chair et de muscles, rébellion de nerfs et d'influx. L'œil brillant devient vitreux. Décharge intégrale de ce qui reste de forces et d'attachement aveugle à la vie. Je sais que la mort de tout un chacun ressemble peu ou prou à cette cérémonie d'abattage. Je songe à la mienne, et à celle de mes indispensables.

À deux pas, un Libyen affalé dans un paysage de brouettes en fer alignées verticalement sourit et parle. Il semble me dire qu'il en va de la mort du mouton comme d'une goutte d'eau dans l'océan. Ou quelque chose qui, apparemment, voudrait relativiser. Peut-être a-t-il vu dans mon regard la trace laissée par l'effroi, le dégoût. Abdelaziz aussi, qui ajoute que l'égorgement d'un petit animal n'a rien à voir avec celui d'un dromadaire qui, lui, suppose un immense couteau — il fait le geste et simule une lame monstrueuse —, un boucher avec des qualités d'athlète — il montre le coup frappé violemment dans l'artère de l'encolure —, plusieurs personnes pour tenir l'animal qui se débat violemment et une agonie bien plus longue — il mime les gens ligotant l'animal et tâchant de le plaquer au sol. Écœurement, nausée. Décidément, je n'aime pas la mort, sous quelque forme qu'elle apparaisse. L'hédonisme se nourrit viscéralement de cette haine.

Nous quittons le rivage des Syrtes pour atteindre les contreforts de la Cyrénaïque. Aristippe approche. Loin derrière nous, la Tripolitaine. Djerba, la frontière, Sabbratha, Tripoli, Leptis Magna, Zliten, Syrte — enfin Cyrène s'annonce. Un vent de sable plonge la journée dans un paysage d'après catastrophe nucléaire. Tout disparaît dans un camaïeu de gris sales, de marrons tenaces. Le réel s'estompe, soumis à l'effacement progressif, en direction du rien et de la disparition. Le soleil se devine sous forme de lueur pâle et froide, un halo, pas même un point brillant. Plus de bruits, de sons, un immense silence absorbe tout, les couleurs, les formes, les forces, les lumières, les lignes, les tracés. Une autre planète émerge, lente, ralentie, soumise à une climatologie extraterrestre ou apocalyptique.

Benghazi, au bord de la mer. Hôtel luxueux avec une superbe vue sur la baie. Portraits édifiants de Kadhafi sur des panneaux monumentaux. Après la tempête de sable sur la route, les lumières revenues se déclinent en une série de variations : bleus légers, gris perle, soupçons de violet et traces orangées avant le coucher du soleil, puis le noir d'une eau dormante et calme trouée çà et là par le reflet des lumières jaunes descendues des pontons. D'immenses lampadaires dissipent la nuit sur des places ou dans les avenues avec un violent éclairage au sodium. Blanchis par la lumière chirurgicale, les palmiers se découpent sur le fond d'encre des nuits libyennes. La vie nocturne tend vers zéro.

Les bombardements lors de la Seconde Guerre mondiale — l'Afrikakorps sévit sur place, Tobrouk n'est pas loin — ont contribué à la destruction presque totale de la cité en 1941. La reconstruction, sinistre, a fait triompher les architectures laides, massives et fonctionnalistes qu'on trouve dans ces cas-là. La lèpre constructiviste des années soixante et soixante-dix a ajouté à cet urbanisme malheureux une profusion d'alvéoles, d'ovales, de fausses ellipses, de béton, de structures en matériaux qui vieillissent mal. La ville d'aujourd'hui ressemble aux monstres tentaculaires fabriqués par l'industrie touristique il y a une trentaine d'années sur les côtes méditerranéennes.

Alternant avec Diogène Laërce et le Coran, je lis le *Livre vert* dans lequel le colonel Kadhafi expose les principes de sa politique en trois fascicules dans lesquels il aborde successivement les questions du pouvoir du peuple (« Solution du problème de la démocratie »), du socialisme (« Solution du problème économique ») et des « Fondements sociaux de la troisième théorie universelle ». Le tout en une centaine de petites pages guère difficiles à comprendre. J'ai également acheté à des prix dérisoires un texticule de Roger Garaudy sur les possibilités d'une économie islamique, deux ou trois brochures sur l'organisation politique libyenne, ainsi qu'un ouvrage explicatif du *Livre vert*, au cas où les concepts et la doctrine de la Jamahirya me résisteraient. L'ensemble, bien évidemment, éloigne fort d'Aristippe, de Cyrène et de l'hédonisme.

J'avais souvenir de cette littérature distribuée en Union soviétique. Pédagogie de propagande, simplisme outrancier, soupe intellectuelle de mauvaise qualité. Les thèses défendues par le colonel oscillent entre plusieurs pôles contradictoires : libertaire et autoritaire, progressiste et conservateur, laïque et religieux, éclairé et fascisant, théorique et pragmatique. Le socialisme libyen, tel qu'il apparaît formulé, me ravit absolument : la critique du capital, des bénéfices privés, de la propriété, des conditions libérales de production, du consumérisme, de la thésaurisation, l'interdiction du principe de location, du recours aux domestiques, la gratuité de l'éducation, du logement, de la santé, tout cela me comble ; de même que me plaît la référence libertaire — le colonel Kadhafi serait, dit-on, lecteur des socialistes français du XIXe siècle — à l'autogestion, à l'organisation immanente, à la critique des partis et de la hiérarchie, au fonctionnement pervers du système représentatif ; enfin, je ne peux qu'approuver, *sur le papier* du moins, à l'idéologie des Lumières qui ne recule pas devant la célébration de l'éducation, de l'école, de la culture dispensée au plus grand nombre.

Qui, d'ailleurs, y compris et surtout parmi ceux qui pratiquent la politique en cyniques débridés, vante ouvertement, théoriquement, l'exploitation, la misère, la pauvreté, l'esclavage, la paupérisation, les pleins pouvoirs de l'argent, l'aliénation des ouvriers, le principe de l'esclavage ? Qui, chez les libéraux occidentaux destructeurs des régions, des nations, des familles, des générations, uniquement soucieux de complaire à leurs actionnaires, a le front d'énoncer les principes qui gouvernent réellement leurs comportements : mort aux socialement faibles, vive les forts, et que triomphe l'argent, sans partage ? Qui, satisfait du mode de production libéral des logiques capitaliste et marchande, avoue que la morale n'est jamais l'affaire des capitaines d'industrie ? Personne. Le *Livre vert* n'offre, bien évidemment, qu'un catalogue de bonnes intentions socialistes théoriques, mais sur ce sujet, il me convient.

En dehors de cette teinte sociale, que propose la doctrine ? Une étrange indexation du réel sur le principe, flou, de loi naturelle — dont il faut remarquer que, la plupart du temps, il sert l'intérêt des réactionnaires et conservateurs les plus aguerris. Peu de pensées s'en réclament à gauche alors qu'elles le pourraient (j'ai tâché de le faire dans *Politique du rebelle*). Que dit la loi naturelle telle que le colonel l'entend ? Que les femmes, déterminées par leur physiologie, et plus particulièrement par les menstruations, ne sauraient échapper à leur destin de mères reproductrices assignées à résidence dans leurs foyers ; que la création d'une famille oblige les hommes et les femmes, d'où la nécessité impérieuse de faire des enfants et de les éduquer soi-même, en s'interdisant le recours aux crèches et autres garderies ; que les formes naturelles de l'organisation politique, après la famille, sont la tribu et la nation, auxquelles il faut se soumettre, car l'individu n'existe pas, seule compte la totalité qui le dépasse.

L'infériorité des femmes, leur rôle de reproductrices, le culte familialiste, tribal et national, à quoi il faut ajouter l'antisémitisme et le culte du chef, fournissent des points de repère de sinistre mémoire sur l'échiquier politique occidental. Certes, le *Livre vert* n'en appelle pas une seule fois à Dieu, Allah, Mahomet, au Prophète ou au Coran. Sur ce terrain, purement formel, la laïcité semble intégralement respectée. En revanche, le sous-sol de l'idéologie de la Jamahirya paraît incontestablement l'islam et sa fraction la moins radieuse. Interdiction de consommer, produire ou vendre de l'alcool, confinement des femmes dans leurs maisons — « La femme est avant tout une femelle », dit textuellement le petit livre —, prohibition intégrale de la contraception, de l'avortement, machisme généralisé dans les faits. Boire, manger, se vêtir, parler, penser, regarder, toucher, entendre, tout obéit à une codification stricte.

Le Coran n'est pas loin du *Livre vert* avec sa haine des femmes et du corps, du plaisir et de la vie. « Restez dans vos maisons », dit une sourate, quand l'ensemble de l'ouvrage avalise l'infériorité constitutive des femmes, leur valeur moindre sur le terrain du témoignage ou de l'héritage. L'homme peut pratiquer la polygamie, la femme se voit interdire la polyandrie ; l'homme peut conduire une prière de femmes, l'inverse non ; le mâle peut épouser n'importe quelle partenaire pourvu qu'elle relève de la religion du Livre, la femme n'a droit qu'à un mari musulman ; lui peut répudier, elle non ; obligées au voile ou au foulard, à l'ombre et au retrait, elles peuvent en toute légalité se faire frapper par un mari qui les *soupçonne* d'infidélité. Enfin, la révélation prophétique énonce l'incapacité des femmes à raisonner, penser ou réfléchir, éternellement condamnées à la futilité, à l'accessoire. Voilà ce que le colonel Kadhafi appelle la loi naturelle : le démarquage pur et simple de l'ancestrale doctrine islamique.

La volonté musulmane m'importe peu tant qu'elle concerne les pratiquants d'une religion qui la croient bonne et juste. En revanche, la lecture de Garaudy inquiète. Car le nationalisme sunnite se double chez lui, et il ne paraît pas seul de cet avis, d'une volonté d'internationaliser la doctrine, de propager une révolution planétaire et de décider du destin des autres. Abolir l'opposition entre capitalisme et socialisme au profit d'une troisième voie, islamique, inspirée des préceptes coraniques pour lesquels Dieu doit guider l'action politique et le volontarisme économique, voilà le projet de l'ancien stalinien devenu négationniste et reconverti à Mahomet. Il me glace. L'idée d'une guerre avec l'Occident, initiée ponctuellement, mais fondamentalement, par la *fatwa* qui touche Salman Rushdie, me laisse imaginer un troisième millénaire tout entier placé sous le signe de nouvelles guerres de religion.

En attendant le triomphe de l'idéologie islamique par les armes, le *Livre vert* propose une étrange conclusion qui s'appuie sur une interprétation farfelue de la génétique en vertu de laquelle les sentiments culturels, les traditions ancestrales et tribales, les goûts et dégoûts d'une culture se transmettent via les gènes. En conséquence, l'élevage et le dressage d'une population dans le respect des lois anciennes célèbrent la loi naturelle, fondent la nation et préparent un avenir radieux inspiré de cette fameuse *troisième théorie universelle*. Où biologie fantasmée et politique finissent par faire bon ménage, rêve platonicien encore fumant dans les décombres d'un IIIe Reich allemand à peine éteint.

Pour l'heure, les rapports d'Amnesty International signalent l'emprisonnement et la détention arbitraire d'un certain nombre d'islamistes intégristes, voire le renvoi de sectaires tunisiens musulmans dans leurs pays d'origine. L'islam pratiqué avec ferveur, entretenu au quotidien dans les moindres faits et gestes, semble garder la Libye d'un goût effréné pour le terrorisme religieux et les exactions pratiquées sur le mode algérien. Certes, l'opposition ne dispose pas des moyens légaux de s'exprimer, la presse obéit aux injonctions de l'État, les militants des droits de l'homme sont inquiétés, voire liquidés, certains sur des sols étrangers, la justice est expéditive — mais les États, sans exception, fonctionnent tous peu ou prou sur les mêmes principes qui, jamais, ne s'embarrassent de morale.

Dans tous les cas de figure et dans toutes les situations — un site archéologique, une place de village, une sortie nocturne, la jetée d'un port, le hall d'un hôtel, la rue ou un café, ou un bordel tripolitain —, notre chauffeur et notre interprète déploient des trésors d'ingéniosité pour que nous ne puissions entretenir de rapports directs avec des Libyens rencontrés par hasard. La peur, la crainte, la paranoïa, toujours. Ainsi, en pleine ville, quand, au milieu des habitations où elles trônent, nous interrogeons notre interprète sur le contenu d'immenses cuves dissimulées sous des peintures de camouflage, il répond avec un sérieux imperturbable qu'il s'agit d'une réserve d'huile d'olive...

Au-delà du rivage des Syrtes, après Benghazi, Cyrène semble à portée de main. La Cyrénaïque s'offre, verte, riche et charnue. Des herbages, des oliveraies, des cultures agricoles, des champs irrigués. Les monts apparaissent au loin et la fraîcheur arrive. Sur le bord des routes, les petits marchés proposent des fruits et légumes en quantité — oranges, tomates, bettes, choux, pommes, oignons, navets, bananes, concombres, salades, pâtissons —, qui bariolent le bord des routes d'une grande variété de couleurs. Les mandarines, pleines de gros pépins, donnent un jus acide qui coule au fond de la gorge. Elles remplacent bientôt les cacahouètes fraîches qui, dans un gros sac, nous accompagnent depuis la Tripolitaine.

La route monte et traverse des montagnes. Après les ocres, gris, marrons, jaunes des sables du désert, le paysage ne le cède en rien aux carnations vertes de Normandie... Finies les brûlures du désert et les étrangetés du vent de sable. Le brouillard gagne, le froid également. Puis la pluie, une épaisse bruine, pénètre le corps et l'âme. L'horizon se bouche, la visibilité disparaît intégralement. On ne voit plus rien. La voiture avance sous l'eau que rabattent les essuie-glaces. L'odeur de l'asphalte, du béton et du bitume mouillés sature l'habitacle. Parfums blancs de froid et d'hiver. Les constructions inachevées, dans un village, s'exposent sous des couleurs tristes, démoralisantes. En arabe, un panneau indique Shahat. Voilà, c'est fini. Nous sommes arrivés.

Je comprends soudain pourquoi dans son *Enquête* Hérodote dit qu'à Cyrène *le ciel est percé*. Je saisis mieux. Déception. Pendant de longs mois, j'ai rêvé, imaginé, désiré et voulu mon premier contact avec la ville d'Aristippe sous le ciel bleu, dans un paysage méditerranéen de carte postale, écrasé par la lumière et la chaleur. J'ai fermé mon vêtement jusqu'au menton, mon foulard laisse passer le vent froid sur ma gorge, mes cheveux se mouillent de pluie glacée, mes chaussures se trempent après quelques mètres dans le chemin qui conduit au gymnase hellénistique dans la ville haute. Le vent s'engouffre dans la longue cape bleue d'Abdelaziz et la fait joliment virevolter — j'y vois le fantôme disparaissant de mes rêveries.

Les hauts plateaux sur lesquels se trouve la ville de Cyrène, à six cents mètres d'altitude, arrêtent les nuages gorgés d'eau venus de la mer distante d'une quinzaine de kilomètres. Toute l'humidité absorbée sur les côtes, à Apollonia, le port de Cyrène, où, en cette saison, la mer est chargée, lourde et violente, vient régulièrement s'écraser sur la cité au point qu'on dit de la climatologie cyrénaïque qu'elle tient moins de l'Afrique brûlante que de l'Europe pluvieuse. Corne de terre avancée dans la Méditerranée et qui pousse dans le ventre de la mer en direction de l'Europe de l'Ouest, via la Sicile, la Sardaigne, la Corse et la France, la Cyrénaïque amorce un mouvement qui appelle le vieux continent européen, le demande, le sollicite.

Je suis donc à Cyrène, lieu de naissance de l'hédonisme, patrie de l'inventeur du plaisir, trempé comme si j'avais déambulé une journée entière dans les chemins bocagers de Basse-Normandie. Ma mélancolie s'aggrave au moment même où j'entre sur l'agora, là où Aristippe enseigna sûrement ses hypothèses, là où il professait sa philosophie joyeuse et voluptueuse, car j'entends l'appel du muezzin ! Au milieu du tas de ruines, de l'amoncellement de pierres, dans la bourrasques glacée — il tombe alors un genre d'épaisse neige fondue —, déambulant dans les déchets archéologiques fabriqués par le christianisme byzantin puis l'islam, psalmodiées du minaret, les sourates du Coran m'achèvent...

La pluie cesse quand nous descendons vers la ville basse. Chemin sinuant dans la verdure ; source d'Apollon connue par tous les Grecs du bassin méditerranéen à l'époque ; bains pour les femmes, puis pour les hommes —, il reste les niches creusées dans le roc, les baigneurs y plaçaient leurs vêtements que je *vois* pliés ; colonnes du sanctuaire d'Apollon, exèdre de Pratomédès avec ses lions gentils, pierres en quantité, statues décapitées, graffitis arabes, entablements en équilibre, antéfixe orné d'un masque de comédie ; théâtre au mur de scène effondré, ouvert sur la vallée qui conduit à la mer : je veux d'abord voir les lieux qu'a pu connaître Aristippe, ce qu'il a pu toucher, voir, où il a pu s'asseoir, le paysage qu'il a vraisemblablement regardé. Et m'abandonner à la rêverie.

Installé sur le mur de soutènement de la ville basse, les jambes ballant dans le vide, je me demande si Aristippe a été enterré à Cyrène. La nécropole qui entoure la cité m'impressionne par son étendue. On ne sait pas même si le philosophe a fini son existence dans sa ville natale. Mais j'imagine que son corps a pu reposer là, dans l'une de ces tombes creusées à même le roc. Le temps passant, les sépultures ont été profanées, les caveaux vidés, les bijoux vendus, les offrandes votives cédées, les squelettes déchargés dans des carrières bouchées depuis et effacées du paysage. Les pauvres ont envahi la nécropole pour en faire leur ville et habité longtemps ces cercueils troglodytes. Les excavations, vues de loin, font songer à des orbites vides, à des trous pratiqués dans l'os de la montagne. Le vent se calme, la pluie semble s'éloigner, le ciel et les nuages s'ouvrent, une éclaircie nimbe le site tout entier. Pas de soleil, mais une lumière qui dégèle mon âme.

En contrepoint aux quatre pièces de cuivre trouvées à Sabbratha, avec la bénédiction des dieux qui veillent sur l'agora de la cité, et vraisemblablement avec l'aide complice de la déesse associée aux mystères de l'hédonisme qui nous accompagne, la joie vint d'une taupinière d'où une lampe à huile surgit, dans une croûte de terre humide qui la protégeait et la conservait intacte. Autour du bec, je vis encore la trace noire laissée par la brûlure de la mèche, et sur les flancs rebondis, les griffures dessinées par la taupe lors de son travail de fouille. L'émotion saisit l'âme et le corps quand on imagine l'antique habitant de Cyrène tenant dans sa main ce petit objet avec lequel il faisait la lumière dans le réduit qu'il habitait. J'oublie la déception, le froid, la pluie, mes vêtements trempés, la mélancolie — le ciel s'ouvre.

Après un voyage à l'air libre, glacé, frigorifié, avachi à l'arrière d'une camionnette qui parcourait la route conduisant de la ville basse aux sites du temple de Zeus, je me sens revigoré par le froid qui cuit mon visage. Lumière incandescente et paysage dégagé, je vois enfin, la brume disparue, la ligne d'horizon de la mer qui tranche sur le bleu du ciel avec une couleur d'une autre consistance. Apollonia, au loin, Cyrène, ici, la vallée traversée par les colons en provenance de Platée, au sud de la Crète, qui venaient de braver les flots méditerranéens, les ombres d'Hérodote et de Platon, visiteurs descendus de Grèce, tout s'anime dans ma tête, alors que nous traversons une étrange ville morte, la Cyrène du début du siècle, aux habitations blanches et murées, ville fantôme rachetée par l'État, bientôt rasée pour mettre au jour la terre sous laquelle reposent encore quantité de mystères et de merveilles. Les os d'Aristippe ?

Nous arrivons aux réserves, antre magique où les archéologues entreposent la totalité de leurs découvertes. Ce capharnaüm vaut paradis d'esthète ! Et géographie intellectuelle incarnée, pétrifiée plutôt. En Égypte, j'ai senti combien, malgré un silence organisé, notre Occident était redevable des cultures du Nil. Là, j'ai la démonstration d'une circulation des corps, donc des âmes et des idées, en m'attardant sur des momies, des fragments de statuaire égyptienne, une représentation d'Isis retrouvée en terre africaine hellénisée. Cette culture voyageait, stationnait avant de repartir dans l'ensemble du bassin méditerranéen, Grèce, Rome et Europe tout entière. Les bandelettes enveloppent le secret des cultures occidentales.

Des kouros, des corps sublimes, une plastique élégante, fine, racée, stylée qui tranche avec la rusticité de la Libye d'aujourd'hui. Et, pêle-mêle, Hercule avec sa massue, sa tunique du lion de Némée, Vénus, aux formes parfaites, des statues à même le sol de béton rude et brut — souplesse, malgré tout, dans le repos de pierre allongé —, têtes et bras en quantité, membres épars, hôpital de marbres silencieux et plus de deux fois millénaire. Des têtes émergent des caisses de bois protégées par peluche et copeaux ; verticaux et triomphants, des monuments ithyphalliques font rire aux éclats nos complices de remise avec lesquels nous échangeons dans un anglais massacré abondamment complété de gestes ; une svastika discrètement désignée ; de petits cochons votifs — je m'interroge sur l'hypothétique relation avec les pourceaux d'Épicure...

Le plus étrange dans cette caverne d'Ali-Baba consiste en figurations de Perséphone. *Figuration* convient mal puisque le propre de ces statues, dont le culte semble exclusivement limité à Cyrène, consiste à montrer une chevelure de femme sur un cylindre en lieu et place du visage gommé. Pas d'yeux, de nez, de bouche : une surface lisse, une absence signifiée, un vide métaphysique pétrifié ; il s'agit de dire l'indicible, de montrer l'immontrable, ce qui advient après la mort, ce dont on ne peut parler et qu'on ne veut pas taire, tout en sachant combien mieux vaut le passer sous silence. Plusieurs statues de cette facture reposent parmi les bustes d'empereurs ou de philosophes, de poètes ou de gouverneurs. J'avise la plupart : lequel pourrait être celui d'Aristippe ? Lui aussi traverse l'éternité sans visage, sans face.

Dehors, le tournis me fait chavirer tant cette réserve contient de pièces extraordinaires. Regards accumulés, sourires entr'aperçus, corps mutilés, fragments de toute beauté, morceaux de marbre définitivement arrachés à une totalité perdue, ce peuple sorti des ombres me hante. En allant à la bibliothèque du site, terminus de mon voyage à Cyrène, je retrouve la pluie. Dans une bâtisse anciennement belle, majestueuse, mais présentement décatie et ouverte aux vents, transpirant, suintant l'humidité, je découvre des kilomètres de vieux volumes entassés sur de vieilles bibliothèques en fer. Pas d'électricité, pas de lumière, pas de chauffage, des carreaux cassés, du vent, du froid. On ouvre la fenêtre pour faire entrer un peu de la clarté du jour. Pas suffisant.

J'allume ma lampe de poche et fouille avec le rai de lumière l'étagère où se trouvent en toutes langues les ouvrages sur les philosophes et autres auteurs originaires de Cyrénaïque : Synésios et Callimaque, certes, Carnéade et Ératosthène, aussi, mais rien d'autre. Rien sur Aristippe, ni sur les cyrénaïques plus tardifs, Annicéris, Arété et Hégésias. Je compulse encore les livres, les encyclopédies, les fascicules, les articles, les fiches calligraphiées, je cherche les références, les citations, j'interroge le bibliothécaire, un colosse barbu, généreux et attentif, affublé d'un genre de grande robe et de gros godillots, et ne trouve rien. Alors je sais ce que mon voyage devait m'apprendre : la nécessité d'écrire ce livre absent sur les étagères de Cyrène, une vie d'Aristippe, l'inventeur du plaisir. Le retour en Europe fut tout de vitesse, saturé d'images heureuses.

26

TAPI DANS LES MIROIRS

Dans le riche et truculent bestiaire de La Fontaine, *La grenouille qui veut se faire aussi grosse que le bœuf* m'a toujours moins semblé une fable sur l'envie qu'un texte sur l'orgueil. Certes, l'auteur lui-même renvoie à l'envie, cet indiscutable moteur du monde depuis toujours. Il met en perspective le désir chevillé au corps de « la chétive pécore » et le gros animal massif, objet de toutes les convoitises, d'une façon telle que René Girard y trouverait sûrement aujourd'hui une occasion de disserter sur le désir mimétique, fondateur et générateur d'action. Pour ma part, je veux voir dans cette incroyable *mal mesure de soi* du batracien avant explosion la définition même de l'orgueil. Dans l'esprit de La Fontaine, la grenouille doit rester telle et ne pas aspirer à un autre statut, à une autre nature, une autre essence. De sorte que l'orgueil consiste ici à se vouloir autre et plus que ce que l'on est — ce qui définit aussi le bovarysme sous la plume de Jules de Gaultier.

L'orgueil se libère dans les miroirs où il se tapit, dessous le tain, caché sous la pellicule de plomb. Dès qu'un homme se regarde dans une psyché, il assiste à sa duplication qui, d'emblée, lui semble plus ou moins fidèle. Quiconque estime son image infidèle et désavantageuse se peut craindre orgueilleux. Car, sauf polissages spécifiques, le miroir est fiable et fidèle, et ce de manière exemplaire. Devant sa glace, l'*Homo sapiens* devient le spectateur de lui-même, il doit regarder ce qu'il voit, sinon voir ce qu'il regarde, puis consentir à ce qui lui est montré. Enfin, pour éviter le péché d'orgueil, il tâchera de ne pas mettre en doute le résultat du reflet — l'impitoyable leçon. La connaissance de soi, chère au cœur de Socrate, suppose le recours à une démarche philosophique parente du miroir et de ses effets de réflexion.

La juste estime de soi, le savoir clair de ses limites, l'idée distincte de son envergure ne s'obtiennent pas simplement, directement. Des années de travail sont parfois nécessaires pour parvenir à des résultats approchants et quelque peu fiables. D'où l'aide de la philosophie, de la psychologie ou de la psychanalyse, pourvu que dans ces secours de l'âme l'expérience fournisse des savoirs incontestables. L'orgueil opère au beau milieu de cette scénographie de l'accès à soi : il fausse les jugements de l'impétrant et force à la hausse dans l'estimation de sa nature. L'individu affligé de cette perversion se croit plus fort, s'imagine plus grand, se pense plus puissant qu'il n'est réellement. En vérité, il évolue plutôt dans la faiblesse, la petitesse et l'impuissance que son inconscient tâche puissamment de nier par le recours à une compensation cristallisée dans un jugement inapproprié et excessivement positif de soi.

Cette erreur de parallaxe, cette perspective dépravée supposent chez l'orgueilleux une volonté farouche de modifier le réel dans le dessein de le faire correspondre à l'idée qu'il a de sa personne : il se veut intelligent et cultivé, il est sot et inculte, il table sur sa beauté et sa séduction, il est laid et emprunté, il se pense irrésistible et fascinant, il est pitoyable et ridicule. Toujours il évolue à côté, transversalement, et chemine dans des voies de traverse où tout subit la distorsion et trahit le travail de la surestimation de soi. Sainement avisée des limites et de la nature de son anatomie, jamais la grenouille n'aurait dû se croire capable d'atteindre le format du bœuf. Et pourtant, faisant fi des évidences physiologiques, elle imagine qu'elle peut prendre ses désirs pour la réalité. Du point de vue purement mécanique de l'algèbre des passions, l'orgueil caractérise d'abord celui qui se surestime, qui mésestime ses forces et se croit plus riche qu'il ne l'est véritablement.

La théologie triomphant, sinon la mythologie — sa forme païenne dans l'histoire —, l'orgueil définit le vice de ceux qui, loin de se surestimer véritablement, se veulent mesurer aux dieux, en toute égalité métaphysique. Le discours moralisateur des tenants du monothéisme fustige radicalement pareille engeance. Des hommes qui s'imaginent capables de rivaliser avec leurs créateurs, de se battre à armes égales, de figurer dans la même catégorie ontologique : voilà péchés, fautes et crimes qui valent malédiction, punition et expiation ! Hésiode et la Genèse, chacun dans leur registre, explicitent cette logique à l'œuvre aussi bien à Athènes qu'à Jérusalem.

On le sait, *Les Travaux et les jours* racontent la décadence, les races d'or qui déclinent jusqu'au vil métal ferreux, les immortels devenus de très communs mortels. La déchéance s'enclenche parce que les hommes ne veulent pas reconnaître de limites à leur puissance. Seuls les dieux méritent les qualités exceptionnelles : le pouvoir absolu et la science infuse ; seuls les orgueilleux s'imaginent pouvoir en disposer et investissent sans limites dans la puissance et le savoir. Nietzsche fait de l'orgueil « le vice de ceux qui savent ». La Genèse pense pareillement, car Adam et Ève, en choisissant de goûter du fruit de l'arbre de la connaissance, malgré l'interdit, désobéissent à Dieu, certes, mais, plus grave, pèchent par orgueil en s'imaginant pouvoir égaler, voire surpasser la Puissance première dans ses prérogatives.

Païens et judéo-chrétiens en conviennent, le péché d'orgueil génère le négatif et ses variations : le mal, la souffrance, l'enfantement dans la douleur, le travail quotidien, la peine et la vallée de larmes. Aussi appelle-t-il une éternelle expiation. Les philosophes qui fabriquent et fournissent la matière idéologique du christianisme, les Pères de l'Église, placent ce vice parmi les sept péchés capitaux parce qu'il induit en cascade d'autres défauts tout aussi notoirement condamnables : la présomption, en vertu de quoi les hommes s'imaginent capables de prouesses au-delà de leurs forces ; l'ambition, qui fait aimer de manière excessive et ridicule les honneurs, les fausses dignités et l'empire ou l'autorité sur les autres ; puis la vanité, cette vaine gloire qui instille son venin chez le quémandeur farouche de l'estime d'autrui. La patrologie fait classiquement naître trois autres perfidies de cette source corrompue : la vantardise, l'ostentation et l'hypocrisie.

La sculpture, la peinture, les beaux-arts racontent également ce travers, mais de manière visuelle. Ni grenouille ni bœuf dans l'iconographie médiévale qui le figurent, mais un cavalier qui tombe à terre, trop sûr de lui, trop confiant, ignorant ses capacités équestres véritables, inconscient de ses limites à cheval. De même, à la Renaissance, l'aigle et le lion, maîtres dans leurs milieux respectifs, l'air et la terre, trouvent souvent compagnie près d'un paon, animal emblématique de la fierté, mais surtout au côté d'une femme qui tient un miroir où apparaît parfois le reflet de Satan. L'orgueil se trouve donc bien dans le tain de l'objet aux reflets de vérité : on croit se regarder et se trouver belle, on voit apparaître le faciès grimaçant du diable, le rictus abominable du Démon. L'orgueil, les femmes, Satan et le miroir : le christianisme campe sur des terres moralisatrices, misogynes et méphitiques. Ainsi, à demi-mot, il annonce une théorie du narcissisme proche des conceptions modernes.

Grand maître dans l'art de formuler la culpabilité et l'expiation, Dante punit les orgueilleux en les faisant déambuler sur la première corniche du Purgatoire : ces damnés particuliers paient leurs fautes passées en marchant la tête courbée vers le sol, à pas très lents, comme comprimés par le poids d'invisibles cariatides qui les empêchent désormais de relever la tête toujours levée de manière arrogante au temps de leur superbe. L'auteur de *La Divine Comédie* dénonce la nature de ces pécheurs spécifiques : ils ont trop osé sur terre, trop oublié leur état d'imperfection, trop méconnu leur inachèvement, trop négligé leur statut de larve. « Fils d'Ève », écrit le Florentin dans l'un des vers du *Purgatoire* à propos des orgueilleux...

Le poète le confirme et l'illustre : les chrétiens n'aiment pas l'orgueil et proposent des thérapies pour en finir avec cette passion mauvaise. D'abord, il faut en savoir nettement la malice et les effets désastreux ; ensuite, se persuader que Dieu seul préside au bon et au bien, donc qu'à lui seul reviennent tout honneur et toute gloire ; enfin, se priver volontairement de certaines satisfactions de vanité en s'imposant régulièrement quelques humiliations. Car l'humilité fournit l'antidote radical à l'orgueil : les hommes doivent se convaincre et se persuader qu'ils ne sont rien, moins que rien : pécheurs. Ainsi, ils obtiennent ce qu'ils méritent : punition, expiation et contrition.

Paradoxalement, les Pères de l'Église chrétienne inventent une étrange façon de transfigurer l'humilité en orgueil au carré : les hommes pèchent de trop se considérer, de s'estimer au-dessus de leurs moyens, certes, mais l'obligation à l'humilité invite à déplacer et investir toutes les réserves d'orgueil dont le pécheur dispose dans l'exercice de la haine, de la déconsidération et du mépris de soi. Jamais on n'a vu plus orgueilleux que les athlètes du désert, les renonçants, les moines, les prêtres, les martyrs, les mystiques masochistes, les familiers de la componction au quotidien, les tenants de l'idéal ascétique : aspirer hystériquement au déchet permet étrangement de gagner son paradis tout en jouissant d'une relation directe et permanente avec Dieu — summum de la prétention, comble de l'orgueil démesuré, quintessence de la vanité.

Alors ? Alors ni surestimation, ni sous-estimation de soi, ni superbe ou arrogance, ni contrition ou repentir ne paraissent nécessaires et défendables. En revanche, on tentera une juste estimation de sa nature et de son tempérament : ni en deçà, ni au-delà de ses possibilités, juste dans l'équilibre et la mesure de qui parvient à l'équitable estimation de sa personne. Aristote théorise et formule la nécessité de cette bonne distance dans l'*Éthique à Nicomaque* : il renvoie dos à dos le vaniteux et le pusillanime, car le premier s'imagine au-delà de ses capacités quand le second se croit en deçà de ses pouvoirs. À égale distance de ces deux excès, l'un dans l'hypertrophie, l'autre dans l'atrophie du moi, le philosophe propose la puissance de magnanimité. Cette belle vertu grecque définit « celui qui se juge lui-même digne de grandes choses et en est effectivement digne ». En fait, elle désigne l'individu structuré par le projet socratique enfin lucide sur lui-même.

La connaissance de quelques rouages de la mécanique orgueilleuse interdit la pure et simple condamnation de cette singulière passion. Elle ne disparaît jamais quand on cherche à l'éradiquer et réapparaît toujours là où on ne l'attend pas. L'*infime* surestimation de soi — pourvu qu'elle persiste dans l'infinitésimal et n'outrepasse jamais — définit la fierté sans laquelle il n'est point d'honneur, de dignité, de grandeur, de résistance, de noblesse ou d'excellence — toutes vertus majeures. Dans cette histoire, tout suppose la mesure, et ce dans le registre microscopique : une dose infime suffit au basculement de la fierté défendable du côté de l'orgueil indéfendable.

L'étymologie rappelle la parenté du terme avec les passions positives de l'intrépidité et du courage, de la tenue et de la droiture — qu'on se souvienne du « noble orgueil » du *Cid* de Corneille qui réactive les belles vertus romaines au cœur du Grand Siècle. Dans l'optique d'une éthique de la distinction, de la prévenance, de l'élégance reformulée pour aujourd'hui, la fierté tient un rôle cardinal. Aussi, dans le miroir des passions humaines éclairées par une lumière fin de siècle, l'orgueil négatif, si proche de la fierté positive, n'est pas la pire catastrophe imaginable. L'humanité périt actuellement de plus noirs sentiments, moins à cause de vertus émoussées que de vices tranchants comme le rasoir.

27

SUR LA HAINE DE LA LANGUE FRANÇAISE

Pour Jean-Pierre Houtteville

Les plaisirs que je dois à la langue française surclassent, et de loin, tous les autres dans mon existence. Et je n'exclus aucun registre. Pour la lecture et l'écriture, la conversation et le rapport au monde, pour dissiper des obscurcissements métaphysiques et parvenir à quelques certitudes utiles à la conduite de mon existence, pour donner forme à mes révoltes et contenu à mes pensées, pour envisager une histoire affective ou aborder une terre inconnue, pour panser les plaies vives de l'âme ou me libérer de colères violentes, je ne sais rien de plus précieux que ma langue natale, son vocabulaire, ses mots, sa syntaxe, je ne connais rien de plus réjouissant que sa musique, ses rythmes, ses cadences, sa richesse : je ne me sens jamais autant chez moi que dans l'expression française. Je n'habite rien d'autre que le lieu où je suis et, partout ailleurs, ma langue. Ma façon d'en user quotidiennement génère des formules de style, à la manière d'une plante équatoriale un suc spécifique. J'y assiste en spectateur déconcerté et curieux.

J'ai aimé de bonne heure — au sortir de l'adolescence, et grâce à mon libraire — l'insolence de Rivarol, arrogant jusqu'à la mauvaise foi dans sa défense et illustration de l'universalité de la langue française. Aujourd'hui, les plaidoyers pour la francophonie me paraissent de bien douloureux chants du cygne tant je constate partout, sinon le recul de la francophonie sur la planète, du moins, plus grave à mes yeux, une certaine haine de la langue française savamment entretenue par d'aucuns dont le métier consiste pourtant à écrire des livres ou à en parler. Une récente génération d'écrivains, autant qu'une nuée de journalistes qui parasitent l'oral et l'écrit, procèdent jour après jour à la destruction lente, patiente, mais efficace de la langue française en la maltraitant, en la brutalisant, en la traitant comme une vieille chose détestable.

En plus des flammes de Rivarol, j'aime fréquenter avec passion les volumes massifs du dictionnaire d'Émile Littré. Ses préfaces lyriques galvanisent concrètement l'enthousiasme positiviste : elles trahissent au fur et à mesure des éditions l'aspiration désespérée à l'achèvement avant la mort de la tâche titanesque ; à la manière romantique de Michelet, elles recourent avec lyrisme au balayage des temps, à la spectrographie des époques, au mélange des registres, au croisement des références, à la valse des millénaires, aux confluences des peuples disparus ; elles théâtralisent les voyages historiques et géographiques dans les dialectes, les idiomes, les patois, les langues ; elles dissertent avec une franche liberté des étymologies, des synonymes, des prononciations, des nomenclatures, des significations, des définitions ; elles justifient les auteurs classiques retenus pour les exemples ; bien avant Paul Valéry, elles professent la nature mortelle des civilisations et révèlent l'annonce et l'énoncé des prémices de leur décomposition dans les mauvais traitements (la *maltraitance*, gloussent aujourd'hui les cuistres...) infligés à la langue française. Quand s'effondre une culture, sa langue se fracture — et vice versa.

D'où mon irritation devant l'impunité dans laquelle se trouvent les fossoyeurs de la langue française. Les uns en signant des livres ni faits ni à faire, remplis de solécismes, de barbarismes, de trivialités, rédigés dans des syntaxes approximatives, truffés de néologismes, recyclant le vocabulaire indigent de la vie quotidienne la plus pauvre — sans parler du contenu à l'avenant ; les autres en rendant compte de ces ouvrages dans la presse écrite soit en célébrant leurs qualités littéraires (!), soit en choisissant pour cible d'autres ouvrages, leurs très exacts contrepoints, coupables d'être *trop écrits* (!). Comme si ces maîtres du bon goût disposaient des critères pour dessiner nettement et sans trembler l'orbe stylistique dans lequel doit s'inscrire un livre : ni trop écrit (comme Proust ?), ni trop peu (comme le journal — ou leurs propres productions ?).

Car un livre est ou n'est pas écrit. Et je ne sors pas de cette alternative. Sinon, quelles limites décident du trop ? Et du trop peu ? Quel nouvel art poétique pour ces fossoyeurs de la langue ? Pour ma part, je vois la ligne de fracture séparer nettement les stylistes et les autres. D'un côté, les écrivains créateurs d'un monde identifiable par un style durable, des cadences repérables, des mots réitérés, une musicalité incomparable, les artistes du verbe qui travaillent en individualités singulières dont on reconnaît les couleurs, les sonorités ou les formes avant d'en déduire leur identité sans coup férir. De l'autre, les auteurs incapables de faire advenir l'ombre même d'un monde. Entre les deux ? Rien.

L'écriture des impuissants procède du monde oral, elle décalque les tics de langage et les pratiques verbales quotidiennes. Neutre, blanche, ou plutôt vide, pâle, elle se complaît dans le degré zéro, en dessous même de la correction stylistique des dictées de certificat d'études dans lesquelles, au moins, les logiques de l'orthographe — souvenons-nous de l'étymologie —

produisent leur efficacité dans la justesse, l'exactitude et l'honnêteté littéraire. L'écriture insipide prend son modèle sur le flux tendu et le jet continu des mots diffusés par le prompteur des orateurs d'occasion aux tribunes politiques ou télévisuelles. Le texte tiède défile dans un débit monotone où la ponctuation — l'occasion chromatique et musicale du langage — disparaît radicalement. Plus d'interrogations, d'exclamations, de suspensions audibles ; plus de points, de virgules, de points-virgules perceptibles ; plus de parenthèses, de crochets et de chevrons sensibles ; plus de guillemets, de tirets, plus d'alinéas, de paragraphes, plus rien qui accroche l'oreille, ravisse l'auditeur en proposant une musique reconnaissable entre toutes. Reste l'étroit filet verbeux d'un robinet d'eau tiède.

En plus de la négation de la ponctuation, l'écriture creuse brille également par la confusion des plans littéraires, journalistiques, vernaculaires, triviaux, l'ensemble se plaçant dans le pauvre scintillement des paillettes de la mode. Les pointes visibles de la vie quotidienne, les tics de langage du moment, les expressions médiatiquement popularisées, les tournures initiées par le microcosme audiovisuel, les formules banales de l'expression utilitaire, le fait divers verbal exacerbé, tous ces tropismes plébéiens contribuent à la fabrication de nombre d'œuvres romanesques actuellement promues. Loin de la poétique généralisée et lyrique d'un sublime Joseph Delteil ou d'un extravagant Alexandre Vialatte, le livre procède souvent d'un nihilisme stylistique appuyé et revendiqué.

Par ailleurs, la haine de la littérature se nourrit d'un véritable mépris du vocabulaire, doublé d'une profusion de registres pauvres et d'un recours fréquent aux verbes indigents — avoir, être, dire, faire —, sinon aux mots indigents qui caractérisent la littérature minuscule et assurent sa promotion. Le nombre de mots utilisés dans une quantité incroyable de livres d'aujourd'hui s'avère dérisoire, ridicule. De sorte que, dans un premier temps, on pourrait presque juger de la qualité d'un travail littéraire à la quantité des mots sollicités par son auteur. Moins de mille mots suffisent au bonheur du Français moyen pour évoluer dans le détail de son univers quotidien ; moins de mille mots suffisent à nombre d'auteurs pour mener à bien la rédaction d'un livre publié sous les couleurs de jaquettes autrefois prestigieuses.

La déconsidération du vocabulaire se pratique pareillement chez les écrivains et les critiques littéraires. Cette dernière engeance ne ménage pas ses flèches à l'endroit des auteurs dont les livres contiennent du vocabulaire au point qu'« il faudrait un dictionnaire pour les lire ». Une étrange inversion des valeurs installe le livre riche et dense en mots au côté des punitions et des épreuves infligées au lecteur. On préfère célébrer les livres écrits avec l'étroit spectre des mille mots de rigueur que les ouvrages qui foisonnent et fourmillent de termes inconnus ou rares. Étrangement, jamais on ne fustige l'indigence verbale même la plus voyante alors qu'on critique volontiers l'écrivain qui a eu l'impudence de recourir à du vocabulaire inhabituel pour le taxer de cuistrerie, de prétention, de préciosité, d'esthétisme, voire de fatuité, de vanité, d'affectation, de maniérisme, sinon, plus radicalement, de travers pompiers ou kitsch. Les stylistes littérairement discrédités, on peut mettre en évidence puis faire monter en puissance les plus falotes et insipides productions romanesques. Quid de la postérité d'un Julien Gracq ?

Or, Monsieur de La Palice confirmerait, le vocabulaire survit seulement s'il se transmet. Moins on l'utilise, plus il devient rare ; plus on recule devant son utilisation, plus on oublie son existence. Le nihilisme contemporain s'appuie sur une transmutation des valeurs manifeste dans l'opprobre jeté sur le styliste au vocabulaire étendu doublée d'un éloge appuyé de l'écrivain confiné dans un registre sommaire. Plus les tâcherons de la presse spécialisée discréditent l'auteur riche de mots en célébrant le romancier pauvre de verbes, moins on contribue à la permanence de la langue dans sa richesse fastueuse et ses possibilités magnifiques. Au fur et à mesure du temps, la langue s'anémie, s'épuise et menace de trépasser.

L'indigence de la critique littéraire, et les sous-entendus commerciaux de la production romanesque, accélère le processus de dégénérescence stylistique. Ainsi, la mise en coupe réglée de toute la production livresque a fait du livre une marchandise comme une autre, consommable par le plus grand nombre. La loi du maximum d'acheteurs possibles pour un produit de consommation intellectuelle moyen suppose le nivellement des ouvrages par le bas : petites longueurs, petits sujets, petits registres, petit vocabulaire, petites histoires, petits souffles assurent d'une grande efficacité commerciale. Dans cet ordre d'idées, tout vocabulaire étendu équivaut au péché originel.

Or le vocabulaire génère le chromatisme d'une œuvre écrite. Sans lui, point de musique, de cadence, de rythme possible, pas de mouvement, de forme et de dynamique, pas d'écriture. Et le métier d'écrivain exige la profusion des mots. On ne fustige pas le typographe d'en appeler au bas de casse, à l'esperluette ou au cadratin ; on ne déclare pas la guerre au viticulteur qui parle d'ouillage, de douelles et de flavones ; on ne cherche pas de noises à l'horticulteur qui discute marcottage, oculation et plançon. Pourquoi alors interdire à l'écrivain ce qu'on autorise aux artisans ou aux représentants des corporations spécialisées ? Pour quelles raisons, dans son registre, le philosophe devrait-il se priver d'ontologie, de noumènes et de numineux ?

Certes, un certain usage stylistique, voire une abondance systématique de vocabulaire spécialisé, donne naissance au jargon et induit l'illisibilité. Et rien ne me semble plus insupportable que cette manie tribale de fermer le discours sur lui et de le réserver aux spécialistes dûment initiés, triés sur le volet, à l'exclusion de tout autre béotien sur lequel on assoit ainsi sa puissance, voire son empire. Le monde de la médecine ou du droit en use, et parfois en abuse : les récents oncologues paraissent plus détestables, par les sous-entendus idéologiques que leur nouveau nom de baptême dissimule (masquer le réel par la prestidigitation du mot qui le qualifie), que les anciens cancérologues qui les précédaient dans le vocabulaire des hôpitaux et accomplissaient de très semblables tâches ; les dettes irrépétibles des gens de robe, tout irrépétibles qu'elles sont, n'en demeurent pas moins des dettes tout simplement impossibles à recouvrer. Maints philosophes du XXe siècle ont prêté le flanc à pareille critique quand ils ont eu recours plus que nécessaire, et dans le souci d'obtenir une belle obscurité gage d'une hypothétique profondeur, à un nombre incalculable de mots du sérail, à une profusion de néologismes inélégants — ah, la fascination pour l'idéalisme teuton et la phénoménologie prussienne ! Qu'on songe à la praxis diachronique, aux sémiotiques de subjectivation, à l'être-en-tiers-de-soi, aux modèles de l'exemplification, aux plateaux de déterritorialisation, aux arcanes de la différance, au non-dit du fort-da, aux apocatastases et autres joyeusetés noyées dans les italiques, les guillemets, le grec ancien et l'allemand phénoménologique. Sans parler de la syntaxe explosée...

La haine du vocabulaire spécialisé se double également d'un mépris pour le vocabulaire *extraordinaire*, au sens étymologique du terme : tout ce qui déborde l'usage ordinaire s'attire les foudres des tenants du nihilisme littéraire. Or la condition de vie et de survie d'une langue se joue dans l'intervalle qui sépare le défaut de vocabulaire par indigence de l'excès verbeux par prétention. Ni la pauvreté ni la prolifération, ni la platitude manifeste ni l'abondance écœurante, ni l'habituel vernaculaire ni le jargon autiste : les mots précis doivent viser l'expression d'une idée tout aussi précise, car plus le verbe se fait pointu, plus la chose exprimée se trouve finement dite.

En refusant l'usage riche d'une langue dense, on contribue à la pauvreté de l'instrument avant d'organiser la pénurie intellectuelle. Les mots rarement ou jamais convoqués disparaissent des usages, puis des dictionnaires. Ils meurent, définitivement enterrés sous les milliers de pages de volumes qu'on cesse de consulter mais qui conservent la trace d'une ancienne et brillante carrière. Tout refus du vocabulaire crée une barbarie en puissance, une régression mentale, une réduction des capacités intellectuelles et cérébrales. Aucune bonne raison ne justifie le mépris des mots, aucune bonne cause ne légitime la haine du verbe. Les acteurs du nihilisme de la langue dissimulent mal leurs propres intérêts et leurs motivations personnelles : rendre invisible leur incapacité viscérale au maniement éclairé du verbe en la transformant en un prétendu choix — alors qu'ils souffrent d'une inaptitude à écrire avec talent. La haine du style procède fondamentalement d'une impuissance au style.

Dans la vie du langage, le rapport entre les morts et les naissances verbales donne des leçons essentielles : le bilan comptable renseigne sur l'état de la civilisation. La fin de la ruralité et du monde paysan dans la France du début du XXe siècle s'accompagne d'une disparition des dictionnaires de tout le vocabulaire des campagnes, de la nature, des saisons, des travaux des champs, des objets de la ferme, des occupations campagnardes. Une lecture de Jean Giono, Henri Bosco ou Frédéric Mistral oblige aujourd'hui à consulter le Bescherelle, car le Robert ne suffit plus pour trouver le sens du nom d'un arbre, d'une fleur, d'une pierre ou d'un insecte spécifique. De même, avec l'avènement du monde industriel et urbain d'hier, puis informatique et planétaire d'aujourd'hui, le vocabulaire admis dans les suppléments des dictionnaires récents entérine la domination libérale anglo-saxonne et la toute-puissance capitaliste américaine.

Qu'on le veuille ou non, le vocabulaire des temps disparus laisse place à celui des années récentes marquées au fer rouge de l'empire de l'économie, des finances, du commerce ou de l'informatique. Le Littré, qui permettait la lecture des auteurs du naturalisme, du félibrige ou du symbolisme, laisse place au *Dictionnaire des mots contemporains* de Pierre Gilbert dans lequel on avalise les révolutionnarisation, rewriting, marchandisage, software, turnover et autres squattage, sans parler de l'inhomogénéité, de l'européanisation, sinon d'un *complexifier* qui atteint aux sommets du ridicule en ne parvenant pas à montrer ce qui le distingue vraiment du bon vieux « compliquer »...

Constater la haine de la langue française à l'œuvre dans la société marchande, au cœur même des lieux où se fabriquent les livres et où ils se diffusent, assister aux opérations régulières de déconsidération et de destruction de l'idiome, repérer le mépris actif du style, éprouver les pleins pouvoirs de l'oralité instituée en modèle dominant, enregistrer la déshérence de la ponctuation, observer les attractions plébéiennes et remarquer l'aversion notoire du vocabulaire chez ceux-là mêmes qui devraient le célébrer, voilà qui permet de diagnostiquer un réel nihilisme et une authentique politique de la terre brûlée au royaume des mots, du langage et de l'écriture. Faut-il pour autant épouser le combat de défenseurs animés par des intentions propagandistes ?

La défense de la langue française mobilise bien trop

souvent des conservateurs, des réactionnaires, des intégristes et des puristes installés politiquement à droite, dans les ors du Quai Conti. Prôner une langue voluptueuse, riche, efficace, militer pour un vocabulaire élargi, une syntaxe inventive, un style épanoui conduit parfois malheureusement à côtoyer des gardiens du temple dont la proximité ne m'intéresse guère. Pour ma part, je tâche d'activer en solitaire un militantisme individuel qui passe par une volonté d'incarner dans mes livres les principes auxquels je crois sur ce sujet. Je me sens moins habilité à donner des leçons que désireux d'obtenir un maximum de plaisir en pratiquant ma langue natale avec une jubilation que j'aimerais faire partager.

Pour rien au monde je n'accepterais de siéger dans l'*Association pour le respect de la langue française*, une ridicule officine dirigée par un académicien, un ancien de l'École normale supérieure, fonctionnaire à l'UNESCO, et un docteur en médecine qui eurent le bon goût de m'envoyer un jour une feuille anonyme, bien qu'à en-tête de leur association, dans laquelle, dûment référencée, on pointait dans un article que j'avais fait paraître dans la *Revue des Deux Mondes* une faute qui m'avait fait écrire : « de façon à ce qu'on ne se contente pas ». La missive comminatoire me signalait : « À cette occasion, nous vous prions de bien vouloir nous autoriser les remarques suivantes : aux expressions courantes et lourdes “afin à ce que, de façon à ce que, de manière à ce que, de sorte à ce que...” nous préférons les expressions classiques et plus élégantes “afin que, de façon que, de manière que, de sorte que”. » Certes.

Mais, dans cette histoire, Grevisse — qui pour moi constitue l'autorité — ne me donne pas tort et constate qu'en dépit des puristes familiers de notifications policières, la langue littéraire accepte ma formulation prétendument fautive aux yeux des plumitifs à bicorne. À l'appui, suivent des citations de Stendhal, Chateaubriand, Hugo, Musset, Flaubert, Mérimée, Gautier, Vallès, Villiers de l'Isle-Adam, Barbey d'Aurevilly, Anatole France, Daudet, Romain Rolland, Péguy, Dorgelès, Maurois, Gide, Saint-Exupéry, Aragon et, malheureusement, Paul Guth. Qu'on me pardonne l'énumération, mais elle me confirme que je ne suis pas un fossoyeur de la langue française. Ou alors...

Ce genre de combat intégriste pour la langue française ne m'intéresse pas. Inquiéter ceux qui tâchent de la défendre et de l'illustrer au mieux, puis verbaliser un point de détail pas même clairement fautif, voilà qui montre un zèle inutile et grotesque. Le même qui anime un journaliste auteur d'un *Traité de la ponctuation française* dans lequel il donne des leçons à Flaubert, Marcel Aymé, Pierre Boulez, Jean Genet, Antoine Blondin, Henri Barbusse, Mallarmé, Claudel et quelques autres — dont moi-même pour une virgule placée fautivement, selon lui, avant l'attribut d'un terme ellipsé — ce que pourtant, et une fois encore, n'interdit pas *Le Bon Usage* du cher Grevisse.

Je n'envisage pas la défense de la langue sur le mode gendarmesque en donnant des leçons nommément, en établissant des rapports de police, en distribuant bons et mauvais points, en m'alignant sur les méthodes disciplinaires. Je ne me soucie pas d'amender et de ramener à la raison syntaxique, de tancer ou de distribuer des médailles du mérite littéraire. Je ne considère pas la langue comme une occasion de distinction mondaine, de politesse de classe ou de reconnaissance sociale. Je n'endosserai pas les habits du professeur perclus de ressentiment, toujours actif dans la condamnation, un crayon rouge à la main. Je m'imagine mal corrigeant la copie de plus grands que moi, ou d'écrivains de ma génération. Il me suffit de refermer les livres dans lesquels grouillent les symptômes que j'ai pointés — et d'en quérir d'autres, ou de revenir à mes amours littéraires.

En revanche, je conçois mon engagement très exactement à égale distance du laxisme nihiliste et de l'intégrisme puriste, dans l'action, en parlant et en écrivant sans faire de concessions aux indigents médiatiquement visibles ou aux inquisiteurs forcenés. Je me propose, *à gauche*, de défendre la langue française en invitant prioritairement à une réappropriation du style, de la syntaxe, du vocabulaire, de la grammaire, de la lecture et de l'écriture comme armes politiques de résistance au modèle de civilisation dominant. Et d'abord à l'école, dans les lieux d'apprentissage et d'approfondissement de la langue maternelle. J'aspire à un réel programme de transmission passionnée du français en refusant d'économiser la mémoire, le travail et l'investissement. Car on ne parvient jamais à la volupté de la langue et aux plaisirs de sa pratique ou de sa maîtrise sans consentir aux règles et aux lois d'une *initiation* digne de ce nom. Ici comme ailleurs dans le domaine esthétique, l'hédonisme appelle et nécessite la conduite éclairée de maîtres compétents — au sens étymologique : des instituteurs.

Qu'on cesse de croire que des méthodes dites globales d'accès à la langue suffisent à former une intelligence cohérente et non fragmentée ; qu'on en finisse avec l'idée d'une langue infuse et naturelle excluant l'effort de l'apprentissage et de la contrainte culturelle ; qu'on arrête de clamer démagogiquement la possibilité d'entrer de plain-pied dans la création poétique et littéraire dès les classes primaires, ou dès l'alignement de quelques mots sur un cahier ; qu'on renonce à considérer le latin et le grec comme des disciplines élitistes et qu'on enseigne les racines à la manière de préalables fondamentaux à la découverte du plaisir des mécanismes de la langue ; qu'on s'interdise de recourir à la consternante littérature de jeunesse, bien souvent bêtifiante et pernicieuse, vulgaire et commerciale, flatteuse et triviale, pour apprendre à lire aux enfants dans de réels textes de prose littéraire ; qu'on transmette la passion des mots et celle des histoires en imposant dans les emplois du temps scolaires des heures de lecture gratuite et ludique ; enfin, qu'on n'abandonne pas un seul élève dans l'existence s'il ne pratique pas correctement sa langue, cet outil essentiel.

La lecture du texte de Voltaire, *De l'horrible danger de la lecture* — un magnifique texte de deux pages daté de 1765 —, réjouit le cœur et l'âme. Car ces quelques lignes drôles, sarcastiques, mordantes, épinglent les pouvoirs déjà — et toujours — coupables de tenir les livres en piètre estime. Le vieil ironiste met en scène des religieux intégristes qui les critiquent car ils permettent la dissipation de l'ignorance, l'expansion du commerce, donc du luxe et du progrès, la visibilité de l'action de la raison dans l'histoire — et non de la Providence divine —, l'instruction des peuples, la laïcisation des religions, le succès scientifique effectif et le recul des obscurantismes. L'ambassadeur de la Sublime Porte déteste le livre, condamne la lecture et son apprentissage, il défend de penser, de réfléchir, d'échanger ou de faire circuler des idées, il méprise les lettres et les philosophes qui les propagent, il prohibe avec détermination les phrases correctes et compréhensibles, les sens clairs et nets dans les échanges intellectuels, enfin il censure tous les termes qui signifient quelque chose. Combien se placent depuis deux siècles sous les auspices d'un pareil abruti !

Voltaire exprime l'essentiel, à mots couverts : les pouvoirs, quels qu'ils soient, forts ou non, autoritaires ou pas, tyranniques ou démocratiques, détestent tous le livre et ce qui l'accompagne — la lecture, l'écriture, le vocabulaire, l'intelligence, les débats intellectuels. Ils aiment les citoyens imbéciles, les sujets naïfs et les individus aux capacités mentales réduites, hypertrophiées. Toute puissance politique rêve, fondamentalement, d'une masse ignorante et sotte sur laquelle l'exercice de son autorité ne rencontre aucune opposition. Elle veut disposer du monopole de la contrainte verbale, de la sophistique et de la rhétorique. Son dessein ? Confisquer la maîtrise de la langue française pour justifier et légitimer l'exercice du pouvoir contre les citoyens en prétendant qu'elle en use pour eux et pour leur bien. D'où le triomphe contemporain de la démagogie populiste en politique et l'illettrisme généralisé — haut ou bas de gamme — des peuples avec lesquels les gens de pouvoir jouent impunément. Car les maîtres du langage sont les maîtres du réel, et vice versa. Les sophistes grecs l'avaient nettement compris. Le symptôme qu'ils trahissaient semble bien oublié.

Disposer d'un spectre de vocabulaire étroit et réduit, subir lors de sa formation une pédagogie de la raréfaction littéraire, pratiquer une langue réduite au minimum vital, s'arranger quotidiennement d'une oralité sommaire, voilà qui interdit toute pensée, et à jamais. Sans mots, sans vocabulaire, sans syntaxe, sans langage, sans verbe, sans orthographe, réfléchir devient structurellement impossible. Ni pensée générale, globale, ni, *a fortiori*, pensée fine, précise et rigoureuse. Le langage reste la condition *sine qua non* de la pensée. Quelle pitié de devoir revenir à ces évidences et d'avoir à les formuler ! Mettre à mal la langue française, mépriser le vocabulaire, entretenir la haine du style, célébrer les fossoyeurs de l'écriture laisse la voie libre aux individus qui aspirent à la domination des autres en utilisant le langage et la séduction littéraire.

Les pouvoirs totalitaires, durs ou doux, pratiquent le décervelage actif et trouvent des auxiliaires zélés parmi les acteurs de la langue française, auteurs et journalistes littéraires, qui se vautrent dans la trivialité langagière. Le spectre linguistique minimal condamne à l'intelligence minimale. Le nihilisme dans l'usage de la langue française souligne, appuie, révèle et accélère le nihilisme dans la civilisation. Il trahit la proximité des barbares, toujours attentifs et patients devant la décomposition en acte, car ils sont assurés de pouvoir bientôt profiter et bénéficier des charognes annoncées. La résistance à cette opération de désertification intellectuelle orchestrée par les dominants appelle une force opposée au cynisme généralisé, à la cruauté libérale planétaire et aux exactions du capitalisme mondial.

Défendre la langue française met en mouvement une machine de guerre nécessaire bien que destinée à la pulvérisation. Nous évoluons dans une époque égyptienne où seuls quelques scribes savent encore lire et écrire. Le plus grand nombre, abusé car il imagine que déchiffrer c'est lire, croupit dans un illettrisme généralisé et grandissant. Le verbe a laissé place à l'image, puis aux icônes, bientôt il se réduira aux quelques grognements contemporains du néolithique. Alors la boucle sera bouclée car, à l'évidence, la barbarie triomphera. Qu'au moins quelques-uns restent debout en ayant refusé la collaboration avec les brutes qui communient dans l'obscurité nihiliste, et que se fasse entendre la détermination d'une poignée qui résiste malgré la disparition annoncée.

28

DERRIÈRE LE CERCUEIL DE STALINE

Quand Joseph Djougachvili le Géorgien sanguinaire traverse enfin les rues de Moscou sur un affût de canon, dans son cercueil, Serge Prokofiev ne suit pas le convoi que j'imagine plombé par la marche funèbre de Chopin empâtée et grandiloquente. Car ce 7 février 1953, lui aussi gît entre quatre planches. Les deux hommes, en effet, sont morts le même jour. Que conclure ? Que la grande et la petite histoire savent se mêler et produire d'ironiques contorsions ? Que les inconscients communiquent ? Que la politique et l'art, quand ils se donnent des baisers de mort plus que de raison, finissent par succomber selon les mêmes modalités ? Qu'on attrape en fréquentant intellectuellement et spirituellement les hommes putréfiés les mêmes maladies mortelles qu'eux ? Car Prokofiev a mangé avec le diable, souvent, très souvent, trop souvent, sûrement et sans jamais prendre le soin de se munir d'une longue cuiller. Ce grand artisan de la musique a payé ces dîners au prix fort en ne devenant pas le grand artiste qu'il aurait pu être et que sa musique de chambre esquisse. Destin funeste, époque sinistre.

Droite et gauche confondues, les régimes totalitaires du XXe siècle ont stérilisé nombre de compositeurs et d'artistes pour les transformer en animaux domestiques bien dressés, obéissants, capables de faire ces exercices de cirque dans lesquels les Russes excellent depuis toujours et qui parviennent honteusement à humilier des créatures nobles pour leur faire jouer des rôles imbéciles. Prokofiev, comme beaucoup d'autres musiciens de cette époque, a été cet ours potentiellement magnifique, mais chaussé de bottes humaines et qui faisait tourner de ridicules ballons sur son nez pour une poignée de sardines ou quelques sucreries soviétiques.

Pourtant, Prokofiev aurait pu s'installer dans l'exil et préférer une résistance esthétique que rendait possible l'Occident où il a vécu entre 1919 et 1936. Car résister de l'intérieur, en pleine Russie soviétisée, ne laisse aucune chance à l'artiste qui parie pour cette solution. Régime trop brutal, trop violent, trop policier, trop tyrannique. En quittant les États-Unis, l'Allemagne et la France, en choisissant définitivement l'Union soviétique, Serge Prokofiev opte pour une automutilation, un genre de suicide intellectuel programmé et inévitable. Quand il vient d'Europe, invité pour des tournées huilées par le régime, on lui rend le sol natal désirable et agréable : comptes rendus de presse téléguidés par les officiels, commandes d'État émanant du plus haut niveau, comités d'accueil démonstratifs, ovations appuyées par les bureaux politiques, appartements réservés à Moscou — le prix faustien de la vente de son âme pour l'obtention d'une dérisoire peau de chagrin musicale.

Dès qu'il rentre à Moscou, le piège se referme. En 1939, les visas lui sont désormais refusés. Il devient un compositeur soviétique de musique soviétique, et ne s'en remettra pas — esthétiquement parlant. On peine à lister ses œuvres : un *Salut à Staline* écrit pour célébrer l'anniversaire du tyran, des partitions de cantates destinées à fêter le vingtième puis le trentième anniversaire de la révolution d'Octobre sur des textes de Marx, Lénine et Staline, des poèmes symphoniques, des esquisses pour un hymne national et autres *Partisans dans les steppes d'Ukraine, La Garde de la paix, Odes à la fin de la guerre*, sinon cette *Histoire d'un homme véritable*, un opéra sur les faits et gestes héroïques d'un aviateur blessé au combat. Puis *Guerre et paix*, ce monument de béton. Avec ces productions engluées dans l'histoire officielle et la propagande bolchevique, le génie mutilé de l'artiste culmine irrémédiablement dans le talent dressé de l'artisan.

Les bons sentiments ne produisent pas fatalement de la bonne littérature, on le sait. Pour autant faut-il conclure que les mauvais génèrent seulement de pitoyables œuvres ? Peut-on imaginer une idéologie exécrable, certes, mais des artistes la transcendant pour produire tout de même des chefs-d'œuvre ? Non, jamais. Ainsi, on aurait grand-peine à sauver dix minutes de musique, quelques vers d'un poème, une toile de maître ou deux pages d'un roman que des régimes totalitaires auraient rendus possibles. Car les dictatures assèchent, tuent dans l'œuf, tout sans exception. Le destin de Prokofiev confiné et toléré dans l'exacte mesure où il célèbre le régime sous toutes ses formes coïncide avec un pur et simple naufrage.

On ne compose pas avec un pouvoir totalitaire : il ouvre la gueule, engloutit, déglutit, digère et évacue les déchets sans états d'âme. Sa logique reste celle d'un gros animal inféodé aux règles élémentaires de la bestialité primitive. Prokofiev veut la tranquillité ? Bien que composant pour plaire au Kremlin, il ne l'a pas. Il souhaite le prix Staline pour ses opéras ? Il ne l'obtient pas, malgré sa servilité à l'endroit des officiels. Il veut écrire en paix ? On ne le lui permet pas, on attaque sa musique, on lui reproche son formalisme, sa contamination par la décadence bourgeoise occidentale, on l'invite à l'autocritique, à l'autopunition, à l'autoflagellation ; et il s'exécute en public, avalant sa bile, contenant son ressentiment. Toute cette entreprise d'automutilation s'entend dans sa musique qui se réfugie dans un conservatisme effrayant, sinon dans une logique réactionnaire terrorisante. Dans la Russie soviétique des années de guerre, Prokofiev s'installe musicalement *en deçà* de *Boris Godounov*. Qu'on écoute en perspective l'œuvre majeure de Modest Moussorgski créée le 27 janvier 1874 puis *Guerre et paix* joué le 18 avril 1942 dans sa première version : Prokofiev compose en ancien, Moussorgski en moderne.

Presque soixante-dix ans séparent les deux œuvres, mais rien dans l'opéra de Prokofiev ne permet d'entendre une musique du XXe siècle plus vieille de tant d'années. Il travaille comme si Webern ou Varèse n'avaient jamais produit une seule ligne de musique, alors que l'essentiel de l'œuvre de ces deux figures majeures est derrière eux ; il écrit en enjambant *Pelléas et Mélisande, Lulu, Amériques* et le *Pierrot lunaire* pour se retrouver des années en amont ; il noircit ses partitions comme si le bruitisme futuriste, le sérialisme et le dodécaphonisme viennois étaient des pétards mouillés, tout autant que le silence debussyste, le lyrisme bergien, la matière varésienne ou l'architectonique schönbergienne. Le chaudron soviétique musical n'autorise que de vieilles soupes, faussement populaires et vraiment populistes, d'infâmes brouets hypothétiquement universels, mais véritablement nationalistes, patriotiques et étroitement folkloriques. L'indigence triomphe absolument.

Les officiels reprochent à Prokofiev de sacrifier au dogme formaliste. En fait, difficile d'imaginer, dans les années quarante, plus classique que lui dans l'écriture musicale. *Guerre et paix* témoigne qu'à ne pas avancer sur le terrain esthétique on stagne d'abord, puis on recule doucement, avant de régresser franchement. Formaliste, lui, quand, l'année où se donne son opéra pour la première fois à Leningrad on peut entendre l'*Ode à Napoléon Bonaparte* d'Arnold Schönberg ? Formaliste quand on ne fait pas plus conservateur, sinon réactionnaire ? Jdanov voulait l'asservissement intégral, la domestication accomplie des artistes, leur prolétarisation achevée. Prokofiev a consenti.

On entend dans son œuvre inspirée du grand roman de Tolstoï une Russie ancestrale, traditionnelle et éternelle, dissociée de l'histoire effective, platonicienne, accrochée aux mythologies et fantasmes dans le ciel des Idées. Ainsi fonctionnent sous la voûte sonore les catégories de l'éternité, de la durée déconnectée du réel et du temps suspendu, alors que le marxisme prétend voir l'histoire partout, qu'il historicise le réel de façon monstrueuse en ne laissant aucune place à ce qui résiste aux règles du matérialisme dialectique et aux lois hégéliennes du mouvement de l'Esprit. De fait, l'idéologie soviétique fige le monde dans un passé immobilisé sur le principe de l'éternel présent. Pour faire entendre cette hérésie métaphysique, le régime conditionne Prokofiev à faire sonner son orchestre comme celui de ses pairs cent ans en amont. Le temps d'hier, celui d'aujourd'hui, celui de demain coïncident : on ne peut mieux définir l'immobilité, nier le mouvement et désirer la mort, la rigidité des cadavres figés pour toujours.

Même le recours à la dialectique élémentaire de la vulgate marxiste permettait de justifier un langage musical nouveau : le formalisme, justement, aurait dû, à cette époque, être le langage du régime si réellement et authentiquement il avait été révolutionnaire. Une musique nécessairement contemporaine, donc produite dans une histoire donnée, ne peut à l'évidence économiser son inscription dans le temps. Pas forcément pour l'aimer ou le célébrer, le justifier ou avaliser ses modalités, mais pour le conserver dans, par et pour le dépassement. Ne pas nier le bruitisme, le sérialisme, le dodécaphonisme, ne pas leur vouer un culte imbécile non plus, mais ne pas revenir à l'état antérieur, aller plutôt par-delà en inventant un son inouï, un langage nouveau. En ne faisant pas avancer la langue musicale, Prokofiev contribue au reculement de la grammaire sonore. *Guerre et paix* permet d'entendre l'étendue des dégâts et de mesurer l'indigence des régressions, de toutes les régressions.

Quelle alternative au formalisme que propose le pouvoir bolchevique ? Le populisme démagogique qui suppose le primat de la mélodie, si possible extraite du folklore et des chants populaires ancestraux. On ajoute des histoires simples, voire simplistes, de toute façon édifiantes. Le régime soviétique excelle dans la célébration de la fonderie, du boulon, du plan, du drainage des fleuves, des barrages hydro-électriques, du reboisement, des travaux agricoles et autres facéties narcissiques. Il faut des motifs d'enthousiasme faciles, des causes entendues et défendues par le Bureau politique comme mobilisations nationales ou patriotiques. La guerre fournit un exemple parfait. Devant elle, toutes les différences disparaissent, gommées au profit de l'unité nationale. Prokofiev écrit un opéra comme on offre son effort de guerre en payant l'obole selon ses moyens.

Le sujet réel de son opéra militant n'échappe à personne : bien sûr, il s'agit des guerres napoléoniennes racontées par Tolstoï. Et plus particulièrement de la campagne de Russie, de l'invasion et de la déroute de Napoléon en 1812, puis de la reddition de l'Empereur reçue par Koutouzov. Or personne n'est dupe et, oublieux du pacte germano-soviétique de non-agression mutuelle signé par les nazis et les bolcheviks, les Russes de 1941 — les troupes nazies viennent d'envahir le pays des Soviets — communient dans le nouveau dogme : combattre le maître du Reich allemand jusqu'à l'anéantissement. Là où le livret de Mira Mendelson propose Napoléon-Koutouzov, il faut entendre Hitler-Staline. Quelle leçon édifiante inflige ce travail de propagande ? Que la déroute attend toujours l'envahisseur et que le peuple russe sortira triomphateur de ces épreuves. Après Stalingrad, l'histoire est de plus en plus facilement lisible, y compris pour le commun des mortels. Prokofiev ne prend aucun risque idéologique en profitant du vent de l'histoire comme il souffle pour gonfler ses voiles personnelles.

La musique de *Guerre et paix* s'inscrit dans le plus pur des conservatismes esthétiques. Le livret confirme. La référence grand-russe à Tolstoï, le mythe de l'âme slave éternelle et endurante, l'immense page d'histoire patriotique, la célébration nationaliste, le culte de l'union du peuple, l'offrande de guerre, le don de tous selon leurs capacités, tout contribue à l'œuvre susceptible d'une sélection pour le prix Staline. Or il n'en est rien. Pas plus que l'opéra ne devient une page du répertoire de l'autre histoire, celle de la musique occidentale. Sur tous les fronts, si l'on peut dire, Prokofiev échoue.

Pourtant le compositeur n'a pas lésiné sur les cuivres, abondants, sonores à souhait et dans la tradition martiale la plus convenue ; il n'a pas négligé les chœurs, amples, grandioses, censés exalter les potentialités populaires ; ni les percussions, redoutables, envahissantes et emblématiques des rythmes et cadences militaires ; il n'a pas reculé devant le lyrisme figuratif, les mouvements larges et la métaphore cinématographique du récent cinémascope ; ni devant le grandiloquent, le démesuré, le gigantesque qui en appellent plus à la fresque militante et au décor politique qu'aux références picturales appropriées. Reste un opéra de régime, une œuvre de commande, un travail de domestique aux ordres du pouvoir.

Bilan sinistre : pendant que Prokofiev célèbre Staline, la révolution d'Octobre, le régime, on déporte les paysans dans des régions polaires, on les confine dans des baraquements en bois sans chauffage, sans électricité, on organise leur assassinat massif ; pendant que le musicien compose *Guerre et paix*, le réalisme socialiste impose sa loi, ses thuriféraires décrètent une chasse aux artistes, les terrorisent et obtiennent d'eux qu'ils s'émasculent et dansent autour des bûchers où ils dépensent leur énergie en pure perte ; pendant que l'artiste cherche à plaire à Jdanov en faisant publiquement amende honorable, le régime scelle la chape de plomb sous laquelle va étouffer le peuple pendant des années, il falsifie les résultats de la biologie génétique et inonde la planète de mensonges auxquels sacrifient les communistes du monde entier ; pendant qu'il lit publiquement des lettres dans lesquelles il professe l'excellence du pouvoir et l'indigence des artistes qui revendiquent la liberté de composer, l'antisémitisme se déchaîne et des procès parodiques se déroulent qui conduisent des Juifs à la potence ; pendant que Serge se soucie de ne pas déplaire au despote, alors qu'il se demande comment il pourrait bien décrocher des prix et des médailles, en même temps qu'il coule des jours heureux avec sa nouvelle maîtresse, les bolcheviks arrêtent sa femme, inventent un prétexte d'espionnage pour la condamner, puis la déportent et lui infligent vingt ans de goulag.

Pendant ce temps, Serge Prokofiev écrit, compose, noircit ses partitions sans répit, sans repos, sans discontinuer. Dans une frénésie égotiste, il multiplie les registres : symphonies, musique de chambre, partitions pour le cinéma, ballets, opéras, encore et toujours. D'une certaine manière, quand passe le cercueil de Staline dans les rues de Moscou, la mort n'a plus grand-chose à récupérer, les tombes débordent, le pays suinte le sang et les larmes, la dictature régit jusqu'au moindre détail de la vie quotidienne, la terreur règne. Sous les auspices de ce temps sinistre et maudit, l'artiste continue de se décomposer. Pis, sa musique retourne vers le siècle précédent, avec le même empressement que le serpent retourne vers le trou d'où il avait surgi.

29

L'ÉNERGIE DES COULEURS ACTIVÉES

Longtemps Fernand Léger fut l'otage d'un pur enjeu de politique locale dans sa ville natale, Argentan, une sous-préfecture de l'Orne encore rythmée, dans ses mouvements souterrains, par les grouillements qui nourrissaient Gustave Flaubert le géant, Octave Mirbeau le colérique ou Jules Barbey d'Aurevilly le possédé : du silence, de l'âpreté, de la rudesse, du secret et de la dureté. Je suis né dans cette ville, j'y vis encore au quotidien, j'y ai écrit plus de quinze livres, vraisemblablement j'y fermerai les yeux. Dans ce gros bourg ou ce grand village qui refuse de se l'avouer, le statut de Fernand Léger a connu pendant près d'un demi-siècle des développements semblables aux risibles épopées picrocholines de François Rabelais. Ces guerres pitoyables visaient la possibilité pour chaque belligérant d'inféoder le peintre à son camp.

À droite, un panier de notaires et d'avocats, d'industriels et de banquiers, de médecins et de commerçants, tous d'envergure locale, mettait en avant le Fernand Léger natif, enraciné, fils d'un marchand de bestiaux et d'une pieuse femme, le collégien argentanais, bien que renvoyé, l'étudiant chez les curés de Tinchebray, une ville seulement voisine, le jeune homme en apprentissage dans un cabinet d'architecte à Caen, la capitale régionale. Certes, on savait qu'il avait quitté rapidement la bourgade pour devenir une pointure internationale, mais on n'oubliait pas de rappeler son presque retour au berceau natal avec l'achat, le succès venu, d'une petite ferme à Lisores, dans le Calvados tout proche, en plein pays d'Auge de carte postale.

À gauche, un conglomérat d'instituteurs et d'ouvriers, de professeurs et de fonctionnaires, de postiers et de syndicalistes, tous d'envergure locale, avançait le camarade, le militant communiste, l'encarté au parti frère des régimes socialistes d'Europe de l'Est, le peintre de la classe ouvrière, le chantre des congés payés, l'artiste de la créature opprimée, le signataire des *Constructeurs* — qu'avec un imperceptible glissement le PCF utilisa pour son bulletin de liaison local qui devint prosaïquement *Les Bâtisseurs*. Certes, on connaissait plus ou moins son train de vie, ses amitiés bourgeoises, ses relations mondaines, son séjour à l'abri aux États-Unis pendant la Seconde Guerre mondiale avec le gratin attentiste, mais on voulait retenir avant tout le metteur en scène du prolétariat français des grandes années militantes.

J'ai souvenir, travaillant dans la presse locale pour payer alors mes études, de l'immobilité induite par l'opposition de ces deux forces qui s'annulaient en permanence quand il fallait les associer pour faire surgir de manière énergique un bel accord semblable à ceux qu'on trouve dans *Le Sacre du printemps* — car l'effet chromatique des toiles de Fernand Léger n'est pas sans rappeler l'hystérie dionysiaque des rondes printanières, des danses de la terre, des augures printaniers ou des évocations primitives qui structurent l'œuvre majeure de Stravinski. La matière picturale de l'un et la couleur musicale de l'autre appellent une véritable révolution de la force, une authentique religion dynamique et une indéniable vitalité païenne.

En fait, peintre des vaches normandes et des loisirs ouvriers, du jardin familial rural et des charpentes métalliques citadines, des marchands de bestiaux et des hélices aérodynamiques, de la nature radieuse et des ponts triomphants, des paysages lyriques et des fumées magiques, des tournesols éblouissants et des parapluies immanents, Fernand Léger, artiste normand et communiste, Argentanais de naissance et universel de réputation, vaut d'abord — ce qu'à ma connaissance on ne dit jamais — comme le seul exemplaire français de peintre futuriste. L'égal, pour l'Hexagone, de Gino Severini, Carlo Carra, Giacomo Balla et Umberto Boccioni en Italie ou de Boris Ender, Mikhaïl Larionov, Olga Rozanova ou Natalia Gontcharova pour la Russie soviétique.

Les thématiques communes aux futuristes européens d'alors témoignent : célébration de la vie moderne, exacerbation de la vitesse, promotion du sublime industriel, culture de l'énergie, activation de la force, glorification de la machine, commémoration des objets, religion de la géométrie, exaltation de la ville, esthétisation de la guerre, électrisation du réel, édification des outils, mécanisation des corps, conjuration des anecdotes, le tout dans une débauche maîtrisée de rythmes, de dynamiques, de couleurs et de lumières. La peinture de Léger rutile comme la matière sonore de Varèse, cet autre immense futuriste négligé par les doctes.

Comment honorer la figure de Fernand Léger ? Car le traitement commémoratif des gloires locales conduit souvent sinon toujours au pire. La flamme des Postes et Télécommunications ? C'est fait. Le timbre ? C'est fait de même. Le nom d'une école ? C'est aussi fait. Celui d'une rue ? C'est également fait. Celui d'une association locale ? Ce fut fait. Le musée ? On dit que ce sera fait. Une production gastronomique locale ? Craignons que cela se fasse, pour l'instant le patronyme est heureusement épargné par les cuisiniers normands. Tendons le dos...

En fait, la commémoration digne de ce nom vient de voir le jour grâce à l'enthousiasme intelligent du directeur de l'hôpital Maréchal-Leclerc d'Argentan (impossible à débaptiser, Seconde Guerre mondiale oblige...). Michel Renaut n'exhibe pas les diplômes attestant de sa formation philosophique, mais tâche concrètement de transfigurer le réel à partir des idées qui le travaillent. Et il y parvient. Arrivé à Argentan, héritant d'un centre hospitalier franchement provincial et menacé, Michel Renaut s'empare du corpus de l'artiste et décide d'un monument formulé selon les principes de la réputation et de la dimension du peintre : une réhabilitation de l'hôpital qui décline son style de la cave au grenier.

Fort d'une fréquentation assidue des œuvres plastiques de Léger et des institutions muséales françaises spécialisées en art moderne, fort d'une lecture pertinente de *Fonctions de la peinture*, le bréviaire théorique écrit par le peintre pendant les cinquante premières années du XXe siècle, fort également d'un réel projet esthétique et philosophique personnel, Michel Renaut a produit une œuvre qui, sans conteste, aurait ravi l'enfant du pays et le peintre à la réputation internationale. Précisons.

Dans ses écrits théoriques, Fernand Léger célèbre la peinture murale, le contrepoint entre le mur de l'architecte et la couleur de l'artiste ; il promeut la figuration plastique réaliste ; il propose des synesthésies qui transfigurent les couleurs en stridences, en cris, en jets de lumière ; il invente un espace élargi grâce aux puissances chromatiques entendues comme des espaces habitables certes, mais aussi comme des espaces mentaux ; il pense le corps en termes d'objet, voire les objets en termes de corps ; il souhaite une relation nouvelle entre le citoyen et l'art, l'homme de la rue et les activités esthétiques.

Dans l'hôpital entièrement repensé pour effectuer

des variations sur ces thèmes, Michel Renaut offre les murs du bâtiment aux peintres qui lui donnent des couleurs visibles par les passants, les automobilistes ou les personnes qui survolent la ville en avion ; il fait entrer dans les couloirs et les chambres, les salles d'attente et les bureaux une ribambelle de personnages familiers de l'artiste : ouvriers et gens du cirque, travailleurs et femmes sculpturales, acrobates, musiciens, soldats, joueurs de cartes et fumeurs de pipe, autant d'histoires individuelles qui tiennent compagnie aux visiteurs ou aux malades — dont j'ai été et dont je serai vraisemblablement ; il laisse aux couleurs primaires (*franches*, disait Fernand Léger) — rouge, bleu, jaune — le soin de baliser les passages, les flux, les réseaux, les circulations et autres énergies deleuziennes : elles soulignent ou indiquent les repérages, elles isolent pour les dessiner une poignée de porte ou une direction, elles rappellent les formes fondamentales, le carré, le cercle, et formulent l'occasion d'une grammaire visuelle ; il décline les citations chromatiques partout : les couvre-lits aux motifs chatoyants, le mobilier en design contemporain, les blouses blanches ourlées de couleurs aux poches, revers et manches, les poubelles même — convaincu, le jardinier lui-même prend à l'automne l'initiative de couvrir le pied des arbres avec des copeaux jaune vif ; en fait, il invite tous ceux qui traversent l'hôpital, y séjournent, s'y reposent, y consultent, attendent une opération ou se remettent d'une intervention chirurgicale, à s'intégrer dans l'œuvre d'art — projet esthétique éminemment contemporain depuis Marcel Duchamp et ses successeurs.

Complémentaire et alternative à l'art — thérapie pratiquée en atelier, la proposition du directeur suppose la couleur comme une énergie active dans le corps et l'âme de qui entre dans l'hôpital, quelles que soient les raisons de sa présence. Là où se croisent la fatigue et la crainte, l'angoisse et la peur, là où se nouent et se dénouent la souffrance et la peine, la maladie et la guérison, là où se mélangent l'attente et la patience, les propositions esthétiques valent d'abord comme des invites éthiques, puis des viatiques thérapeutiques. Les décharges d'énergies colorées, les vibrations chromatiques partout réitérées activent les vitalités assoupies et réinjectent dans les corps éprouvés des doses infinitésimales — homéopathiques ! — de santé mentale.

Dans le pavillon de pédiatrie, les enfants entrent dans le cirque de Fernand Léger avec des reproductions fixées à la hauteur de leur regard ; dans l'entrée, les visiteurs découvrent une mosaïque effectuée à partir d'un dessin original de l'artiste ; dans les salles d'attente, les patients peuvent s'échapper un peu dans les mondes lithographiés, aquarellés, peints ou gravés ; dans leurs pérégrinations mentales, ils foulent le bleu du ciel ou de la mer, le jaune du soleil ou du tournesol, le rouge du sang ou de la pomme, ils évoluent dans les agencements générateurs des vibrations dans lesquelles les corps s'impliquent ; dehors, ils reconnaissent les oiseaux de Léger dans une sculpture monumentale.

Le temps douloureux passé dans l'hôpital devient une occasion de faire émerger un autre temps : celui qui, voluptueux et magique, invite le corps à s'intégrer dans le détail d'une proposition d'art total. Avec cette œuvre architecturale, picturale et philosophique incarnée dans le bâtiment hospitalier, une expérience luxueuse est offerte aux gens les plus modestes et les plus discrets. Ainsi, perdus entre deux néants, errants et vagues dans les couloirs ou les chambres de l'hôpital, ces personnages de littérature échappés d'un conte ou d'une nouvelle de Maupassant, ignorants de leurs destins et de leurs filiations livresques, vivent leurs souffrances et leurs peines dans le décor de durées esthétiquement distendues et réellement apaisantes.

30

ESCHYLE, OÙ SONT PASSÉS TES *PERSES* ?

Je n'avais pas dix ans lorsque la télévision fit son entrée chez mes parents sur le mode affectueux, comme un don, un cadeau de voisins généreux qui l'offraient sans demander de contrepartie. La pauvreté de ma famille interdisait l'acquisition de ce meuble qui prit place dans les dix-sept mètres carrés où nous vivions à quatre telle une promesse ou une menace de présence supplémentaire. À la manière d'un petit buffet, d'une commode ou d'une armoire trapue, l'objet luisait de son placage clinquant imitant le bois et installant déjà son allure, son apparence, sur le mode du faux déterminé à se faire passer pour du vrai. La boiserie épaisse laissait passer dans un grillage de plastique un appareillage sommaire de boutons dont le maniement laissait craindre l'explosion, le dérèglement ou la catastrophe qui aurait nécessité les secours d'un technicien dûment appointé.

Le premier soir, aux heures de repas ou d'après-dîner, la séance de télévision nous sollicita sur le mode sacré ou religieux. Un genre de messe laïque où se joueraient les opérations mystiques de la transsubstantiation, de la métamorphose de l'eau en vin, du vin en sang ou du pain azyme en corps christique : le réel allait se montrer tout entier transfiguré en images noires et blanches — grises, en fait. Mystère et magie, l'électricité vint solliciter l'intérieur de la bête, la réchauffer, avant que son œil de cyclope s'ouvre, indolent, mais sûr, pour laisser apparaître un spectacle consternant : une représentation théâtrale où des personnages hiératiques, statiques, cachés derrière des masques inquiétants, déclamaient de manière grandiloquente un texte auquel je ne comprenais rien du tout. Je sus plus tard, bien plus tard, découvrant une image de cette œuvre magistrale dans une revue théâtrale, qu'il s'agissait des *Perses* d'Eschyle...

« Ô Salamine ! nom que je déteste ! Ô Athènes ! que ton souvenir me coûte de larmes ! » J'imagine, en *prime time* comme disent les marchands qui font aujourd'hui la télévision, l'effet de la tragédie sur le petit écran dans les chaumières ! Heurs et malheurs de Xerxès, ses douze cents vaisseaux, ses batailles navales, le combat des Perses contre les Athéniens, voilà sujets audacieux pour une télévision dont on se plaisait à souligner qu'alors elle était d'État, au service d'un pouvoir que d'aucuns disaient fasciste... Qui se souvient qu'à l'époque la nouvelle invention pouvait viser l'excellence, tout de suite, et proposer une aristocratisation des masses — ce qui définit vraiment la démocratie — plutôt que de flatter le peuple, à la manière d'aujourd'hui, en le gavant de nourritures régressives — ce qui désigne réellement la démagogie ?

Après *Les Perses*, souvenir précis — mes parents furent alors tellement déçus de cette première soirée télévisuelle... —, mes références deviennent diffuses : le visage du général de Gaulle, cadré serré, celui de mon père, attentif devant le petit écran ; Nicolas et Pimprenelle dans le ciel nocturne d'une ville de carton-pâte en devenir ; les évolutions, à la manière d'un nouveau-né dans le liquide amniotique, de cosmonautes américains exultant dans le colonialisme planétaire et montrés dans leur cabine spatiale, descendant d'un LEM, foulant le sol lunaire, le bond de joie, enfantin, de John Glenn ; Léon Zitrone brisant sa voix sur le commentaire d'une course hippique dominicale ; un Zarathoustra dans les banlieues de villes nouvelles déclamant la prose poétique de Nietzsche — dont je découvris alors le nom ; des voitures incendiées, retournées, illuminant la nuit du Quartier latin ; le corps du Général sur un véhicule militaire sortant de Colombey ; Guy Lux flanqué de Simone Garnier et de vaches landaises. Rien d'autre.

Adolescent, je dois à la télévision d'avoir entendu parler de philosophie et d'avoir vu des philosophes débattre, raconter, discuter, expliquer, citer, commenter. Dans le décor d'« Apostrophes » où s'activait Bernard Pivot, déjà débonnaire, j'ai souvenir de la toison blanche et du verbe séducteur de François Châtelet, de sa faconde et de son œil pétillant, malicieux, du plaisir voluptueux et sensuel d'un Michel Serres s'écoutant parler pour ajuster ses mots et produire l'étourdissement des derviches tourneurs, de l'emballement de Bernard-Henri Lévy, de son ardeur à défendre une cause, de son acharnement, de sa persuasion et de sa rhétorique ; je me rappelle le regard plissé, presque batracien, d'un Maurice Clavel déclamant, envoyant des fusées lyriques, prêchant dans l'incandescence, d'André Glucksmann, déjà colérique, fâché, pas content, sanguin, nerveux, imprécateur ; je me remémore la douceur effacée et discrète, la pensée lente et précise d'un René Girard, je me souviens de la voix rauque et veinée comme ses pierres de prédilection d'un Roger Caillois fatigué ou de la posture professorale, doctorale et sentencieuse de Raymond Aron.

Certes, les trissotins pointeront là visages et corps en représentation, logorrhées aguichantes et triomphe du paraître, rien qui rende compte réellement et précisément du travail philosophique. Qu'en savent-ils ? Et si la télévision montrait plus et mieux, parfois, que des centaines de pages qui ne parviennent pas à dire, ou masquent ? Si cet instrument révélait plus sûrement que les mots, par l'image impitoyable, la fourberie, la prétention, le cabotinage, l'incompétence, la fausseté, l'hypocrisie de tel ou tel intellectuel ou philosophe ? Que craignent-ils ceux qui affirment définitivement l'antinomie entre la télévision et le travail du concept ? Pourquoi penserait-on mieux dans un livre que devant une caméra ? Si le livre est mauvais, et bonne la prestation ? L'image dit vrai et plus vrai que toute autre chose, car elle économise la raison raisonnable et raisonnante, puis s'adresse à l'inconscient du téléspectateur, à ses viscères, à son système nerveux, à son épiderme. Or la nudité révélée par l'image renvoie les malhonnêtes à leur pitoyable personnage de composition. Leur peur du média trahit la crainte d'un dévoilement à leur corps défendant.

La méfiance à l'endroit de la télévision, coupable de ne pas pouvoir, vouloir ou savoir rendre compte du travail intellectuel ou philosophique, désigne souvent le philosophe incapable d'adapter son discours à son auditoire. Les grands penseurs de l'Antiquité distinguaient un enseignement exotérique, destiné aux non-spécialistes, et un autre, ésotérique, réservé aux initiés, aux connaisseurs, aux affranchis. La distinction de ces deux destinations vaut, aujourd'hui encore, à l'endroit du véhicule télévisuel : le petit écran souhaite du message grand public, exotérique, et l'auteur ne veut consentir qu'au message ésotérique. Il se trompe d'objectif et accable à tort un média qui n'y peut rien. Toute la responsabilité incombe à celui qui ne sait pas — et dit souvent ne pas vouloir — adapter son propos à son public : le séminaire universitaire oblige à un langage, la transmission populaire d'un savoir pointu en nécessite un autre.

Le temps imparti, le registre — direct ou indirect —, l'heure de diffusion, le public potentiel, la constitution du plateau — monologue ou débat — supposent une stratégie et une tactique intellectuelles. Enseigner à une classe de lycée technique — ce que je fais — ou conférencer *ex cathedra* sur un sujet philosophique précis dans une université étrangère — ce que je pratique également en invité — implique à chaque fois d'adopter un langage approprié et de cibler son propos. Philosopher à la télévision induit un verbe et des techniques singulières. Qui ne les maîtrise pas se contente, à la manière du renard et des raisins, de les mépriser d'autant plus vertement que son incompétence est grande. La haine apparemment pure d'un philosophe pour la télévision n'a parfois d'autre raison impure que son incapacité *physique* à s'y exprimer de manière nette, précise, correcte et rigoureuse. Devant une caméra, la lenteur, l'hésitation, le verbiage, l'obscurité, la contradiction, l'arrogance, la pose, l'indigence, la pauvreté intellectuelle ne pardonnent pas et tuent sans coup férir. Or, dans cet inventaire de vices, je ne vois pas de vertus philosophiques à célébrer.

La télévision pourrait être un lieu philosophique à la manière de l'agora de Socrate, du forum de Sénèque, de l'église d'Augustin, de l'université de Thomas d'Aquin, de la tour de Montaigne, du poêle de Descartes, du salon de Diderot, des meublés de Nietzsche, du divan de Freud et autres endroits ayant accueilli, voire généré une façon de philosopher. Les caméras, le plateau, et le simple fait de se trouver devant les impératifs du producteur de l'émission, n'amoindrissent et ne discréditent pas la pensée, dans l'absolu. En revanche, dans le relatif, et quand la télévision fonctionne explicitement selon les principes de l'audience et des parts de marché, les caméras génèrent une forme philosophique déplorable. En tant que telle, intrinsèquement, elle n'est pas responsable ; en revanche, de son usage libéral — au sens politique du terme — découle tout ce que l'on peut légitimement reprocher aujourd'hui à ce média neuf.

Quand elle fabrique une pensée indexée sur les impératifs médiatiques, la télévision mérite les verges : dès qu'un auteur écrit son livre *pour* figurer dans la liste des meilleures ventes, quand il pense ses ouvrages en relation avec l'audience, qu'il propose le produit, comme on dit, attendu par les consommateurs conditionnés pour l'acheter et le digérer sans difficulté, quand son vocabulaire réduit, ses pensées courtes, ses idées s'agencent dans le but de séduire un lectorat acheteur, alors on peut, sans regret, conchier et compisser le spectaculaire médiatique et le théâtre télévisuel. Pierre Bourdieu a démonté tout cela dans *Sur la télévision* sans qu'il soit besoin d'y revenir.

L'usage libéral déplorable et fortement dommageable ne saurait discréditer l'existence de l'instrument médiatique dans son essence. En revanche, on peut constater des effets ontologiquement pervers relevant de la nature même de la télévision car, de la façon dont elle fonctionne actuellement, elle brouille les repères classiques et les définitions habituelles avec lesquelles se structure le rapport primitif des sujets au monde. Ainsi du temps et de l'espace, puis du réel et du virtuel, ou de la fiction et de la réalité, du passé et du futur, malmenés, troublés et confus, indistincts dans l'esprit du plus grand nombre. Ce désordre métaphysique provoque une perte des repères utiles à l'élaboration subjective d'une vision du monde chez les personnes qui, parfois à très hautes doses — supérieures à celles du temps scolaire —, fréquentent la télévision aux heures les plus fragiles de l'imprégnation et de la structuration des agencements neurophysiologiques.

Quand Karl Popper prononce sa conférence *La télévision : un danger pour la démocratie*, il précise que l'instrument incriminé est apparu dans son existence quand il a eu franchi la quarantaine. Autant dire bien après qu'il eut structuré sa vision du monde à l'aide du livre, des textes, des mots, du verbe, de la lecture des classiques, de l'audition de musiques savantes et élaborées ou de la fréquentation de peintures et d'œuvres d'art patrimoniales. Mais qu'en est-il chez un individu qui, dès le berceau, se trouve plongé dans le bain sonore et visuel de la télévision ? Pour qui les Indiens massacrés par John Wayne font suite, sur l'écran familial, aux cadavres d'Auschwitz ? Aux yeux de qui les images d'un lancement de satellite laissent place à une fiction où les vaisseaux interplanétaires se détruisent avec force rayons laser et autres armes du même genre ? Quid, chez lui, de la flèche du temps qui montre et matérialise le présent clairement, nettement, entre un passé écoulé, révolu, et un avenir potentiel, en puissance, dès lors que le film peut présenter avec le même instrument et selon les mêmes logiques, des machines à remonter le temps, des futurs très fictifs actualisés, du réel monstrueux et du virtuel catastrophique, une troisième dimension encore plus séduisante que les deux premières ?

Quelle mémoire possible ou pensable pour un enfant dont l'intellect se meut de façon nihiliste dans les registres spatiaux et temporels ? Éthologues et neurobiologistes devraient analyser les formes de l'imprégnation et la nature des connexions nerveuses d'une génération devenue incapable de se mouvoir ailleurs que dans un immédiat simple et simpliste, limitée dans un vocabulaire généré par la pauvreté d'un média qui laisse la toute-puissance aux images sans aucunement donner au verbe le pouvoir qui peut être le sien dans pareil cas. Aucune histoire digne de ce nom ne s'enseigne sans les repères effacés par l'usage sauvage de la télévision ; aucune langue, étrangère ou maternelle, ne s'acquiert quand les structures mentales et intellectuelles font défaut ; aucune activité de mémoire ne s'envisage sans l'habitude neurologique et physiologique indispensable ; aucune futurition, aucun projet, aucune utopie ne se formulent indépendamment d'un socle métaphysique aujourd'hui inexistant.

Avec la télévision, les formes *a priori* de la sensibilité kantiennes, le temps et l'espace, sont mises à mal, voire pulvérisées ou détruites. D'où un dépérissement de la lecture et de l'écriture, puis le devenir doublement illettré de notre civilisation : d'une part, parce que les opérations classiques de lecture et d'écriture sont de moins en moins bien maîtrisées, chez ceux qui publient des livres autant que chez ceux qui sont censés les lire ; d'autre part parce que, désemparés devant l'ancienne civilisation du Livre, les nouvelles générations le sont tout autant à l'endroit de la civilisation de l'Image. L'époque me semble égyptienne : quelques scribes savent encore lire et écrire, la plupart disposent des petits moyens langagiers qui permettent les courses du quotidien, la lecture d'un journal, celle des affiches publicitaires ou des catalogues d'articles actuellement désirables. Pour autant, on ne sait pas mieux lire une image, décoder un film, décrypter un reportage. Grammaire, syntaxe, orthographe de l'écrit régressent ; grammaire, syntaxe, orthographe de l'image balbutient, alors que simultanément le monde croule sous les messages iconiques.

Les temps relatifs, divers, multiples, pulvérisés, laissent place au seul temps réel, local, immédiat : le pur présent, l'immédiateté. Alors que jadis, et au regard du monde immanent et naturel, il pouvait être généalogique, immémorial, géologique, primitif, cyclique, séminal, tragique, circulaire, panthéiste, aléatoire, météorologique, climatologique, négateur, destructeur, affirmateur, transfiguré, ralenti, modifié, sculpté, entropique, agricole, chronométré, lent, pressé, magique, géorgique, féodal, alchimique, dionysiaque, spermatique, élémentaire, humain, végétal, ouvragé, magnifié, sublimé, transcendé, compressé, quintessencié ou multiple, le temps artificiel et télévisuel, impérieux, gît, misérable, dans la pure présence d'une image évanescente, tout de suite disparue. Ponctuel, pauvre, sans racines et sans attaches, sans rhizomes et sans proliférations, il sature l'instant, sans autre promesse que ce comble du néant par du néant. Dans ce flux continu, à satiété, jusqu'à écœurement, on ne constate plus qu'une immobilité effrayante. On annonçait du vivant et de l'énergie, il ne reste que du temps figé dans l'éternité d'une mort sans cesse recommencée.

Outre le brouillage des formes *a priori* de la sensibilité, la télévision, devenue instrument platonicien efficace, déréalise le monde, crédibilise son reflet, son image, puis génère chez le téléspectateur des comportements magiques, régressifs. Elle vante les mérites intelligibles du pixel et vide toute la substance du monde, tout juste bon à fournir des icônes comme on arrache des morceaux de chair ou des lambeaux de peau à un cadavre encore frais. Seule l'image devient vraie et mérite ce statut : la réalité sensible ne vaut que par son possible traitement télévisuel. Le sujet ou la personne traités au petit écran se trouvent nimbés d'une aura qui me fait songer à celle qu'analyse Walter Benjamin quand il envisage la nature de l'œuvre d'art à l'époque de sa reproductibilité mécanique et technique. Toute personne entrevue à la télévision subit une métamorphose structurelle singulière. L'onction télévisuelle fabrique un ectoplasme médiatique dont l'homme du commun s'étonne toujours de pouvoir constater l'existence en chair et en os. La stupéfaction du public ne prend pas pour objet la figure télévisuelle, dont la matière angélique n'est jamais mise en doute, mais la réalité corporelle de cet individu.

Fascination mêlée d'effroi, vif intérêt troublé par une curiosité naïve, la forme retransmise acquiert un statut qui tient de l'ange, et le *vulgum pecus* s'étonne qu'elle lui fasse l'hommage d'une apparition incarnée.

Sujet, objet, paysage, individu, acteur, présentateur, anonyme, décors, actualité, anecdote, fait divers, parole, tout ce qui se montre sur l'autel du plateau filmé devient sacré, oint. D'où la confusion des registres : seul l'être imaginaire devient réel, seule la virtualité confère une épaisseur. De la sorte, la matérialité vaut moins supplément d'âme que preuve de l'existence de Dieu sous le mode de l'apparition de ses saints. Le concret installé devant les caméras apparaît télévisuellement sous la rubrique de la fiction imagière. Dès qu'il montre sa réalité, on lui demande de la voiler pudiquement, car on lui préfère sa réputation, son écho, son ombre, son irréalité.

Plus pervers encore, cette alchimie iconique induit chez le regardeur habituel, privé d'onction pour sa propre personne, épargné cruellement par la grâce médiatique, un comportement régressif très clairement susceptible d'être apparenté à celui des primitifs. Devant l'homme qui a traversé l'écran de télévision pour apparaître dans la rue sous la fiction d'une évanescente matérialité, le spectateur incrédule s'agenouille, lève les bras au ciel et invoque les dieux. De la même manière, vraisemblablement, qu'au début de l'humanité il adorait les orages, la foudre, les levers de soleil, les arcs-en-ciel, l'*Homo sapiens sapiens* divinise l'apparition télévisuelle et lui voue un culte. L'esprit magique fonctionne à plein régime. Paradoxe de la technique exacerbée : elle fait régresser les hommes et les transfigure en primitifs agenouillés.

La télévision se trouve promue instrument théologique : elle fabrique des images, procède de la démiurgie, élargit l'imaginaire, soumet le réel aux lois du fantasmatique, fait advenir des formes, sollicite les arrière-mondes, détruit des temps locaux et voluptueux au profit de temps indigents et tyranniques, met au monde, fait naître. Elle relève des registres mystiques de l'omnipotence, de l'omniprésence et de l'omniscience. Pourvoyeuse de vérité et de sens, elle devient une machine à produire des vérités d'évidence, à fournir des idéologies clés en main, des visions du monde enveloppées, toutes prêtes. L'instrument de la divinité crédite l'image et disqualifie la matérialité dont elle procède. En posture méditative et de soumission, le téléspectateur n'expérimente plus le réel directement, il pratique le virtuel par procuration. Aucune religion ne réussit aussi bien la promotion de la haine du monde et l'amour des choses idéales.

Pour faire reculer les dieux, il faut faire avancer la science. L'inculture génère les religions, la culture contribue à dissiper les zones d'ombre qui les génèrent. La magie télévisuelle s'enfle d'autant que l'inculture triomphe. Notre civilisation, en deuil du livre et en mal de théodicée de l'image, manque cruellement d'une science du démontage de ce langage télévisuel : elle déteste le vocabulaire, méprise la syntaxe, hait l'écriture, néglige l'orthographe mêmement sur le terrain de l'écrit et sur celui de l'image. Elle ne propose nulle part une épistémologie du média aux fidèles demeurés : lire les images, décoder un montage, penser un temps reconstruit, concevoir une narration cinématographique, analyser un discours filmique, déconstruire le cadrage, démystifier l'entité artificielle.

Qui convoquera, dans les salles de classes primaires, les lycées ou les universités, les analyses deleuziennes soucieuses de définir un langage nouveau pour cette science nouvelle : image-mouvement, centre de l'image, image-perception, image-action, image-affection, image-pulsion, image à transformation, image mentale, autant d'occasions de méditer et de réfléchir sur la chose, la qualité ou la puissance, l'énergie, la force ou l'acte, la réflexion, la relation à l'œuvre dans le jeu d'images ? Qui sollicitera, dans les mêmes lieux, la médiologie de Régis Debray où l'on commente le court-circuit et l'organe médiabolique, l'indice de performance et l'effet-cliquet ? Qui proposera une réflexion sur les mérites comparés de la graphosphère et de la médiasphère, de la vidéosphère et de la mnémosphère ? Qui habilitera le médiathème et le médiorythme ? Qui pratiquera, avec Karl Popper, une éthique effective et concrète de la télévision ? Qui en réalisera avec Jacques Derrida l'échographie ou la spectrographie ? Qui, aux côtés de Pierre Bourdieu, proposera une sociologie du média ?

Seul un apprentissage du fonctionnement de la grammaire, de la syntaxe, de la littérature, de l'orthographe télévisuelle ou cinématographique permettrait d'en finir avec le téléspectateur subjugué, infantilisé, bluffé. Dès qu'ils connurent les lois physiques qui président à l'allumage de la foudre et au mouvement des planètes, les hommes se sont relevés, cessant de croire aux dieux qu'ils avaient fabriqués pour répondre, par le mythe, à ce qui les dépassait intellectuellement. Reste à inventer et promouvoir une école de lecture des images pour cesser de considérer la télévision tel l'auxiliaire mystique du système qu'elle est aujourd'hui. Et passer, sur ce sujet, du mythe à la raison, de la théologie à la philosophie.

Brouillage des structures mentales utiles à l'apprentissage des formules élémentaires de l'intersubjectivité, réactualisation des fantasmes magiques et rituels, auxiliaire despotique de l'idéologie qui la promeut et la permet, la télévision présente assez de dangers dans un usage libéral, sauvage et sans loi, pour qu'il soit utile de se demander quelle éthique est pensable ou possible pour un pareil instrument dans une époque marquée par la globalisation, la mondialisation, le devenir local de la planète. Aux côtés d'Internet, des réseaux câblés, de la communication satellitaire, la télévision prend place dans un immense appareillage qui fait songer à l'hydre de Lerne. Laisser son expansion entièrement libre équivaudrait à l'abandon de la force nucléaire aux caprices d'un enfant trisomique.

Même Karl Popper, dont on sait l'intransigeance libérale, a souhaité soumettre ce formidable et dangereux instrument à une éthique, puis en contrôler l'accès et l'usage. Voici son hypothèse : puisqu'elle est un instrument pédagogique et qu'on peut, par un mauvais usage, détruire des âmes, des corps, des individus, voire une civilisation tout entière, il faut, sur le principe qu'on ne laisse pas l'usage de la médecine aux charlatans, soumettre les acteurs de la télévision, des producteurs aux gens de plateaux, à une formation éthique qui débouche sur l'obtention d'une licence permettant l'agrément — à la manière du thérapeute ou de l'instituteur. À ses yeux, une démocratie ne suppose pas le pouvoir de faire n'importe quoi, impunément, de vendre de la violence et des produits de consommation courante, en sacrifiant une culture, sinon l'humanité, mais la possibilité d'inventer un contre-pouvoir visant la verticalité du genre humain.

Quand ils écrivent sur ce sujet, les penseurs et philosophes qui s'en soucient disent finalement la même chose : qu'un instrument pareil ne peut pas être exclusivement laissé entre les mains des marchands qui le dévoient. Que la télévision ne doit pas, sur le mode servile et bien souvent écœurant, rendre sa politesse au pouvoir qui la rend possible, à savoir le libéralisme, l'argent, la marchandise, la loi du marché, le capitalisme triomphant, le darwinisme social, la religion des profits, la métaphysique de l'audience — d'où les valeurs qu'elle défend : la concurrence, la rentabilité, les bénéfices, le cynisme. Dans ce monde dévoyé, on peut légitimement demander : Eschyle, où sont passés tes *Perses* ?

Je me souviens, dans les années quatre-vingt, d'avoir regardé plusieurs semaines la télévision soviétique dans des chambres d'hôtels russes, arméniennes, azerbaïdjanaises ou géorgiennes. On y montrait le monde occidental, de l'autre côté du rideau de fer, comme un lieu de débauche, de dépravation, de misère, de prostitution, de pauvreté, de chômage, de crimes, un endroit où, *effectivement*, la guerre faisait rage. En même temps, on proposait une vision idyllique de l'empire soviétique, rieur, enjoué, dynamique, enthousiaste et joyeux, fier et radieux, sûr de ses valeurs millénaires. En m'installant devant la télévision occidentale, je constate les mêmes logiques de domination et de propagande. Rêvant à ce que pourrait être cette mécanique formidable, je me prends à souhaiter le fouet claquant d'un Eschyle déterminé à chasser les marchands du temple et à promouvoir le verbe lyrique de Xerxès...

31

SEUL LE SQUELETTE ÉCHAPPE À LA MORT

Dans le registre philosophique, les découvertes valent à la manière des continents nouveaux, comme des promesses, des invites à parcourir d'insoupçonnables géographies. Le XXe siècle a enregistré nombre de fausses bonnes nouvelles, de prétendues épiphanies théoriques et d'hypothétiques révolutions conceptuelles tout juste bonnes à augmenter du papier et à satisfaire le narcissisme de quelques-uns pitoyablement acharnés à chercher — et incapables de trouver. Dans l'histoire des idées, pour deux ou trois véritables clartés, combien d'obscurités ajoutées à la nuit afin d'épaissir un sang d'encre et augmenter encore les ténèbres du monde ? Poudre aux yeux, vanités et mirages la plupart du temps.

Taisons les vendeurs de fumées, oublions les augmentateurs de confusion, négligeons les géniteurs d'énigmes, et retenons parmi les trois ou quatre monuments conceptuels de ce siècle *la pulsion de mort* inventée par Freud — comme on dit d'un découvreur de grotte préhistorique qu'il l'invente. Car cette trouvaille conceptuelle réduit des siècles de négativité passée et à venir à la simplicité d'une rationalité étale, lisse et désespérément lisible selon des catégories théoriques élémentaires mais efficaces. Des violences paléolithiques aux apocalypses nucléaires en passant par les égorgements ancestraux et les guerres éternelles, les agressions individuelles et les gibets de toujours, la pulsion de mort sévit, règne et triomphe plus spectaculairement que la pulsion de vie, son exact contrepoint.

Dès 1920, dans *Au-delà du principe de plaisir*, Freud raconte l'odyssée de cette force à l'œuvre partout dans le réel, dans la peau de l'individu, dans le concert des nations, entre des personnes qui s'apprivoisent puis se détestent, entre des États qui se découvrent et se haïssent. Pulsion de mort, l'invite à détruire, casser, briser, défaire ; pulsion de mort, aussi, le mouvement qui conduit à déchiqueter, déchirer, blesser, frapper, violenter ; pulsion de mort, de même, la puissance à laquelle on doit le meurtre, le crime, la main levée et le geste assassin ; pulsion de mort, enfin, le tropisme agitant l'âme, le corps et le cœur des hommes qui aspirent à transfigurer l'être en néant, à métamorphoser la vitalité joyeuse en cadavre pourrissant.

Pour déconsidérer sa découverte, la minimiser, on a beaucoup reproché à Freud le manque de preuves, l'absence de démonstration franche et nette ! Comme si le réel ne suffisait pas... L'histoire de l'art montre aussi combien le sexe, le sang et la mort l'irriguent, l'innervent et la nourrissent substantiellement. Combien de scènes de guerre, de crucifixions, d'assassinats, combien de viols, de crimes, de suicides, combien de sang versé, de gibets, de potences, de tortures, de décapitations accrochées aux murs des musées ! Des murs de Lascaux aux fresques classiques des peintures de batailles en passant par la scénographie du martyrologe chrétien, la pulsion de mort traverse la peinture, à la manière des éclairs qui zèbrent les nuits d'été, en dessinant sous la voûte étoilée des traces éphémères mais brûlantes.

Vladimir Vélikovic semble s'être donné pour tâche de peindre la pulsion de mort quintessenciée. Depuis toujours, et ce dès les premières œuvres, il paraît avoir eu pour seul souci de figurer et de fixer l'essence, la nature, la forme, la force et les effets de cette libido mauvaise. Pas un dessin, pas un croquis, pas une peinture, pas un projet qui n'échappe à cette volonté de cristalliser cette pulsion, de la matérialiser à la façon dont les entomologistes percent le thorax d'un insecte menaçant pour l'immobiliser sur le liège afin de le détailler à satiété et d'en mesurer la monstruosité. L'encre de Chine, la peinture, le papier, le carton, les collages, les pinceaux, la plume, le ruban adhésif, les photomontages, tout converge vers ce dessein : exhiber cette énergie sombre, la capter, la capturer et la montrer en bête fauve réduite par l'artiste à l'immobilité d'une image saisissante.

À aucun moment le monde du peintre ne déborde ce projet : stigmatiser la permanence de l'apocalypse, démontrer l'inscription du réel, de tout le réel, sous le signe du tragique contaminé par la négativité sans cesse en mouvement, à la manière d'une puissance qui fouille, sourd, mine, sape et travaille en vue de la destruction annoncée. Catastrophes ontologiques, désastres métaphysiques, cataclysmes éthiques, sinistres théologiques, Vladimir Vélikovic scénographie le tragique — dont l'étymologie rappelle le nécessaire sacrifice du bouc afin d'inviter les puissances du mal à se calmer, à ne pas se déchaîner, à se contenir. Sa peinture propose l'équivalent du sacrifice expiatoire grec des époques homériques, elle fait couler le sang pour invoquer des dieux dont l'artiste sait pourtant l'inexistence.

La chronologie ne sert à rien pour aborder l'œuvre complète de Vladimir Vélikovic, car les œuvres d'hier et d'avant-hier expérimentent le même champ de bataille que celles d'aujourd'hui, et vraisemblablement elles parcourent les mêmes zones sinistrées, dévastées que celles de demain. L'errance du voyageur artiste conduit sur des terres brûlées et nulle part ailleurs. En revanche, on peut chercher puis trouver chez lui une thématique : elle exprime sur le terrain pictural ce que les musiciens pratiquent sous la rubrique de la variation. Variations réitérées sur le même thème, mouvement perpétuel et lecture circulaire du réel tragique : la pulsion de mort a pris possession du réel, de tout le réel, elle ne laisse aucun espace, aucun interstice, aucune anfractuosité infinitésimale dans laquelle pourrait s'immiscer un peu de lumière avec laquelle initier l'hypothèse infime d'un espoir.

Vladimir Vélikovic a mis au point une réelle philosophie au sens où les Allemands parlent d'une *Weltanschauung*, une vision du monde, une proposition de lecture cohérente et globale du réel. Cet édifice conceptuel uniquement visible dans ses modalités plastiques, artistiques, esthétiques, suppose un certain nombre d'hypothèses théoriques sur lesquelles repose la construction de la citadelle : une iconographie résolument cathartique, une théorie tragique du temps, une pathétique laïque, une ontologie de l'après, une poétique tellurique des éléments, une logique assourdissante du silence, le tout formulé selon l'ordre d'une esthétique sélective de la négativité. L'agencement de toutes ces entrées contribue à un genre d'architecture menaçante, une sorte de château dans lequel tout espoir aurait été banni. Visite de ce monument.

L'iconographie cathartique mélange la leçon aristotélicienne et la tradition slave. Retenons d'Aristote l'idée qu'une catharsis — une purification — suppose des affects embarrassants et contraignants qui oscillent entre la Terreur et la Pitié. La mise en scène de ces passions négatives permet d'évacuer les forces éminemment destructrices dont elles sont porteuses. Théâtraliser esthétiquement la pulsion de mort permet de l'éviter réellement. On la frôle, on la touche, on sent l'ombre glacée et le vent froid, certes, mais on en conjure effectivement le contact direct, dans sa propre chair. L'artiste appelle cette libido noire, il la sollicite, elle vient, il la dresse, la dompte, la montre dans ses toiles, puis la fixe dans des icônes où elle demeure, crucifiée. Tradition slave de l'image destinée à figurer le sacré dans ses œuvres — en l'occurrence le sacré de la négativité.

Les icônes de Vélikovic, toiles tendues ou papiers formatés, racontent une conception du temps qui déclasse la proposition chrétienne classique. Là où la patrologie grecque et latine, sinon byzantine, sacrifie au culte de la flèche d'un temps linéaire avec un passé idéal, édénique, paradisiaque, séparé du présent corrompu par une faute redoutable, lui-même séparable du futur par une rédemption possible qui assurerait le salut, Vladimir Vélikovic opte pour une proposition orientale : celle du temps cyclique et de l'éternel retour des choses. Pas de ligne droite lancée dans l'univers à la manière d'un trait qui vise l'éternité et le salut, mais la circularité du Même sans cesse réactivé.

L'artiste réfute l'optimisme judéo-chrétien, la possibilité messianique, l'eschatologie radieuse, la sotériologie édifiante et enseigne, à la manière d'un penseur présocratique païen, la circularité du réel, la courbure absolue qui annonce l'identité du passé, du présent et du futur. Ainsi, l'éternité se confond avec l'instant, le réel coïncide avec l'éternité et l'instant, le tragique se superpose au réel. Tout ce qui a eu lieu aura lieu à nouveau et se répétera dans les mêmes formes. En dehors de cette folie qui mélange l'origine et l'aboutissement, le début et la fin, rien n'existe. Seule la pulsion de mort constitue le réel, elle fournit sa matière, sa texture, sa couleur, sa densité au monde.

Le gibet, hier, comme aujourd'hui et comme demain, la pendaison, la boucherie, les cadavres, les morts, les guerres, les incendies, les feux furieux, les campagnes dévastées, hier, aujourd'hui et demain, les blessures, les plaies, le sang, les entraves, les crocs, les filins, les potences, hier, aujourd'hui et demain seront semblables : l'éternel retour des forces architectoniques suppose l'éternel retour des occasions de la manifestation. La peinture de Vladimir Vélikovic montre le général et le particulier, l'universel et le détail de la libido mortifère, elle raconte l'odyssée de la pulsion noire en utilisant un dictionnaire iconographique générateur d'un style.

D'où une grammaire d'objets symboliques qui propose une relecture païenne des instruments de la passion christique. Négateur de la flèche du temps chevauchée par le christianisme occidental, Vélikovic s'oppose tout autant à la confiscation du négatif par la tradition picturale catholique. Les clous, la croix, la couronne d'épines, le vinaigre, les lances pour les plaies au côté droit laissent place aux poutres des gibets, aux étiquettes de morgue, aux crocs menaçants, aux cordes ou câbles tendus. Plus de mains percées par le fer, mais des membres entravés par des filins, des liens ; plus de tête où perle le sang au front du Messie, plus d'anatomie athlétique au sexe masqué par un vêtement plissé, mais des corps acéphales ou des têtes dépourvues de corps, jamais une physiologie dans son intégrité ; plus de crâne au pied de la croix pour rappeler le premier homme, la faute, le péché et la rédemption d'Adam par la mort du sacrifié, mais des potences fichées dans une terre calcinée, brune, noire, sombre, parfois l'abîme d'un trou qu'on imagine sans fond ; Grünewald laisse place à Vélikovic ; dans la peinture comme dans la philosophie, la mort de l'homme remplace la mort de Dieu.

La catharsis, la répétition, la passion débouchent dans une clairière sombre qui illumine de ses clartés obscures une étrange ontologie de l'après. Car à aucun moment les peintures de Vélikovic ne montrent la catastrophe en acte, à la seconde où elle a lieu. Jamais elles ne saisissent le moment du crime, l'instant de l'assassinat, la pointe fine du temps dans lequel s'accomplit le pire. Toujours les assassins ont quitté le lieu de leur forfait, les criminels ont disparu, les bouchers et les tortionnaires sont invisibles : seuls demeurent leurs meurtres et les traces de leurs attentats. Après la catastrophe, après la décapitation, après l'acharnement, après la pendaison, après l'assaut, après la torture — Vélikovic choisit moins le temps des assassins que celui de leurs vestiges.

Les paysages de ces exactions révèlent une poétique tellurique et ignée des éléments. On chercherait en vain de l'eau ou de l'air chez Vélikovic. Rien qui suscite le ciel libéré, l'azur vaste ou l'eau purificatrice, ni vent ni brise pour agiter les étiquettes accrochées au pied ou au cou des cadavres, pas plus de liquide pour des ablutions lustrales, des lavages ou rinçages de corps ensanglantés, maculés ou souillés. Mais de la Terre, de vastes étendues de terre, sinon des espaces saturés de noir, l'obscurité comme matière principale et texture essentielle. Pas de vol ou d'envol, de nage ou de mouvements dans l'élément liquide, mais des errances dans des espaces immenses que trouent parfois le Feu, des incendies allumés par une soldatesque sans nom et sans drapeau, des pillards et soudards sans visages — car la métaphysique de l'éternel retour du pire oblige picturalement à l'anonymat.

Bien sûr la terre ne porte pas de fleurs, pas d'herbe, pas d'arbres, pas de végétaux, pas de minéraux non plus. Les surfaces sont lisses, étales, les étendues bornées par le seul horizon. Sols dévastés, terres brûlées par des armées disparues en vertu de l'ontologie de l'après, on ne rencontre sur ces surfaces que le bestiaire des animaux stercoraires : chiens galeux, rats monstrueux et rapaces démesurés. Ces bêtes familières des restes humains, des décombres, des charniers, des villes abandonnées après la catastrophe évoluent dans une étrange lumière, elle aussi épaissie par les brumes de l'apocalypse. Chargée de bruns, de marrons, de noirs, teintée avec la suie et la cendre des incendies, des destructions et des ravages de cités enflammées par la guerre, elle éteint le soleil, interdit la lumière, filtre les rayons pour ne laisser passer que l'ambiance des mondes le lendemain des explosions nucléaires ou du passage de guerriers conquérants.

Dans ce monde règne un silence assourdissant. L'univers de Vélikovic en appelle presque exclusivement au regard qu'il sollicite absolument. Il suppose quelques odeurs imaginées ou intellectuellement induites : l'oxydation ferrique du sang, la fadeur des cadavres frais, les restes fuligineux, la décomposition des morts, la puanteur des charognards, la pourriture des putréfactions. On imagine quelques goûts nauséeux venus à la bouche, écœurants. On suppose le toucher, mollesse des chairs en état de liquéfaction, traces de suie et de cendre sur les doigts, sinon de sang. Mais aucun son, sinon, éloignés, ceux d'un brasier, un incendie, les restes d'un feu, des crépitements lointains, le pas léger d'un chien aux babines rougies de sang. Silence de la Terre, cuissons funestes du Feu — les éléments de prédilection du diable.

Tout pend dans les dernières peintures de Vélikovic. Tout pend ou tout tombe. Tout choit, donc, moins en vertu des lois physiques de l'attraction universelle qu'en vertu de l'antique métaphysique de la chute. Accrochés aux gibets, pendus aux poutres, retenus par des entraves, les corps acéphales visent la terre, le retour à la glèbe des tombes. Même mouvement que chez le Tintoret : malédiction d'être sur terre et de revenir sans cesse au sol, pour y gésir, souffrir, tomber, périr, ou y être enseveli. Quand, pendus à une poutre, deux cadavres partagent le même destin qu'un immense oiseau de proie — un aigle noir ? —, ses ailes passent derrière le thorax de l'un des deux hommes et dépassent, débordent à la hauteur de ses épaules : on suppose l'ange aux ailes sombres, calcinées par le feu, souillées par la fumée, on imagine l'ange déchu, Lucifer, décapité, exposé comme une carcasse à l'étal d'une boucherie métaphysique.

L'image et le jeu cathartique, le temps et son éternel retour, la Passion revisitée par le paganisme, l'ontologie de l'écoulé, la Terre austère associée au Feu purificateur, le silence étourdissant et la chute du mauvais démiurge : l'univers de Vladimir Vélikovic brode autour de la pulsion de mort comme d'invisibles Nornes un linceul pour l'éternité. La métaphysique qui le soutient procède d'une indéniable esthétique de la négativité qui rend impossible toute lecture dialectique du monde. Car ce que le peintre montre existe indépendamment de tout moment dialectique. L'option du temps cyclique interdit ce que permet sa lecture linéaire. Avec la flèche, l'avant, le pendant et l'après trouvent un sens dans la succession ; avec le cercle, tout se confond dans un éternel présent. Vélikovic peint cet éternel présent, donc il montre aussi bien le passé le plus ancien et le plus récent que le futur le plus proche ou le plus éloigné.

Dans sa peinture, la négativité ne saurait être un moment passager dans un mouvement éternel, le maillon nécessaire d'une dialectique valant pour la définition de la chaîne tout entière. Et pour cause, car elle exprime la quintessence, l'absolu indépassable de toute réalité. Elle se confond absolument avec la pulsion de mort. L'une est l'autre. Nul espoir, donc, de dépasser tout en conservant, car le négatif de l'artiste ne prédit jamais l'épiphanie d'une excellence annoncée. La négativité ne prépare pas une hypothétique positivité future : elle est le passé, le présent et l'avenir. La mort ne formule pas le propylée de la vie éternelle, la souffrance n'introduit pas au salut, le mal n'est pas propédeutique au bien, la torture ne procède pas d'une théorie de l'avenir radieux, rien n'est plus étranger à Vélikovic que l'univers mental de la théologie catholique.

Sur d'autres toiles bien distinctes de celles où chutent les corps acéphales, on ne voit que des têtes. Les deux instances paraissent irréconciliables, détachées pour toujours, séparées, au point que les supports de l'artiste ne tolèrent pas l'un et l'autre. C'est toujours l'un ou l'autre : corps sans tête ou tête sans corps. Seul le contrepoint génère l'harmonie. Là où paraissent des figures, elles sont dé-figurées ; quand surgissent des visages, ils sont dé-visagés. Ainsi figurées et en-visagées, les faces annoncent une nouvelle métaphysique associée à l'omnipotence et l'omniprésence de la pulsion de mort : seule demeure la chair et les corps sont périssables. Et l'empire de cette pulsion sur la chair et les corps désertés par l'âme ignore toute limite. En dehors de cette vérité élémentaire, rien n'existe.

Aux antipodes des philosophies contemporaines contaminées par la théologie et l'angélologie judéo-chrétienne, le visage proposé dans les peintures de Vélikovic exprime moins le mystère de l'autre, l'apparition de l'altérité dans son essence ou l'obligation transcendante de l'éthique que le matérialisme tragique, le monisme désespérant et le solipsisme essentiel : chacun dispose d'un corps, son seul bien. Et ce bien est fragile, exposé, précaire, car la mort l'emportera. Dans le visage défait par la décomposition s'exprime la communauté des destins planétaires. Puis l'éternel retour de la pulsion de mort. La chair, la viande, la matière se saisissent dans leur essence quand les couleurs du néant les broient, les liquéfient pour en extraire des bruns, verts, mauves, rouges, marrons et noirs. Vanités en puissance, mais jamais en acte, les peintures de Vladimir Vélikovic enseignent qu'avant la sérénité des squelettes et l'impassibilité des os devant l'action de la pulsion de mort, il n'existe que la pure violence de cette négativité toujours en mouvement. Seul le squelette échappe à la mort.

32

FRAGMENTS D'UNE PROCESSION ITHYPHALLIQUE

Avec la chute du mur de Berlin s'effondre la possibilité de tenir encore un grand discours universel susceptible de rendre compte du réel dans sa totalité. Fin des hypothèses religieuses, dont procédait le marxisme, avec lesquelles d'aucuns imaginaient pouvoir vider de son sang la complexité du monde, comme on fait rendre gorge à un animal dont on a décidé l'abattage. Ni le christianisme ni le soviétisme n'ont réussi à produire autre chose qu'un immense culte rendu à la mort et une terrifiante guerre menée contre la vie sous toutes ses formes. Pour ces raisons, la mort du catholicisme tout autant que celle du communisme réjouissent l'âme philosophique. Car tout devient enfin métaphysiquement possible.

Pour autant, l'éventualité d'un authentique athéisme ne conjure pas totalement le risque d'un véritable nihilisme. La mort de Dieu confine à la catastrophe si elle doit signifier simultanément la mort de tout sens, de toute axiologie, de tout principe et de toute éthique. De même, elle suppose le pire si elle annonce le pouvoir absolu d'un genre de darwinisme intégral — ce nietzschéisme d'opérette brandi par ceux qui fustigent Nietzsche avec des arguments de journaliste — qui avalise la guerre de tous contre tous. Rien ne paraît plus nihiliste aujourd'hui que l'idéologie du libéralisme intégral et planétaire. D'où l'urgence d'une alternative au néant consécutif à la mort de Dieu.

L'hypothèse de l'Homme permet-elle d'espérer ? Naguère, son faire-part de décès fut aussi publié. Traces d'un visage sur le sable, ombre des camps de la mort nazis et soviétiques, brutalités capitalistes, le diagnostic perdure. Pour cette raison, les philosophes du soupçon laissent à la génération suivante, la nôtre, la tâche de proposer une éclaircie après ce double crime. Car Dieu et l'Homme constituent deux cadavres encombrants dans le placard métaphysique contemporain. Que reste-t-il après le déicide et l'homicide ? Réponse : les dieux et les hommes, à savoir une option nominaliste sur ces questions. Pas plus une divinité unique et terrorisante, celle des religions du Livre, que la figure d'un Homme platonicien, celui que ne trouvait pas Diogène avec sa lanterne et qui, déjà, enseignait à la cantonade la seule existence des individus. Pas d'Homme, cette essence platonicienne introuvable parce que inexistante, mais une quantité infinie d'individualités en mouvement — voilà avec quoi il s'agit maintenant de compter et composer.

Que peut-on dire de cet individu ? L'étymologie rappelle qu'il procède en latin de l'indivisible, et en grec de l'atomique. Impossible à sectionner, à couper sans procéder du même coup à sa mise à mort, à son anéantissement, l'individu dispose d'une parenté évidente avec les corps simples de la chimie ou les corps organisés disposant d'une autonomie et d'une vie propre. J'aime que Littré, et lui seul, parle d'*individuité* pour qualifier la quiddité, l'essence même de l'individu, la qualité propre de ce qui est sans double, sans répétition possible. Plus avant, je définirai l'individu en relation avec les modalités de son apparition à autrui — à savoir son corps, non pas son seul visage, mais, avec lui, l'ensemble de la chair, la totalité de l'agencement des membres, des organes, l'intérieur limité par la peau et contenu par elle, mais aussi la surface de cette extériorité au contact du monde.

Fin des grands discours, disparition des récits totalisants ou totalitaires, mort de Dieu, puis mort de l'Homme, menaces nihilistes, voilà où nous en sommes théoriquement. Ajoutons à cela : naissance de l'individu et circonscription de cette figure à son corps. Ainsi nous disposons à nouveau d'une métaphysique. Un champ d'expérimentation s'ouvre avec d'infinies possibilités, une multiplicité de possibles. Que peut le corps ? Voici le seul questionnement pensable pour une philosophie athée, matérialiste et décidée à être résolument joyeuse. Pour conjurer l'absence de sens, le corps se dresse à la manière d'un *gnomon* utile pour déterminer le nombre et le chiffre avec lesquels se dessinent les architectures à venir.

Les artistes disposent d'une tâche considérable pour mener à bien ce projet. J'aime ceux qui s'occupent justement de nominalisme, d'individus, qui n'oublient pas le corps, le restaurent dans ses prérogatives et articulent leur travail dans la perspective de dépasser les principes de l'ère du soupçon. Trop souvent, aujourd'hui encore, l'art désincarne, cérébralise, conceptualise, décharne et, finalement, platonise. On gagnerait à dire combien ce siècle esthétique achevé a oscillé entre dématérialisation et rematérialisation, oubli du corps et souci du corps, négligence du réel et célébration du réel, idée transcendante et matérialité immanente. Pour en finir avec l'ère platonicienne, le recours au corps s'impose comme unique alternative.

Les contempteurs de la modernité en appellent à une restauration de l'ordre ancien, ils souhaitent le retour du dessin, de la figuration, de l'illustration ou des vieilles lunes esthétiques indexés sur le Beau en soi et la participation à l'Idée pure. En fait, promouvoir une autre modernité passe moins par la négation du moment de l'art contemporain que par son dépassement. En matière d'art, les grands classiques du conceptualisme, du minimalisme, de la performance ou de l'installation produisent chez nombre de leurs adeptes suivistes de plus en plus d'œuvres indigentes à force de recyclage, de répétitions dégradées ou de psittacisme étroit. Les branches de ces arbres-là semblent épuisées, du moins elles génèrent moins de fruits réjouissants que de ratages, d'approximations. Sortir de ces impasses suppose le passage par le corps, le souci de l'individu et le jeu avec la matière charnelle.

À cet effet, le travail de Raymonde Philipps, et la visite de son atelier, montre un chantier dans lequel se trouvent des pistes en puissance, des issues potentielles et des découvertes possibles pour sortir du platonisme en art. Les préoccupations plastiques de l'artiste procèdent de son époque, elle active les problématiques de sa génération — celle des spectateurs passifs de Mai 68 pour cause de trop grande jeunesse. Entre les menaces dues aux pandémies planétaires, aux mutations génétiques, aux contaminations nucléaires, aux pollutions généralisées, au devenir marchand des vies, aux esclavages consuméristes, aux aliénations mentales élargies, aux calibrages existentiels intégrés, aux surconsommations de psychotropes, aux déchaînements de pulsion de mort tous azimuts, le corps paraît fragile, mais demeure pourtant le seul point d'ancrage, la seule certitude ontologique dans la noirceur de ce cosmos nihiliste.

Tournant radicalement le dos aux moralisateurs et aux tenants de l'idéal ascétique, refusant le parti pris platonicien de la raréfaction du réel et de la dématérialisation du monde en art, Raymonde Philipps développe une réflexion païenne parente des préoccupations hellénistiques primitives et célèbre le corps spermatique, génésique et séminal. Ses œuvres fonctionnent à la manière des stations d'un chemin de croix impie et proposent un genre de procession ithyphallique. On songe aux bacchanales, aux lupercales ou aux saturnales de l'Antiquité gréco-romaine, aux vénérations du sang, du vin, du phallus, des graines et des autres emblèmes vitalistes de la civilisation préchrétienne dans le bassin méditerranéen.

Les œuvres de Raymonde Philipps s'exposent dans un espace mental — une épistémè, aurait dit Foucault — qui ignore la haine du corps, des désirs, des instincts et des pulsions ; elles se montrent dans une zone métaphysique épargnée par le terrible poids de la faute, de la culpabilité, du péché et du ressentiment ; elles brillent dans la lumière d'un soleil intellectuel contemporain des poèmes homériques ou des pensées présocratiques ; mieux, elles s'épanouissent dans le registre des fêtes dionysiaques, des cérémonies bachiques et autres péans festifs, à l'époque où le corps se célèbre comme un réceptacle de vitalité débordante, de joyeuseté expansive. À leur manière, elles réactivent le langage primitif préchrétien et formulent les linéaments d'une langue nouvelle destinée à sortir l'art des ornières autistes où parfois il croupit.

La grammaire du monde de Raymonde Philipps induit une réflexion sur l'icône de l'objet premier qui se poursuit avec une théorie de la fragmentation en ex-voto, puis une logique des associations génétiques et enfin une esthétique du clonage répétitif. L'ensemble de ce trajet permet d'assister à la progression et au cheminement d'une conscience païenne décidée à s'épanouir loin des dualismes mortifères qui opposent le corps et l'âme, la chair et l'esprit, la terre et le ciel, l'idée et le réel, le péché et la rédemption, la beauté et la laideur. Le monisme qu'elle propose fonde un matérialisme radical et athée. Cette métaphysique immanente excelle dans la figuration des muscles, des nerfs, de la viande et se satisfait ontologiquement de la seule incarnation. En dehors du corps, on ne trouve qu'un aplat d'or ou de ténèbres, sinon un fond neutre sur lequel se découpe l'anatomie détaillée.

L'icône païenne prend la forme d'une figuration triomphante de phallus turgescent. Elle fournit le premier maillon du langage nouveau, la première série de lettres avec lesquelles se constituent les mots puis les phrases. Au commencement était donc le sexe masculin, veiné, droit, debout, parent étymologique en cela du style — le stylet de l'écriture, vertical, raide et dressé. Soit le phallus apparaît sur des toiles de petits formats rectangulaires, utilisées verticalement, avec un fond brillant doré à la feuille d'or, soit il se montre dans l'espace, en trois dimensions, en silicone de différentes couleurs, toujours au format potentiel, jamais hypertrophié, pas plus atrophié.

L'un recycle l'icône orientale, l'autre le godemiché classique, ignoré de Littré, mais pourtant connu nommément dès Ronsard. Son étymologie enseigne *gaude mihi*, à savoir *réjouis-moi*, puis procède du latin médiéval *gaudemichi*, mais aussi, probablement, du cuir de Gadames, du *gadamasi (gamahucher)* arabe ou des variantes du prénom Michel — quelle joie personnelle ! —, obscurément mais fort opportunément impliqué dans cette philologie exquise. Dans tous les cas de figure, et bien avant le nom commun, cet objet magique semble contemporain des premiers hommes puisqu'il paraît vraisemblable qu'avec les reliefs les plus anciens de grottes préhistoriques on trouve des os taillés à destination des réjouissances solitaires ou mutuelles. Autant dire qu'avec cette icône primitive, la pierre angulaire du langage nouveau de Raymonde Philipps vaut monument par elle-même — aux côtés des Vénus qui magnifient les formes primitives de la génération et de la maternité.

Avec ces phallus multipliés, dupliqués, tous différents mais semblables, le principe spermatique s'installe au centre du souci de l'artiste. Sur certaines toiles, il s'accompagne de lourds testicules, il semble moins tendu, presque flaccide, du moins en état de légère détumescence. On imagine ces œuvres comme des accessoires indispensables aux processions ithyphalliques dans lesquelles les cortèges fêtaient la génération, la vie et le principe mystérieux des germinations secrètes. Raymonde Philipps dissocie le phallus de son usage occidental et productiviste érotique ou pornographique pour lui conférer une dimension ontologique et métaphysique, sinon religieuse.

Après l'icône, les morceaux, les fragments du corps. En fait, le travail de l'artiste confine à la réactivation de la légende du démembrement d'Osiris par Seth, son frère jaloux, et de la récollection des membres épars par Isis son épouse. Osiris connaît ensuite la résurrection, la vie éternelle, il devient le symbole des bienfaits sur terre et dans la mort, puis signifie absolument la vie généreusement dispensée. Car nombre de toiles servent de support à un membre unique : une tête coupée, puis une autre installée en diptyque, des pieds forts et musclés, à l'anatomie soulignée, des fesses puissantes, envahissantes, rondes comme des planètes, des sexes, des visages, des bouches, des mains, des torses. Autant de pièces d'un puzzle du corps d'Osiris déchiqueté avant recomposition.

L'icône se double ainsi d'un recours à la tradition de l'ex-voto, une coutume païenne reprise sans discontinuer par plusieurs siècles de christianisme. Quand le malade invoque un dieu pour se faire soigner puis guérir, il intercède pour une douleur, une affection, un soin sur une partie de son corps. Afin d'obtenir plus vivement ses faveurs, voire quand la divinité l'a exaucé, le patient offre une figuration de l'organe pour lequel il quémandait : œil, oreille, bouche, jambe, main. En terre cuite, la plupart du temps, les ex-voto s'accrochent dans les sanctuaires païens, puis ils s'exposent dans les églises catholiques. L'atelier de Raymonde Philipps prend le relais de ces lieux magiques — les temples grecs et les églises européennes — où se montrent des ex-voto esthétiques destinés à invoquer les nouveaux dieux par une prière animiste.

Le langage en gésine suppose ensuite un jeu avec ces icônes et ces ex-voto afin de produire des agencements, des combinaisons et des associations. Car il s'agit de solliciter vivement l'imagination du médecin-artiste qui recompose le corps et lui donne de nouvelles lettres de noblesse. Métaphores hypermodernes du génie génétique et de la chirurgie esthétique, sinon des puissances faustiennes de la technologie présente et à venir, les dernières stations de ce chemin de croix païen libèrent les potentialités de combinatoires monstrueuses — au sens d'inédites dans l'ordre des configurations physiologiques actuelles.

D'où une rematérialisation libidinale, une resexualisation sauvage des chairs. Sexes sur les visages, bouches devenues vulves, lèvres énigmatiques et ambivalentes fixées sur des endroits du corps anatomiquement inattendus, un front, une main, phallus germant comme des végétaux dans un nez ou dans l'occiput, le visage et l'ordre classiques disparaissent au profit d'une nouvelle série iconographique qui appelle, annonce et énonce la modernité dépassée et le corps maintenant soumis aux puissances de Faust et de Prométhée. L'artiste devient chaman, le peintre se fait thérapeute et philosophe, il accède au statut du médecin de la civilisation appelé de ses vœux par Nietzsche. Son œuvre défriche les nouvelles possibilités du corps et par là même formule les nouvelles possibilités d'existence.

Enfin, ces images nouvelles, associées aux icônes anciennes et aux ex-voto païens, s'agencent à la manière des mots pour construire des phrases, un discours, un propos. Raymonde Philipps pratique la série fouriériste et s'engage sur les voies deleuziennes d'une réflexion plastique à l'endroit du Même et de l'Autre, de la Différence et de la Répétition. Répétés, dupliqués, les fesses et les phallus constituent des séries intégrées dans des carrés qui deviennent à leur tour des éléments de la construction destinés à la confection de bandes. L'ensemble constitue une banque de données plastiques parente des productions de l'imagerie médicale contemporaine.

À la manière des filaments d'ADN avec lesquels s'effectue le décryptage des codes génétiques utiles pour décider des clonages, ces toiles de signes peints obligent à une nouvelle façon de penser l'individu, elles contraignent heureusement à des définitions affinées du corps, de la chair, de la matière et de leurs potentialités nouvelles. Le corps nouveau est à ce prix. Parti des grottes préhistoriques, repéré dans les fêtes vitalistes de l'Antiquité grecque, dessiné dans les amphithéâtres des leçons d'anatomie de la Renaissance, pointé au côté des machines redevables de la thermodynamique à l'époque industrielle, prêt à disparaître dans les réseaux informatisés du virtuel contemporain, le corps chemine actuellement dans les sentes orgiaques ouvertes par les processions ithyphalliques. Qu'on le fête et le choie : l'art à venir coïncide avec ces festivités joyeuses et prometteuses.

33

ENTRE DÉSIR DE FORCE ET PLAISIR DE LA DÉFAILLANCE

Dans l'ombre portée par l'immense succès de *Pelléas et Mélisande*, l'opéra français du XXe siècle n'a guère prospéré et l'on chercherait en vain les travaux à même de rivaliser avec le chef-d'œuvre de Debussy. Sûrement pas *Pénélope* de Gabriel Fauré ni *Le Plumet du colonel* de Henri Sauguet, encore moins *La Pantoufle de vair* de Marcel Delaunoy. Dans l'immense liste des opéras de Darius Milhaud, rien ne retient vraiment l'attention, ne surnage ou ne se manifeste qui force le respect à la manière de l'opus majeur de Claude de France. Les œuvres indigentes encombrent la liste des créations françaises depuis 1902, date de la générale de *Pelléas*.

Pendant ce temps, l'Europe illustre le genre avec *Wozzeck* (1925) de Berg ou *Moïse et Aaron* (1930-1932) de Schönberg, mais aussi avec *L'Usine illuminée* (1964) de Luigi Nono, *Les Soldats* (1965) de Zimmermann et, un peu plus tard, *Le Grand Macabre* (1974-1977) de Ligeti. Preuves arbitraires et subjectives, parmi nombre d'autres, que l'opéra ne meurt pas avec Debussy, qu'il existe avec une vitalité débordante et offre une série de contributions exaltantes et roboratives en dehors de Paris. L'Autriche, l'Allemagne, l'Italie, la Hongrie proposent des musiciens introuvables en France et qui excellent dans le genre. Dans cette perspective, les silences de Pierre Boulez et de Henri Dutilleux apparaissent d'autant plus pénibles.

En fait, quelques opéras émergent dans le XXe siècle français et ce sont singulièrement des œuvres religieuses, plus particulièrement chrétiennes, voire catholiques, apostoliques et romaines. Ainsi Arthur Honegger avec *Le Roi David* (1921) et *Jeanne au bûcher* (1935) ou Francis Poulenc et ses *Dialogues des carmélites* (1957), puis Olivier Messiaen avec *Saint François d'Assise* (1983). Faut-il conclure à une complicité de prédilection entre le christianisme et l'opéra français ? Que la spiritualité biblique invite à produire pour la forme classique majeure de la musique occidentale ? Que l'alternative française condamne à Saint-Sulpice ou au Boulevard ? Sûrement pas. Coïncidence plutôt, voire absence totale de relation. Du moins constatons l'évidence : la musique française pour la scène opératique propose, entre inconsistance et inexistence, des œuvres intégralement vouées à la célébration du judéo-christianisme.

Je constate d'étranges proximités idéologiques : Francis Poulenc travaille à ses *Dialogues des carmélites* alors que Marcuse écrit *Eros et civilisation*, que Boulez donne sa *Troisième Sonate* et que Stockhausen joue *Klavierstücke XI*. En vertu de ce jeu de proximités brutales, on constate combien Poulenc refuse son époque, s'installe dans une logique éternitaire et écrit une musique redevable des seuls classiques. Dans les plis de sa composition, on entend parfois la sobriété de Monteverdi, l'élégance de Mozart, la grâce de Scarlatti, la clarté de Moussorgski, le lyrisme de Puccini, certes, mais également un style, un tempérament et un caractère qui assurent une reconnaissance immédiate : sa musique semble française en écho à l'image d'un Descartes abstracteur de quintessence nationale — goût pour le clair et le distinct, passion pour l'ordre et la méthode, célébration couplée sinon contrapuntique des usages de la tradition et de la raison constructive.

Et aveu d'un catholicisme foncier — celui qui fait dire à l'auteur du *Discours de la méthode* que malgré ses audaces théoriques et ses hardiesses métaphysiques il veut au quotidien s'en tenir à la foi et à la religion de son roi et de sa nourrice. La même foi que celle de Francis Poulenc, catholique fervent, et ce depuis son plus jeune âge. On a souvent présenté le compositeur comme un mélange de moine et de voyou, un homme capable d'écrire des *Chansons gaillardes* et un *Stabat Mater*. D'un côté les *Motets pour les temps de pénitence* ou les *Litanies à la Vierge noire de Rocamadour*, de l'autre les *Chansons à boire, Couplets bachiques* et autres pièces brèves qui mettent en scène une *Maîtresse volage*. En fait, les *Dialogues des carmélites* valent comme un portrait, sinon un autoportrait, de Poulenc en moine.

Poulenc se moque des débats intellectuels et musicologiques de son temps. Certes on se souvient d'une photographie qui le représente aux côtés d'Arnold Schönberg en 1921. Il connaissait bien l'école de Vienne, avait visité son fondateur et confessait volontiers une passion particulière pour Anton Webern. Pour autant, rien dans sa musique ne montre une influence sérielle ou dodécaphonique, encore moins un intérêt pour cette façon d'écrire de la musique. Dans une époque idéologiquement radicale, Poulenc reste un individu, à la manière de Britten ou Chostakovitch. Il exprime avec un langage classique des vérités métaphysiques de toujours — voire, moins que des vérités métaphysiques, des propositions spirituelles personnelles et intimes.

Son opéra fonctionne sur le même terrain métaphysique que la peinture de Rouault, la théologie de Teilhard de Chardin et la philosophie de Jean Guitton. Sa musique s'installe hors de l'histoire concrète et immanente car elle vise l'éternité et le contact avec la transcendance. Le livret — qui procède en partie de Bernanos, ce catholique sanguin, brûlant et colérique — écarte tout ce qui placerait l'opéra trop lourdement et de manière trop visible sur le registre de la philosophie ou de la théologie, de l'ontologie chrétienne ou de la métaphysique catholique — pourtant fondatrices de la proposition de scène. Il s'agit de regarder à l'œuvre le roman d'une conscience précaire en proie aux fragilités qui animent une foi toujours à fortifier. Poulenc musique cette odyssée d'une âme soucieuse de trouver des points d'appui, des certitudes, des vérités essentielles, mais qui sans cesse achoppent sur la peur. Les *Dialogues des carmélites* proposent une action de grâce destinée à conjurer la peur sous toutes ses formes.

Loin de toute sociologie, négligeant la philosophie aussi bien que la psychanalyse, insoucieux de théologie, et dédaignant la musicologie, Poulenc opte pour un abord psychologique puis traite des heurs et malheurs d'une conscience, il suit une âme dans ses tourments, ses mouvements, ses doutes, ses illusions et ses ébauches de certitudes. Son intérêt se concentre sur le rapport qu'entretient une religieuse avec la foi, le salut, le renoncement, la piété, la prière, la grâce. Blanche de La Force — produit-on onomastique plus lisible ? — permet à Poulenc un travestissement de sa propre mise en scène spirituelle. Il se montre, se dissimule, se dévoile, se masque à nouveau dans les drapés de la bure sous le prétexte d'un personnage de carmélite.

Le cadre dans lequel apparaît l'action fait songer à l'histoire traversée par Poulenc et trahit quelque option politique : la Révolution française ne lui plaît pas plus que le Front populaire dont il a été le témoin et qu'il avoue détester — dans une lettre à Jean de Polignac. L'errance de l'âme de Blanche s'effectue dans une époque méprisée, celle de 1789 combativement réduite à l'épisode de la déchristianisation. D'où un opéra dans lequel s'opposent de manière manichéenne le Carmel, les religieuses, la clôture, et la Révolution, la populace, la rue. L'œuvre montre d'un côté l'âme, l'esprit, la prière, les tourments de la conscience religieuse, de l'autre la violence, la brutalité, la destruction, les furies des principes révolutionnaires. À droite la fille pieuse du Marquis, à gauche la guillotine des thermidoriens.

Quand elles ne sont pas requises par les affres et les tourments délicieux de la prière et de leur petit salut personnel, Blanche de La Force et ses comparses évoluent dans un monde de commissaires de la République, de décrets de l'Assemblée législative, de confiscation des biens de l'Église, de discours terroristes, de patrouilles punitives, de pillages organisés, de tribunaux révolutionnaires et d'exécutions capitales. Poulenc le dit et l'écrit à plusieurs reprises : il n'aime pas le peuple qu'il confond sans ménagement avec la populace. Il le crédite d'une capacité redoutable à la violence, la brutalité, la lâcheté et la couardise. Et l'on comprend à demi-mot que Blanche de La Force subit la Révolution française de Robespierre de la même manière que Francis Poulenc le Front populaire de Léon Blum.

La musique de Poulenc déteste tout autant la Révolution que le livret, elle fleure bon les beaux quartiers et trône dans le camp du Marquis, le père de Blanche, du Chevalier, de la Mère Prieure, de l'Aumônier — avant qu'il n'apostasie en devenant conventionnel —, de Constance, la carmélite visionnaire, et des autres moniales. Elle défend les châteaux et les monastères, elle vilipende la rue. La clarté de la prosodie, l'excellent travail de Poulenc qui permet une diction parfaite et une compréhension sans difficulté du texte chanté adoube l'opéra comme une œuvre de combat catholique, une proposition politique contre-révolutionnaire, un genre d'œuvre édifiante, voire une messe d'expiation adressée par le compositeur au Dieu bafoué par les gueux et la racaille.

Outre le cadre historique de l'opéra qui renseigne sur Poulenc en personne et enracine l'œuvre dans le terreau de l'autobiographie transfigurée, le personnage de Blanche de La Force et son caractère semblent dessinés pour laisser entr'apercevoir en traits vaguement esquissés un portrait spirituel du compositeur lui-même. Le catholique emblématique triomphe dans l'exacerbation de la pulsion de mort : goût pour la souffrance, passion pour la douleur, attrait pour le martyre, jouissance du renoncement à soi et au monde, volupté de l'ascétisme, célébration masochiste des passions troubles, mise en évidence de l'humilité partout où elle ne se trouve pas, éloge de l'art accompli de se rabaisser et de se détester. Toujours on guette la faiblesse — trop d'orgueil, trop de présomption, trop d'assurance, trop de certitude, trop d'amour de soi —, toujours on fustige ce qui permet de lever excessivement la tête. Il faut avancer courbé, plié sous le poids de ses fautes et des péchés du monde. La réclusion monacale permet à ces logiques mortifères d'orienter toute l'existence, dans ses moindres détails.

Blanche explicite la psychologie du chrétien avec des mouvements de l'âme qui font songer aux arguments de Nietzsche en guerre contre la religion du Crucifié : le christianisme est une religion de faible, d'esclave soumis au ressentiment, travaillé par la négativité de l'impuissance ; il fournit une consolation aux natures débiles, inquiètes et fragiles ; il assure un soupir pour la créature à la vitalité amoindrie ou disparue ; il propose une thérapie aux tempéraments fragiles, inquiets ; il trahit une maladie de la volonté, une rébellion de tout ce qui rampe ; il libère une métaphysique de la rancune nourrie de frustrations et d'inhibitions ;

il révèle une insurrection contre les valeurs nobles ; il avalise la négation du monde et la haine de la vie ; il accomplit un attentat contre ce qui donne du goût à l'existence.

Pour sa part, Blanche connaît la peur, une peur perpétuelle, permanente, une peur de chaque instant, de chaque moment de l'existence. La peur, voilà sa croix, elle la porte sans cesse : elle manque défaillir en croisant un valet avec un chandelier dans les couloirs sombres de la maison de son père ; elle éclate en sanglots dès le moindre incident ; elle tremble, craint et connaît des angoisses sans fond ; elle subit en écorchée vive. Pour expliquer cette complexion de l'âme, Poulenc raconte sa naissance dans un moment de terreur : un incendie embrase une caisse de feux d'artifice le jour du mariage de ce bon Dauphin, la populace panique, la foule gronde, les chevaux se cabrent, s'emballent, la mère de Blanche, terrorisée, accouche dans la voiture avant de rendre l'âme. Destin funeste, catastrophe sinistre, l'enfant inscrit son avènement sous une mauvaise étoile.

Depuis, Blanche expie l'inconséquence du bas peuple, ses mouvements violents et sauvages. « Son imagination va toujours d'un extrême à l'autre », dit le Marquis son père. Ainsi, fragile, craintive, impressionnable, prête à s'évanouir en permanence, fatiguée, mélancolique au crépuscule, elle avoue une profonde difficulté à vivre dans le monde réel où elle ne supporte aucun bruit, aucune agitation. Poulenc décrit une âme d'artiste, un esprit subtil, capable d'enregistrer les moindres vibrations et de saisir la plus petite information, il brosse le portrait d'un tempérament vivement électrique, d'un caractère émotif au dernier degré. En fait, il accumule les détails qui caractérisent l'individu d'exception, la figure identifiable au sismographe du réel et du surréel, du naturel et du surnaturel. Un autoportrait spirituel ? Vraisemblablement...

Dans une perspective nietzschéenne, on traquerait les métamorphoses de la haine de soi en haine du monde, puis leurs cristallisations chrétiennes en métaphysique du renoncement. Blanche de La Force, double psychique probable de Poulenc, vit sa foi comme une tentative pour conjurer ses angoisses, ses craintes, ses peurs. La mort, la souffrance, la douleur menacent de leurs ombres inquiétantes ? Alors on se range du côté de la mort, de la souffrance et de la douleur pour se donner l'illusion de choisir ce que l'on subit et de vouloir ce qui nous accable. La vocation coïncide avec une impossible thérapie, elle équivaut à la volonté d'une improbable médecine de l'âme. La psychologie défaillante induit une spiritualité conquérante, puis une théologie militante, avant de déboucher sur une amertume sidérante.

Pour échapper à la tragédie de son destin et à la peur, Blanche de La Force, issue de la noblesse française, entre dans les ordres, au Carmel, par amour pour les sévérités de la règle et désir incandescent d'une vie héroïque dans laquelle la crainte et le tremblement n'auraient plus droit de cité. Derrière la clôture, elle devient Blanche de l'Agonie du Christ et avoue ainsi sa volonté de vivre dans la mort du Messie, de répéter ses derniers moments, de s'imprégner de ces minutes interminables dans lesquelles l'âme se prépare à quitter le corps, elle signifie son désir masochiste de se repaître de ces secondes qui précèdent le dernier soupir. On ne peut mieux signifier son choix de la pulsion de mort au quotidien.

Pendant toute la durée de l'opéra, Blanche oscille entre désir de force et plaisir de la défaillance : elle désire la souffrance, l'ordre, la loi, le renoncement, le monastère, elle jouit de la faiblesse, de la fuite, de la peur, de la crainte et de la lâcheté. L'agonie de la Mère Prieure, qui n'en finit pas de trépasser, ne se résout pas à mourir, se rebelle en frisant le blasphème, la perspective d'offrir sa vie pour sauver celle de la supérieure agonisante, la veille du corps devant le cercueil ouvert, l'intrusion des commissaires de la République dans le monastère, les cris de la foule révolutionnaire venus de la rue, la perspective d'un holocauste du Carmel offert en martyre pour racheter la Patrie — tout fournit à Blanche prétexte à s'effondrer, s'en aller, trembler, se cacher, se dissimuler, et finalement fuir la réclusion carmélite.

En fait, Poulenc met en scène la difficulté à croire, à s'engager, à faire acte de foi, à s'abandonner à plus fort que soi. Il traque les incertitudes de la croyance et pointe le perpétuel mouvement de balancier entre la certitude de l'existence de Dieu et le doute que le ciel soit habité, entre l'assurance d'agir d'une manière catholique et l'angoisse de s'être mal comporté. Les *Dialogues des carmélites* proposent une musique identique à celle qui bruit doucement entre les pages de *Crainte et tremblement* de Kierkegaard, sinon dans celles du *Concept d'angoisse* sous-titré — comme pourrait l'être l'opéra — « Simple éclaircissement psychologique préalable au péché originel ». On y entend de la théologie formulée sans le secours du vocabulaire philosophique, mais selon l'ordre musical, donc psychologique et physiologique, de l'ébranlement des corps, des chairs et des âmes.

Finalement, le Carmel vidé de ses religieuses, le Marquis guillotiné, le château familial dévasté, la Mère Prieure enterrée, la chapelle pillée, l'aumônier devenu prêtre constitutionnel, Blanche quitte le couvent pour s'en retourner chez elle, la peur au ventre, effrayée d'avoir à offrir sa vie — comme ses compagnes de réclusion — pour le salut de la Foi et de la Patrie. La nouvelle prieure la retrouve au domicile de son père défunt où elle prépare un plat dans la cheminée et l'invite à rejoindre le rang des victimes expiatoires. Elle refuse, part, se cache. Toujours la peur, vissée dans les entrailles ; toujours l'incapacité à vivre héroïquement, à la hauteur des exigences de Dieu, malgré les vœux et la prise d'habit.

Mais les dernières mesures de l'opéra achèvent la transfiguration de l'œuvre en une messe très chrétienne. La morale triomphe, l'héroïsme aussi, les doutes se dissipent, les craintes et les angoisses se volatilisent, le tremblement cesse. Blanche se dissimule dans la foule pour assister, de loin, en spectatrice, à l'exécution de ses sœurs. Puis, le Saint-Esprit se manifeste — ou la grâce. Elle quitte le peuple massé près de la guillotine, marche en direction des carmélites et prend sa place, rassérénée, en paix avec elle-même, dans la file des religieuses qui se dirigent vers la mort en chantant. La lame tombe, lourde, pour douze femmes. Et pour elle qui imagine gagner ainsi son paradis. La tête roule à terre, tombe dans la sciure — le paradis n'existe pas, ni l'enfer, elle ne le saura pas. Poulenc non plus.

34

AUX GARDIENS DU TEMPLE ANARCHISTE

Encore une lettre d'anarchiste au courrier. Tonitruante, elle commence avec un magistral *camarade* et se poursuit comme nombre de ses semblables par l'habituel exercice d'immodestie de son auteur qui place sa missive sous le signe d'un bien qu'il m'apporte, d'un éclairage proposé gratuitement, afin de m'affranchir et me rendre moins sot, de m'offrir une chance d'avoir enfin une conversation avec une personne de qualité. La suite coïncide en tous points avec le contenu de celles qui depuis longtemps rejoignent ma poubelle qui déborde en permanence : on distribue des bons et des mauvais points, plutôt des mauvais d'ailleurs ; on pointe des manques regrettables, on souligne des absences monumentales — comment peut-on avoir le front de ne pas citer le tract paru en 1972 à la Fédération anarchiste du Cantal, un événement dans le département cette année-là ! —, on dénonce un grave défaut de culture, de cette culture dont disposent les seuls abonnés aux bulletins ronéotés ; on utilise la morale comme jamais pour agir en mixte d'instituteur habitué du crayon rouge et de prêtre représentant la Parole autorisée sur terre ; enfin, on donne des leçons.

Étrange comme *Politique du rebelle*, qui développe une théorie de l'action libertaire dans le moindre détail de la vie quotidienne, a été fustigé, entre autres, aussi bien par un journaliste imbécile et sentencieux appointé dans un quotidien du soir que par les gardiens du temple anarchiste, pour ne pas fournir de perspectives concrètes alors que ce livre incite chacun à inventer les formes de l'anarchie dont je propose une formule générale : refuser de suivre tout autant que guider, s'interdire l'obéissance aussi bien que le commandement, ne pas consentir aux logiques sociales de domination et de servitude, enfin n'user du pouvoir qu'en dernière instance pour éviter l'emprise d'un autre. Peut-on être plus clair dans ses invites ? Faut-il un bréviaire pour envisager l'ensemble des mises en œuvre concrètes ? Un catéchisme utile pour tous les cas répertoriés ?

Les critiques les plus violentes de cette option libertaire — versus politique de l'hédonisme — viennent des anarchistes encartés, des militants regroupés en sections, des apparatchiks du dogme conservé plus pieusement que le Saint-Sacrement. Jamais je n'aurais cru mériter si violemment l'excommunication ou imaginé devoir faire face à tant de procès en hérésie sous le drapeau noir. Dans des revues spécialisées, à Radio-Libertaire, dans des conférences à Grenoble, à Rouen ou à Lyon — terre historique pour ces questions —, dans nombre de lettres, toujours on m'a voué aux gémonies et promis la guillotine avec les mêmes arguments, les mêmes méthodes, les mêmes reproches. En matière de procès subtils, la nébuleuse anarchiste officielle vaut le Vatican de l'Inquisition, le Kremlin de l'époque bolchevique, le Berlin des années national-socialistes ou la rubrique média des journaux de l'époque capitaliste dans laquelle nous vivons — les moyens de nuire en moins : on ne pense pas, on exécute ; on ne réfléchit pas, on condamne ; on instruit moins des dossiers avec patience et travail qu'on n'envoie *a priori* dans les geôles, avant tout examen sur texte et lecture digne de ce nom.

Je ne vois dans cette débauche de critiques qu'une

confirmation de mes présupposés consignés dans le livre incriminé : la pensée anarchiste s'est fossilisée, elle ressasse, elle réédite les professions de foi ancestrales et canoniques, elle ne vit pas, mais survit, tant bien que mal, à l'aide de quelques vérités révélées sur le mode du catéchisme scientiste et rationaliste du XIXe siècle, elle subsiste en vertu d'un acharnement thérapeutique idéologique entre les mains de Diafoirus colériques. Derrière les grandes figures anarchistes et les tempéraments emblématiques de cette histoire puissante, les nouveaux kapos refusent une place à la modernité libertaire.

Après Bakounine et Proudhon, on devrait se réjouir d'Élisée Reclus et Sébastien Faure, de Daniel Guérin ou de Louis Lecoin ? Peu excitant... Qui donc, pour aujourd'hui ? Les anarchistes répondent : rien, sinon une pléiade de noms confidentiels, tous du sérail, reproducteurs des tics universitaires, des auteurs d'articles ou de livres auto-édités, des militants exercés dans l'édification de leur chapelle accrochés aux dogmes comme à un ventre maternel impossible à quitter. Pourquoi donc taire les noms de Henri Laborit et de Paul Feyerabend, de Jean Dubuffet ou de John Cage, sinon de Marcel Duchamp et de Noam Chomsky ? Parce que la vulgate ne les a pas encore incorporés et qu'elle piétine à Mai 68 sans que personne dans la famille ait écrit avec assez de conviction le chapitre qui permet de faire se rejoindre les barricades du Quartier latin et les résistances fin de siècle à la mondialisation.

La psychologie de nombre d'anarchistes d'aujourd'hui coïncide très étrangement avec celle des premiers chrétiens : ils triomphent en individus sectaires, grégaires, en hommes de tribus et de castes animés par un profond désir de donner leur vie pour une cause qui les instrumentalise. Haine de soi, haine du monde, haine du réel et installation de l'idée, de la cause au sommet des préoccupations éthiques, métaphysiques et ontologiques, ils jouissent de se mettre au service, ils jubilent de n'être rien individuellement et de sacrifier leur existence propre pour accélérer et réaliser le jour et l'heure du salut. Leur mépris du collectif qui n'est pas eux se double d'une célébration du collectif alternatif qu'ils opposent au monde comme il va : leur petit univers, élargi aux dimensions du monde, leur association étique, boursouflée, étendue aux confins de l'univers.

Leur moteur ? Le ressentiment et une formidable passion perverse pour le négatif, un véritable culte voué à la négativité. Leur logique ? Celle qui anime tous les individus mécontents d'eux, de leurs petites vies sans relief. Comme les chrétiens, ils transfigurent leur haine de soi en haine du monde. L'envie, la jalousie les taraude, mais plutôt que de l'avouer, ils concentrent leur mépris sur la totalité du réel qui les opprime et les confine. À la manière du renard et des raisins d'Esope, ils détestent d'autant plus qu'ils sont privés. Plus ils se découvrent interdits de jouir du monde, plus ils dirigent leur violence contre ce monde.

En quoi ils sont encore chrétiens, en quoi ils se réduisent à une version du christianisme : dolorisme, culpabilité, incapacité à jouir et à faire jouir, volonté d'inscrire en permanence son existence sous le signe de l'expiation des péchés du monde, de la douleur des autres, de l'empathie généralisée, de la sympathie pour la créature opprimée partout où elle souffre, ils jouissent de ne pas jouir, de se retenir, de se l'interdire. Ainsi s'assurent-ils de ne jamais jubiler et de connaître une vie entière de frustration et de haines recuites puisque toujours il restera sur terre de la douleur, de la souffrance, de l'exploitation, de la peine — car c'est malheureusement l'essence du réel.

En victimes expiatoires laïques de tout le négatif du

monde, les anarchistes intégristes s'assurent une belle carrière dans le masochisme et le moralisme ; en martyrs du capitalisme planétaire, ils se préparent de beaux jours dans les domaines fréquentés par la psychiatrie — tropismes paranoïaques, délire de la persécution, accès maniaques, névroses obsessionnelles et tout le saint-frusquin habituellement associé à la biographie des saints du calendrier chrétien : eux seuls disposent de la vérité révélée, et le monde entier se trompe, eux seuls se comportent comme il faut, et les autres sont des collaborateurs, des opportunistes, des arrivistes, des carriéristes, des bourgeois, des salauds, des corrompus, eux seuls sont purs alors que l'humanité se vautre dans l'impureté. Le vrai, le juste, le beau, le bien d'un côté, le leur ; le faux, l'injuste, le laid, le mal de l'autre. En quoi ils s'avèrent également platoniciens, tendance gnostique.

De sorte que les anarchistes vivent en parasites : le négatif est nécessaire à leur existence, il induit leurs thèses, leurs thèmes et leurs options. Le monde comme il va les justifie, les légitime. À la manière d'un animal agrippé puis incrusté dans l'organisme d'un autre, ils se nourrissent du sang vicié de la société, l'appellent, le nécessitent, le sollicitent. L'état d'âme qui les caractérise le mieux ? Celui du prédateur d'événements sombres. Sur le mode christique, ils en appellent à la négativité de l'univers capitaliste pour le rédimer à la manière dont le Christ prit naguère en charge l'ensemble des péchés du monde : les guerres, les famines, les misères, les exploitations, les aliénations, les totalitarismes, les massacres, les déportations, les déforestations, l'industrialisation, le commerce, la brevetabilité du vivant, le colonialisme, la technoscience, tout ceci fournit le pain bénit des contempteurs du monde investis dans la seule recherche des occasions d'entretenir leur machine réactive. Leur but ? Supprimer la négativité — pourtant consubstantielle au réel. Défendu aveuglément aujourd'hui, l'anarchisme d'hier est un optimisme, parmi les plus naïfs et les plus sommaires.

Car malgré leurs pétitions de principe, leur messianisme christique, leur art de jouir de toutes les négativités possibles et imaginables, le réel dure et persiste dans sa substance. Et les contorsions anarchistes n'y changeront rien, pas plus qu'elles n'ont changé quoi que ce soit de fondamental dans l'histoire du monde. Leur méthode ne parvient qu'à une chose : assurer la jouissance des militants dans la componction, la sympathie, le condouloir à l'endroit de tout ce qui souffre dans l'humanité entière, passée, présente et future. Orgueil de se croire investi d'une mission de purification, de régénération de l'univers à soi seul ! Présomption d'imaginer sa petite vie de militant utile et nécessaire dans la perspective d'une modification du réel tout entier ! Arrogance de penser qu'une volonté singulière pourra à elle seule entraver les lois de l'espèce, de l'histoire et du monde ! Orgueil, présomption et arrogance, ces vertus chrétiennes par excellence dissimulées sous le voile de l'altruisme, de l'amour du prochain, de la fraternité généralisée, de l'humilité, de l'abnégation militante...

La morale de l'anarchiste, tout comme sa psychologie, trahit le christianisme recyclé en formules laïques et en formes politiques. Elle suppose la haine de tout ce qui est fort, grand, élégant, debout ; elle méprise la singularité, l'individualité et la puissance des exceptions ; elle vénère les figures de la négativité : la faiblesse, la petitesse, la laideur ; elle aime la mort, la crasse, le sang, la sueur, la saleté, la décomposition. Sa figure emblématique ? L'Ouvrier reconstruit par ses soins. Non pas l'ouvrier réel qui souffre et se tue au travail, mais l'idée d'ouvrier échafaudée par celui qui ne le connaît pas, ne le fréquente pas, ne l'aborde jamais, mais le rêve.

L'Ouvrier platonicien, celui auquel il faut s'adresser, celui pour lequel il faut penser, celui à qui il s'agit de destiner les lignes de ses ouvrages. Celui qu'on me renvoie à la figure en permanence sous prétexte que mes livres — *Politique du rebelle* en particulier — seraient écrits avec des tournures trop sophistiquées, des mots trop compliqués, des références trop pointues. Devrait-on écrire un livre anarchiste avec des mots et des façons ouvrières, des syntaxes prolétariennes et du vocabulaire populaire ? On sait à quelles extrémités littéraires, intellectuelles et politiques ont été acculés ceux qui, nazis et bolcheviques, fascistes et maoïstes, revendiquaient l'indexation de la création livresque sur la capacité intellectuelle de la classe ouvrière. On n'édifie jamais les ouvriers quand on s'évertue à les entretenir dans l'indigence à laquelle certains les contraignent. Je souscris au projet aristocratique d'édification des exclus du savoir, mais je refuse le projet démagogique auquel la plupart souscrivent, droite et gauche confondus, anarchistes compris, en servant aux victimes du système des brouets intellectuels insipides et des soupes culturelles tièdes.

Je sais trop — pour en provenir et y avoir toujours un frère et son épouse — à quoi ressemble le monde ouvrier (avec une minuscule : l'ouvrier réel, concret, incarné, sacrifié par les puissants), pour consentir à la mythologie aujourd'hui réactivée par les anarchistes orthodoxes de l'Ouvrier comme figure idéale à laquelle il faudrait songer en construisant ses livres. On ne méprise pas mieux ces exclus qu'en les entretenant dans une culture bas de gamme, prolétarienne, indigente. Je ne veux pas descendre mes propositions jusqu'à eux car cet exercice indigne et méprisable suppose trop de déférence à leur endroit ; en revanche, tout reste à faire pour leur permettre de se hisser jusqu'aux hauteurs toujours exigibles par une pensée qui dépasse un tant soit peu les étiages sommaires.

Combien d'anarchistes — et pas seulement eux — me reprochent donc le style, la forme, le ton ! Syntaxe bourgeoise, vocabulaire élitiste, propos intellectuels — *intellos*, plus précisément —, écriture absconse, références d'initiés, les critiques ne manquent pas. On trouve ainsi dans la tradition anarchiste ouvriériste une option anti-intellectuelle violente qui toujours a fourni un fonds de commerce aux fascismes en gestation : la haine de la culture, l'invite à brûler les musées, le mépris du style, la vindicte à l'endroit de l'écriture, la condamnation des bibliothèques précèdent toujours de très près la critique faite à un philosophe de travailler avec ses outils. La volonté politique de table rase m'effraie, me donne des frissons, les autodafés se fomentent dans l'ombre de pareilles imprécations.

J'aime la culture, les mots, le verbe, j'aime la langue française, les références intellectuelles, artistiques et musicales de l'Occident, je préfère l'écriture d'un styliste à celle d'un journaliste, je ne trouve pas contradictoires ou antinomiques une position anarchiste personnelle et une passion pour la culture classique, je hais quiconque se sert du savoir pour durcir l'opposition entre les classes sociales et marquer de plus grandes distances entre lettrés et privés de lettres, je chéris plus que tout les valeurs de l'esprit et me méfie des propositions alternatives qui en appellent à la simplicité, à la rudesse, à la rusticité, à la vérité du monde ouvrier ou de l'univers paysan. Trop peu d'affection pour les pétainismes de droite et de gauche...

Je n'écris donc pas pour les bourgeois, ni pour les ouvriers, et ni les uns ni les autres, à mes yeux, ne disposent de l'arbitrage exclusif des élégances intellectuelles, culturelles et philosophiques. Je n'écris pour personne en particulier, mais pour qui se sent concerné par le propos que je tiens ici dans un livre, là dans un article, ailleurs dans une conférence. Je propose, on dispose. Le tout librement. Je n'aspire pas à édifier les masses, à faire école, à générer des clones idéologiques, encore moins à préparer la révolution ou annoncer son imminence. Je n'écris pas pour ceux qui ne savent pas lire, ne veulent pas lire et se refusent à l'évidence : la lecture de la philosophie, tout comme la pratique d'un instrument de musique, d'une langue étrangère ou d'un art, ne s'improvise pas. Qu'on le déplore ou non n'y change rien...

Ne laissons pas la langue et la philosophie aux reproducteurs du système social qui le confortent, lui donnent des raisons d'exister et de se perpétuer sous ses formes brutales ; n'abandonnons pas les mots et les idées aux personnes qui cherchent plutôt à dissimuler les contradictions sociales qu'à lutter contre elles ; ne renonçons pas à la culture critique, à l'esprit des Lumières, à l'armement intellectuel et culturel ; relisons Gramsci et consentons à l'une de ses trouvailles politiques majeures : la culture fournit la première arme de (re)conquête du réel à ceux qui en sont exclus. L'anarchiste qui tourne le dos à la culture classique — style, syntaxe, références — se condamne à un esclavage sans rémission, à une aliénation perpétuelle.

Moralisateurs, les anarchistes intégristes le sont également sur la diffusion de mes livres. Bien pour Radio-Libertaire, excellent pour le fanzine lycéen, merveilleux pour le tract de quartier, mais mal, très mal, très, très, très mal pour la télévision, la radio et la grande presse dites bourgeoises. La haine de la télévision travaille la plupart des individus d'une manière inversement proportionnelle à leur chance d'y passer un jour. Comme les probabilités d'y voir l'un de ces sermonneurs paraissent minces, on imagine la grandeur de leur mépris du média télévisuel. D'où leur lecture simple, sommaire et définitive : écrire un livre dans lequel on formule une proposition anarchiste contemporaine, puis en parler à la télévision, c'est se vendre, se damner, devenir une crapule méprisable, et viser les bénéfices sonnants et trébuchants consécutifs au passage dans telle ou telle émission.

Soit on écrit, on publie et l'on accepte le jeu qui consiste à rendre publiques les idées défendues dans un livre sur un plateau de télévision, devant le micro d'une radio, dans les colonnes d'un journal, à la tribune d'une chaire, au zinc d'un bar de nuit, pourvu qu'on ne se fourvoie pas dans des lieux radicalement incompatibles avec le message délivré ; soit on s'interdit par principe les médias, mais alors pourquoi publier et ne pas se contenter de conserver ses manuscrits dans des cartons ? Si l'on croit à ses idées, on doit les défendre partout où elles peuvent être entendues, saisies, diffusées, comprises. D'où l'obligation de déborder la secte et d'aller au-devant de lecteurs nullement acquis, *a priori*, à ces idées. Quel intérêt de prêcher dans une chapelle de sectaires déjà convaincus ?

Enfin, et j'en termine avec le portrait de l'anarchiste intégriste, je voudrais dire comment sa psychologie réactive et sa morale moralisatrice débouchent immanquablement sur une politique confinée au rabâchage de l'histoire sainte, du martyrologe et de la dogmatique libertaires. Plus scolastique qu'un anarchiste de cet acabit semble impossible... Car chez eux les classiques se lisent une plume à la main, un encensoir dans l'autre, à la façon du sorbonagre. On aborde le corpus avec la précaution d'un clerc tonsuré, on consent aux filiations orthodoxes, aux mots d'ordre de la profession, aux histoires figées de la tribu, à sa vulgate intellectuelle : Godwin le créateur, Proudhon le fondateur, Stirner l'individualiste, Marx le méchant autoritaire, Bakounine le bon libertaire, Kropotkine le prince rouge, Makhno la pureté, Sacco et Vanzetti les victimes, etc.

Lire librement — en libertaire... —, voilà une hérésie. Les doctrinaires du drapeau noir agissent à la façon des universitaires les plus sclérosants, en interdisant l'originalité, la singularité, l'invention. D'où le catéchisme anarchiste, essentiellement construit sur des refus et des négations : anti-Nation, anti-État, anti-guerre, anti-vivisection, anti-nucléaire, anti-violent, anti-militariste, anti-capitaliste, anti-modernité, anti-technique, etc. En conséquence, les anarchistes imbibés de pensée dix-neuviémiste campent sur des positions qui ne souffrent pas l'analyse, la discussion, la précision, la réflexion et la contradiction. L'argument d'autorité triomphe : on prend ou on laisse.

De sorte que s'entendent encore et toujours aujourd'hui les vieilles scies militantes d'hier et d'avant-hier : cosmopolitisme des citoyens du monde, fraternité universelle, abolition des classes et des races, disparition du travail et du salariat, suppression du capitalisme, pulvérisation de toutes les aliénations, égalitarisme radical, suppression des différences, uniformité généralisée, construction d'une société naturelle d'hommes heureux de vivre ensemble, avènement de loisirs généralisés, réalité purifiée des scories haineuses et mortifères ; autant dire — s'en aperçoivent-ils ? — instauration du paradis chrétien sur terre laïque...

Que la Nation soit parfois une garantie libertaire contre la mondialisation libérale. Que la guerre s'avère parfois nécessaire, ne serait-ce que pour en finir avec un impérialisme conquérant de type fasciste, comme avec les hitlériens occupant la France de 1940. Que l'État puisse devenir un instrument défendable entre les mains de ceux qui en feraient moins l'instrument du capital que celui de l'idéal libertaire ; que le nucléaire civil a produit plus de fantasmes hystériques jusqu'alors que de morts ; que les militaires intelligents et cultivés valent mieux que des anarchistes imbéciles et incultes ; que mille souris disséquées valent moins qu'un être humain sauvé ; que la violence défensive est préférable à la non-violence active — ainsi de la Résistance française au nazisme ; que le capitalisme social paraît défendable comme remède au capitalisme libéral et que l'alternative n'est pas capitalisme ou soviétisme ; que les progrès de la technique contemporaine valent mieux que les regrets nostalgiques et passéistes ; voilà qui n'effleure pas l'anarchiste intégriste.

Et pourtant, les mouvements du monde obligent à reconsidérer la pensée libertaire à la lumière du XXe siècle et de ses leçons : des guerres, des génocides, des totalitarismes, des violences, des exterminations. Le monde qui a donné lieu à l'anarchisme de grand-papa est mort ; ceux qui s'en réclament encore font sourire les ennemis qu'il s'agit de combattre, tant ils ne représentent qu'eux-mêmes mais en aucun cas un danger quelconque pour l'ordre des puissants. Que disait *Politique du rebelle* ? Que la politique libertaire d'aujourd'hui passe par la volonté d'en finir avec l'idée préhistorique de révolution collective et prolétarienne ; qu'elle suppose l'abandon de cette croyance ridicule que la disparition de la propriété privée des moyens de production et la réalisation de l'appropriation collective desdits moyens régleraient l'ensemble des problèmes ; qu'elle exige une nouvelle théorie du pouvoir, non plus monolithique, étatique et marxiste, mais polymorphe, généralisée et foucaldienne ; qu'elle actualise, en vertu de la fin des grands discours, l'invite deleuzienne au *devenir révolutionnaire des individus* ; qu'elle suppose moins l'indexation sur une raison messianique que sur une mystique de gauche, viscéralement entendue comme un tropisme épidermique qui force à se trouver aux côtés des résistants, des insoumis et des rebelles à l'ordre dominant, le tout dans des formes contemporaines.

Pas de recettes, avait écrit l'imbécile du journal, pas de trucs, ni de mode d'emploi. Or il n'y avait que cela dans ce livre : nécessité de déchristianiser, réaliser le primat de la politique sur l'économie, réactiver un nietzschéisme de gauche, enseigner un athéisme politique, formuler une mystique immanente, achever Mai 68, préciser les contours d'un surhumanisme libertaire, revitaliser l'action subversive, dépoussiérer le luddisme, célébrer l'association de forces oppositionnelles, inventer des micro-insurrections, tendre vers l'individu souverain, restaurer les Lumières et construire pour chacun, sans qu'aucune consigne soit susceptible d'être donnée — par un libertaire ! — et valant pour tous. Trois cent cinquante pages me permettaient de détailler...

Les leçons quintessenciées ? Des propositions de réappropriation de soi par soi. À chacun d'inventer sa résistance aux micro-fascismes rencontrés par lui seul ; à chacun de promouvoir ses méthodes pour s'insoumettre et ne pas collaborer aux mouvements violents du monde, s'y soustraire et construire plutôt un hédonisme politique dans sa vie propre ; à chacun de chercher et trouver sa voie pour réaliser personnellement ce projet excitant et roboratif dans son quotidien immanent ; à chacun de créer des formes de désobéissance, d'inertie, de refus, de désertion, là où il est, dans sa situation spécifique — familiale, culturelle, intellectuelle, sociale, etc. ; à chacun de pratiquer *ici et maintenant* le refus de suivre autant que de guider ; à chacun de ne plus consentir aux servitudes volontaires dans lesquelles se trouvent habituellement des satisfactions sociales.

Je ne m'installerai pas derrière chacun pour donner des leçons, juger, commenter, inciter, noter, distribuer des bons ou des mauvais points. Loin de moi l'idée de dire à autrui ce qu'il faut faire, comment, avec qui, et de quelle manière on peut être libertaire. Je me vois mal édicter une théorie figée de l'anarchisme, un genre de doctrine sociale valable demain, car j'ai dit mon anarchisme assimilable à un comportement libertaire individualiste (refuser de subir et d'exercer les pouvoirs) praticable dans toute société, quelle qu'elle soit, indépendamment du temps, du lieu et de l'histoire, aujourd'hui, ici et maintenant, dès qu'on décide de s'y mettre. Être anarchiste, c'est refuser systématiquement l'exercice du pouvoir dans l'intersubjectivité, sauf pour se défendre d'une violence qui menace de nous atteindre, de nous anéantir et de réduire notre identité.

De sorte que je préfère recevoir les lettres qui me sont adressées que les écrire, et que je choisis plus volontiers d'essuyer ces critiques et ces insultes, ces attaques et ces condamnations que de les proférer. Je veux bien, aux yeux de ceux-là, être inculte, suppôt du capital, petit-bourgeois, opportuniste, mondain, imposteur, intéressé, pourri, mercantile, affairiste et, bien sûr, nazi, fasciste, stalinien et révisionniste — oui, oui, j'y ai droit aussi... Pour ma part, je n'ai jamais utilisé ces recours-là, extrêmes et perfides, pour tâcher d'en finir avec une pensée qui me résiste, m'insupporte ou m'énerve.

L'insulte, le mépris, le reproche du style, de la culture, de la syntaxe, des références, du vocabulaire, la passion pour la négativité, l'indexation de toute son identité sur le ressentiment, la haine de soi transformée en haine du monde, la culpabilité expérimentée à chaque seconde de son existence, dans le détail, la culture militante grégaire, le jeu des adoubements et des excommunications, le rituel sectaire et le doctrinal conceptuel, tout ceci infecte la vie et trahit une étrange dilection pour ce qui détruit, salit. Je n'entends pas l'anarchisme comme une position nocturne, mais comme une proposition solaire.

Au contraire des *anarchistes libertaires* — et solaires — dont j'aime l'affranchissement et l'incapacité à s'occuper de la vie des autres, à les contraindre et à les blâmer, les *anarchistes autoritaires* — et nocturnes — de la vieille école me fatiguent. J'ai autant envie de les fréquenter que les chrétiens sirupeux ou les tyrans brutaux, les capitaines d'industrie cyniques ou les journalistes imbéciles — si tout cela ne relève pas trop du pléonasme. Trop tristes, pas assez rieurs, pas assez joyeux ; trop sinistres ; trop prêtres, les gens de cette engeance sont trop soucieux de juger les autres, de les corriger, de les condamner, ils me paraissent trop pourvoyeurs de corde à pendu et de poteaux d'exécution. En fait, trop viscéralement ennemis des libertins diurnes, ils génèrent sur le terreau des civilisations décomposées la graine avec laquelle monte le commissaire du peuple.

35

PHYSIOLOGIE DE LA PHILOSOPHIE

Écrire, puis lire selon Nietzsche

Pour Geneviève Finke-Lecaudey.

Nietzsche révolutionne la philosophie occidentale sur nombre de points et particulièrement lorsqu'il enseigne à lire, à déchiffrer les livres, à comprendre finement ce qui est écrit et présent dans une œuvre. Car en matière de saisie du sens le philosophe-artiste exige et nécessite le lecteur-artiste. Tout lecteur imbécile se condamne à faire de l'œuvre qu'il aborde une œuvre imbécile et la projection ne s'avère jamais autant risquée qu'avec Nietzsche qui appelle à une lecture haut de gamme et nécessite des qualités de haute volée. Le philosophe veut la patience et l'investissement de son lecteur, il souhaite en face de lui un individu qui l'égale et fasse autant d'efforts pour comprendre que lui pour écrire, exposer et produire. Rien de plus étranger à son désir que de flatter un individu passif, négligent, insoucieux ou indolent. Le livre oblige, à la manière de la noblesse.

Comment lire ? De quelle manière aborder la série d'ouvrages qui résume la vie d'un penseur ? Quelle procession entre *La Naissance de la tragédie* et *Ecce homo* ? Réponse : en ne perdant jamais de vue qu'une œuvre suppose un philosophe réductible à la singularité et à la subjectivité de son corps. D'où cette révolution majeure dans l'histoire des idées : réinvestir le corps, le rappeler, lui donner une dignité que depuis les matérialistes grecs — Leucippe et Démocrite — il n'a plus jamais eue, le restaurer dans ses prérogatives d'avant le judéo-christianisme, l'installer au centre, au cœur de chaque phrase, le placer derrière chaque mot écrit, chaque page publiée. Une idée se forge dans l'ombre et les plis d'un corps, elle se nourrit de lui, de ses forces, de ses faiblesses, de ses énergies, de ses défaillances. La pensée procède de la chair à la manière d'un arc-en-ciel imbibé par les éléments et saturé par eux — l'eau, l'air et le feu.

En matière de lecture, le discours de la méthode nietzschéenne se trouve dans une lettre à Lou Andréas Salomé (16 septembre 1882) dans laquelle il consent à l'hypothèse formulée par sa correspondante : le système philosophique se *réduit* à la vie personnelle de son auteur. Mais qu'on se garde bien d'une réduction triviale, épaisse et grossière. On évitera le réductionnisme d'un pur et simple signe d'équivalence entre l'existence d'un homme et l'écriture de ses livres. L'alchimie est plus complexe, l'acte d'écrire suppose une transformation, une transfiguration, une métamorphose, toutes opérations dans lesquelles se manifestent le talent, l'exception ou le génie. Écrire c'est masquer, dissimuler, cacher ce qu'on ne peut mettre au jour dans une lumière trop crue sans danger pour soi, sinon pour autrui ; c'est exposer sous un voile, mais exposer tout de même ; c'est proposer une vérité en lui faisant subir des tractions, des vrilles, des torsions. De sorte que lire consiste à révéler dans la crudité d'un éclairage sans complaisance, lever le voile, découvrir les lieux, les enjeux et les formes du travestissement. L'écriture obscurcit mais, paradoxalement, elle ne joue qu'avec d'obscures clartés lisibles comme une trace de comète dans la Voie lactée.

Dans cette lettre à Lou, Nietzsche confie également qu'il pratique cette méthode depuis la période bâloise, quand il enseignait l'histoire de la philosophie antique à ses étudiants. En 1868, donc. Il a alors vingt-quatre ans. C'est dire l'ancienneté de cette méthode dans sa vision du monde. On peut imaginer qu'elle procède de sa lecture des *Vies, opinions et sentences mêlées* de Diogène Laërce, un ouvrage sur lequel il travaille très tôt — puisqu'il signe ses premières pages sur ce sujet à l'âge de vingt-deux ans —, et qui associe les biographies des philosophes à leurs systèmes de pensée, puis replace le corps de doctrine dans la perspective d'une vie concrète assimilable à un théâtre de travaux pratiques. Diogène Laërce invente la vie philosophique et l'œuvre existentielle, il raconte le roman biographique en relation intime avec l'odyssée conceptuelle. En ce sens, il propose un champ de possible encore trop peu exploité.

Nietzsche précise dans cette même lettre qu'un système peut se réfuter, se dépasser, devenir caduc, mais que jamais on ne peut réfuter l'homme qui l'a construit : le pythagorisme paraît aujourd'hui impossible à envisager autrement que comme un système mort, impraticable, semblable à un grand bâtiment échoué, alors que Pythagore lui-même, par l'exemplarité de son existence, la singularité de sa vie quotidienne, la puissance démonstrative de son trajet spirituel personnel, demeure indépassable et le restera autant que persistera son souvenir dans la mémoire des hommes. On ne doit pas mésestimer les prolongements et les conséquences de ces options existentielles pour aborder l'œuvre, la vie et la pensée du philosophe : Nietzsche irréfutable malgré la doctrine dépassable, voilà qui fournit matière à penser.

Cette lettre à Lou vaut tellement propédeutique à la

méthode nietzschéenne qu'elle est placée par Lou elle-même en préface de son livre consacré à Nietzsche dès 1894 et qui s'intitule moins *Frédéric Nietzsche à travers ses œuvres*, comme le traduit Jacques Benoist-Méchin en 1932, que *Nietzsche dans ses œuvres — in seinen Werken*. C'est donc un livre nietzschéen qu'elle écrit sur Nietzsche et qui part du principe — excellent — qu'on peut saisir et comprendre l'œuvre du philosophe seulement si l'on aborde ses textes avec ce que sa vie nous apprend fondamentalement de lui. Toutes les biographies qui par la suite négligent ce postulat se condamnent à ne rien dire d'intéressant sur le chapitre biographique et rien d'intelligent sur la partie ouvertement intellectuelle. La vie du philosophe et son œuvre se doivent envisager à la manière du recto et du verso de la même feuille.

La théorie de cette hypothèse formulée dans la correspondance se retrouve à deux reprises dans l'œuvre philosophique. Deux fois dont une dans *Par-delà le bien et le mal*. Il écrit : « Peu à peu j'ai appris à discerner ce que toute grande philosophie a été jusqu'à ce jour : la confession de son auteur, des sortes de mémoires involontaires qui n'étaient pas pris pour tels. » La même année — automne 1886 —, à Ruta, près de Gênes, il précise sa pensée dans l'avant-propos de la seconde édition du *Gai savoir*. Il élargit considérablement la portée de sa révolution méthodologique en indiquant de quelle manière ce travail de confession s'effectue : en l'occurrence via le corps. Corps de doctrine et doctrine du corps fournissent deux leviers efficaces pour lever le monde systématique d'un penseur.

Ces quelques pages du *Gai savoir* ne cessent de m'éblouir tant elles sont magistrales et riches de conséquences. Comment lire aujourd'hui la philosophie comme si jamais elles n'avaient été écrites ? À l'université on intégrera cette révolution copernicienne seulement quand on aura ri, enfin, des boursouflures, des fariboles et des poses de Jabès, Blanchot et consorts sur la lecture, l'écriture et le texte. Car Nietzsche enseigne une bonne fois pour toutes qu'une pensée procède d'une *interprétation* du corps, voire des *malentendus* de ce même corps. L'œuvre complète d'un philosophe devient donc le graphique du sismographe physiologique, elle enregistre les variations d'énergie, les modulations de force, elle consigne les tremblements de l'âme et de la volonté, elle conserve la mémoire écrite des accidents : craintes et tremblements, explosions et bouillonnements ; elle tient le registre fidèle et précis des heurs et malheurs d'une chair écorchée, elle permet de matérialiser les secousses d'une perpétuelle épilepsie.

Dans le corps même, Nietzsche pénètre plus en profondeur et désigne ce qui, en lui, écrit : la fragilité, la maladie, la souffrance, la faiblesse, la douleur, la fatigue, l'appauvrissement et toute une série de variations sur la négativité à l'œuvre dans une chair. La névrose, écrirait Freud. L'encre de l'écriture ressemble à la bile noire, à l'obscurité liquide des seiches, elle semble pareillement teintée que les ténèbres, la nuit, les abîmes, les cachots et toutes les géographies mentales de l'aveugle. Le corps écrit, mais, mieux, le corps qui menace de s'effondrer, qui tremble et vacille sur lui-même : sans l'écriture, le prix à payer serait l'angoisse, l'hystérie, la peur, la maladie mentale, la folie. Chez d'aucuns, les livres n'ont pas suffi pour endiguer l'énergie sombre qui emporte tout avec elle.

En attirant l'attention sur la faille des corps, en soulignant la positivité radicale de la négativité corporelle, Nietzsche efface d'un coup plusieurs siècles de rationalisme triomphant et fait réapparaître en roi le démon de Socrate, cette voix qui enseigne au corps défendant du philosophe puis se matérialise en actes, et plus tard en texte. Exit la raison raisonnable des rationalistes, exit le discours rédigé en prenant appui sur un bloc de rationalité inaltérable, exit le sujet qui veut, le « je » qui pense, qui est, puis écrit. Ou alors, il faut redéfinir le « je » et l'élargir au corps tout entier — alors le philosophe peut à nouveau énoncer « Je pense donc je suis ». Ce qu'il faut entendre ainsi : mon corps pense, donc je suis, puis j'écris.

Le cogito nietzschéen pulvérise le dualisme et réduit à néant l'opposition entre substance étendue et substance pensante, chair et esprit, corps et âme. Il confond les registres : le corps est l'âme, et vice versa, la chair est l'esprit, et retour, la substance étendue se superpose à la substance pensante. Spinoziste, à l'évidence, ce panthéisme de la matière, cette métaphysique de l'immanence corporelle inverse les valeurs platoniciennes sur lesquelles la tradition occidentale repose. L'écriture s'enracine donc dans la physiologie, non dans l'idéologie. Elle se déplie à partir de la vérité montrée par Vésale dans les planches d'anatomie où il crucifie ses écorchés et dessine des nerfs, des muscles, des fuseaux de chair, des os, des articulations, de la peau — donc de la pensée. Dans les milliers de pages qu'il laisse à la postérité, Nietzsche ne cesse de graver des planches d'anatomie et propose un autoportrait en écorché, sans cesse, toujours.

De *La Naissance de la tragédie* où il confisque Eschyle, Euripide et Sophocle pour déclarer sa flamme à Wagner, à *Ecce homo* où il baisse la garde définitivement et tombe le masque autobiographique avant de sombrer dans la nuit éternelle, en passant par *Ainsi parlait Zarathoustra* où il réécrit les Évangiles de son père, pasteur à Röcken, avec son encre personnelle, ou encore avec ses autres livres dans lesquels il se raconte, se montre, s'expose, Nietzsche pratique en permanence la confession, l'autobiographie de son corps malade, travaillé par les nausées, les vomissements, les migraines, les affections diverses et multiples. L'écriture philosophique fonctionne en catharsis, en purgation, elle agit en sublimation, au sens alchimique, chimique, puis freudien du terme.

Nietzsche le premier soulève le problème de l'inconscient et du rôle moteur de cette part sombre dans l'économie de toute lumière théorique. *Frédéric Nietzsche* ne philosophe pas à la manière d'un sujet qui théâtralise ses affects, les tient en laisse, les domestique et les montre dans le rond de lumière du cirque des concepts ; il ne pense pas en acteur de lui-même, en démiurge de son projet ; il ne s'exhibe pas en sage-femme socratique de ses potentialités magnifiques : il produit comme un objet, se fait conduire par une force qui le tient à sa merci et lui inflige les contorsions les plus extravagantes, il est contraint à se faire le spectateur de ces exercices philosophiques auxquels il assiste, interdit et suffoqué. Frédéric Nietzsche pense en obéissant, soumis à son corps tendu comme un arc et qui menace déchirement, à la manière des écorchés de médecins anatomistes.

De sorte que le penseur sonne le glas de la vérité qui disparaît intégralement et débarrasse la perspective de l'histoire des idées occidentales. Elle se trouve remplacée par un autre registre dans lequel ne sévissent plus le vrai et le faux, le vraisemblable et le certain, le probable et le douteux, mais de nouvelles recrues conceptuelles héritées de la physique, de la mécanique, de la médecine, de la géologie, de la zoologie ou d'autres sciences confisquées. On trouve sous la plume de Nietzsche des forces, de l'énergie, de la puissance, de l'équilibre, de l'excès, du défaut, des strates, des couches, des matières, des humeurs, des instincts, le tout dans un agencement où se dessinent et se brouillent des perspectives. Des cristallisations précaires génèrent des forces susceptibles de devenir des idées, puis des mots, du texte, enfin des livres, et pour finir, une œuvre.

Le matérialisme nietzschéen ne fait aucun doute.

Certes, on le comparerait bien difficilement à celui de ses prédécesseurs. Leucippe, Démocrite, Epicure, Lucrèce ? Trop d'exhibitionnisme atomique chez les pères fondateurs. Helvétius, d'Holbach, La Mettrie ? Trop de mécanicisme, pas assez d'électricité, trop de physique, pas assez de thermodynamique. L'incandescence manque. N'oublions pas la lecture de Lange : Nietzsche dispose dans sa bibliothèque des classiques du matérialisme, il a lu et relu, noté et annoté l'*Histoire du matérialisme*, le livre magnifique (et introuvable aujourd'hui en France ailleurs que chez les bouquinistes) d'Albert Lange qu'il découvre en août 1866 — il a vingt-deux ans. Selon ses propres confidences, toujours négligées, cet ouvrage le convertit à la philosophie. Nietzsche invente sa variété de matérialisme, il crée une option nouvelle dans ce champ philosophique considérable et invente ce que j'appellerai *un matérialisme dionysien*.

En s'appuyant sur cette somme de mille pages, essentielle dans l'économie de sa pensée, Nietzsche s'inscrit dans son temps et réfléchit à partir de concepts majeurs et de questions cardinales : force et matière, atome et théorie mécanique de la chaleur, molécules et conservation des puissances, génération spontanée et cosmogonies modernes, téléologie darwinienne et équilibre des forces, stabilité des formes organiques et lutte pour l'existence, calcul des probabilités et philosophie de l'inconscient ; il circule intellectuellement entre physiologie du cerveau et mémoire de l'énergie, empirisme scientiste et fonctions psychiques, matérialisme éthique et pragmatisme sociologique. On l'oublie la plupart du temps, mais nombre de ses pensées futures prennent racine dans ce terreau : une lecture de jeunesse qui fournit l'impulsion majeure et oriente définitivement sa pensée du côté de la philosophie.

Le matérialisme dionysien permet d'aborder la question du corps avec un sérieux plus conséquent qu'à l'époque du matérialisme antique ou celle de sa variation épicurienne du Grand Siècle. Que l'écriture procède de la chair, que le système philosophique découle du corps, voilà une hypothèse plus aisément défendable en regard du matérialisme singulièrement formulé par Nietzsche : un matérialisme de l'énergie, une théorie des forces en mouvement, une dialectique des puissances en acte dans le corps et la vie du penseur. La physiologie devient de la philosophie par l'écriture — l'intuition nietzschéenne dépasse l'idée aristotélicienne de la catharsis et annonce tout armée la théorie freudienne de la sublimation.

Associons donc la vie et l'œuvre, la biographie et l'écriture, sachons les livres une confession de leur auteur, apprenons en plus que cette confession concerne la partie fragile ou abîmée, précaire et douloureuse de l'être, comprenons que l'écriture philosophique coïncide avec les mémoires d'un écorché et débouchons sur l'idée substantielle qu'il existe une part aveugle en nous, certes, mais puissante, que nous sommes hantés par une zone d'ombre déterminante dans l'économie d'une personnalité et d'un travail d'écriture. Le corps, lit-on dans *Ainsi parlait Zarathoustra*, voilà la « grande raison ». Et cette grande raison déborde le dualisme cartésien pour réaliser un monisme énergétique et fonder une pensée radicalement immanente.

À cet effet, Nietzsche propose un concept majeur : le Soi, identifiable à ce que Freud développe dans la rubrique de l'inconscient — le mot apparaît également dans le chapitre où Nietzsche fustige les contempteurs du corps. Le Soi domine, possède et conduit, il dirige, pilote et veut, il commande et détermine la pensée et l'action, le Soi veut bien avant le Moi ou le Je perpétuellement à sa remorque, il soumet la petite raison, il impulse, met en mouvement et se trouve investi des pouvoirs du Premier Moteur Immobile : il meut mais n'est pas mû. L'écriture ? Une production du Soi qui, comme le vent, demeure invisible mais se conclut par ses seuls effets — murmures, mugissements, brises, frémissements, bourrasques, ouragans, tornades et cyclones. L'œuvre de Nietzsche consigne dans le détail, et sur plus de vingt ans, les péripéties climatologiques de sa chair en péril.

Comment donc repérer la trace de ce matérialisme dionysien dans les livres de Nietzsche ? De quelle façon lire ce qu'il écrit ? De quelle manière doit s'appréhender l'œuvre complète si l'on veut donner au corps du philosophe sa pleine mesure et sa puissance véritable ? En ne négligeant rien de ce qu'il a laissé, en croisant l'ensemble des textes conservés, en imbriquant les fragments, les manuscrits, les brouillons, les correspondances, en datant les pages, en lisant tout, du début jusqu'à la fin, sans rien omettre. Et en relisant, en pratiquant cet art souverain de la rumination deux fois évoqué dans l'œuvre. Puis en solidifiant l'ensemble avec une biographie, pourvu qu'elle soit précise, fidèle et rigoureuse — Curt Paul Janz en a écrit une, difficilement dépassable, en trois tomes et plus de mille cinq cents pages. À défaut, celle de Daniel Halévy, cinq cents pages, rend les meilleurs services.

N'oublions pas que Nietzsche et Marx appartiennent au même siècle et que le second a largement théorisé — l'un de ses apports les plus précieux dans le domaine des idées — la question des conditions de production d'une œuvre. Loin de souscrire à l'idée que l'infrastructure économique conditionne la superstructure idéologique, et elle seule, il n'est pas sans intérêt de se demander dans quel milieu et quelle époque Nietzsche écrit telle ou telle œuvre. On évitera le ridicule d'un démarquage systématique et scolaire du stalinien Lukács qui considère *La Naissance de la tragédie* comme la réponse d'un féodal réactionnaire à la montée en puissance des forces socialistes européennes — thèse reprise intégralement par Marc Sautet dans son *Nietzsche et la Commune*. En revanche, mais plus finement, on ne négligera pas les interactions entre la grande histoire de l'Europe et la petite histoire de Frédéric Nietzsche.

D'où l'intérêt de connaître les débats idéologiques du moment — l'utilitarisme, le sensualisme, le pragmatisme anglo-saxon, la mode de Spencer, la parution des travaux de Darwin et les polémiques sur le darwinisme, la musique de Wagner, la politique de Bismarck, etc. Mais aussi, en descendant d'un cran, on gagnera à pratiquer l'histoire locale, à savoir celle de Nietzsche lui-même enfant, adolescent, orphelin de père, étouffé par sa mère et sa sœur, écolier dans le système prussien, lecteur des classiques grecs, formé à l'université allemande, puis découvreur de Voltaire et Schopenhauer, lecteur de Platon et Kant, de Strauss et Feuerbach. Car chaque page de Nietzsche est chargée de sous-entendus intellectuels et historiques, chaque ligne dissimule une référence, un renvoi, une citation ouverte ou masquée, chaque livre répond plus ou moins nettement à d'autres livres, à des auteurs lus et aimés ou détestés. L'option éminemment réactive de la pensée de Nietzsche devrait obliger à s'inquiéter des faits et gestes qui provoquent chez lui la réaction en question. Pour être compris, jamais auteur n'a plus et mieux nécessité la connaissance des conditions de production de sa pensée et de son écriture.

Lire Nietzsche suppose également qu'on sache dans quelle « casuistique de l'égoïsme » il évolue au moment où il écrit : quels voyages, quelle santé, quel climat, quelle hygrométrie, quel état mental, psychologique ou affectif, quelles lectures, quels soucis, quelles rencontres, quelles angoisses, quel régime alimentaire, quel corps, quels déménagements ? Puisque l'œuvre propose un graphique régulier des blessures et des enthousiasmes du philosophe, il paraît radicalement impossible de le lire sans assimiler tout ce qui le concerne de près ou de loin — car on ignore ce qui provoque sa réaction intellectuelle et induit sa réflexion, ce qui retient son attention et le conduit à écrire — pêle-mêle : un tremblement de terre à Nice, un volcan visible de sa fenêtre à Sorrente, une promenade ombragée sous les arcades de Turin, la rencontre d'une marchande de quatre-saisons en Italie, la lumière de la côte ligure, une promenade dans les montagnes de Haute-Engadine, une représentation d'opéra à Bayreuth, à Gênes ou à Naples, la lecture d'un livre de physique, la réception d'une lettre en poste restante, l'arrivage d'un colis envoyé par sa mère, etc.

Je constate que les contresens venus de philosophes mêmes sur l'œuvre complète de Nietzsche procèdent d'individus qui, dans leur propre travail, ne laissent aucune place au corps, le taisent et se soucient de dissimuler l'étayage, les soubassements et les fondations autobiographiques de leurs recherches personnelles. Ou bien faut-il penser qu'ils ne cachent rien parce qu'il n'y a rien à voir, qu'ils n'écrivent pas de livres portés par leurs corps, mais tout simplement des ouvrages appelés par le marché, l'époque, l'air du temps ? Je ne veux pas le croire... Mais je constate que, nietzschéens, Palante, Bataille, Foucault, Deleuze, Guattari, Kofman donnent au corps sa place centrale en matière de généalogie des théories. De même, si l'on pratique la probité à l'endroit de ses lecteurs, on doit leur raconter d'où nous viennent nos livres et sur quel terreau biographique ils poussent.

Ainsi, la théorie d'un lecteur idéal suppose un authentique manifeste aux antipodes du catéchisme structuraliste (dira-t-on un jour quelle scolastique a généré cette période et comment elle continue d'infliger des dégâts dans le registre de l'écriture philosophique ?). Car Nietzsche oblige à ne pas se contenter de la seule page écrite et publiée. Hors contexte, le texte nietzschéen conduit à la catastrophe : contresens, approximations, faux sens, interprétations fautives et autres manquements aux règles élémentaires de la compréhension. L'œuvre est écrite avec du sang, on le sait, et le registre pathétique — au sens étymologique — de l'auteur attire un nombre considérable de parasites qui projettent dans l'œuvre une série de fantasmes hystériques personnels, soit pour aimer Nietzsche (Hitler et Mussolini faisant ici office de parangons), soit pour le détester. Et si l'on se contentait d'y voir seulement ce qui s'y trouve ?

Mais la tâche n'est pas facile. Et pour le moins Nietzsche lui-même l'a rendue difficile en mélangeant les styles, en inventant des genres, en intriquant l'analyse et l'imprécation dans la même phrase, en pratiquant l'ellipse, en appuyant le clin d'œil, voire en l'esquissant seulement. En choisissant le poème versifié — *Dithyrambes à Dionysos* — ou en prose — *Ainsi parlait Zarathoustra* —, en écrivant des aphorismes — *Humain, trop humain, Le Voyageur et son ombre* — ou des dissertations — *Généalogie de la morale* —, en osant l'autobiographie — *Ecce homo* —, ou en fourbissant des pamphlets — *Nietzsche contre Wagner* et *Le Cas Wagner* —, en recourant à la philologie — *La Naissance de la tragédie, La Naissance de la philosophie* —, sinon en laissant à sa correspondance le soin d'éclaircir le mystère de certains passages théoriques de son travail, Nietzsche a pris le risque de dérouter un lecteur inhabitué aux alcools forts, aux énergies explosives et aux vitesses sidérales. Loin du sinistre exposé universitaire classique — ennuyeux, laborieux et abscons —, il opte pour le lyrisme, l'écriture, le style, les métaphores, les images, les labyrinthes, la poésie généralisée, l'art — autant de probabilités de dérouter le lecteur moyen, qu'il n'aurait de toute façon pas voulu, souhaité ou désiré.

Le texte philosophique brille de mille feux rhétoriques, il scintille, certes, mais pour mieux luire, il ménage les zones d'ombre — l'écriture nietzschéenne me fait toujours penser aux peintures du Caravage ou de Rembrandt. L'incandescence menace de brûlure quiconque tergiverse pour trouver la bonne distance avec l'œuvre : ni trop proche, ni trop lointain, ni le sourire niais et béat d'admiration, ni l'incompréhension forcenée. Nietzsche exige une pratique de l'œuvre qui suppose la familiarité acquise de haute lutte et entendue comme l'habitude d'un paysage ou le rituel des retrouvailles avec des lieux connus et aimés. Il veut moins la lecture cursive des modernes que celle des moines du désert qui méditent, approfondissent, lisent et relisent, se laissent pénétrer puis infuser avec le temps et la patience.

Mettre en perspective l'œuvre et la vie de Nietzsche, savoir dans quel registre il s'exprime et sous quels masques, voilà deux préalables nécessaires à l'entrée dans la lecture de chacun de ses ouvrages. Car Nietzsche l'écrit nettement : la production d'un livre vise moins la démonstration et la clarification d'un point de vue que l'obscurcissement, le travestissement de problèmes plus secrets, plus intimes. Croiser les perspectives biographiques et théoriques, accompagner le philosophe dans sa démarche interne (le contenu de l'œuvre) et externe (son contexte) permettent d'aborder le continent nietzschéen en augmentant ses chances de comprendre. Pour autant, il s'agit d'ajouter à cette prémunition un talent particulier — Nietzsche en a découvert la formule en marchant dans la campagne de Sils-Maria.

Il faut en effet grimper sur les sentiers qui partent du lac pour se diriger vers les cimes puis traverser des villages indolents et puant le fumier de vache et l'étable pour s'apercevoir que Nietzsche fomente sa théorie de la lecture idéale dans le spectacle offert par les ruminants des alpages — spectacle qu'en vertu de l'éternel retour tout un chacun constate quand il se rend en Engadine et emboîte le pas aux mânes du philosophe. Deux fois seulement l'œuvre en fait mention — dans *Zarathoustra* et dans l'avant-propos à la *Généalogie de la morale* écrit à Sils-Maria en juillet 1887 : il s'agit d'apprendre l'art subtil de ruminer, de régurgiter, mâcher à nouveau, avaler et refaire monter la boule de savoir dans la gorge et la bouche pour la reprendre, extraire à nouveau des sucs, déglutir et continuer, lentement mais sûrement, ce mouvement qui existe de toute éternité et durera jusqu'à ce qu'une glaciation sans merci emporte la planète et avec elle les vaches nietzschéennes.

Ruminer, c'est pratiquer aux antipodes de notre époque moderne qui avale sans mâcher et ingère des nourritures inconsistantes, liquides et prédigérées. Nos temps appartiennent aux hommes pressés en tout : ils veulent une vitesse vulgaire partout, dans leurs relations avec autrui, leurs plaisirs, leurs quêtes intellectuelles ou spirituelles, dans l'exercice de leurs sensations, de leurs émotions. Ils veulent lire vite un livre — d'où l'art de comprimer les chefs-d'œuvre du passé ou de produire de petits livres inconsistants, faciles à avaler, faciles à digérer et sans aucun danger pour leurs consommateurs ; ils veulent vite manger un plat — d'où l'art des restaurations rapides de nourritures insipides et calibrées ; ils veulent vite philosopher — d'où les cafés, les livres d'initiation à la sagesse en trois jours, les émissions de prétendue vulgarisation, les ouvrages allégés ; ils veulent vite dormir — d'où les anxiolytiques, les antidépresseurs, les somnifères ; ils veulent vite communiquer — d'où la débauche de moyens technologiques destinés à permettre la circulation rapide de messages indigents ; ils veulent vite mourir — d'où leur goût pour le stress, les jouets sociaux qu'il suppose et la passion pour des projets ridicules.

Nietzsche veut le temps, le temps de la lecture et de

la méditation. Il exige la disponibilité, l'investissement et la grande patience. Il en appelle au raffinement des sages antiques et à la rusticité des vaches d'alpage. Il s'agit de lire dans un état de disponibilité mentale, intellectuelle et spirituelle qui suppose la conversion : un livre ouvert et lu, pourvu qu'il soit digne de ce nom, doit modifier le regard de celui qui, après l'avoir découvert, considère à nouveau le monde et le perçoit différemment. Jamais plus, normalement, son lecteur ne devrait appréhender le réel comme avant. Si un livre s'écrit avec le corps et le sang, dans la fièvre, il doit être lu dans le même état d'esprit, voire avec le même état corporel : entendu grâce à une grande oreille, déchiffré avec un œil immense, compris par une intelligence monumentale.

À philosophe-artiste, lecteur-artiste. Qu'on imagine les malentendus d'un Nietzsche trop optimiste pour ignorer qu'il se met évidemment, et pour longtemps, dans la peau d'une victime en attendant autant de hauteur et d'élévation chez son lecteur qu'il en met dans son écriture ! Tabler sur l'ironie et l'intelligence, compter sur la sagacité et l'humour, escompter la patience et la détermination, attendre la conversion et la métamorphose, viser le complice et le compagnon de route sur des trajets aussi escarpés, autant souhaiter rencontrer le yeti dans les sentiers qui bordent le lac de Silvaplana ou dans les montagnes de Sils...

Or Nietzsche établit le portrait du lecteur idéal : il montre de la circonspection, pratique avec courage, n'ignore pas la ruse, excelle dans la souplesse, la hardiesse, l'astuce, il avoue une passion pour l'exploration, la découverte et les voyages éprouvants, il devine et comprend à demi-mot, il n'a pas besoin de démonstrations lourdes, pesantes, épaisses et mille fois réitérées, il se méfie comme de la peste de ceux qui veulent conclure, clore, fermer. J'ajoute, car Nietzsche ne le demande pas : cet homme dispose d'une immense capacité à décoder la moindre pointe ironique, à prévoir la plus petite fusée cynique, à pressentir la première ébauche d'humour. Car souvent dans l'œuvre se pratiquent les jeux de mots, les assonances et les allitérations qui provoquent les coq-à-l'âne souterrainement sensés, les sous-entendus complices. On y devrait appréhender les mots du philosophe en sachant qu'il les écrit en souriant, voire en riant. Or, un siècle plus tard, quand on lit de manière aseptisée et qu'on reste sourd à l'inflexion de la voix qui pratique l'ironie, on ne voit qu'orgueil ou prétention, vanité ou suffisance, fatuité ou esprit de sérieux. Quiconque oublie que le *Zarathoustra* tout entier est écrit le sourire aux lèvres, comme une parodie des Évangiles, se condamne à ne rien comprendre de ce livre mais aussi et surtout à commettre une série inimaginable de contresens sur la plupart des pages.

Les pires lecteurs, Nietzsche les décrit également : il sait leur talent consommé pour défigurer, maltraiter un texte, en arracher des morceaux, en déchirer des lambeaux pour les plus pitoyables projets. Citer, illustrer, exhiber, sortir du contexte, utiliser une phrase, une idée, des mots, gauchir le sens, forcer le texte et y trouver en forçant ce qui jamais ne s'y est trouvé, pourvu qu'on puisse faire dire aux mots ce qu'ils n'ont jamais même susurré — voilà à quoi s'expose quiconque écrit et publie. Le plus redoutable n'est pas le lecteur qui ne sait pas et ne comprend pas, mais celui qui, ne sachant pas, croit savoir tout de même et, ne comprenant rien, persiste à se croire tout de même dans le vrai.

Cette sinistre engeance, Nietzsche l'a ignorée, volontairement, en pratiquant un style élégant et clair, en ne refusant pas l'aide de la littérature et de la poésie, parfois la plus romantique et la plus échevelée, en n'écrivant pas comme un oracle, obscur à dessein pour se ménager la possibilité de faire école en n'acceptant que les imbéciles, les dociles condamnés à répéter et à pratiquer en domestiques. (Trop de noms me viennent à l'esprit pour les seuls contemporains...) Pas de verbiage chez Nietzsche, pas de mots compliqués, de tournures complexes, pas de vocabulaire spécialisé ou ressortissant de la tribu, du métier, pas d'obscurités ou de thématiques techniques (« J'ignore les problèmes purement intellectuels », écrit-il) — mais une proposition subjective, une offre d'empathie, une parole singulière lancée à la manière d'un péan ou d'un dithyrambe, d'une sonate ou d'une symphonie. Qui réfuterait un poème ou un quatuor à cordes ? Qui porterait contradiction à un corps ? Qui refuserait une biographie ? Reste à écouter, puis entendre. Alors advient le ravissement.

36

UN PEINTRE A LE DROIT DE PENSER

Je connais le nom de Clovis Trouille depuis qu'à l'âge de dix-sept ans, fraîchement entré à l'université, j'ai acheté *La Philosophie dans le boudoir* d'un Sade dont l'odeur de soufre me plaisait alors et dont le projet d'une pensée à pratiquer sur un sofa me ravissait absolument. La couverture de l'ouvrage utilisait *Dolmancé et ses fantômes de luxure*, une toile datée de 1958-1965 dans laquelle le monde entier du peintre se trouve concentré : des corps nus de femmes sublimes, toutes marquées par un grain de beauté, des aréoles saillantes et dardées, des dentelles, bas et dessous, gants et accessoires érotiques, des maquillages, des boucs enguirlandés de roses, un crâne et une fleur exposés en vanité païenne, un cor de chasse (car, dixit Clovis Trouille, les femmes sont folles de leur cor...), un marquis dubitatif, le martinet à la main, sur fond de château de Lacoste, l'ensemble constituant une situation kitsch qui exclut le vide, car la narration sature la surface de couleurs vives, en aplats, et d'histoires radicalement libertaires et libertines.

J'imaginais alors l'œuvre fabriquée à l'occasion de l'édition du livre, un genre d'illustration de commande. Puis je croyais que Clovis Trouille était un pseudonyme et cachait pour d'obscures raisons le nom d'un individu désireux de ne pas apparaître en public. Comment faire école avec un patronyme semblable ?

Personne ne peut se réclamer de lui et s'afficher nettement en peintre *trouillard*. En fait, Clovis et Trouille relèvent bel et bien de l'état civil français et ne dissimulent rien d'autre qu'une existence radicalement vouée à la liberté et à son exercice, à la peinture et à l'anarchie, à l'art et à la subversion, aux idées libertaires et à la révolte magnifique des grands libertins.

Bien plus tard, j'ai vu une autre toile du même homme, *Le Bon Confesseur*, dans un catalogue de l'exposition « Féminin-masculin. Le sexe dans l'art » présentée à Beaubourg. La toile, circulaire, représente un pape bénisseur et une eucharistie célébrée par un tonsuré lubrique, puis une bigouden en gros plan, brune aux yeux verts et extatiques, que surmonte une superbe coiffe en dentelle, certes, mais dans une forme plus phallique qu'académique et folklorique. Dans sa bouche disparaît l'objet qui permet le sous-titre de l'œuvre : « Tableau pompier ». Le cartouche indique 32,5 centimètres de diamètre — mais il s'agit de la toile. Elle date de 1944 (!) et concentre elle aussi le monde délibérément immanent et joyeux de l'artiste.

En dehors de ces deux œuvres pas même appréciées dans des musées ou rencontrées dans leur matière, mais toujours par le biais de reproductions, je n'avais jamais rien vu de cet artiste. Rien vu ni lu le concernant. Pas d'articles, de monographies, de références ou de renvois dans les dictionnaires, les encyclopédies, les histoires de la peinture. Pas de citations chez tel ou tel proposant une étude de l'art du XXe siècle, de la figuration ou encore de la résistance à la mort de la peinture. Rien chez les anarchistes ou dans leurs histoires monomaniaques. Rien chez les auteurs canoniques affiliés à la mouvance surréaliste, tentée pourtant naguère par un arraisonnement de cette œuvre rebelle. Rien dans les galeries, rien chez les conservateurs de musée, rien chez les commissaires d'exposition. Rien nulle part.

Faut-il qu'il soit mauvais peintre, inintéressant,

passé de mode, ridicule, insignifiant pour qu'on le laisse ainsi dans un purgatoire seulement quitté pour illustrer des livres ou rejoindre le rang des thuriféraires du sexe ou des érotomanes ! Quel forfait a-t-il donc commis pour subir cet oubli repérable au beau milieu d'une époque qui expose la moindre croûte, la plus petite trace pompère du moment, le dernier des sous-produits à la mode pourvu que, dans un risque intellectuel égal à zéro, le suivi médiatique complice soit assuré ? De quels péchés s'est-il rendu coupable ? Quels autels a-t-il renversés qu'on le punisse ainsi d'un désintérêt absolu, radical, complet ? Qui oublie Clovis Trouille et pour quelles raisons ?

Dans ce désert mémorial indéfendable, une quarantaine de toiles exposées à Paris dans les dernières semaines de décembre 1999 ont constitué un événement. Même si elles ont été montrées dans le hall de gare suranné du musée des Arts d'Afrique et d'Océanie (!), sur de pitoyables chevalets, à la disposition des doigts du public réprimandé et tancé par d'impayables gardiens impassibles devant tant de fesses, de seins, de vits, de dards, de braquemarts, de partouzes, de coucheries, de gamahucheries, de sodomisations, de fellations et autres joyeusetés de la rue, du bordel, du harem, du monastère et de la chambre à coucher. Et l'on comprend, devant un tiers seulement de l'œuvre de cet artiste, combien il y a encore d'efforts à faire chez la plupart pour être vraiment républicains !

Car je veux croire que la désaffection dont souffre la peinture de Clovis Trouille procède de son antichristianisme, de son anarchisme et de son refus des valeurs bourgeoises dans lesquelles nous croupissons depuis deux millénaires sans que le troisième semble vouloir faire son deuil de cette machine à haïr les corps, la vie, le désir et les plaisirs qu'est le judéo-christianisme soutenu et relayé par la version libérale du capitalisme planétaire. Clovis Trouille vit en anarchiste, peint en anarchiste, pense en anarchiste, il traverse le siècle en anarchiste cohérent, c'est-à-dire en libertin, en révolté amoureux des corps et non en révolutionnaire détestant la chair. De plus, Clovis Trouille dit de son vivant ce qu'il pense des marchands, des galeristes, des journalistes, des critiques d'art et de tous les parasites qui vivent de la peinture des autres, sur leur travail, en l'exploitant, en s'en servant plutôt qu'en le servant.

De sorte que ne disposant ni des prêtres, ni de l'Académie française, ni des journaux, ni des bourgeois, ni des professionnels, il ne peut espérer autre chose que la passion confidentielle d'une poignée de gens pour lesquels il a toujours travaillé — les hommes libres, les femmes libres. Jamais populiste ou démagogue, il revendique sans cesse l'élite et l'aristocratie, le public élu et de qualité plutôt que les masses, les foules et les grandes quantités. Son propos se veut classique dans la forme et subversif dans le fond. Ce parti pris déclenche les reproches des modernes — ou prétendus tels — pour sa technique picturale ancestrale, aussi bien que des conservateurs fâchés contre sa thématique prétendument immorale. Cette position lui assure des ennemis des deux côtés et des amis nulle part — ou si peu.

Bien au-delà des illustrations publicitaires dans lesquelles se diluent aujourd'hui Magritte ou Dalí, aux antipodes des mièvreries catholiques et sulpiciennes de Maurice Denis, le dos tourné à l'onanisme pédophile et chrétien de Balthus, sans commune mesure avec le vide idéologique sidéral de la peinture d'Erró, Clovis Trouille dispose de l'imaginaire de l'un, de la technique de l'autre, du métier de celui-ci, du sens du collage de celui-là et propose un monde qui n'*inverse* pas le christianisme, comme chez nombre de faux subversifs, mais le *dépasse* en invitant aux heures joyeuses des fêtes lubriques et des cérémonies païennes.

Clovis Trouille peint, pense et le revendique. Il écrit,

dans une lettre à Maurice Rapin : « Un peintre a le droit de penser. » Combien parmi les membres de la corporation le savent, le peuvent ou le veulent ? J'ajouterai, pour ma part : il a le devoir de penser, sous peine de produire uniquement des œuvres destinées à décorer, à servir d'appoint à l'ameublement bourgeois. J'en viens même à imaginer que moins une toile paraît susceptible d'être exposée dans un lieu de vie, qui plus est familial, plus elle manifeste de sens, de vérité, de puissance et d'énergie. Vivre chez soi avec une peinture de Clovis Trouille sous de Gaulle, Pompidou et Giscard d'Estaing, les trois présidents de la République des vingt-cinq dernières années de son existence, voilà qui suppose une autre allure que d'accrocher Vasarely, Mathieu, Bernard Buffet, Soulages ou Olivier Debré dans son appartement. Que s'avancent dans les années cinquante les bourgeois capables de fixer au mur de leur salon *L'Immenculée Conception* !

Les œuvres de Trouille se proposent un genre de gramscisme pictural : réinvestir la tradition iconographique parasitée avec succès par le catholicisme pendant deux mille ans, reprendre le chemin de l'imagerie édifiante, de l'art témoin d'idées, non pas sur le mode du réalisme socialiste, à gauche, du naturalisme bucolique ou du futurisme viril, à droite, mais sur le terrain de l'hédonisme radical : athée, antichrétien matérialiste, sensualiste, libertaire et libertin. Il s'agit de toucher les individus habituellement ignorants des idées anarchistes, de les atteindre avec des narrations militantes et des images bavardes.

Le fond de cette œuvre est tragique, on y voit beaucoup la mort sous forme de crânes, de squelettes, de corbillards, de tentures noires, de cierges, de croque-morts, de pendules, de toiles d'araignées, de papillons et autres instruments traditionnels de la vanité. Mais chez Clovis Trouille, la mort demeure joyeuse, malgré tout : elle suppose la vie qui déborde, qui surpasse et submerge, moins vécue en cessation réelle de l'existence qu'en occasion de ne jamais en finir avec Eros toujours triomphant, y compris sur les bords de tombe, dans les cimetières, dans les cercueils, les sarcophages ou lors des funérailles et des enterrements. Thanatos connaît lui aussi les transports festifs des danses macabres où la vie et les corps continuent par d'autres moyens. Dans la peinture, la chair ne meurt jamais avec la mort, elle perdure, joyeuse et ludique.

Trouille veut un art « voyou, voyant et voyeur ». Pour ce faire, il travaille, selon ses confidences, non pour obtenir des prix à la Biennale de Venise, mais pour mériter dix ans de prison. Exactement le contraire de nombre de poseurs d'aujourd'hui faussement installés sur le terrain de la subversion artistique, mais vraiment domiciliés sur le promontoire opportuniste marchand. D'où, chez l'artiste, une inversion du projet esthétique de son époque, voire de la nôtre : le plus grand nombre pratique une subversion dans la forme sous prétexte d'induire le même bouleversement dans le fond, tout en cachant mal l'indigence du message, voire son inexistence, alors que lui conserve la tradition de la forme, en l'outrant même dans la naïveté, pour concentrer ses efforts sur le discours et sa radicalité. Il peint comme Piero della Francesca et pense comme Max Stirner : d'un côté la technique artisanale des grands maîtres de la figuration, de l'autre l'incendie des valeurs bourgeoises de l'époque.

André Breton lui dédie *L'Amour fou* en écrivant sur la page de garde : « À Clovis Trouille, grand maître de cérémonie du tout est permis. » Et Ghérassim Lucas lui emboîte le pas dans une lettre où il précise : « Vous êtes celui qui a réussi à planter entre les cuisses du Douanier Rousseau une paire de couilles géantes. » Voici notre artiste affublé d'une devise nietzschéenne et doué d'un talent de chirurgien esthétique avec lequel s'envisagent des miracles et des merveilles sur le terrain des beaux-arts. L'œuvre s'énonce sous le double patronage des canons artistiques du Quattrocento et de la métaphysique immanente du libertinage païen.

Dans la forme, Clovis Trouille respecte le trait, le dessin, il voue un culte religieux à la précision graphique et à la simplicité picturale — couleurs franches, nettes, en aplats, délimitées par la seule matière représentée. Il découpe des photographies dans la presse et isole des publicités, des visages, des corps, des figures reproduites ensuite sur sa toile et agencées pour signifier et théâtraliser les événements de son désir. À la manière du Douanier Rousseau — qui le précède dans le temps —, il s'inspire de clichés très exactement reportés dans le détail de ses peintures. Ainsi, on retrouve dans certaines toiles des citations d'Atget, d'André Kertész, de Willy Ronis ou d'autres photographes moins célèbres mais employés par des journaux et magazines de l'époque.

Par ailleurs, il utilise des photographies pour confectionner des *collages et bricolages*. Très tôt, il se met en scène en premier communiant dans la représentation d'une toile de Rembrandt, *Danaé*, où il se donne le beau rôle en s'installant dans la bonne direction, sous l'invite manuelle de la plantureuse héroïne dénudée et allongée dans un lit somptueux. D'autres collages suivent qui intègrent des pin-up anonymes, Marilyn Monroe, le marquis de Sade, des cartes postales reproduisant des œuvres de Magritte, des publicités, des chauves-souris, une exécution capitale, des couvertures de livres, voire des reproductions de ses propres toiles.

Les usagers du collage surréaliste, dont Max Ernst ou Jacques Prévert, les artisans de l'assemblage de clichés inducteurs de modèles picturaux, tel Salvador Dalí, les promoteurs de la sérigraphie dans le pop art, Warhol bien sûr, les affidés de projections photographiques dans l'hyperréalisme, ainsi David Parrish, tous exploitent une technique dont Clovis Trouille use abondamment pour produire son monde, proposer son univers, présenter son imaginaire. En artisan soucieux d'intégrer les trouvailles de son temps, œuvrant avec la photographie, et non contre elle, réfutant l'idée devenue banale que la chambre noire assassine la peinture, que Nadar signe l'arrêt de mort d'Ingres, de Chassériau, de Bouguereau, certes, mais aussi de toute figuration, il dialectise le cliché et l'intègre dans le combat pour la peinture de chevalet qu'il mène en héraut.

Quand les avant-gardes fébriles et totalitaires en appellent à la destruction de ce qui résiste à sa demande d'allégeance pure et simple, il persiste et signe dans la peinture. À l'heure des performances, des installations, des happenings, du conceptuel et du minimal, sinon de la mort de l'art, Clovis Trouille utilise brosses et pinceaux à la manière d'un artisan florentin. Refusant la déconstruction des formes d'un Picasso, le triomphe de la matière décomposée d'un Bacon, la disparition des supports, des surfaces et des pinceaux des Viallat, Dezeuze ou Pincemin, ignorant l'abolition du sujet des informels, des abstraits, des cinétiques, s'insurgeant contre la naïveté, la brutalité, le barbouillage, le primitivisme d'un Dubuffet ou d'un De Kooning, tournant le dos à la révolution induite par Marcel Duchamp, Clovis Trouille fignole, précise, travaille, repeint, vient et revient sur le support, consacre plus de dix années à finir une toile, à la signer. Il ne veut laisser, pour la clarté du message, que quelques œuvres achevées, une poignée, très peu — cent vingt, dit-on, subsistent.

Ses personnages apparaissent dans une mise en scène qui fait songer au théâtre, au cinéma ou à l'opéra. Le regardeur se trouve transformé en voyeur, le spectacle propose une exhibition, la toile montre un genre de situation entr'aperçue, comme volée à l'intimité. Il semble qu'une tenture se tire, qu'un œil se colle au trou d'une serrure, qu'un rideau de fenêtre s'écarte légèrement, qu'il faut s'embusquer et se cacher derrière l'anfractuosité d'un mur, les boiseries fendues d'une porte ou le trou d'une cloison pour assister au spectacle offert par le peintre. On découvre alors la vie d'une rue avec ses camelots, ses prostituées, ses militaires, ses travailleurs, l'atmosphère d'un bordel et ses habitués, ses marins, ses buveurs, ses fumeurs, ses joueurs, le faste d'un palais oriental avec ses sultans, ses gynécées, ses épouses, la magie d'un intérieur de pyramide, le mystère d'une forêt occidentale ou d'une jungle africaine. Les références coloniales le disputent au gothique, au satanisme, à l'égyptomanie, à la mythologie parisienne de cette époque avec bateleurs, souleveurs de poids, hommes-sandwiches, élégantes et dandys, soldats.

Les couleurs chrétiennes (la pourpre cardinalice, le violet épiscopal, le blanc papal, le noir monacal) côtoient les couleurs érotiques (rose des corps, noir des dentelles et dessous, rouge des ongles, des lèvres et des aréoles) ; les couleurs hyperboréennes (bleu sombre des lacs, vert foncé des sous-bois, gris des ciels plombés, bleu froid des surfaces d'étang, rose éteint des nuits de pleine lune, jaune émacié des crépuscules nordiques) croisent les couleurs africaines (vert et jaune des palmiers, des agaves, des bananiers, des feuillages exotiques, orange, ocre, rose, bleu et vert électrique des intérieurs de bordels arabes) ; les couleurs nocturnes de la guerre (violet, rouge orangé des ciels en feu, marron et blanc sale des visages, horizon jaunâtre ou verdâtre dans lequel glissent des chauves-souris brunes) se juxtaposent aux joyeuses couleurs festives (bleu, blanc, rouge des flonflons, des lampions, des drapeaux, des feux d'artifice, des jarretières, des robes à froufrous, jaune et bleu des cirques, des magiciens, des fanfares de rue ou des costumes de la Belle Époque) : Clovis Trouille use de la couleur comme d'un réservoir d'énergie, de force et de puissance où il puise sans complexe, avec la naïveté et la franchise avec lesquelles il recourt à ses figurines découpées. Son vitalisme théorique se double d'un vitalisme chromatique, l'un signifie l'autre, et vice-versa.

Cette énergie sur scène, derrière le rideau tiré, met en situation des personnages de littérature échappés de romans gothiques, noirs, libertins ou poétiques. L'artiste ne cache pas ses préférences littéraires, ses goûts. Sa peinture est d'ailleurs nettement littéraire. Il aime Sade, bien sûr — « le plus valable écrivain français », dit une pancarte au-dessus de la silhouette d'une belle femme qui, justement, derrière le velours d'un rideau, regarde *Les Mystères de Sadome* (sic), un *Hommage au Divin Marquis, interdit au moins de 50 ans*. La toile s'intitule *Voyeuse* (1950) et montre une superbe jeune fille dont on devine le corps sublime sous une robe jaune festonnée de vert ; il apprécie également Sacher-Masoch, l'auteur de *La Vénus à la fourrure*, dont il installe la tombe à la gauche de la sienne, Lautréamont (*Ne pas prier pour lui*, dit le marbre) occupant sa droite dans *Mon tombeau* (1947-1962) — un cimetière où gisent également plusieurs dalles qui portent de belles épitaphes : *Ni Dieu ni maître*, annonce l'une, *Ci-gît le peintre qui perdit sa vie à la gagner*, dit l'autre ; il goûte aussi Rimbaud, dont on sait par l'un de ses sonnets le goût pour *la peinture idiote* et qu'on retrouve, dans *Mon enterrement* (1945-1947), transformé en Rimbot, tenancier d'une galerie où l'on vend... des peintures idiotes (en l'occurrence un pot de chambre, qui, lui, renvoie à la boutade de Cézanne annonçant *un pot de merde* de sa facture exposé au prochain Salon) ; enfin, il cite aussi Lewis Carroll dont il met en scène (souvenir de l'impossible deuil de sa petite fille morte d'une péritonite aiguë en 1932 à l'âge de onze ans ?) un *Rêve d'Alice* (1958) aux références nocturnes, nordiques, glacées et sinistres.

En dehors de ces aveux sous forme de citations disséminées dans l'œuvre picturale, on connaît sa dilection particulière pour Raymond Roussel, amateur, comme on sait, de jeux de mots, de glissements sémantiques, de coq-à-l'âne, de collisions verbales et autres jeux littéraires destinés à produire des étincelles de sens et des amorces d'œuvres, sinon des œuvres tout entières. Clovis Trouille ne se prive pas d'exploiter ce filon — qui réjouit Raymond Hains. D'où une abondance de titres et de sous-titres à prendre ou à laisser. Ci-joint un inventaire, en vrac : *Oh ! Calcutta ! Calcutta !* (1946), avec, évidemment, le postérieur féminin conséquent qui, dit Clovis Trouille au moment où l'œuvre lui vaut un succès considérable (1971), visait à fêter la conquête de la lune ; *L'Immenculée Conception*, sous-titré « Empape aoutée », qui propose, bien sûr, un pape sodomite, un christ à pipe, un cardinal coprophile, un prêtre évitant la position du missionnaire, mais forniquant tout de même, puis des religieuses retroussées et souriantes, sauf une que son travail de bouche oblige à la réserve — la toile est sans date, mais avec la signature de Flicart ; on ne négligera pas la contrepèterie possible du *Bon Confesseur* (1944), tableau pompier déjà rencontré, car *Sous le culte des sorcières en flirt* (1943), explicitement placé sous le patronage de Proust, confirme l'audace du peintre en matière d'inversions sonores ; on s'attardera à *La Promise cuitée* (1951) avec, bien sûr, la main de sa sœur dans la culotte d'un zouave — un standard chez lui ; on passera rapidement sur le portrait intitulé *La Charmante Croke Odile* (1931) qui représente, en compagnie de crocodiles, bien évidemment, « Ève Lavallière en 1908 sur le bord du grand Nil Bleu » — autre titre non retenu...

Outre le jeu du nom de baptême des toiles, Clovis Trouille donne également dans le comique de situation et peint des moments drôles, grotesques, humoristiques ou souriants. Ainsi de la mise en scène de *Mes funérailles* (1940) et de l'ardeur de belles et plantureuses femmes vêtues de leurs seuls bas noirs, tristes, éprouvées, mais capables d'aller chercher une ultime fois dans le cercueil ce que le défunt offrait de raideur avant le trépas ; ainsi de *Mon enterrement* (1945-1947), où des communistes portent la longue traîne pourpre des hommes d'Église (dont l'un arbore un mégot à la bouche) qui suivent le corbillard, pendant que des chiens copulent ou se reniflent le postérieur, qu'un abbé porte une religieuse sur son dos, que des militaires et des académiciens saluent la dépouille du peintre recouverte du drapeau français, le tout passant devant la galerie Rimbot et le tailleur Lamore ; ainsi de l'obsession phallique partout repérable, dans une coiffe bretonne ou un menhir, un jet d'eau ou une amanite, un phare ou une cheminée, un cierge ou un poteau, un zeppelin ou un sarcophage, un obélisque ou un cercueil — dans ce rébus ithyphallique le dieu Pan ne retrouverait pas ses petits ; ainsi de gendarmes transformés en pendules, baromètres et roses des vents avant une exécution capitale, de prostituées gonflant des préservatifs avec leur bouche, d'hommes-sandwiches vendant des divorces à crédit ou des slips pour toutes les bourses ; ainsi d'un Hôtel de la Patrie qui accueille des prostituées, d'un tronc du culte abandonné à terre, et autres bouffonneries rabelaisiennes, situations farcesques et logiques ubuesques.

Ce théâtre coloré, cette scène où défilent des personnages de comédie échappés de Plaute, Térence ou Aristophane, sinon des farces moyenâgeuses, des tréteaux de campagne où se jouaient Ogier d'Anglure, Adam le Bossu et autres auteurs de saynètes pour les planches villageoises, offrent une galerie de portraits où se côtoient tous les corps de métier, tous les officiels d'un régime, les vieillards du Quai Conti, les officiers de l'État-Major national, les ecclésiastiques de tous grades, de tous ordres et des deux sexes, les conscrits, les femmes vénales, les chiens, les morts, les vivants, les vampyrs *(sic)*. Et tout ce monde couche dans une jubilation perpétuelle.

Le pape copule, le cardinal enfile, le prêtre sodomise, Jésus goûte aux délices du fruit défendu — ailleurs représenté sous forme de bananes bien mûres —, les religieuses s'adonnent aux amours saphiques, les prostituées égrènent leur chapelet, les préservatifs côtoient les hosties, les jarretelles sont à proximité des calices, l'église accueille des femmes vénales et le bordel se remplit de curés homosexuels, le crucifix triomphe à côté d'un fouet sado-masochiste, la mitre accompagne les petites culottes de femmes, les dentelles, les bottes de cuir, les gants, les aigrettes, la mousseline et les bijoux renvoient aux étoles, aux surplis, aux crosses — jamais on n'a mieux illustré la nécessité de pratiquer l'amour d'autrui, d'aimer son prochain comme soi-même.

Comment cet homme riant de tout ce qu'une société considère comme sacré et tient pour tel afin de réaliser et d'asseoir sa cohésion, son ordre et son pouvoir peut-il espérer être soutenu ? Qui veut accorder son crédit à un peintre qui ridiculise le sabre et le goupillon, Dieu et l'État, qui ne se reconnaît dans aucune des mythologies grégaires de toujours — le Travail, la Famille, la Patrie ? Quel audacieux désire apporter son aide à pareil *individu* ? D'autant qu'il ajoute clairement à sa liste de réprouvés les critiques d'art, les journalistes et les galeristes. Trop rebelle aux groupes, il refuse même en son temps la famille surréaliste, car il comprend aussitôt combien André Breton agit en meneur d'hommes, en sectaire qui distribue les blâmes et les honneurs, qui décide de l'orthodoxie et de l'hétérodoxie, qui intègre et exclut, puis se sert de l'allégeance des autres pour construire sa propre carrière dans le monde des lettres.

Très vite, il découvre la collusion des gens du marché de l'art pour fabriquer des cotes, gonfler abusivement des réputations, il surprend la vénalité des critiques achetés avec les œuvres données par des artistes qui obtiennent ainsi des articles de complaisance ; très tôt il démonte les rouages des entreprises d'autopromotion et de copinage assurées par des comparses qui trouvent tous leur intérêt à s'autocongratuler, à se citer mutuellement dans le seul registre des éloges ; très rapidement il saisit la nature du marché, la toute-puissance des opérations de spéculation, la permanence de la corruption des journalistes et des membres de jurys utiles à la publicité d'un nom vendable ensuite à meilleur prix ; très prestement il aperçoit la nécessité, pour les artistes désireux de réussir, d'autofinancer leurs expositions, de payer leurs catalogues, de soudoyer des préfaciers au nom reconnu pour s'inviter au banquet des décideurs ; très précocement, il découvre que certains artistes antidatent leurs œuvres pour paraître inspirer la plupart quand eux-mêmes peignent sous influence. Et pour toutes ces raisons, il refuse d'entrer dans ce monde.

Pour éviter d'avoir affaire aux vendeurs de peinture, aux commissaires d'expositions, aux barbouilleurs de revues artistiques, il travaille dans un autre monde, en l'occurrence celui de la mode où il dessine, réalise des projets. Ensuite, quotidiennement, et pendant trente-cinq ans, il est maquilleur-retoucheur sur des mannequins. Il affirme la nécessité d'une indépendance financière afin de pouvoir peindre librement, choisir ses sujets, ignorer les contraintes matérielles, et celle des modes. À Maurice Rapin il écrit : « Impossible d'être indépendant si l'on veut vivre de son art, car le métier qui vous fait vivre étant fastidieux par lui-même, l'art que l'on ferait ainsi par métier le serait de même. » Dans un excès de zèle, il accepte même d'être décoré de la Médaille d'honneur du travail (!) par le maire du XVIIIe arrondissement pour ses années de service (1925-1960). À cette époque, j'ai vérifié, il peaufine *La Partouze*, une toile qui lui demande trente-six années de travail...

Quand il meurt en 1975, âgé de quatre-vingt-six ans, il n'a rien perdu de sa santé, de sa révolte et de sa vitalité. Malgré les cinq années passées sous les drapeaux comme cuirassier, malgré la guerre au front en 1914-1918, malgré la perte de sa fille, malgré six lustres de labeur salarié dans une entreprise où il ne s'épanouit pas, malgré une seconde mobilisation en 1939, malgré ses difficultés de vie familiale, malgré le succès qui tarde, il perdure dans la pensée ludique et joyeuse, dans la proposition festive et hédoniste ; malgré l'échouage de 1936 dans la guerre, malgré le gaullisme vertueux et le pompidolisme affairiste, malgré le giscardisme insipide et malgré l'avortement des idées de Mai 68, il persiste et signe en inscrivant son œuvre sous la rubrique des anarchistes libertaires : Ni Dieu ni maître. Il a vécu en solitaire, il est mort tel, il reste un solitaire. Un grand solitaire, comme on le dit des diamants magnifiques qu'on souhaite de fort calibre.

37

APRÈS QUE LES CHEMINÉES ONT CESSÉ DE ROUGIR

Écrire sur *Shoah*, le film de Claude Lanzmann, en parler, se proposer d'y réfléchir relève-t-il aujourd'hui de la gageure, de l'audace ou de l'inconscience — sinon des trois ? Car que dire d'un pareil météore cinématographique installé dans le ciel de l'intelligence depuis 1985 qui n'ait déjà été pensé, écrit, publié ? Que peut-on se proposer d'ajouter sans craindre redondance, surcharge ou répétition ? Plus de soixante-dix millions de spectateurs de par le monde, des gloses sur tous les continents, le texte du film traduit en une vingtaine de langues, des références laudatives proférées tous azimuts : des chefs d'État, un pape, des intellectuels haut de gamme, des anonymes, des universitaires, des journalistes, des cinéastes, des philosophes, des théologiens, des déportés, etc. *Shoah* vaut à son auteur des voyages sur toute la planète, des rencontres par centaines et le statut, mérité, d'une figure d'homme remarquable. Alors ?

Alors essayons tout de même. D'abord pour dire de quelle manière on peut lire ce travail cinématographique comme une œuvre de philosophie et de philosophe. C'est ma thèse. En effet, on pourrait à l'envi montrer combien *Shoah* dialogue souvent, en filigrane, avec les grandes thématiques du répertoire de la pensée occidentale : ici, le Platon cratylien des mots justes, de leurs usages et significations, celui des considérations sur l'oraison funèbre ou l'auteur d'autres dialogues consacrés à réfuter les sophistes, à réfléchir sur le devoir, la justice ou le faux ; ailleurs, le Kant du mal radical ou de la communauté éthique, de l'articulation entre doctrine du droit et doctrine de la vertu, l'auteur des opuscules sur la philosophie de l'histoire qui contiennent des réflexions sur la téléologie, le progrès, les races, le penseur du droit de mentir, sinon des questions radicales du criticisme résumées dans un redoutable « qu'est-ce que l'homme ? » ; là, le Bergson de la durée et de la mémoire, de la simultanéité et des sensations représentatives, des images et du souvenir pur, du mécanisme cinématographique et du mouvant, du temps réel et de la survivance du passé. Et puis, bien évidemment, le Sartre de l'ontologie phénoménologique, le théoricien de la facticité et de l'être-pour-la-mort, du pratico-inerte et de l'engagement, de l'authenticité et de la responsabilité, de la situation et de la raison dialectique, mais aussi le philosophe de la question juive et de l'antisémitisme, du radicalisme politique et du rôle des intellectuels.

On n'en finirait pas de considérer l'œuvre de Lanzmann comme un dialogue avec le corpus philosophique occidental, car il filme en philosophe, pour philosopher, il monte des images en penseur, pour penser, il construit un édifice — quatre films à ce jour entre *Pourquoi Israël* (1973) et *Un vivant qui passe* (1997) — dans lequel chaque ouvrage se répond afin de produire une architecture destinée à construire et célébrer la mémoire. *Shoah* prend le contre-pied du ton adopté naguère avec succès en philosophie et qui se délecte des artifices de la théologie négative à propos de l'extermination des Juifs, des camps de la mort, du gazage et de la solution finale. Contre le discours blanc, vide, neutre, saturé d'impuissance, Lanzmann filme, sans repos. Aux antipodes des lieux communs théoriques sur l'indicible, l'ineffable, l'innommable, l'irreprésentable, l'incommunicable, le non-conceptualisable, le non-pensable et autres facilités rhétoriques mises en avant depuis un demi-siècle pour masquer une incapacité personnelle à saisir un événement pensable, le cinéma de Lanzmann pense, offre matière à réflexion et ose les matériaux pour produire du sens là où, sinon, l'insensé triomphe sans partage et pour longtemps.

Car si vraiment avec Wannsee il s'agit d'indicible, il faut conséquemment se taire, s'arrêter d'écrire et de publier, cesser de se réunir en colloques pour célébrer ce centre creux, déserté, inhabité, d'une sphère transparente et vide. La volonté d'extermination du peuple juif se dit, se raconte, se montre, s'explique, s'analyse, se théorise, se démonte. Certes, il en va de ces faits spécifiques et monstrueux comme de toute expérience subjective et personnelle ou collective : les mots ne remplacent pas la réalité. Quand l'auraient-ils fait d'ailleurs ? Où auraient-ils joué un jour, et un seul, avec succès, cet impossible rôle de substitution ? Les mots et les choses entretiennent en tout et pour tout un rapport de liaison désespérément distancié. Jamais le verbe ne peut donner autre chose qu'une idée lointaine, une approche inconsistante du réel. Qui l'ignore ? Qui le nie ?

Pour autant, informés de cet abîme toujours manifeste entre le réel chaotique et la reconstruction mentale, nous pouvons, nous devons proposer les moyens d'une architecture conceptuelle. *Shoah* fournit des images et des mots, du *savoir* et du *voir*, pour utiliser les termes mêmes du réalisateur-philosophe. Savoir qu'on parviendra seulement à dire, pas plus, ne doit pas justifier qu'on n'essaie pas de dire et qu'on ne dise pas. *Shoah* contribue à cet essai pour dire. En ce sens, loin de consentir aux défaites de la pensée, à l'effondrement de la rationalité dans les camps de la mort, à la disqualification définitive de la raison classique par la barbarie nazie, à l'obscurcissement définitif du monde, à l'impossibilité de toute poésie et de toute philosophie depuis Auschwitz — ce qui donnerait finalement raison au national-socialisme —, il faut viser les Lumières avec les moyens intellectuels d'aujourd'hui. Le travail de Lanzmann répond à la question kantienne « Qu'est-ce que les Lumières ? » en affirmant qu'on peut et doit dire, raconter, montrer, filmer, archiver, mémoriser, travailler — en un mot résister à l'oubli, à la dilution de l'horreur dans la banalité, à la transformation d'une expérience radicalement maléfique en péripétie, en détail de l'histoire. Même s'il s'agit seulement d'opposer de l'intelligence présente et future à de l'inhumanité passée. *Shoah* prouve la pensée possible après Auschwitz.

Savoir et voir, dit souvent Claude Lanzmann — c'est-à-dire ? En fait, le film pose deux questions : « que peut-on dire ? » et « que peut-on montrer ? ». Réponses de La Palice : du son et des images, rien d'autre. Voilà les matériaux de base, sobres, nets, simples. La réduction de l'écart entre le réel dramatique et sa compréhension théorique s'entame ici, dans ce jeu contrapuntique ou fugué avec les mots enregistrés et les plans filmés. Le film exclut tout ce qui n'est pas témoignage direct, obtenu de la bouche même d'acteurs et de spectateurs. Il refuse le commentaire, l'explication en voix off, il bannit la musique et le parasitage par tout ce qui ne converge pas vers le point focal : augmenter la lumière et faire reculer les ténèbres sur la question de l'extermination du peuple juif. Toujours plus de lumière et moins de ténèbres, projet d'*Aufklärer*.

Dans le détail et l'ensemble de son cinéma philosophique, Claude Lanzmann active une méthode socratique radicale, voire radicalement socratique — elle n'est pas d'ailleurs sans faire songer à celle de Diogène, ce Socrate devenu fou, mordeur, aboyeur, hurleur, errant et voyant. D'où une pratique efficace et redoutable de la maïeutique, de l'ironie et du cratylisme devant et derrière la caméra, au tournage et au montage, avec des rescapés des camps de la mort, d'anciens nazis ou de détestables témoins polonais. Les interlocuteurs parlent, et contribuent à mettre en place les morceaux du puzzle. En questionnant, Lanzmann semble laisser faire, mais il oriente, dirige, conduit sans en avoir l'air, il guide et révèle, au sens photographique du terme, les images et les idées portées par ses interlocuteurs.

Socrate, fils de sage-femme et prétendument stérile en sagesse (il professe une inscience en toute fausse candeur...), questionne les autres jusqu'à obtenir d'eux ce qu'ils recelaient innocemment. Lanzmann interroge jusqu'à l'os, jusqu'à la moelle, il atteint l'âme en fouillant la chair, la mémoire, les souvenirs. Dans les pages qu'il consacre à Socrate, Diogène Laërce écrit de lui qu'« il avait l'art de puiser ses arguments dans la réalité ». De Claude Lanzmann réalisant *Shoah*, on pourrait dire exactement la même chose : pas de lourdes et grandes et vastes questions théoriques sur la métaphysique de l'anéantissement, pas d'immenses et effrayantes interrogations sur l'ontologie de la mort et du néant, pas d'étourdissantes investigations du côté des concepts, pas de machines théoriques au service d'une historiographie sclérosée, mais un vrillage du verbe dans les interstices du détail, de l'infinitésimal, de l'apparente considération inutile et anecdotique.

Exemples : Est-ce qu'il faisait froid ce mois-là ? Quelle profondeur avaient les fosses dans lesquelles on entassait les cadavres ? Quels outils pour creuser ? Le nom d'un cordonnier ? Celui d'un habitant d'une maison, puis d'une autre ? Combien de wagons ? Nombre de passages ? Combien de personnes dans les wagons ?

Entendait-on des cris ? Sentait-on des odeurs ? Lesquelles ? Qu'est-ce qu'on voyait ? Qu'entendait-on ? Pouvait-on parler aux déportés quand les trains étaient à l'arrêt ? Pour dire quoi ? Combien de temps le voyage ? Et pour vider un convoi ? Pour le gazer ? Combien de personnes dans une chambre à gaz ? Qui sortait les corps ? Comment ? Combien de kilomètres entre un lieu et un autre ? A-t-on changé les rails de la gare depuis 1945 ? Où étaient les murs ? Où commençait le camp ? De quelles couleurs étaient peints les camions ?

Avec ces questions simples, mais redoutables, obtenant des réponses tout aussi simples, mais tout aussi redoutables, Claude Lanzmann accouche les esprits. Au néant des souvenirs personnels, il arrache de la mémoire universelle des lambeaux qui permettent de tisser des toiles pour fabriquer des voilures dans lesquelles peuvent à nouveau s'engouffrer du sens et de la rationalité. Alors, des Juifs rescapés rapportent des faits qui dépassent l'entendement, des Polonais à peine plus vieux qu'à l'époque de la boucherie active avouent sans s'en douter un immémorial antisémitisme, une irréfragable haine du Juif, des nazis qui ont pris de l'embonpoint et perdu des cheveux lâchent des bribes d'informations qui laissent entrevoir comment se fabrique de la barbarie, pièce par pièce, morceau par morceau. Réduisant ses interventions et ses questions au minimum, Lanzmann obtient un maximum d'informations. Moins il parle, plus il parvient à solliciter les confidences ; plus il laisse s'exprimer, mieux on voit s'ouvrir les âmes pour y découvrir ici une peine juive inextinguible, ailleurs un ressentiment polonais sidérant, là une présomption nazie stupéfiante.

En plus des mots, des verbes, des phrases, des propos, il parvient également à générer des comportements, des attitudes, des silences, des inflexions de voix, des changements de rythme dans la parole, des regards, des lassitudes, des rires, des sourires, des rictus, des larmes. Le corps de l'interlocuteur pense, réfléchit, se souvient, se remémore. Les mouvements de sa réflexion se dessinent sur une chair que capte imperturbablement la caméra tournant comme s'il n'y avait rien à filmer, ou comme s'il fallait filmer de toute éternité. Des mots, mais aussi des postures, des visages : la maïeutique de Lanzmann produit des effets en permanence. Il semble que rien n'advient alors que le plus imperceptible événement se manifeste dans l'infinitésimal et que rien de cet infiniment petit n'échappe à l'œil mécanique qui grave et fixe la pellicule. Le bruit de la caméra qui enregistre se confond avec celui d'un corps qui pense et fouille dans ses entrailles pour trouver matière à dire.

Alors, dans les limbes de cet échange, on entend l'inouï, on voit l'invisible, on perçoit l'inaudible, on touche l'impalpable. Ce qui se dissimulait apparaît. L'épiphanie de mots et d'images efface les ombres et dessine du sens avec de la lumière. De sorte que l'on comprend et que s'évapore toute velléité de considérations blanches et vides : on appelle habituellement innommable, indicible, inexprimable, inconnaissable, on décrète non conceptualisable, non pensable ce qui a été innommé, pas encore dit, représenté, communiqué ou transmis, ce qui reste à conceptualiser et à penser. *Shoah* permet d'entamer le dépassement de la théologie négative en fournissant de la matière, de la substance, de la nourriture à l'intelligence. La maïeutique qui accouche l'esprit des acteurs et des témoins agit sur le spectateur devenu lui aussi témoin du témoignage. Lors, il voit ses yeux se dessiller.

Ainsi le monde s'ouvre en deux, comme un fruit exhibant de manière obscène la nature de ses entrailles : d'un côté, ceux que la maïeutique amène à pleurer ; de l'autre, ceux qui gardent l'œil sec, et le garderont. D'une part, les victimes juives, les déportés, le coiffeur qui travaillait dans l'entrée de la chambre à gaz, les survivants du ghetto de Varsovie, les rescapés des camps d'extermination d'Auschwitz, Sobibor, Treblinka ; de l'autre les officiers nazis, les conducteurs de trains, les paysans polonais, les militants nationaux-socialistes. À une extrémité de la planète, ceux qui pleurent, à l'autre, ceux qui rient, du moins qui semblent tout ignorer des larmes. Premier effet de la maïeutique, couper l'humanité en deux morceaux distincts, séparés : les hommes remplis de peine et les hommes dépourvus de regrets. Étrange comme ceux dont on attendrait le regard embué, l'œil humide, le mot ou l'inflexion de voix trahissant l'ébauche de commisération, le début de pitié, restent dans l'orgueil et persistent dans l'insolence...

Pas de larmes chez l'ancien soldat qui raconte la manière dont on vide un ghetto où l'on affame et animalise un peuple ; pas de larmes chez l'ancien nazi tout à sa précision langagière quand il explique ce que signifie pour un camp « tourner à plein régime » ou faire fonctionner « la chaîne de la mort » ; pas de larmes chez le témoin anciennement botté qui rapporte que trois mille Juifs morts peuvent tomber des wagons à l'ouverture des portes quand un convoi arrive de loin — ce qu'il a vu ; pas de larmes chez la femme de l'instituteur nazi certifiant qu'elle voyait bien passer régulièrement sous ses fenêtres les camions dans lesquels on asphyxiait des Juifs en quantité ; pas de larmes chez ce docteur encarté au NSDAP qui détaille les cloaques de matières humaines avec sang, urine, excréments et vers qui grouillent dans les dix centimètres du liquide impensable ; pas de larmes chez le militaire décrivant comment on traînait les cadavres avec des sangles et comment des morceaux se détachaient pendant le transport ; pas de larmes chez le même qui rapporte qu'on conduisait les hommes au fouet dans les chambres à gaz ; pas de larmes...

La maïeutique de Lanzmann crée des pointes et fait scintiller l'absence de remords chez les barbares ; elle produit également des ruptures et secoue de sanglots le corps des rescapés. Des pleurs, donc, chez Filip Müller : « Arrêtez, je vous en prie » ; chez Jan Karski, ancien courrier du gouvernement polonais, qui dit : « Je retourne trente-cinq ans en arrière... Non, je ne retourne pas... non... non... » et qui, sanglé dans un costume, cravaté, la pochette élégante, se lève, quitte le plan, pleure, et laisse la caméra tourner devant un fauteuil vide ; chez la mère de Gertrude Schneider, survivante du ghetto de Varsovie qui chante avec sa fille une chanson de l'époque ; chez Abraham Bomba, le coiffeur qui raconte l'arrivée, dans la chambre à gaz où il coupait les cheveux des condamnées qui allaient être gazées, de la femme et de la sœur de l'un de ses amis qu'il reconnaît soudainement. Les larmes juives chez les victimes tranchent sur les yeux désespérément et éternellement secs des coupables.

La maïeutique de Claude Lanzmann se double d'une pratique redoutable de l'ironie à l'endroit des Polonais et des nazis. Elle suppose le perpétuel questionnement des autres et le quasi-silence absolu de l'interrogateur sur le contenu de leurs interventions. Il se manifeste uniquement dans le décalage des reprises de phrases d'un interlocuteur, dans des inflexions de voix finement railleuses, dans un ton discrètement goguenard, il répète la fin d'une expression, avec un art subtil et glacial qui laisse le spectateur comprendre et saisir ce qu'il faut entendre. Bien faire et laisser dire, aiguiller sur une voie dangereuse pour eux le Polonais antisémite ou l'ancien responsable de camp en verve de confidences afin que d'eux-mêmes ils aillent là où Lanzmann les attend et veut les conduire : dans l'aveu de vérités utiles à isoler, à préciser, à transmettre.

Ainsi, entre silence actif et ironie légère, débit sardonique et cynisme calculé, le philosophe-cinéaste déblaie le terrain, petit à petit, lentement mais sûrement. Alors, on assiste à l'exhumation de vérités redoutables : oui, l'extermination a été planifiée ; oui, nombreux savaient et feignaient de l'ignorer ; oui, les témoins étaient considérables du massacre en cours et leur consentement quasi général sur la terre polonaise ; oui, les acteurs de cette furie meurtrière étaient des conducteurs de train, des chefs de gare, des aiguilleurs, des administrateurs du chemin de fer, des soldats carriéristes ; oui, les spectateurs de cette même furie étaient paysans, agriculteurs, travaillaient leur terre aux alentours des camps ; oui, ceux-là entendaient les cris ; oui, ils sentaient la puanteur des cadavres en décomposition et celle des incinérations dans les fours ; oui, des industriels ont collaboré, en apportant leur aide technique, à l'élaboration du gazage au moyen de camions ; oui, ces fabricants de véhicules existent toujours en Allemagne démocratique ; oui, beaucoup de Polonais restent persuadés, presque un demi-siècle plus tard, que les Juifs avaient besoin d'un genre de leçon...

Comment parvenir à toutes ces vérités démontrées ? Justement, en questionnant et en laissant s'enferrer, en stimulant efficacement avec une interrogation dont la réponse agit à la manière d'une nasse, d'un piège, en remontant la machine qui, toute seule, rejoue la pièce dans laquelle elle a tenu son rôle si souvent, si longtemps, si impunément. L'ironie sourd dans la question posée à un Polonais qui vient d'enchaîner des onomatopées pour tâcher de dire quel « bruit » faisaient les Juifs quand ils parlaient dans les wagons stationnés en gare, ce que le témoin appelle « parler juif ». Question de Lanzmann : « Monsieur Borowi comprend le juif ? » Elle mord, cette ironie, lorsqu'elle lui sert à faire préciser quel geste les Polonais faisaient aux Juifs parqués dans leurs wagons et qu'ils le répètent, passant leur pouce sous leur gorge en simulant la lame du couteau qui va les égorger. Question de Lanzmann : « Il l'a fait, lui ? Est-ce qu'il l'a fait lui-même ? Demande-lui », dit-il à la traductrice. « Oui », répond l'autre. Elle cingle quand elle conduit un Polonais à confier qu'eux habitaient dans les endroits malsains alors que les Juifs avaient de belles maisons. Remarque de Lanzmann : « Si je comprends bien, les Juifs habitaient dans la rue et les Polonais dans la cour, avec les W-C... » Elle gifle au moment où les Polonais précisent qu'avant, les Juifs étaient riches, et eux pauvres. Question de Lanzmann, à destination de l'interprète : « Ils sont devenus riches depuis ? » Elle triomphe dans l'image qui montre un Polonais sale, aux dents pourries, aux vêtements crasseux, à l'odeur vraisemblablement douteuse et qui assène sur les Juifs : « Ils n'étaient pas jolis. » Lanzmann : « Ils n'étaient pas jolis ? » Le Polonais : « Oui, en plus ils puaient. » Le même Lanzmann : « Ils puaient ? — Oui », continue le crasseux. Elle frétille, l'ironie, avec les vieilles Polonaises se souvenant de la beauté des femmes juives qui ne faisaient rien, ne travaillaient pas alors qu'elles, ventripotentes, grasses, épaisses, alourdies par l'âge, gloussent sur la beauté deux fois disparue de ces filles envoyées aux chambres à gaz. Elle claque lors de l'entretien avec l'ancien nazi expliquant comment on faisait entrer les hommes et les femmes dans le boyau qui conduisait à la chambre à gaz de Treblinka, avec des coups de fouet pour les hommes, mais pas pour les femmes. Question de Lanzmann, sur un ton monocorde et faussement neutre : « Pourquoi tant d'humanité ? »

Et ailleurs, un nombre de fois incalculable, car l'ironie de Lanzmann se manifeste partout dès qu'il interroge un Polonais ou un hitlérien d'hier. Elle infuse son comportement, son propos, elle apparaît dans son silence, elle se dit dans sa position physique, hiératique et sobre, en cas de présence dans le champ, elle dure dans ses questions, toujours, elle se matérialise dans son hochement de tête presque imperceptible, elle colore le timbre de sa voix traînante et remplie de tristesse, elle module le débit de sa parole quand il stationne hors champ et interroge un groupe de Polonais sur le parvis de leur église, un jour de procession catholique, apostolique et romaine. Laconique dans ses phrases, en léger décalage de ton, toujours impliqué avec la distance froide du guetteur d'événement et du prédateur socratique, Claude Lanzmann avance avec la précision du fauve et l'acuité du rapace : il veut clouer les paroles et cristalliser les mots, encager les phrases et emprisonner les signes. La maïeutique et l'ironie agissent chez lui comme l'acide qui grave la plaque et creuse l'eau-forte.

Enfin, pour parfaire le portrait socratique de Claude Lanzmann, il convient de préciser combien sa démarche s'inscrit dans la perspective cratylienne d'une réflexion sur les mots, leurs sens, leurs contenus. Le philosophe Cratyle, héraclitéen confirmé, sait que le temps suppose le flux, l'impermanence, l'impossible immobilité, qu'il se confond au mouvement des fleuves et ignore le statisme parménidien des sphères. Claude Lanzmann, en inventant le cinéma socratique, s'inscrit dans la permanence d'un courant héraclitéen, alors qu'en face les photographes peuvent revendiquer Parménide comme père fondateur. D'où l'intérêt d'une réflexion sur le *Cratyle*, ce dialogue de Platon consacré à la « rectitude des mots ». Car dans cet échange socratique se posent les questions majeures du cinéma de Lanzmann sur le sens des mots, leur définition, leur acception, leur usage dans la perspective de la solution finale.

Ainsi, en Socrate moderne, et en utilisant les propres termes de son vis-à-vis, il questionne le Dr Franz Grassler, alors adjoint au commissaire nazi du ghetto : que signifie s'occuper d'un ghetto ? Puis il précise : « Ma question est une question philosophique. Que signifie un ghetto à votre avis ? » Et plus loin, quand son interlocuteur lui répond qu'il avait pour tâche de « maintenir le ghetto » ou de « le garder en vie », Lanzmann demande : « Mais que veut dire "maintenir" le ghetto dans de telles conditions : alimentation, hygiène, etc. ? » Et encore : « Mais que signifie "vie" dans de telles conditions ? » Questionner, encore et toujours, interroger, demander, appeler des précisions, travailler le langage même avec lequel se raconte cette histoire immonde de l'anéantissement des Juifs. Quels termes ? Quelles significations pour ces signifiants ? Pour approcher quel signifié ? Quelles charges historiques, idéologiques, affectives, culturelles, anthropologiques, psychologiques, émotionnelles, métaphysiques, ontologiques, philosophiques, religieuses sur des termes, de simples termes, de pauvres mots ? Un ghetto, par exemple, tel que le raconte un ancien nazi, quarante ans plus tard, ou un rabbin, ou un enfant d'alors, ou un adulte rescapé.

D'où les mots les plus utilisés, les plus usés, les plus usagés tirent-ils et tiennent-ils leur légitimité ? Fournissent-ils les seuls moyens de parvenir à la connaissance des choses, même quand celles-ci dépassent l'entendement ? Quelles relations étranges et intimes entretiennent le réel qualifié et le vocable qui le qualifie ? Quelle distorsion, quel écart, et comment le mesurer, entre les mots et les choses ? Quel crédit apporter aux étymologies, à ces limbes du verbe ? Quelle charge, pour un terme, lorsqu'il est utilisé par un locuteur ou par un autre ? Peut-on escompter qu'avec les seuls substantifs on atteigne l'épicentre des choses, leur nature intime, leur consistance viscérale ? Lequel décida un jour qu'une locution existerait pour dire un fait, saisir l'essence d'un événement ? L'innommé est-il définitivement condamné à être innommable ? Voire l'inverse...

Toutes ces questions qui animent le débat entre Hermogène, Cratyle et Socrate se retrouvent concrètement dans le film de Claude Lanzmann : que peut-on penser de l'anéantissement des Juifs avec les mots dont nous disposons : chambre à gaz, four crématoire, camp de concentration, gazage, zyklon, déportation, extermination, solution finale ? Que faire des repères toponymiques d'une géographie infernale : Varsovie, Treblinka, Sobibor, Auschwitz ? Faut-il renoncer à raconter, expliquer, commenter, comprendre l'événement majeur que fut la mise à mort de millions d'hommes, de femmes et d'enfants dans les camps parce que ce projet ne ressemble à rien d'inhumain et de déjà connu ? Qu'est-ce qu'un Juif dans la bouche d'un ancien officier nazi quatre décennies après son port de l'uniforme dans un camp, pour un rabbin ayant vécu dans la Pologne d'alors, pour un rescapé du ghetto de Varsovie, pour un Polonais jadis témoin du drame, mais qui parle après que les cheminées ont cessé de rougir en leur sommet du feu des corps incinérés ? Chacune de ces interrogations, avec tant d'autres, construit le film, lui donne sa nature, son sens, son essence et son existence.

Et puis, miracle cratylien, Claude Lanzmann invente un mot, du moins, il lui donne une acception, il le fait glisser du registre étranger et local de la communauté hébraïque au registre universel et planétaire. Quand, en hébreu, il signifiait « anéantissement » pour les Juifs seuls et dans leur seule langue, le mot devient, par le film, un substantif utilisé partout sur la planète et partout compréhensible, sans la nécessité d'une traduction, sans qu'il soit besoin de lui trouver et de lui donner un équivalent. Tous les risques d'amoindrissement, d'imprécision afférents au passage dans une autre langue disparaissent d'un seul coup : partout et pour tous un même mot, un seul mot, un nouveau mot exprime ce qui, avant, n'avait été qu'imprécisément formulé, dans l'inachevé, dans l'incomplet.

« Shoah » entre dans l'esprit de tous, enveloppe la planète, s'installe dans le dictionnaire, dans tous les dictionnaires, sous un seul et même vocable : un seul signifiant pour un seul signifié. Avec Claude Lanzmann, et avec son film éponyme, l'innommé trouve son nom, l'innommable aussi. Et ce qui, bien évidemment, concerne les Juifs, mais aussi tous les hommes de la planète, parvient au sens avec un terme issu de leur langue et qui accède à l'universel dans sa forme inchangée. Contre les sophistes de notre époque — révisionnistes, sceptiques, négationnistes, relativistes, nihilistes —, le cinéaste-philosophe oppose la création d'un mot susceptible de contenir une multitude d'images. Avec lui, l'art peut dire, l'œuvre, cinématographique en l'occurrence, fait mentir cette proposition dommageable d'Adorno qu'après Auschwitz, l'art, la philosophie, la pensée, la raison, la poésie n'auraient plus qu'à rentrer sous terre pour rejoindre le peuple d'ombres qu'elles n'ont pas su, ni pu empêcher.

Ainsi se résout le problème du *savoir* — via l'ironie, la maïeutique et le cratylisme. Mais le problème du *voir* ? Que peut-on montrer ? Que doit-on faire voir ? Quelles images, puisqu'on sait que la pauvreté des archives sur ce terrain ne permet pas grand-chose d'édifiant, de philosophiquement déterminant ? Les nazis ont pris soin d'effacer, de ne pas laisser de traces, d'images, de films, de photographies, de documents signifiants et compromettants. Ils ont cru que détruire des icônes pourrait permettre d'en finir définitivement avec un monde immonde, avec le fait que ce qui a eu lieu ait bien eu lieu. Erreur. Car la mémoire ne réside pas dans du papier, dans un support, mais dans le corps des hommes et des femmes qui peuvent témoigner. Elle gît dans la chair de survivants, de témoins, de rescapés, elle marque leur existence de manière indélébile au point d'en faire des figures cardinales et tragiques. En créant le concept de Shoah, en distribuant sur scène ces personnages conceptuels que sont les nazis, les Juifs, les Polonais, Claude Lanzmann s'inscrit nettement dans la définition du philosophe donnée par Gilles Deleuze.

En plus de la méthode socratique, l'œuvre philosophique de Lanzmann consiste en une vaste méditation sur le temps. Rien d'autre que cette question philosophique majeure : le temps. Le reste est variation sur ce thème : durée, mémoire, perception, souvenir, imagination, réalité, passé, histoire, oubli, voire image, cinéma, montage qui fournissent l'occasion d'une révélation tangible de ce même matériel conceptuel. Aux antipodes des métaphysiques ludiques et creuses qui nient la possibilité du réel et affirment l'effacement du monde, l'emprise totale du virtuel, le triomphe de l'illusion, Claude Lanzmann opte pour une ontologie bergsonienne — celle qui, soit dit en passant, rend possible le cinéma selon Gilles Deleuze — et propose la création d'un temps associé au terme même de Shoah — un temps plus proche de l'éternité que son image mobile vernaculaire.

Pour ce faire, le film s'installe définitivement sur le registre du réel immanent, de l'incarnation effective, de la preuve concrète. Claude Lanzmann a écrit nettement : « La vérité tue la possibilité de la fiction. » Son cinéma socratique va jusqu'au bout de ses conséquences méthodologiques : il met en scène la vérité, la montre, la filme, il n'entretient de rapports qu'avec elle et ne se soucie aucunement de reconstitutions, d'imagination, de feintes, de mensonges faciles à réaliser avec une caméra, des images et un montage appropriés. La technique cinématographique sert la vérité — comme Socrate y sacrifiant sa vie, son œuvre, et le payant même de sa mort.

Le temps dans sa modalité radicale, la vérité — voilà les matières du propos de cette œuvre. D'où un contrepoint entre ce que l'on peut savoir, par le son, la voix, la parole, les mots, et ce que l'on peut voir via les visages, les mimiques, les regards, les postures, les positions et les tensions d'un physique. L'image propose des corps, des corps vivants. Aucun cadavre, pas de morts en archives, mais des individus en chair et en os, des visages, moins dans l'acception d'Emmanuel Lévinas que dans celle de la physiologie : des cheveux, des rides, des calvities, des couleurs d'yeux, des bouches, mais aussi des vêtements, des embonpoints, des mains, des êtres charnels en situation. Des corps qui parlent, se souviennent et racontent. Contre le silence et l'effacement, Claude Lanzmann filme des incarnations, des preuves vivantes.

Or ces corps sont périssables, fragiles, inscrits dans le temps. Ils ont échappé à la destruction programmée par le régime nazi, certes, mais, malheureusement, le temps les travaille, il effacera lui aussi la mémoire à cause de la mort singulière et biologique des survivants et des témoins. D'où l'utilisation du cinéma pour fixer, figer cette épiphanie d'un individu dans une vérité durable, voire éternelle. Le cinéma réalise ce que rien d'autre n'obtient : écrire dans le marbre d'une durée qui transcende le temps trivial une parole naturellement évanescente. L'art détruit le temps chronologique et crée un temps mythique, symbolique, philosophique — celui de l'œuvre. Le temps de la Shoah, derrière nous, trouve sa rédemption dans le temps de *Shoah*, devant nous — et pour toujours. Le film montre ce temps nouveau qui devient l'unique objet à *voir*.

Dans cet ordre d'idées, que dit l'image ? Que voit-on d'elle, par elle ? D'abord, presque exclusivement des plans horizontaux, des balayages de gauche à droite ou de droite à gauche — sur le principe, on ne s'en étonnera pas, des mouvements du train sur ses rails. Pas de zoom, pas d'effets d'optique, pas de grand-angle, pas de jeu avec la focale, pas de tromperie : la vérité de l'objectif neutre, voire la vérité objective. L'ensemble de ces mouvements de caméra s'effectuent dans la lenteur, une ineffable lenteur : prendre le temps, ralentir le temps, forcer le temps à une durée lourde et lente, infliger au temps un débit et un flux nouveaux, le contraindre à tendre vers l'absolu des durées mémoriales, viser le point focal où le temps disparu laisse advenir l'événement d'une éternité enfin réalisée, abolir le temps pour générer la magie de l'immortalité — le temps retrouvé.

D'où une étrange absence de verticalité dans ce film. La presque totalité des plans se lisent sur le mode horizontal, comme pour montrer combien nous sommes désormais contraints à appréhender le monde, le réel et l'histoire sur le seul registre de l'immanence. Dans les camps de la mort, on aurait donc aussi tué, exterminé, détruit la possibilité de toute verticalité, de tout mouvement vers le ciel, de toute quête vers l'absolu classiquement logé dans l'éther intelligible. Ainsi le ciel vidé de Dieu est désespérément désert. Il a été brûlé par les flammes qui sortaient des cheminées des crématoires — « les flammes montaient jusqu'au ciel », se souvient Srebnik. Dieu, lui aussi calciné, cuit, exterminé par la Shoah, a disparu. L'horizontalité délibérée du film témoigne de l'impossibilité, désormais, d'aspirer au ciel, parce qu'il est vide, et pour toujours. L'image se donne à la manière du livre, tradition de la mémoire occidentale, dans le seul mouvement linéaire.

Ainsi, l'image erre, de droite à gauche, de gauche à droite, hébétée, engluée dans de très longues durées, à la manière d'un individu qui aurait perdu la raison et parcourrait la planète en déshérence. Quand elle n'erre pas, lentement, très lentement, dans des paysages bucoliques, des champs où se dressaient jadis des camps, des gares où convergeaient des trains, des travellings de zones industrielles, des forêts où se dispersaient les cendres des victimes, ces lieux de l'immanence la plus vile, l'image s'arrête, se fige et se fixe sur un visage ou un buste, pour un cadrage serré et un plan fixe. Le temps s'immobilise au profit de la seule parole qui, de la sorte, crée la durée magnifique et la trace mémorable.

La transcendance impossible génère le temps lent de la méditation, du repos, du calme et de la tranquillité utiles aux concepts et à la pensée. Ralentie jusqu'à l'obtention d'une immobilité presque absolue, la succession d'images découvre un espace mental dans lequel la raréfaction de l'information visuelle libère la possibilité du temps lourd des paroles. Le minimum de mobilité visuelle induit le maximum de possibilités intellectuelles. Quand l'image est pauvre en détails, presque arrêtée, quasi statique, frisant l'immobilité photographique, la parole peut envahir tout le champ. Le voir austère libère un savoir considérable. De la transcendance impossible à l'immanence nécessaire, le trajet mène de l'image lente à la parole dense, du voir pauvre au savoir riche, de l'absence d'archives à la création d'une mémoire.

Le temps de la création suppose celui, quintessencié, du créateur : on ne fabrique pas cette durée monstrueuse qu'est *Shoah* sans impliquer son temps d'existence personnelle à la manière d'un alchimiste soucieux de pierre philosophale et d'athanor dans lequel réduire la diversité des métaux au profit d'un or pur. L'invention de ce temps lent et lourd, ralenti et dense, suppose, en amont, l'investissement d'années de travail. Avec *Shoah*, Claude Lanzmann crée une durée pour l'occasion, il l'invente et l'élabore de toutes pièces pour répondre aux effets du temps sur le fait historique de la destruction massive du peuple juif. D'où le temps considérable nécessaire à l'aboutissement du projet : une douzaine d'années ; dont celui, massif, du tournage : trois cent cinquante heures ; et celui du montage : cinq années et demie ; enfin, celui du film, dans lequel se concentrent toutes ces années : neuf heures et demie de film ; puis un mot, pour résumer tout cela : le titre que l'on sait.

Le réel s'étrangle dans cette forme qui le contient. Rien n'a été perdu de la densité de ces années. Leur puissance et leur efficacité subsistent, resserrées, compactées, tassées, contraintes dans cette production esthétique limitée dans le temps. Claude Lanzmann précise que, douze années après son *opus magnum*, il a réalisé *Un vivant qui passe* à la manière d'une pièce latérale, en forme d'ajout à l'œuvre centrale. Manière de montrer l'impossible achèvement d'un film qui se proposait d'en finir ponctuellement, du moins le temps nécessaire à la fermeture d'une œuvre pour sa pure et simple compréhension, avec une question majeure. Quintessenciée, la durée du film peut appeler la reprise, le travail à nouveau sur le temps : appendice, complément, ajout, commentaire, variation, adjonction, supplément. Car l'œuvre du cinéaste-philosophe ne se constitue pas de *Shoah* seulement, mais de tous les films passés et de tous les travaux futurs. Le temps se cristallise dans des productions singulières mais qui toutes ensemble formulent une vision du monde, à la manière dont le philosophe classique élabore, construit et propose son système.

Temps de l'image et des corps, temps de l'immanence et de l'archive, temps de l'alchimie et de la quintessence, temps de la création et de la proposition, le travail de Claude Lanzmann, dans *Shoah*, en appelle également au jeu démiurgique de la négation du temps chronologique et humain au profit de la création d'un temps artistique et philosophique. En effet, la théâtralisation de ces différents registres du temps donne le tournis, emporte dans une valse conceptuelle qui fait tourner la tête : le cinéaste-philosophe filme, un quart de siècle après la libération des camps, des hommes et des femmes qui accusent donc vingt-cinq ans de plus par rapport au moment des faits. Les prises de vues s'effectuent à une date, le montage à une autre. La projection du film dans les salles suppose plus d'une dizaine d'années écoulées entre le moment du tournage des images et celui de leur diffusion publique, montées. Et le film peut se voir des années après la première sortie (1985). Où en sont les témoins ? Fatigués, vieillis, morts, disparus dans les faits, certes, mais aussi figés dans l'éternité, perpétuellement mobiles dans la durée conceptuelle du film. Jeu avec les temps, les âges, les époques, les périodes.

En fait, le survivant, le témoin, le rescapé, l'acteur sont montrés dans un âge créé pour l'occasion. Avec du passé, Claude Lanzmann fait du présent destiné à durer dans l'avenir : peut-on mieux signifier qu'on travaille moins avec le temps mobile qu'avec sa modalité immobile — l'éternité ? Qu'on entend moins installer sa caméra dans une époque, un moment, un fragment d'histoire que dans l'Histoire, celle qui suppose une lecture philosophique, une interprétation, une création intellectuelle destinée à faire émerger du sens là où triomphaient l'informe et l'impensable. Du témoin qui avait vingt ans à la libération des camps, quarante-cinq au moment du tournage, cinquante-cinq à celui de la sortie du film, de ce même individu qui peut avoir aujourd'hui, en l'an 2000, soixante-quinze ans, mais qui peut aussi n'être plus, arraché à ce monde par la mort, on découvre l'éternité : toujours il aura l'âge qu'il avait au moment des images. Dans un siècle, il l'aura conservé, cristallisé dans l'énergie du film, transfiguré par l'œuvre d'art.

D'où cette idée : les films de Lanzmann ne vieillissent pas, ne prennent pas une ride, et n'en prendront pas, parce que inaltérables, écrits avec des fils d'éternité, tissés dans la matière avec laquelle se trament les durées qui échappent au temps trivial de l'écoulement banal. Avec cette œuvre triomphent le temps artistique, le temps esthétique et le temps philosophique des œuvres radicalement inscrites dans l'Histoire. À l'évidence, quand Claude Lanzmann parle d'un immémorial susceptible d'abolir la distance entre le passé et le présent, il parie sur l'éternité. Or depuis que le terme « Shoah » a débordé le titre de son film, il peut constater sans une once d'orgueil que son pari est gagné. Seuls les individus qui rencontrent ainsi l'Histoire de leur vivant disposent du formidable pouvoir de fabriquer de la mémoire.

FIN DU TROISIÈME TOME

*

TOME QUATRIÈME :
LA LUEUR DES ORAGES DÉSIRÉS

INDEX

DU MÊME AUTEUR

PHYSIOLOGIE DE GEORGES PALANTE, *Pour un nietzschéisme de gauche*, Grasset, 2002.

LE VENTRE DES PHILOSOPHES, *Critique de la raison diététique*, Grasset, 1989. Le Livre de Poche, Biblio essais.

CYNISMES, *Portrait du philosophe en chien*, Grasset, 1990. Le Livre de Poche, Biblio essais.

L'ART DE JOUIR, *Pour un matérialisme hédoniste*, Grasset, 1991. Le Livre de Poche, Biblio essais.

L'ŒIL NOMADE, *La peinture de Jacques Pasquier*, Folle-Avoine, 1993.

LA SCULPTURE DE SOI, *La morale esthétique*, Grasset, 1993 (Prix Médicis de l'essai). Le Livre de Poche, Biblio essais.

ARS MORIENDI, *Cent petits tableaux sur les avantages et les inconvénients de la mort*, Folle Avoine, 1994.

LA RAISON GOURMANDE, *Philosophie du goût*, Grasset, 1995. Le Livre de Poche, Biblio essais.

MÉTAPHYSIQUE DES RUINES, *La peinture de Monsu Désidério*, Mollat, 1995.

LES FORMES DU TEMPS, *Théorie du sauternes*, Mollat, 1996.

LE DÉSIR D'ÊTRE UN VOLCAN. *Journal hédoniste*, Grasset, 1996. Le Livre de Poche, Biblio essais.

LES VERTUS DE LA FOUDRE, *Journal hédoniste II*, Grasset, 1998. Le Livre de Poche, Biblio essais.

L'ARCHIPEL DES COMÈTES, *Journal hédoniste III*, Grasset, 2001.

POLITIQUE DU REBELLE, *Traité de résistance et d'insoumission*, Grasset, 1997. Le Livre de Poche, Biblio essais.

À CÔTÉ DU DÉSIR D'ÉTERNITÉ, *Fragments d'Égypte*, Mollat, 1998.

THÉORIE DU CORPS AMOUREUX. *Pour une érotique solaire*, Grasset, 2000. Le Livre de Poche, Biblio essais.

ANTIMANUEL DE PHILOSOPHIE, *Leçons socratiques et alternatives*, Bréal, 2001.

L'INVENTION DU PLAISIR. *Fragments cyrénaïques*, Le Livre de Poche, 2002.

ESTHÉTIQUE DU PÔLE NORD. *Stèles hyperboréennes*, Grasset, 2002.

IMPRIMÉ EN ESPAGNE PAR LIBERDÚPLEX
Barcelone
Dépôt légal Éditeur : 60817 - 07/2005
Édition 2
LIBRAIRIE GÉNÉRALE FRANÇAISE - 31, rue de Fleurus - 75278 Paris cedex 06
ISBN : 2 - 253 - 94317 - 7